| 개정판 |

보육학개론

| 시옥진 강성순 김녹현 김재현 김진희 이용환 전대성 한현지 공저 |

Introduction to
Child Care Studies

양 성 원

머리말

본 책이 처음 발행된지 2년이라는 시간이 흘렀다. 이번에 공동 저자들은 그동안 학생들을 대상으로 수업을 하면서 느꼈던 점들을 토대로 개정판을 내는데 공감하고 최근의 자료를 보완 · 수정하는 작업을 하게 되었다.

이번 개정판에서는 주로 최근의 통계자료를 보완하는데 초점을 두었다. 최근 사회는 매우 빠르게 변화하고 있기 때문에 학생들에게 최근의 자료를 제시함으로써 기초지식을 이해하는데 도움이 되었으면 하는 바람에서이다. 또한 초판의 내용을 전반적으로 재검토하여 중복되거나 불필요하다고 생각되는 내용을 다소 삭제하였고, 최근의 주요 문제들을 추가하여 기술하였다.

영유아기는 전 생애에 걸쳐 그 어느 시기보다 양적 · 질적 발달이 매우 활발하게 이루어지고 인간의 모든 기본 잠재력이 계발되는 매우 중요한 시기이다. 따라서 영유아들은 각자가 태어난 가정환경의 차이에 상관없이 발달에 적합한 환경 속에서 모두가 행복하게 살아갈 권리를 보장받아야 한다. 이러한 영유아기의 중요성에 대한 인식이 보편화되면서 사회적 양육기관에서 영유아의 성장과 발달을 상당한 정도로 지원해야 하는 양적 확대와 맞물려 보육의 질적 수준을 일정 수준 이상으로 유지해야 하는 것은 더욱 더 중요한 일이 되었다. 즉, 자녀양육이 더 이상 개인 또는 한 가정의 문제 차원이 아닌, 가정과 사회가 공동으로 고민하고 협력적으로 문제를 풀어 나가야 한다는 인식이 높아지면서 현재는 국가 정책으로까지 확충되어 해결의 실마리를 찾고자 노력하고 있다.

이처럼 최근 우리 사회에서 가장 많은 관심을 받는 이슈 중의 하나인 영유아보육에 있어 보육의 질을 결정하는 데 있어 중요한 요인 중의 하나가 바로 영유아교사이다. 따라서 본 책은 어린이집에서 영유아를 가르치고 보호하는 의미 있는 역할을 수행하고자 결정하고 공부를 시작하는 예비교사들에게 영유아를 위한 보육이 무엇인지 그 의미와 중요성에 관하여 알려주기 위하여 준비되었다. 이를 위하여 본 책은 영유아교사로서 반드시 알아야 할 기본적인 내용을 이해하기 쉽게 제시하고자 노력하였으며, 5부 총13장으로 구성하였다.

구체적으로 1부 보육의 기초에서는 3개의 장으로 구성하였는데, 1장 보육에 대한 이해에서는 보육의 개념 및 중요성, 어린이집의 유형, 어린이집과 보육교직원 현황 및 보육의 패러다임 변화에 대해 기술하였고, 2장 보육의 질적 요인과 영유아발달에서는 보육의 질적 요인과 보육경험과 영유아발달에 대해 소개하였으며, 3장 보육제도와 정책에서는 우리나라의 보육제도와 정책 및 외국의 보육제도와 정책에 대해 기술하였다.

2부 보육교직원의 역할 및 협력은 3개의 장으로 구성하였는데, 4장 보육교직원의 자격에서는 보육교직원과 기관의 특성, 보육교직원의 자격기준 및 보육교직원의 임면에 대해 기술하였으며, 5장 보육교직원의 전문성에서는 보육교직원의 자질과 역할, 보육교직원의 윤리 및 보육교사의 전문성 향상에 대해 소개하였으며, 6장 어린이집과 부모 및 지역사회와의 협력에서는 어린이집과 부모와의 관계형성, 어린이집과 부모와의 협력 및 어린이집과 지역사회와의 협력에 대해 기술하였다.

3부 영유아 보육과정에서는 3개의 장으로 구성하였는데, 7장 보육과정의 개념과 구성 및 운영에서는 보육과정의 개념과 특성, 보육과정의 구성 및 보육과정의 운영에 대해 기술하였고, 8장 어린이집 표준보육과정의 구성과 내용에서는 2020 개정 표준보육과정의 이해, 표준보육과정의 영역별 목표 및 내용, 표준보육과정의 연령에 따른 내용에 대해 소개하였으며, 9장 외국의 영유아 보육프로그램에서는 몬테소리 프로그램, 프로젝트 접근법, 발도르프 프로그램 및 레지오 에밀리아 접근법에 대해 기술하였다.

4부 어린이집 환경구성과 운영원리는 2개의 장으로 구성하였는데, 10장 어린이집 환경구성에서는 어린이집 환경의 중요성, 어린이집 환경의 구성원리, 0~2세를 위한 실내 · 외 환경구성, 3~5세를 위한 실내 · 외 환경구성 및 영유아를 위한 실내 환경의 개방된 공간에 대해 기술하였으며, 11장 어린이집 운영관리에서는 어린이집 운영관리의 개념과 영역, 어린이집 운영관리의 원리 및 어린이집 질관리 체계에 대해 소개하였다.

5부 보육평가에서는 2개의 장으로 구성하였는데, 12장 보육평가의 목적과 방법에서는 보육평가의 목적과 필요성 및 보육평가의 대상과 방법에 대해 기술하였으며, 13장 어린이집 평가제도에서는 어린이집 평가제도의 이해와 어린이집 평가제에 대해 소개하였다.

무엇보다도 본 책을 통해 우리 사회 미래의 주역이 될 영유아의 삶에 아주 오랫동안 많은 영향력을 미치게 될 예비교사로서의 스스로의 역할에 대한 자부심을 가지고 교사로서 준비하는 과정의 첫 걸음을 자신 있게 놓을 수 있기를 기대해 본다.

끝으로 이 책의 출판을 허락하여 주시고 좋은 책이 될 수 있도록 편집에 힘을 써 주신 양성원 출판사의 임직원 여러분들께도 깊은 감사의 마음을 전한다.

2023년 2월
저자일동

차례

PART 2 보육교직원의 역할 및 협력

PART 3 영유아 보육과정

PART 5 보육평가

PART 1

보육의 기초

Chapter 01

보육에 대한 이해

배울 내용

1. 보육의 개념 및 중요성
2. 어린이집 유형
3. 어린이집과 보육교직원 현황
4. 보육의 패러다임 변화

학습 목표

1. 보육의 개념 및 필요성을 이해한다.
2. 어린이집 유형별 특색을 숙지한다.
3. 어린이집, 보육교직원 및 보육아동의 현황을 파악한다.
4. 우리나라 보육의 패러다임 변화를 살펴보고 앞으로의 방향을 제시해 본다.

보육과 보육과정에 대한 전반적인 개념을 이해하기 위해서는 먼저 보육의 개념에 대한 정확한 이해가 선행되어야 한다. 최근 현대 사회로의 변화는 보육에 대한 요구를 증대시켰으며, 그 결과 다양한 유형의 시설에서 영유아보육을 담당하고 있다. 따라서 본 장에서는 보육의 개념, 보육의 다양한 유형과 현황 및 우리나라 보육의 패러다임의 변화에 대해 살펴보고자 한다.

1. 보육의 개념 및 중요성

1) 보육의 개념 및 목적

현재 우리나라는 산업화로 인해 여성의 취업 기회 증대와 소규모 핵가족화, 다양한 유형의 가족 및 저출산과 같은 사회적인 현상으로 인해 더 이상 보육을 개별 가정의 문제가 아닌 사회적, 공공의 문제로 인식하게 되었다. 즉, 소규모 핵가족사회에서 취업모 증가는 개별 가정에서 일과 양육을 함께 병행하는 데 어려움을 초래하게 되었고 국가와 사회는 약화된 가정의 양육기능을 지원해 줄 수 있는 보육서비스를 제공할 필요성이 대두되었다.

이런 이유로 우리나라에서는 1991년 「영유아보육법」이 제정되었는데, 「영유아보육법」에서는 보육의 목적을 "심신의 보호와 건전한 교육을 통하여 영유아를 건강한 사회 구성원으로 육성함과 동시에 보호자의 경제적 · 사회적 활동을 원활하게 함으로써 가정복지 증진에 기여하는 것"이라고 명시하고 있다.

과거 보육의 목적은 자기 집에서 양육받기 어려운 가정의 영유아를 일정 시간 동안 맡아주는 탁아의 개념이 강한 보호적 서비스로 인식하였다. 그러나 양질의 보육서비스에 대한 요구와 보육의 질적 서비스 수준 향상을 이루고자 하는 부모 및 사회적 관심은 궁극적으로 객관적 기준에 근거한 질 높은 보육서비스에 대한 요구로 이어지게 되었다. 따라서 최근의 보육목적은 단순히 영유아를 보호하는 차원이 아닌 발달에 적합한 보육경험을 제공하는 질 높은 보육서비스를 통해 교육과 보호적 기능을 수행하여 전인적 발달을 도모할 뿐 아니라 가족복지를 실현함으로써 취업여성의 가정양육과 여성의 자아실현을 지원하는 종합적인 서비스로 인식되고 있다. 이와 같이 보육은 직업을 가진 여성이 자신의 일과 가정양육을 동시에 수행할 때 발생되는 어려움을 국가와 사회가 지원하기 위해 시작되었으며, 이를 통해 가족복지서비스를 증진시키고자 하는 데 그 필요성 및 의의가 있다.

이상의 논의를 종합해 보면, 보육이란 "영유아가 전인적 성장 · 발달을 도모할 수 있도록 차별성 없는 평등한 조건하에서 심신의 보호와 건전한 교육을 병합한 서비스를 제공하고 경제발전에 필요한 여성인구의 원활한 사회적 참여를 조장해서 영유아와 부모, 가족이 함께 행복해지고 지역사회 발전을 도모하기 위해 사회와 국가가 함께 제공하는 통합사회복지서비스"라고 정의할 수 있다.

2) 보육의 필요성

우리나라의 보육사업은 1921년 태화사회복지관에서 처음으로 시작되었으며, 초기에는 빈곤가정의 자녀양육을 지원해 주기 위한 선별주의적인 복지서비스 형태로 시작되었다. 그러나 점차 여성의 지위 향상과 사회참여로 인해 취업률이 증가하고 가족구조가 핵가족화, 한부모가정, 조손가정 및 다문화가정 등으로 다양하게 변화됨에 따라 단순히 빈곤계층에게 제공되던 서비스가 보편주의적인 접근으로서 모든 계층의 자녀를 보육대상에 포함시키게 되었다. 이러한 보편적 서비스는 단순히 영유아를 보호하는 차원이 아닌 교육적인 기능과 질 높은 서비스를 요구하게 되었고, 더불어 영유아의 전인적 발달과 권리뿐만 아니라 부모의 자녀양육 지원 및 경제적, 사회적인 욕구를 충족시켜 줄 수 있는 보육 및 복지서비스를 요구하게 되었다. 이처럼 보육서비스의 필요성이 그 어느 때보다 절실히 강조되고 있는데, 그 이유를 살펴보면 다음과 같다(김이영 외, 2020).

(1) 여성의 취업률 증가

여성의 교육 수준 및 지위가 향상되고 노동 현장에서 기혼여성의 경제활동 참가율(〈표 1-1〉에서 보면 2020년 15세 이상 여성의 경제활동참가율은 59.1%로 나타남)이 증가해 맞벌이부부 가정이 늘어나면서 전통적으로 육아를 담당해 온 어머니의 역할을 대신할 누군가가 필요하게 되었다. 그리고 가족구조는 점차 핵가족 소규모화되면서 가정 내에서 양육기능은 상실되어 가고 있다. 여성의 취업률이 50% 이상이면 더 이상 개인적으로 양육을 해결할 수 없다고 한다(서영숙 외, 2013). 이에 국가와 사회가 나서서 일과 가정을 양립할 수 있도록 제도적 지원을 할 필요성과 여성의 경제활동 참여를 활성화시켜 경력이 단절됨 없이 일을 지속할 수 있도록 보육서비스를 제공해 줌으로써 여성 취업의 활성화와 저출산 문제를 벗어나게 할 필요성이 제기되었다. 그러므로 여성 취업으로 인한 자녀양육자 부재 현상을 해결하기 위해 집 근처에 믿고 맡길 수 있는 질 높은 어린이집 확충이 시급한 사회문제로 대두하게 되었다.

표 1-1. 여성 경제활동참가율, 고용률, 실업률(15~64세) (단위: 천 명, %, 전년대비)

구분	2010	2011	2012	2013	2014	2015	2016	2017	2018	2019	2020
경제활동참가율	54.5	54.9	55.2	55.6	57.1	57.9	58.3	59.0	59.4	60.0	59.1
고용률	52.7	53.1	53.5	54.0	55.0	55.7	56.1	56.9	57.2	57.8	56.7
실업률	3.4	3.2	3.1	3.0	3.6	3.7	3.7	3.6	3.8	3.6	4.0

출처: 통계청(2021). 경제활동인구조사.

최근에는 경제적인 측면을 떠나 여성 자신의 자아성취를 목적으로 중산층 이상의 여성들이 사회·경제활동에 적극적으로 참여하고 있어 전통적인 가정의 역할과 기능에 큰 변화를 가져오게 되었고 이러한 현상은 가족기능의 약화를 불러오게 되었다. 전통적으로 여성이 가정 내에서 담당해 오던 가사와 육아에도 커다란 변화가 초래되어 아이를 낳고 양육하는 육아 문제는 이제 가정의 문제가 아닌 사회의 문제로 전환되어 가고 있다. 여성의 사회참여에 따른 육아지원의 필요성과 요구 증대에 따라 보육수요가 증가하였고, 영유아들이 좀 더 장시간 돌봄과 교육을 병행할 수 있는 다양한 보육서비스의 요구가 급증하게 되었다. 이로 인해 영유아시기에 가정이 아닌 보육기관에서 제공되는 양질의 경험은 그들의 발달에 기초성과 적기성에 매우 중요한 일로 대두되고 있다.

(2) 가족구조의 변화

우리나라에서는 1970년대 경제개발정책을 추진하면서 가족계획정책에 따라 강력한 인구억제정책을 실행하였고, 이에 출산율이 감소하게 되었다([그림 1-1] 참고). 농경사회에서는 자녀를 노동력으로 인식하여 출산율이 높았으나 산업화사회에서는 많은 수의 자녀가 개인적 생활의 제약과 교육비 증가로 인해 적은 수의 자녀를 선호하거나 자녀를 낳지 않으려는 딩크(Double Income No Kids, DINK)족까지 나타나고 있다. 또한 산업화·도시화되면서 대가족보다는 핵가족, 소규모 가족이 용이하므로 점차 가족 규모가 소규모화되었으며 가족에 관한 가치관의 변화와 함께 전통적인 가족 형태에서 가족해체 현상과 다양한 생활 형태가 반영된 한부모가정, 재혼가정, 조손가정, 다문화가정 등의 형태가 나타나고 있어 이들 가정에 보육서비스를 제공할 필요성이 높아지게 되었다.

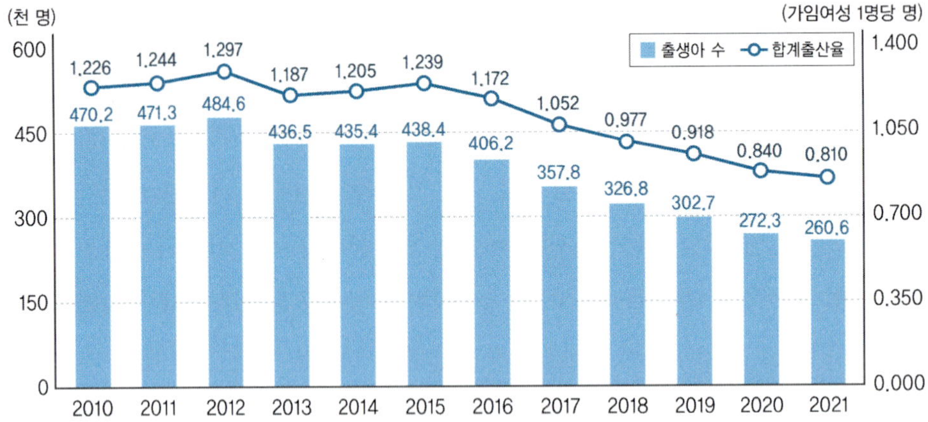

그림 1-1. 출생아 수 및 합계 출산율

출처: 통계청(2022). 2021년 출생통계, 국가승인통계 제10103호 출생통계.

또한 핵가족화 경향은 부모의 역할과 책임에 변화를 가져왔으며, 가족의 고립이 촉진되고 가족의 본래 기능이었던 자녀의 양육 및 사회화의 기능이 약화되었다. 가정의 기본적인 기능에는 자녀의 양육과 교육 및 사회화가 있는데, 자녀들이 가정생활을 통해 일상적인 언어와 태도, 기본생활습관과 예절, 대인관계기술, 도덕적 윤리의식 등을 배우게 된다. 이와 같은 가정의 교육적 기능은 이전의 확대가족 내지 대가족 형태에서 가능했지만 지금의 핵가족 또는 소가족 형태에서는 제대로 이루어지지 않고 있는 실정이다.

무엇보다 가족이 핵가족화되면서 가정 내에서 대인관계 기회의 감소와 소수의 특수한 인간관계만을 체험하게 되어 인간 상호작용의 결함을 가져올 수 있으며, 영유아기의 사회화과정의 기능 약화를 초래하기도 한다. 따라서 보육기관에서 경험되는 인간 상호 간의 관계를 도모하는 인간발달 프로그램, 긍정적인 자아상을 갖게 하는 프로그램 등의 제공이 영유아의 중요한 발달과정을 설명하는 요인이 되고 있다.

(3) 영유아의 권리

취업 여성의 자녀 양육을 지원하기 위한 수단으로 시작된 보육서비스는 경제적 · 사회적 요구를 수용하게 되면서 영유아 입장에서 잘 자랄 권리, 적절한 서비스를 받을 권리 등이 보장되지 못한 부정적인 측면이 발생되어 왔다.

맞벌이가정의 증가로 인해 불가피하게 보육서비스를 이용해야 한다면, 인간발달 초기에 제공되는 보육서비스는 영유아의 건강한 발달을 도모할 수 있는 발달에 적합한 환경이어야 하며, 개별적인 아동의 요구가 반영되어 각자의 잠재능력을 발휘할 수 있는 질 높은 보육서비스를 제공해야 한다. 최근의 연구에 의하면, 양질의 보육경험은 영유아의 애착 및 제반 영역발달에 긍정적인 영향을 받는다고 주장하고 있다. 그러므로 영유아발달에 있어 가장 중요한 요인은 보육경험 유무라기보다는 어떤 보육서비스를 제공받았는지, 그 내용의 질이 더 중요한 요인으로 인식되고 있다.

2. 어린이집의 유형

어린이집 유형은 운영주체에 따른 유형, 보육장소에 따른 유형, 보육시간에 따른 유형 및 보육대상에 따른 유형으로 구분할 수 있다. 다양한 어린이집 유형에 대해 자세하게 살펴보면 다음과 같다(고정곤 외, 2019; 김이영 외, 2017).

1) 운영주체에 따른 유형

운영주체에 따른 분류는 「영유아보육법」 제10조[1]에 7가지 유형으로 명시되어 있는데, 운영주체에 따른 어린이집 유형별 특성을 요약해 보면 〈표 1-2〉와 같다.

표 1-2. 어린이집 유형별 특성 요약표

유형	운영주체	규모(상시 영유아)	대표자
국공립	국가나 지방자치단체	11인 이상	시장, 군수, 구청장 등 지방자치단체장
사회복지법인	사회복지법인	21인 이상	법인 대표자
법인 · 단체 등	사회복지법인을 제외한 비영리법인	21인 이상	법인 대표자
직장	사업주(지방자치단체장 포함)	5인 이상	사업주 대표자
가정	개인	5인 이상 20인 이하	개인
협동	보호자 및 보육교직원 조합(비영리)	11인 이상	조합원 중에서 1인 선정
민간	상위 6개 유형을 제외한 모든 어린이집	21인 이상	법인 혹은 개인 대표자

1) 「영유아보육법」 제10조(어린이집의 종류) 어린이집의 종류는 다음 각 호와 같다.
1. 국공립어린이집: 국가나 지방자치단체가 설치 · 운영하는 어린이집
2. 사회복지법인어린이집: 「사회복지사업법」에 따른 사회복지법인(이하 "사회복지법인"이라 한다)이 설치 · 운영하는 어린이집
3. 법인 · 단체등어린이집: 각종 법인(사회복지법인을 제외한 비영리법인)이나 단체 등이 설치 · 운영하는 어린이집으로서 대통령령으로 정하는 어린이집
4. 직장어린이집: 사업주가 사업장의 근로자를 위하여 설치 · 운영하는 어린이집(국가나 지방자치단체의 장이 소속 공무원 및 국가나 지방자치단체의 장과 근로계약을 체결한 자로서 공무원이 아닌 자를 위하여 설치 · 운영하는 어린이집을 포함한다)
5. 가정어린이집: 개인이 가정이나 그에 준하는 곳에 설치 · 운영하는 어린이집
6. 협동어린이집: 보호자 또는 보호자와 보육교직원이 조합(영리를 목적으로 하지 아니하는 조합에 한정한다)을 결성하여 설치 · 운영하는 어린이집
7. 민간어린이집: 제1호부터 제6호까지의 규정에 해당하지 아니하는 어린이집

(1) 국 · 공립어린이집

국 · 공립어린이집은 「영유아보육법」 제10조 제1호에 '국가나 지방단체가 설치 · 운영하는 어린이집'으로 규정하고 있다. 국 · 공립어린이집의 설립과 운영에 대해 구체적으로 살펴보면 〈표 1-3〉과 같다.

표 1-3. 국 · 공립어린이집의 설립과 운영

구분	내용
설립	• 국 · 공립어린이집에서는 국가가 설립주체가 되는 국립어린이집과 지방자치단체가 설립주체가 되는 공립어린이집 두 종류가 있다. • 국 · 공립어린이집은 보육운영에 관한 연구를 위해 설립하거나 취약지역(농어촌 지역, 저소득계층밀집 지역)에 설립하여 저소득층 가정의 유아를 보육하기 위해 설립되기도 한다.
운영	• 국 · 공립어린이집에서는 지역주변의 자녀 가운데 정원의 50% 이상을 확보해야 하며 또한 일반적으로 보육료가 저렴하고 보육의 질적 수준이 높아 학부모의 선호도가 높고 경쟁률이 높아 일반적으로 추첨을 통해 선발한다. • 국 · 공립어린이집의 직원은 공무원으로 보임하여 직접운영하거나 또는 법인 · 단체 또는 개인에게 위탁하여 운영하기도 한다. • 위탁운영 시에는 비영리법인, 비영리단체 또는 개인에게 위탁하며 신규위탁은 공개경쟁의 방법으로 선정 · 운영하기도 한다. • 신규위탁 시에는 어린이집 운영 평가결과를 참고하여 보육의 전문성, 정치 · 종교적 중립성을 유지하도록 한다.

(2) 사회복지법인어린이집

사회복지법인어린이집은 「영유아보육법」 제10조 제2호에 '「사회복지사업법」에 따른 사회복지법인(이하 '사회복지법인'이라 함)이 설치 · 운영하는 어린이집'으로 규정하고 있다. 사회복지법인어린이집의 설립과 운영에 대해 구체적으로 살펴보면 〈표 1-4〉와 같다.

표 1-4. 사회복지법인어린이집의 설립과 운영

구분	내용
설립	• 관할시장 · 군수 또는 구청장에게 사전에 인가를 신청해야 한다. • 관할시장 · 군수 또는 구청장은 관할 지역 보육수요와 어린이집의 공급현황을 감안하여 지역별로 균형에 맞게 설립한다. • 상시 21인 이상을 보육할 수 있는 시설이어야 한다.
운영	• 설립을 주도한 비영리기관이 예산지원을 받아 운영하는 형태로 복지기관이나 대학, 종교단체 등이 주체가 되어 운영된다. • 운영예산은 설립법인으로부터 지원을 받아 운영하므로 설립법인의 기본철학에 의해 운영되는 경우가 많다. • 법인어린이집은 적용되는 프로그램에 따라 비싼 보육료를 부담하는 중 · 상류층 가정의 자녀를 대상으로 하는 어린이집과 저소득층 가정의 자녀를 대상으로 하여 저렴한 보육료를 부담하게 하는 어린이집 등 운영형태가 다양하다.

(3) 법인 · 단체 등 어린이집

법인 · 단체 등 어린이집은 「영유아보육법」 제10조 제3호에 '각종 법인(사회복지법인을 제외한 비영리법인)이나 단체 등이 설치 · 운영하는 어린이집으로, 대통령령으로 정하는 어린이집'으로 규정하고 있다. 법인 · 단체 등 어린이집의 설립과 운영에 대해 구체적으로 살펴보면 〈표 1-5〉와 같다.

표 1-5. 법인 · 단체 등 어린이집의 설립과 운영

구분	내용
설립	• 「유아교육법」, 「초 · 중등교육법」 및 「고등교육법」에 따른 법인 또는 학교법인이 설치 · 운영하는 어린이집이다. • 종교단체가 설치 · 운영하는 어린이집이다. • 「산업재해보상보험법」에 따른 근로복지공단이 설치 · 운영하는 어린이집이다. • 교육훈련시설이 설치 · 운영하는 어린이집이다. • 위에서 규정한 어린이집에 준하는 어린이집으로서 보건복지부장관이 정하는 어린이집 등이 있다.
운영	• 운영 소요예산은 수익자 부담원칙으로 유아 부모로부터 유아 보육비를 징수하거나 어린이집을 설립한 법인이나 단체에서 일부 운영예산을 지원받기도 한다.

(4) 직장어린이집

직장어린이집은 「영유아보육법」 제10조 제4호에 '사업주가 사업장의 근로자를 위하여 설치 · 운영하는 어린이집(국가나 지방자치단체의 장이 소속 공무원 및 국가나 지방지치단체의 장과 근로계약을 체결한 자로서 공무원이 아닌 자를 위하여 설치 · 운영하는 어린이집을 포함한다)'으로 규정하고 있다. 직장어린이집의 설립과 운영에 대해 구체적으로 살펴보면 〈표 1-6〉과 같다.

표 1-6. 직장어린이집의 설립과 운영

구분	내용
설립	• 상시여성근로자 300인 이상 또는 근로자 500인 이상을 고용하고 있는 사업주는 시장 · 군수의 승인을 받아 직장어린이집을 설립해야 한다. • 설치장소는 사업장 내 또는 그에 준하는 인근지역이나 사원주택 등 사업장 근로자의 밀집주거지역에 설치한다. • 회사, 공장, 병원, 노동조합 등에서 근로자의 복지정책의 하나로 설립 · 운영한다.
운영	• 사업장의 사업주가 직장보육시설을 불가피한 사유로 설치 못하는 경우에는 법령이 정하는 바에 따라서 지역의 어린이집에 위탁보육을 의뢰하고 대신에 근로자에게 보육수당을 지급하도록 하는 정책적 대안을 제시하기도 한다. • 직장어린이집에는 보육정원의 1/3 이상을 동일한 사업장 근로자의 자녀를 입원시켜야 한다. • 직장어린이집은 근로자의 작업능률 향상과 복지의 차원에서 운영에 소요되는 경비 일체를 어린이집을 설립한 기업체나 기관이 부담하는 것을 원칙으로 한다. • 근로자는 직장어린이집에 자녀보육을 위탁함으로써 유아의 보호와 교육에 대한 심리적 안정감을 갖고 근무 중 휴식시간에 자녀의 활동모습을 관찰할 수 있으며 교사와의 상담을 수시로 가질 수 있다. 특히 부모와 등 · 하원을 같이 할 수 있어 유아의 안전사고를 예방할 수 있다. • 규모는 상시 5명 이상을 보육해야 한다. • 사업주는 직장어린이집 운영 및 수탁보호 중인 영유아의 보육에 필요한 비용의 1/2 이상 보조하여야 한다.

(5) 가정어린이집

가정어린이집은 「영유아보육법」 제10조 제5호에 '개인이 가정이나 그에 준하는 곳에 설치 · 운영하는 어린이집'으로 규정하고 있다. 가정어린이집의 설립과 운영에 대해 구체적으로 살펴보면 〈표 1-7〉과 같다.

표 1-7. 가정어린이집의 설립과 운영

구분	내용
설립	• 가정어린이집은 가정이나 그에 준하는 장소에 해당지역 시장, 군수의 허가를 받아 설치해야 한다.
운영	• 영유아 5인 이상 20인 이하를 보육할 수 있다. • 어린이집 가운데 가장 작은 규모를 가지고 운영함으로써 대부분 어린이집의 재정상태가 열악하다. 하지만 가정적인 분위기가 조성되어 유아에게는 심리적으로 안정적이다.

(6) 협동어린이집

협동어린이집은 「영유아보육법」 제10조 제6호에 '보호자 또는 보호자와 교직원이 조합(영리를 목적으로 하지 아니하는 조합에 한정한다)을 결성하여 설치 · 운영하는 어린이집'으로 규정하고 있다. 협동어린이집의 설립과 운영에 대해 구체적으로 살펴보면 〈표 1-8〉과 같다.

표 1-8. 협동어린이집의 설립과 운영

구분	내용
설립	• 보호자 자녀들의 보육문제를 해결하기 위하여 15인 이상의 학부모가 공동 출자하여 어린이집을 설립한다. • 협동어린이집은 가정어린이집을 설치한 곳에도 설치할 수 있다.
운영	• 상시 11인 이상 유아를 보육할 수 있다. • 협동어린이집에는 조합원 2/3 이상의 찬성으로 업무진행자를 선임, 시설장을 겸직하도

구분	내용
	록 하여 어린이집을 운영 · 관리해 나간다. • 조합원인 학부모들이 교사채용, 교육과정계획수립 및 운영에 참여하기도 하고 학부모들이 교사나 보조교사로 직접 참여하므로 어린이집 운영에 직접적으로 관여하기도 한다. • 부모협동어린이집에서는 학부모들의 철학과 보육이념에 기초하여 특색 있는 유아 중심 교육프로그램, 예를 들어 자연친화교육, 생활체험교육, 전통문화교육 등 독자적이며 차별성 있는 교육과정을 다양하게 운영한다. • 자녀들의 책임보육을 위해 참여 학부모들의 공동출자에 의해 이루어지기 때문에 비영리적이다.

(7) 민간어린이집

민간어린이집은 「영유아보육법」 제10조 제7호에 '제1호부터 제6호까지의 규정에 해당하지 아니하는 어린이집'으로 규정하고 있다. 민간어린이집의 설립과 운영에 대해 구체적으로 살펴보면 〈표 1-9〉와 같다.

표 1-9. 민간어린이집의 설립과 운영

구분	내용
설립	• 민간어린이집은 사회법인이 아닌 법인, 단체 또는 개인이 설립할 수 있다. • 민간어린이집은 직장어린이집, 가정어린이집이 아닌 시설로서 명칭은 'OO어린이집'으로 명명한다.
운영	• 민간어린이집은 영유아 21인 이상을 보육할 수 있다.

2) 보육장소에 따른 유형

보육장소에 따른 유형에는 크게 가정보육과 기관보육으로 나눌 수 있다. 가정보육이란 기관이 아닌 가정에서 이루어지는 보육 형태로 자기 집에서 이루어지는 보육과 다른 가정에서 이루어지는 보육으로 나뉘는데 가정보육은 본인의 집 또는 유사한 가정에서 편안함과 익숙한 환경 안에서 보육된다는 장점이 있는 대신 기관보육에 비해 전문성 있는 교사나 보육환경, 프로그램 등의 운영 면에서 부족할 수 있다는 단점을 지닌다. 이와 같은 형태는 개인적으로 육아를 맡기는 경우, 여성가족부에서 실시하는 아이돌보미사업에 의해 파견되는 형태가 대표적이라고 할 수 있다. 반면에 기관보육은 보육의 일반적인 형태로 우리나라에서는 "어린이집"이란 명칭을 사용하고 있으며 「영유아보육법」에 근거해 주무부서인 보건복지부의 관리 · 감독을 받아 운영하고 있는 기관을 말한다.

3) 보육시간에 따른 유형

보육의 운영시간에 따른 유형을 살펴보면, 어린이집은 종일제(오전 7:30~19:30)를 원칙으로 하며 보호자의 근로시간 등을 고려하여 조정 · 운영할 수 있다. 또한 공휴일을 제외하고 연중 계속 운영하여야 하는데 운영시간에 따라 시간제 보육, 야간보육, 24시간 보육, 휴일보육, 방과후 보육서비스가 있다. 시간제 보육서비스는 기본 종일제 시간 외에 부모의 요구에 따라 일시적, 비정기적으로 돌보아주는 보육서비스로 육아종합지원센터나 거점 어린이집에서 운영하고 있다. 야간보육은 야간에 이루어지는 보육형태로 시간연장형 보육과 유사한 형태로 이루어지고 있다. 24시간 보육은 잠자리와 저녁, 아침식사를 제공하며 야근이나 늦은 밤까지 일하는 부모를 위해 제공하는 보육서비스이고, 휴일보육은 공휴일에 이용할 수 있는 보육서비스의 형태를 의미하지만 24시간 보육서비스가 제공되면서 점차 사라지고 있다. 이 외에도 방과후 보육은 초등학교 수업을 마친 후 돌보아주는 보육의 형태로 현재 교육부에서 돌봄교실을 운영하여 실시하고 있다.

4) 보육대상에 따른 유형

보육의 대상에 따른 유형을 살펴보면, 과거에는 선별적인 보육서비스로 보육을 필요로 하는 요보호아동(취약계층, 저소득층) 중심의 보육이었으나 맞벌이가 증가하고 기혼여성의 취업이 증가하면서 보육대상이 확대되어 모든 영유아를 대상으로 하는 보편적 서비스로 개념이 변화되었다. 또한 초기에는 보육대상 아동이 영아보다 유아 중심의 서비스였으나 취업여성의 경력이 단절되지 않게 하기 위해서 유아보다 영아를 보육하는 어린이집에 대한 요구가 증가되어, 이런 취업모의 요구를 반영해 영아보육을 활성화하기 위한 지원정책을 실시하게 되었다. 이에 영아전담어린이집과 가정어린이집을 지원하는 정책으로 영아를 보육하는 기관이 많아지게 되었으며 이로 인해 보육대상이 유아에서 출산휴가를 마친 영아(3개월 이후)에까지 낮아졌고 그 밖에 장애아 보육, 다문화 보육과 같이 사회적 요구를 반영한 다양한 보육 서비스를 제공하고 있다.

3. 어린이집과 보육교직원 현황

1) 어린이집과 보육아동의 현황

어린이집 현황을 살펴보면, 2021년 12월 31일 기준으로 전체 33,246개소의 어린이집이 설립·운영되고 있는 것으로 나타났다(〈표 1-10〉 참고).

표 1-10. 어린이집 연도별 설치 · 운영 현황 (단위: 개소)

구 분	계	국·공립 어린이집	사회복지법인 어린이집	법인·단체 등 어린이집	민간 어린이집	가정 어린이집	협동 어린이집	직장 어린이집
2021	33,246	5,437	1,285	640	10,603	13,891	142	1,248
2020	35,352	4,958	1,316	671	11,510	15,529	152	1,216
2019	37,371	4,324	1,343	707	12,568	17,117	159	1,153
2018	39,171	3,602	1,377	748	13,518	18,651	164	1,111
2017	40,238	3,157	1,392	771	14,045	19,656	164	1,053
2016	41,084	2,859	1,402	804	14,316	20,598	157	948
2015	42,517	2,629	1,414	834	14,626	22,074	155	785
2014	43,742	2,489	1,420	852	14,822	23,318	149	692
2013	43,770	2,332	1,439	868	14,751	23,632	129	619
2012	42,527	2,203	1,444	869	14,440	22,935	113	523
2011	39,842	2,116	1,462	870	14,134	20,722	89	449
2010	38,021	2,034	1,468	888	13,789	19,367	74	401
2009	35,550	1,917	1,470	935	13,433	17,359	66	370
2008	33,499	1,826	1,458	969	13,306	15,525	65	350
2007	30,856	1,748	1,460	1,002	13,081	13,184	61	320
2006	29,233	1,643	1,475	1,066	12,864	11,828	59	298
2005	28,367	1,473	1,495	979	12,769	11,346	42	263
2004	26,903	1,349	1,537	966	12,225	10,583	미분류	243
2003	24,142	1,329	1,632	787	11,225	8,933	미분류	236
2002	22,147	1,330	1,633	575	10,471	7,939	미분류	199
2001	20,097	1,306	1,991	313	9,490	6,801	미분류	196
2000	19,276	1,295	2,010	324	8,970	6,473	미분류	204

출처: 보건복지부(2022). 2021년 보육통계(2021년 12월 31일 기준).

운영주체에 따른 어린이집 현황을 살펴보면, 가정어린이집이 13,891개소(41.78%)로 가장 많았으며, 민간어린이집 10,603개소(31.89%), 국 · 공립어린이집 5,437개소(16.35%), 사회복지법인어린이집 1,285개소(3.87%), 직장어린이집 1,248개소(3.75%), 법인 · 단체 등 어린이집 640개소(1.92%), 협동어린이집 142개소(0.43%) 순으로 나타났다. 전체 어린이집 현황은 2013년 43,770개소로 가장 많았다가 해마다 전체 어린이집의 수는 감소하고 있는데, 이는 저출산의 영향으로 판단할 수 있다. 그리고 전체 어린이집의 수는 감소하고 있는데도 불구하고 국 · 공립어린이집과 직장어린이집은 해마다 증가하고 있는 것으로 나타났다. 이러한 결과는 국 · 공립어린이집 확충이라는 국가적 과제를 해결하기 위해 정부와 지방자치단체가 적극적으로 국 · 공립어린이집 확충에 나섰으며, 그 결과 2016년 6.96%였던 국 · 공립어린이집이 2018년 9.20%, 2021년 16.35%로 증가한 결과를 보였다. 또한 직장어린이집은 「영유아보육법」에 직장어린이집의 설치를 상시 여성 근로자 300인 이상, 남녀 근로자 500인 이상 사업장은 설치를 의무화하였고, 더욱 강화된 법안으로 보건복지부 장관이 실태조사 후 직장어린이집의 설치 불이행의 사업장의 명단을 공개하도록 하였다. 이와 더불어 보건복지부 장관 또는 조사 기관의 장이 실태조사를 위하여 관계 행정 및 의무이행 관련된 기관 또는 단체에 자료 및 의견 등의 제출을 요청할 경우 그 기관은 특별한 사정이 없다면 그 요청을 따라야 하도록 하고 있다. 이와 같은 이유로 직장어린이집의 수가 2016년 2.31%에서 2018년 2.84%, 2021년 3.75%로 증가하였고, 보육아동수도 증가하고 있는 것으로 나타났다. 어린이집 연도별 보육아동 현황은 〈표 1-11〉과 같다.

표 1-11. 어린이집 연도별 보육아동 현황 (단위: 명)

구 분		계	국·공립 어린이집	사회복지법인 어린이집	법인·단체 등 어린이집	민간 어린이집	가정 어린이집	협동 어린이집	직장 어린이집
2021	계	1,184,716	268,967	72,085	30,998	535,428	208,842	3,465	64,931
	남	613,695	139,664	38,046	16,150	277,125	107,330	1,873	33,507
	여	571,021	129,303	34,039	14,848	258,303	101,512	1,592	31,424
2020	계	1,244,396	253,251	78,322	34,066	578,196	230,444	3,716	66,401
	남	644,496	131,303	41,100	17,710	299,290	118,878	2,010	34,205
	여	599,900	121,948	37,222	16,356	278,906	111,566	1,706	32,196
2019	계	1,365,085	232,123	86,775	38,538	664,106	273,399	4,121	66,023
	남	705,867	119,993	45,411	20,101	343,060	140,965	2,205	34,132
	여	659,218	112,130	41,364	18,437	321,046	132,434	1,916	31,891
2018	계	1,415,742	200,783	92,787	41,298	711,209	302,674	4,360	62,631
	남	731,498	103,444	48,702	21,633	367,436	155,682	2,272	32,329
	여	684,244	97,339	44,085	19,665	343,773	146,992	2,088	30,302

구 분		계	국·공립 어린이집	사회복지법인 어린이집	법인·단체 등 어린이집	민간 어린이집	가정 어린이집	협동 어린이집	직장 어린이집
2017	계	1,450,243	186,916	96,794	43,404	738,559	321,608	4,508	58,454
	남	749,266	96,611	50,741	22,625	381,384	165,414	2,308	30,183
	여	700,977	90,305	46,053	20,779	357,175	156,194	2,200	28,271
2016	계	1,451,215	175,929	99,113	45,374	745,663	328,594	4,240	52,302
	남	750,122	91,124	52,038	23,638	385,046	168,970	2,197	27,109
	여	701,093	84,805	47,075	21,736	360,617	159,624	2,043	25,193
2015	계	1,452,813	165,743	99,715	46,858	747,598	344,007	4,127	44,765
	남	750,621	85,961	52,333	24,279	385,507	177,103	2,166	23,272
	여	702,192	79,782	47,382	22,579	362,091	166,904	1,961	21,493
2014	계	1,496,671	159,241	104,552	49,175	775,414	365,250	3,774	39,265
	남	773,987	82,306	55,049	25,478	400,579	188,152	2,012	20,411
	여	722,684	76,935	49,503	23,697	374,835	177,098	1,762	18,854
2013	계	1,486,980	154,465	108,834	51,684	770,179	364,113	3,226	34,479
	남	768,523	79,934	57,048	26,670	397,270	187,899	1,735	17,967
	여	718,457	74,531	51,786	25,014	372,909	176,214	1,491	16,512
2012	계	1,487,361	149,677	113,049	51,914	768,256	371,671	2,913	29,881
	남	769,573	77,321	59,562	26,867	397,021	191,722	1,572	15,508
	여	717,788	72,356	53,487	25,047	371,235	179,949	1,341	14,373
2011	계	1,348,729	143,035	112,688	50,676	706,647	308,410	2,286	24,987
	남	699,806	73,850	59,408	26,341	366,164	159,878	1,248	12,917
	여	648,923	69,185	53,280	24,335	340,483	148,532	1,038	12,070
2010	계	1,279,910	137,604	114,054	51,126	671,891	281,436	1,898	21,901
	남	665,305	71,195	60,124	26,846	348,844	146,009	1,051	11,236
	여	614,605	66,409	53,930	24,280	323,047	135,427	847	10,665
2009		1,175,049	129,656	112,338	52,718	623,045	236,843	1,655	18,794
2008		1,135,502	123,405	113,894	53,818	615,647	210,438	1,491	16,809
2007		1,099,933	119,141	118,211	55,906	612,484	177,623	1,444	15,124
2006		1,040,361	114,657	120,551	58,808	582,329	148,240	1,238	14,538
2005		989,390	111,911	125,820	56,374	552,360	129,007	933	12,985
2004		930,252	107,335	135,531	48,414	507,398	119,787	미분류	11,787
2003		858,345	103,474	140,994	37,911	461,640	103,935	미분류	10,391
2002		800,991	103,351	142,035	30,289	425,647	90,939	미분류	8,730
2001		734,192	102,118	161,419	16,483	369,044	77,247	미분류	7,881
2000		686,000	99,666	157,993	15,949	336,625	67,940	미분류	7,807
1999		640,915	99,866	151,652	13,195	301,630	67,294	미분류	7,278

* 남/녀 구분: 아동의 주민등록번호의 7번째 자릿수가 홀수이면 남, 짝수이면 녀.
출처: 보건복지부(2022). 2021년 보육통계(2021년 12월 31일 기준).

〈표 1-11〉에서 보는 것과 같이 2021년 12월 31일 기준 어린이집을 이용하고 있는 영유아는 전체 1,184,716명으로 나타났다. 운영주체에 따른 현황을 구체적으로 살펴보

면, 민간어린이집을 이용하는 영유아가 535,428명(45.19%)으로 가장 많았으며, 국·공립어린이집 268,967명(22.70%), 가정어린이집 208,842명(17.63%), 사회복지법인어린이집 72,085명(6.08%), 직장어린이집 64,931명(5.48%), 법인·단체 등 어린이집 30,998명(2.62%), 협동어린이집 3,465명(0.29%) 순으로 나타났다. 정원규모별 어린이집 설치현황을 살펴보면 〈표 1-12〉와 같다.

표 1-12. 정원규모별 어린이집 설치현황

구 분		계	20명 이하	21~ 39명	40~ 49명	50~ 80명	81~ 99명	100~ 160명	161~ 200명	201~ 240명	241~ 300명	300명 초과
합계	소 계	33,246	14,648	5,008	3,300	4,892	2,807	1,879	404	159	141	8
	국공립	5,437	554	992	918	1,818	777	326	39	9	4	0
	사회복지법인	1,285	3	96	153	355	368	242	46	13	8	1
	법인·단체등	640	9	114	110	216	104	62	19	3	2	1
	민간	10,603	8	3,585	1,802	2,187	1,422	1,128	259	113	93	6
	가정	13,891	13,891	0	0	0	0	0	0	0	0	0
	협동	142	72	43	15	7	2	3	0	0	0	0
	직장	1,248	111	178	302	309	134	118	41	21	34	0

출처: 보건복지부(2022). 2021년 보육통계(2021년 12월 31일 기준).

〈표 1-12〉에서 보는 것과 같이, 정원규모별 어린이집 설치현황은 전체 33,246개소 중 20명 이하가 14,648개소(44.06%)로 가장 많았으며, 21~39명 정원 5,008개소(15.06%), 50~80명 정원 4,892개소(14.71%), 40~49명 정원 3,300개소(9.93%), 81~99명 2,807개소(8.44%), 100~160명 1,879개소(5.65%) 순으로 나타났다. 어린이집 1개당 아동수에 대한 현황은 〈표 1-13〉과 같다.

표 1-13. 어린이집 1개당 아동수 (단위: 명)

아동수/어린이집수	국 · 공립 어린이집	사회복지법인 어린이집	법인 · 단체 등 어린이집	민간 어린이집	가정 어린이집	협동 어린이집	직장 어린이집
35.6	49.5	56.1	48.4	50.5	15.0	24.4	52.0

* 아동수: 현원(종일, 맞춤, 야간, 24시간, 방과후)기준
출처: 보건복지부(2022). 2021년 보육통계(2021년 12월 31일 기준).

〈표 1-13〉에서 보는 것과 같이, 어린이집 1개당 아동수는 전체 35.6명으로 나타났다. 운영주체에 따른 현황을 살펴보면, 사회복지법인어린이집이 56.1명으로 가장 많았으며, 직장어린이집 52명, 민간어린이집 50.5명, 국 · 공립어린이집 49.5명, 법인 · 단체 등 어린이집 48.4명, 협동어린이집 24.4명, 가정어린이집 15명 순으로 나타났다.

2) 어린이집 보육교직원 현황

어린이집에 종사하는 보육교직원은 원장과 보육교사, 그리고 보조교사, 조리사, 간호사, 영양사, 사무원 등을 말한다. 2021년 12월 31일 기준 보육교직원의 현황은 〈표 1-14〉와 같다.

표 1-14. 보육교직원 연도별 추이 현황 (단위: 명)

구 분		계	국·공립 어린이집	사회복지법인 어린이집	법인·단체 등 어린이집	민간 어린이집	가정 어린이집	협동 어린이집	직장 어린이집
2021	계	321,116	67,191	17,673	7,351	123,655	83,758	1,009	20,479
	남	11,261	1,305	1,754	579	6,511	880	22	210
	여	309,855	65,886	15,919	6,772	117,144	82,878	987	20,269
2020	계	325,669	59,974	18,313	7,695	129,306	89,552	1,030	19,799
	남	11,598	1,207	1,797	610	6,845	914	23	202
	여	314,071	58,767	16,516	7,085	122,461	88,638	1,007	19,597
2019	계	331,444	50,436	18,835	8,062	139,344	95,763	1,043	17,961
	남	12,392	1,094	1,861	647	7,542	1,017	27	204
	여	319,052	49,342	16,974	7,415	131,802	94,746	1,016	17,757

구 분		계	국·공립 어린이집	사회복지법인 어린이집	법인·단체 등 어린이집	민간 어린이집	가정 어린이집	협동 어린이집	직장 어린이집
2018	계	333,420	41,122	19,139	8,259	146,386	100,987	1,051	16,476
	남	12,956	971	1,882	668	8,118	1,100	26	191
	여	320,464	40,151	17,257	7,591	138,268	99,887	1,025	16,285
2017	계	330,217	36,098	18,845	8,254	146,920	104,176	1,066	14,858
	남	13,648	954	1,895	691	8,644	1,260	28	176
	여	316,569	35,144	16,950	7,563	138,276	102,916	1,038	14,682
2016	계	321,766	32,937	18,920	8,436	145,609	101,891	979	12,994
	남	14,124	941	1,928	726	9,013	1,330	29	157
	여	307,642	31,996	16,992	7,710	136,596	100,561	950	12,837
2015	계	321,067	30,823	18,933	8,637	145,724	105,124	970	10,856
	남	14,447	942	1,908	725	9,226	1,470	29	147
	여	306,620	29,881	17,025	7,912	136,498	103,654	941	10,709
2014	계	311,817	28,977	19,045	8,749	141,977	102,947	856	9,266
	남	14,270	884	1,878	729	9,117	1,527	25	110
	여	297,547	28,093	17,167	8,020	132,860	101,420	831	9,156
2013	계	301,719	26,750	18,765	8,703	136,180	102,731	730	7,860
	남	13,182	806	1,768	672	8,304	1,534	18	80
	여	288,537	25,944	16,997	8,031	127,876	101,197	712	7,780
2012	계	284,237	23,725	18,011	8,094	126,239	101,273	614	6,281
	남	10,496	643	1,492	556	6,255	1,475	17	58
	여	273,741	23,082	16,519	7,538	119,984	99,798	597	6,223
2011	계	248,635	22,229	17,491	7,724	112,779	82,911	485	5,016
	남	8,663	501	1,364	496	5,076	1,161	14	51
	여	239,972	21,728	16,127	7,228	107,703	81,750	471	4,965
2010		229,084	20,980	17,368	7,708	104,531	73,895	398	4,204
2009		206,912	19,397	17,042	7,988	95,668	62,863	348	3,606
2008		175,729	17,132	16,145	7,653	84,140	47,348	298	3,013
2007		169,585	15,628	16,020	7,687	83,088	44,167	345	2,650
2006		156,306	14,910	16,226	8,206	78,960	35,425	252	2,327
2005		136,916	13,656	15,922	7,220	70,384	27,492	267	1,975
2004		125,147	13,145	16,797	6,519	63,319	23,621	미분류	1,746
2003		125,931	14,957	24,666	5,212	59,400	19,946	미분류	1,750
2002		117,572	15,180	25,866	3,103	53,982	17,896	미분류	1,545
2001		103,924	14,500	23,155	2,147	49,065	13,675	미분류	1,382

** 보육교직원수: 정상운영 중인 어린이집에서 임용, 출산휴가 상태인 보육교직원 수.

* 남/녀 구분: 보육교직원의 주민등록번호 7번째 자릿수가 홀수이면 남, 짝수이면 녀.

출처: 보건복지부(2022). 2021년 보육통계(2021년 12월 31일 기준).

〈표 1-14〉에 보는 것과 같이, 2021년 12월 31일 현재 어린이집에 근무하고 있는 보육교직원은 전체 321,116명으로 나타났다. 운영주체에 따른 보육교직원 현황을 살펴보면, 민간어린이집에 종사하는 보육교직원이 123,655명(38.51%)으로 가장 많았으며, 가정어린이집 83,758명(26.08%), 국·공립어린이집 67,191명(20.92%), 직장어린이집 20,479명(6.38%), 사회복지법인어린이집 17,673명(5.50%), 법인·단체 등 어린이집 7,351명(2.29%), 협동어린이집 1,009명(0.31%) 순으로 나타났다. 보육교직원수가 전년대비 국·공립어린이집, 직장어린이집 및 협동어린이집에 종사하는 보육교직원은 증가하는데 비해 사회복지법인어린이집, 법인·단체 등 어린이집, 민간어린이집, 가정어린이집에 종사하는 보육교직원은 감소한 것으로 나타났다. 어린이집 유형에 따른 보육교직원의 직무 현황은 〈표 1-15〉와 같다.

표 1-15. 어린이집 유형에 따른 보육교직원 직무 현황 (단위: 명)

구분	계	원장	보육교사	간호사	영양사	조리원	기타	특수교사
소계	321,116	33,087	236,085	985	1,040	29,575	18,660	1,684
국공립	67,191	5,373	51,071	204	176	6,489	3,041	837
사회복지법인	17,673	1,282	11,963	68	73	1,595	2,076	616
법인·단체 등	7,351	637	5,037	46	39	737	796	59
민간	123,655	10,566	92,908	454	528	10,690	8,342	167
가정	83,758	13,849	58,800	0	0	7,791	3,317	1
협동	1,009	143	686	1	0	134	44	1
직장	20,479	1,237	15,620	212	224	2,139	1,044	3

출처: 보건복지부(2022). 2021년 보육통계(2021년 12월 31일 기준).

〈표 1-15〉에서 보는 것과 같이, 보육교사가 236,085명(73.52%)으로 가장 많았으며, 원장 33,087명(10.30%), 조리원 29,575명(9.21%), 기타 18,660명(5.81%), 특수교사 1,684명

(0.52%), 영양사 1,040명(0.32%), 간호사 985명(0.31%) 순으로 나타났다. 보육교직원 1인당 아동수에 대한 현황은 〈표 1-16〉과 같다.

표 1-16. 보육교직원 1인당 아동수 (단위: 명)

아동수/보육 교직원수	국·공립 어린이집	사회복지법인 어린이집	법인·단체 등 어린이집	민간 어린이집	가정 어린이집	협동 어린이집	직장 어린이집
3.7	4	4.1	4.2	4.3	2.5	3.4	3.2

* 아동수: 현원(종일, 맞춤, 야간, 24시간, 방과후)기준.
출처: 보건복지부(2022). 2021년 보육통계(2021년 12월 31일 기준).

〈표 1-16〉에서 보는 것과 같이 보육교직원 1인당 아동수는 전체 3.7명으로 나타났다. 운영주체에 따른 현황을 살펴보면, 민간어린이집이 4.3명, 법인·단체 등 어린이집 4.2명, 사회복지법인어린이집이 4.1명, 국·공립어린이집 4명, 협동어린이집 3.4명, 직장어린이집 3.2명, 가정어린이집 2.5명 순으로 나타났다.

4. 보육의 패러다임 변화

보육사업의 변천을 역사적으로 살펴보면, 초기의 보육시설들은 19세기를 전후로 시작되었다. 주로 저소득층을 중심으로 어머니들이 일터로 나가게 되면서 그들의 자녀들을 돌보아줄 사람 없이 방치된 상태에 놓이게 되자 이들을 보호하려는 구빈적 차원에서 보육시설들이 자생적으로 생겨나게 된 것이다. 그러나 20세기로 넘어오면서 산업사회의 발전, 여성교육의 향상, 여성의 의식변화, 가족구조의 변화 등의 이유로 여성의 취업률이 높아지고, 아동교육에 대한 인식이 변화함에 따라 보육이 저소득층 대상

자녀만이 아니라 모든 계층을 포함하여 출생 시부터 영유아 전체가 대상이 되는 폭넓은 의미에서 접근하기에 이르렀다. 동시에 보육이란 발생초기의 단순한 보호의 개념에서 벗어나 영유아에 대한 보호와 교육이 통합된 개념으로 통용되기 시작하였다.

표 1-17. 한국 보육의 변천사

시기	진행과정
해방 전	태화사회관 탁아프로그램, 은총탁아소 건립
1962~1981년	「아동복리법」에 따라 보건사회부 주관, 탁아사업 실시
1981년	「아동복지법」 제정
1982년 이후	「유아교육진흥법」에 의거 어린이집이 새마을유아원에 흡수 운영
1987년	남녀고용평등에 의거 직장 탁아제 도입
1989년	「아동복지법 시행령」에 의거 탁아사업 실시 근거 부활
1990년	탁아시설의 설치 · 운영 규정 제정
1991년	「영유아보육법」에 의한 보육사업 실시
1992년	「영유아보육법」 시행규칙 개정

출처: 행정안전부(2019). 한국 보육의 변천사.

우리나라에서 보육사업이 본격적으로 활성화되기 시작한 것은 1991년 「영유아보육법」 제정 이후라고 할 수 있다. 20세기에 들어와 발달하기 시작한 보육정책은 발전단계에 따라 4단계로 나누어 볼 수 있는데, 즉 어린이집 시기(1921~1981년), 새마을유아원 시기(1982~1990년), 「영유아보육법」 시기(1991~1999년, 「영유아보육법」 제정 이후 보육제도의 정착과 보육시설 확장기), 보육수준 향상기(2000년~현재, 공보육의 모색과 보육의 질 제고기)이다.

1단계 어린이집 시기는 1921~1981년 사이로 최초의 탁아프로그램 개설에서 「유아교육진흥법」이 제정되기 이전까지의 기간이다. 이 시기에 탁아시설을 어린이집으로 명칭을 변경하게 되었다.

2단계는 「유아교육진흥법」이 제정되면서 기존의 어린이집이 새마을유아원으로 변경되어 내무부에서 관장하게 되는 시기이다. 이로써 탁아시설이 대폭 확대되기에 이른다.

3단계는 「영유아보육법」이 제정되어 보육이 본격적으로 활성화되는 시기이다. 기존의 탁아라는 개념이 보호와 교육을 통합한 보육이라는 개념으로 변경되었다. 또한 〈보육시설 확충 3개년 계획〉이 진행되었으며, 그 결과 보육시설이 대폭 확대되는 양적 확충의 특징을 가진다. 그러나 민간시설에 의존한 보육시설의 양적 확충은 서비스 수준이 낮아지는 현상을 가져왔다. 즉, 보육의 대상은 점차 확대되었으나 보육수요자들은 믿고 맡길만한 시설이 없다는 의견을 개진하기 시작하여 보육서비스의 수준을 높여야 한다는 문제가 제기되기 시작하였다.

이에 따라 4단계에서는 보육에 대하여 국가가 보다 적극적으로 책임을 져야 한다는 공공성이 주장되면서 현재에 이르기까지 보육서비스의 수준 향상을 위한 정책이 추진되고 있다.

Chapter

02

보육의 질적 요인과 영유아발달

배울 내용

1. 보육의 질적 요인
2. 보육경험과 영유아발달

학습 목표

1. 보육의 질적 요인에 대한 이해를 바탕으로 질적 향상을 위한 방안들을 모색해 본다.
2. 영유아의 보육경험이 긍정적인 영향을 미칠 수 있도록 여러 방안들을 모색해 본다.

최근까지 우리나라의 보육시설은 기하급수적으로 증가하게 되었으며, 과거보다 더 많은 영유아들이 보다 어린 연령부터 부모와 떨어져 보육시설에서 지내고 있다. 그러므로 육아를 부모 고유의 임무로만 볼 것이 아니라 보육시설을 이용해야 하는 영유아와 부모를 위해 질적으로 보다 나은 보육환경을 제공하는 문제가 중요하게 되었다. 따라서 본 장에서는 어린이집을 이용하는 영유아들의 보육의 질적 요인과 보육경험이 영유아의 발달에 미치는 영향에 대해 살펴보고자 한다.

1. 보육의 질적 요인

어린이집의 질적 수준은 영유아의 바람직한 성장과 발달에 영향을 미치는 여러 요인에 의해 설명될 수 있는데(Vandell & Wolfe, 2000), 일반적으로 어린이집의 질적 수준을 결정하는 여러 가지 요인으로는 [그림 2-1]과 같이 교사의 학력, 경력과 같은 교사 요인, 어린이집이 실내·외 환경, 놀이공간 및 놀잇감의 수와 같은 물리적 환경을 의미하는 구조적 요인 및 건강과 안전, 교사와 영아의 상호작용의 질 등 교육 프로그램의 실제와 관련된 과정적 요인으로 구분할 수 있다(김지선, 2009).

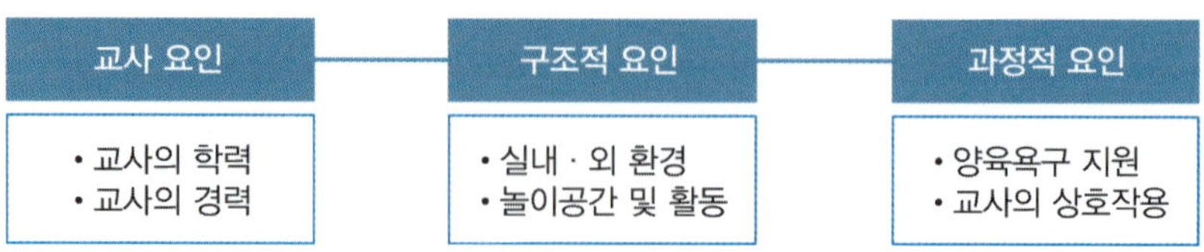

그림 2-1. 보육의 질적 요인

다시 말해 보육의 질을 결정하는 요인으로는 크게 교사 요인, 구조적 요인 및 과정적 요인으로 구분할 수 있다. 교사 요인에 대해서는 4장(보육교직원의 자격)과 5장(보육교직원의 전문성)에 자세히 기술되어 있기 때문에 여기서는 구조적 요인과 과정적 요인에 대해 살펴보고자 한다.

1) 구조적 요인

인간은 환경과 상호작용하면서 많은 영향을 주고받는데, 발달이 빠르게 이루어지는 영유아기의 초기 경험의 중요성을 감안할 때 영유아가 이용하는 보육시설 환경의 중요성은 부정할 수 없는 사실이다. 이는 바람직한 보육환경은 영유아로 하여금 긍정적인 생각과 감정을 갖게 함으로써 정서적으로 안정시킬 뿐만 아니라 학습 동기를 유발하여 학습을 촉진시키며, 영유아의 자기통제력 등을 향상시킬 수 있기 때문이다(강옥환 외, 2000). 따라서 영유아의 잠재력과 적절한 성장발달을 위해서는 질적으로 좋은 보육환경이 요구되는데, 발달심리학자들은 영유아가 경험하는 환경이 영유아의 성장발달에 매우 중요한 영향을 미친다는 것을 밝히고 영유아기 환경의 중요성을 강조해 왔다. 그 예로 NICHD(Early Child Care Research Network, 1997)은 보육실의 환경적 수준이 현재 영유아의 발달에 미치는 효과를 분석한 결과, 효과의 크기는 다소 크지 않았지만 15개월 때, 환경규정을 충족하는 교실에서 보육 받은 영유아가 24개월이 되어 측정된 언어, 인지, 사회성 발달에서 그렇지 않은 유아에 비하여 긍정적이었으며, 또한 24개월 때 규정이 충족되는 교실에서 보육을 경험한 유아를 36개월에 측정한 결과, 언어, 인지 및 사회성 발달에서 보다 더 긍정적인 효과가 있는 것으로 나타났다. 그리고 브로버그 등(Broberg et al., 1997)은 40개월 이전에 집단 보육시설에서 더 많은 시간을 보낸 스웨덴 아동들이 8세 때 인지 능력에서 더 높은 점수를 보였으며, 질적으로 우수한 보육경험이 아동의 인지발달에 있어 잠재된 효과(sleeper effect)가 있음을 주장하였다.

따라서 영유아의 전인적인 성장과 발달은 영유아를 둘러싼 다양한 환경적 요인들 간의 상호작용 결과로 이루어지므로 영유아가 많은 시간을 보내는 보육시설의 물리적 환경은 영유아의 발달에 매우 중요한 요인 중의 하나이다.

(1) 실내 환경

실내 환경이란 어린이집의 교실, 복도 및 내부에 있는 환경구성 요소들을 통칭하는 환경이다. 어린이집의 교실은 영유아들의 움직임을 제한하고 작업이나 활동의 효율성을 우선적으로 고려하기 때문에 딱딱한 환경이 되기 쉽지만 영유아에게 편안함을 주는 부드러운 환경의 제공이 기본적으로 고려되어야 한다. 즉, 영유아의 발달과 행동을 지원할 수 있도록 영유아에게 물체와 사람과의 상호작용을 격려하고, 영유아에게 필요한 움직임을 허용하고, 영유아의 안전을 위해 타당한 제한이 설정되어 있는 환경이어야 한다(장기덕 외, 2015; 황해익 외, 2016).

무엇보다 어린이집의 실내 환경은 영유아가 자신의 움직임을 스스로 조절할 수 있고, 놀이나 활동에 집중할 수 있는 편안하고 쾌적한 공간이어야 한다. 또한 영유아의 놀고자 하는 요구와 쉬고자 하는 요구를 모두 지원할 수 있는 공간이어야 한다. 영유아의 놀이 요구를 충족시키기 위해서는 영유아의 연령 및 발달수준 등을 고려하여 보육실을 놀이 영역으로 구성하는 것이 좋다. 보육실은 다수의 영유아가 함께 생활하며 같은 시간대에 여러 가지 놀이나 활동이 이루어지는 장소이므로 영유아가 놀이와 활동을 자율적으로 선택하고 능동적으로 참여할 수 있도록 어린이집의 보육 프로그램 특성에 맞는 놀이 영역으로 구성하고, 다양한 놀이 및 활동자료를 마련해 주어야 한다. 하지만 각각의 어린이집에서 실시하는 보육 프로그램이 모두 다르기 때문에 하나의 올바른 놀이 영역의 사례가 있을 수 없지만 해당 어린이집에서 실시하는 보육 프로그램이 잘 이루어질 수 있는 보육실 환경을 어린이집의 특색에 맞게 구성하는 것이 좋다. 또한 영유아가 어린이집에서 지내는 시간이 길고, 영유아별로 요구가 다르기 때문에 보육실 이외에 영유아의 요구를 충족할 수 있는 공간이 별도로 마련될 필요성이 있다(보건복지부, 한국보육진흥원, 2020).

그리고 건강하고 안전한 어린이집 실내 환경은 영유아의 성장과 발달의 중요한 바탕이 되므로 어린이집에서는 영유아의 건강과 안전을 위해 〈표 2-1〉과 같이 주기적으로 실내 환경의 건강과 안전에 대한 점검을 실시해야 한다(김이영 외, 2018).

표 2-1. 실내 환경의 건강과 안전에 대한 유의사항

구분	내용
소음 통제	소음은 영유아교육기관에서 발생하는 흔한 문제이다. 놀이의 즐거움은 종종 영유아들의 떠들썩함을 유발하고, 이는 평상적인 목소리로 대화하는 것을 불가능하게 하거나 먼 곳에서 나는 소리를 들을 수 없게 만들어 언어발달과 의사소통을 방해한다. 따라서 바닥에 소리가 잘 흡수되는 양탄자를 깔거나 천장과 벽에 방음 재질을 부착하는 것이 효과적이다.
습도 조절	너무 건조하거나 반대로 너무 습기가 많은 환경은 신체의 방어력을 낮출 수 있다. 피부가 건조한 공기로 인해 수분을 상실하면 병에 걸리기 쉬우며, 과도한 습기로 인하여 곰팡이나 다른 진균류가 자라게 되면 이에 감염되어 병에 걸리거나 알레르기가 생기기 쉽다. 습기는 필요에 따라 물기를 더하거나 빼 주는 가습기, 제습기와 같은 장비들로 조절할 수 있다.
신선한 공기	화학세제, 살충제, 방향제, 난로의 사용은 공기의 질을 악화시켜 호흡기 질환이나 알레르기와 같은 질병을 유발할 수 있다. 또한 영유아들의 움직임과 신체활동으로 인해 생기는 먼지도 건강에 부정적인 영향을 미친다. 이에 실외 공기가 오염되지 않았다면 하루에 최소 1회 이상은 환기를 시켜야 한다.
적절한 온도	영유아들이 생활하기 좋은 봄과 가을과는 달리 여름의 무더운 날씨나 겨울의 추운 체감온도는 영유아들의 활동을 어렵게 한다. 따라서 영유아들이 생활하기 좋은 온도를 유지해 주어야 한다. 이를 위해 여름에는 20~28도, 겨울은 18~24도가 되도록 한다. 이에 여름에는 에어컨이나 벽걸이 선풍기를 이용하여 실내온도를 조절하고 겨울에는 난방을 실시한다.

구분	내용
교실바닥 청소 및 먼지 제거	교실바닥의 위생을 위하여 청소기를 사용하여 청소를 한 다음, 물걸레로 닦아서 항상 청결을 유지한다. 또한 여러 명이 하루 일과를 보낸 뒤 교실 곳곳에 먼지가 많이 생기므로 매일 손걸레질이 필요하다. 뿐만 아니라 눈에 보이지 않는 교구장 구석구석과 교구바구니, 창틀, 스위치의 윗부분, 벽면, 천장, 전등, 컴퓨터나 TV의 뒷부분의 전선 등의 먼지도 주기적으로 제거한다.
식기류 세척 및 소독	영유아가 사용하는 간식접시, 컵, 포크, 수저는 깨끗이 세척하여 자외선 열 소독기로 건조 · 소독시킨다. 특히 컵은 영유아들이 자주 사용하는 것으로 사용한 것을 재사용하지 않도록 자리표시를 해 주며, 양치컵은 개별로 준비하여 사용하고 건조 · 소독한다.
침구류 및 역할복 세탁	교실 내의 침구류 및 역할놀이 영역의 역할복은 함께 세탁한 뒤 햇볕이 좋은 날 일광건조를 한다. 충분한 건조를 위하여 영유아가 귀가한 금요일 오후에 세탁하여 주말 동안 건조시키는 것이 좋다.
책상과 의자 및 교구장	책상, 의자, 교구장의 모서리는 둥글게 처리하거나 모서리에 고무캡을 씌워 영유아가 다치는 일이 없도록 관리한다. 교구장은 영유아들이 밀어도 넘어지지 않도록 안정적이어야 하고 유아들의 신체크기를 고려하여 적절한 높이의 교구장을 사용한다.
창문과 출입문	창문의 경우 깨진 곳이 없는지 반드시 확인하고 창문부분에 디딤대가 놓여 있는지 확인한다. 출입문에는 유아들의 손이 끼이지 않도록 손끼임 방지장치를 설치하여 안전사고를 예방한다.
바닥	교실 내의 바닥에는 물기가 없도록 하며 물이 있는 영역과 가까운 곳에는 발판이나 미끄럼방지매트를 준비하여 물기를 흡수하도록 한다.
콘센트와 전선	사용하지 않는 콘센트는 반드시 덮개를 덮어 감전사고를 예방하며, 전깃줄은 가급적 영유아들에게 노출되지 않도록 하고 전선이 손상되지 않도록 관리한다.
기타	화학약품, 세제, 라이터 등의 위험물은 영유아의 손에 닿지 않는 안전한 곳에 보관한다. 소화기는 주기적 점검을 실시한 후 항상 제자리에 비치하여 위급 시 교사나 직원들이 즉시 사용할 수 있도록 하며, 천장에서 낙하될 물건이나 벽의 요철 등을 제거한다.

① 영아를 위한 실내 환경

영아를 위한 실내 환경은 무엇보다 신뢰감을 주는 환경, 애착관계를 맺을 수 있는 환경, 감각적 탐색 등의 발달적 요구를 충족시키는 환경이 중요하다. 영아의 신뢰감이나 애착관계를 키워주는 실내 환경이란 놀고, 먹고, 자는 활동에 있어 영아에 따른 개인차를 허용하고, 개별적인 보육이 가능한 환경을 의미한다. 개별적인 보육이 가능한 환경은 어떤 영아는 놀지만 다른 영아는 잠을 잘 수 있는 환경이다. 따라서 영아의 놀이 공간과 먹고 자는 공간이 분리되어 있어야 하고, 각 공간 내에서도 개별적 활동과 보살핌이 가능하고, 다른 영아에 의해 방해받지 않도록 구성되어야 한다.

걸음마기는 영아 자신의 의지에 따라 움직임이나 이동이 가능해지는 시기이다. 따라서 자유롭게 움직일 수 있는 충분한 공간을 제공하고 다양한 물체를 탐색할 수 있어야 하며, 자율적인 생활을 위한 기술을 쉽게 배울 수 있도록, 영아의 성장에 적합한 의자나 식기, 변기 등의 장비를 제공하는 것이 발달적으로 적절한 환경이라 할 수 있다.

② 유아를 위한 실내 환경

유아를 위한 실내 환경은 분명한 영역 설정과 기대되는 곳에 놀잇감이 제공되어 유아 자신이 활동을 선택하고, 계획할 수 있어야 한다. 또한 자신이 학습자로서 주도적인 느낌을 가질 수 있는 환경일 뿐만 아니라 이들 환경이 안정적이고 질서가 있고 예측 가능하여 유아 자신이 자기조절능력을 배울 수 있는 실내 환경으로 구성하는 것이 좋다.

(2) 실외 환경

영유아를 위한 실외 환경은 유아들이 마음껏 뛰어놀 수 있는 장소이다. 영유아들이 자신을 잘 표현하고 원하는 놀이 공간과 대상, 놀잇감을 스스로 선택해서 자유롭게 놀 수 있도록 설계되어 있는 공간이 좋은 실외 환경이다. 최근 실외놀이에 대한 관심과 중요성이 강조되고 있는데, 영유아들에게 이상적인 실외 환경을 제공하기 위한 실외 환경의 구성원리는 〈표 2-2〉와 같다(김이영 외, 2018).

표 2-2. 실외 환경 구성원리

구분	내용
운동놀이 영역	운동놀이에는 운동놀이기구를 이용하는 놀이와 작은 도구를 사용하는 놀이, 몸을 활용하는 놀이가 있다. 운동기구를 이용하는 놀이란 일반적으로 미끄럼틀, 그네, 그물망, 시소 등을 이용하여 노는 놀이를 말한다. 작은 도구들을 사용하는 놀이에는 쌓기놀이, 널뛰기, 공 굴리기, 타이어 굴리기, 줄넘기, 비석치기, 투호던지기, 굴렁쇠 굴리기, 고무줄 놀이, 제기차기, 자전거 타기 등이 있다. 또한 몸을 사용하는 놀이는 술래잡기, 배로 힘겨루기, 그림자놀이, 잡기놀이 등이 있다. 다른 영역보다 공간을 많이 차지하므로 다른 영역과의 조화를 고려하여 조용한 영역과 떨어진 곳에 배치한다.
물 · 모래놀이 영역	영유아들은 물놀이와 모래놀이를 하면서 물과 모래의 특성을 파악하고, 물과 모래를 혼합하여 형태뿐 아니라 성질이나 촉감도 변화한다는 것을 경험한다. 물놀이와 모래놀이는 영유아의 즐거움을 증가시키고 긴장감을 해소시켜 주는 좋은 놀이다. 이에 실외 활동장에 모래놀이터나 흙마당, 흙더미가 제공되어야 한다. 또한 물놀이는 흙 · 모래놀이와 함께 연계될 때 더욱 확장되어 매우 흥미롭고 다양하게 이루어지므로 물놀이는 흙 · 모래놀이터 내에 설치하거나 가까운 곳에 배치되어야 한다.
자연탐구 및 관찰 영역	자연탐구 및 관찰은 바깥놀이터, 텃밭, 꽃밭, 화분, 동물 사육장, 흙마당에서 이루어지는 활동이다. 식물 관찰하기와 기르기는 햇볕이 잘 들고 통풍과 배수가 잘되는 쪽에 텃밭이나 꽃밭을 만들거나 화분을 활용하여 채소와 꽃을 가꾸도록 배치한다. 또한 꽃과 채소는 계절별로 적합한 것을 선정하여 여러 가지 식물을 관찰하고 가꾸어 볼 수 있도록 한다. 동물 관찰하기와 기르기는 햇볕이 잘 들고 통풍과 배수가 잘되는 쪽에 동물 사육장을 만든다.

영유아들에게 바깥놀이는 새로운 신체적 도전, 힘과 체력 발달, 대근육과 소근육 사용법, 다양한 실외 환경 탐색 및 실험, 또래와 상호작용하기, 자연을 감상하고 탐색하기 등의 기초를 제공한다. 이처럼 바깥놀이를 통해 영유아는 신체, 인지, 정서 및 사회성 발달이 통합적으로 이루어지기 때문에 영유아의 발달에 적합한 실외 환경은 매우 중요하다. 질적으로 우수한 실외 환경은 영유아의 흥미를 불러 일으키고, 다양한 놀이에 대한 요구를 충족시켜 준다. 실외 환경에 어떤 놀이기구가 있는지도 중요하지만 영유아에게 더 의미 있는 실외 환경은 영유아의 자발적인 요구와 흥미에 따른 다양한 놀이를 가능하게 하는 공간이다. 즉, 놀이기구가 많이 있더라도 영유아의 다양한

움직임과 놀이를 지원해 주지 못하면 무의미한 공간이 될 수 있다. 흙으로 만들어진 언덕에서 썰매를 타고 오르내리는 활동과 같이 화려한 놀이기구나 활동자료를 사용하지 않더라도 영유아가 자발적으로 즐겁게 참여하는 놀이를 지원하는 실외 환경이라면 영유아에게 더 의미 있는 환경이 될 수 있다. 장시간 어린이집에서 생활하는 영유아의 특성상 바깥놀이에서 자연을 접하는 경험은 매우 중요하다. 따라서 어린이집은 영유아들이 생활 속에서 자연을 자주 경험할 수 있도록 자연친화적인 실외 환경을 구성하고 운영해야 한다(보건복지부, 한국보육진흥원, 2020).

(3) 놀이 환경과 놀이 활동

모든 놀이와 활동은 영유아 스스로의 선택에 의해 이루어질 때 의미 있는 경험이 될 수 있으므로, 교사는 영유아의 자발성과 주도성을 인정해 주어야 한다. 즉, 교사는 놀이와 활동의 주체가 영유아임을 인식하여 영유아가 주도적으로 놀이하고, 교사가 제공한 활동에도 자발적으로 참여할 수 있도록 지원해야 한다. 또한 소외되는 영유아 없이 모든 영유아가 자신의 흥미와 요구에 맞는 적절한 놀이와 활동을 선택하여 집중할 수 있도록 도와야 한다. 그리고 영유아의 놀이와 활동이 주도성, 자발성, 즐거움의 특성을 해치지 않아야 하므로, 교사는 놀이 시간을 교사 주도의 무의미한 활동으로 이끌어가지 않아야 한다. 교사는 영유아가 능동적이고 자발적인 놀이를 통해 발달한다는 신념을 가지고 영유아의 자발적인 놀이의 가치를 인정해야 한다(보건복지부, 한국보육진흥원, 2020).

많은 연구들에서 놀이 환경을 보육기관의 질을 결정하는 중요한 요인으로 보고 있다. 구체적으로 물리적 놀이 환경의 질에 따라 유아의 놀이 형태나 문제행동에서 차이를 보였으며(양옥승, 나은숙, 2005), 놀이 공간이 좁게 제한되거나 너무 넓고, 놀잇감의 수가 부족한 놀이 환경에서는 영유아가 공격적이고 충동적이며, 타인과 상호작용을 적게 하고 혼자놀이에 더 많은 시간을 보내기 때문에 보육실에서 생활하는 영유아의 인원, 월령, 흥미, 발달적 특성 등을 고려하여 놀이 환경을 구성하는 것이 중요하다고 주장한다(Clark-Stewart & Gruber, 1994). 또한 어린이집의 놀이 환경이 적절하지 않을 경우 어린이집에서 장시간을 지내는 영유아들의 심리적인 불안 행동이 증가될 수 있다고 주장한다(배지희 외, 2005).

영유아들은 어린이집에서 발달에 적합한 놀이 활동이 제공될 경우 또래, 교사와 상호작용이 더 빈번하게 이루어지고, 나누기와 같은 친사회적인 행동을 자주 보이지만 질이 낮으면 혼자놀이, 관찰하기, 전이행동을 더 많이 하게 된다(조해연, 이기숙, 2014). 또한 영유아는 다른 사람과 관계 시작 방법이나 유지 방법 등을 학습하는 데 있어서 어려움을 겪게 되는데, 또래와의 상호작용기술이 부족하거나 적절한 사회·정서적 행동을 인식하지 못하기 때문일 수 있다. 이때 놀이 활동은 적절한 사회·정서적 행동을 인식하지 못하고 사회적 기술이 부족한 영유아에게 이러한 행동과 기술을 학습할 수 있는 기회를 제공한다(최혜순, 1993). 따라서 어린이집에서는 영유아가 긍정적인 사회·정서적 행동과 기술을 형성할 수 있도록 영유아의 발달과 흥미에 적합한 놀이 활동을 제공할 필요가 있다.

(4) 교사 대 영유아의 비율

교사 대 영유아의 비율과 집단의 크기는 공간의 크기와 더불어 영유아보육의 질을 결정하는 중요한 요인 중의 하나이다. 어린이집의 총 정원 내에서 모든 반의 구성이 교사 대 영유아의 비율과 집단 크기 측면에서 적합하게 유지되면, 교사는 영유아와 활동을 순조롭게 진행하고 영유아의 개인적 특성을 보다 민감하게 파악할 수 있으며, 각각의 개별적인 흥미나 요구에 원활하게 반응할 수 있다. 또한 영유아는 자신의 연령 특성에 맞게 구성된 반 내에서 교사 및 또래와 긍정적인 사회관계를 형성하고 하루 일과에 즐겁게 참여할 수 있다.

2) 과정적 요인

(1) 양육 욕구에 대한 지원

어린이집에서 영유아의 일과에 따른 양육 욕구를 적절히 지원하는 일상적 양육과 보육실의 청결과 위생, 실내 설비와 교구 및 영유아의 건강과 안전은 어린이집의 질적 수준을 평가하는 중요한 요인이다. 구체적으로 어린이집에서 일상적 양육, 건강과 안전에 관련된 질적 수준이 영유아의 사회·정서적 문제행동과 유의한 관계가 있음을 보고한 연구(문은미, 2011)를 살펴보면, 어린이집의 일상적 양육의 질이 낮을수록 영유아의 외현적 문제행동과 내면적 문제행동, 조절 문제에 부정적인 영향을 미치는 것으로 나타났다. 영유아기 발달 특성상 배변, 낮잠, 휴식, 식사, 간식, 세면 등 생존 및 건강과 관련된 기본생활을 영위하도록 영유아를 돕는 일상적 양육의 시간은 하루 일과에서 많은 비중을 차지하는데, 영유아는 이러한 기본적 욕구가 충족되었을 때 정신적으로 보다 안정되고 행복하게 놀 수 있고, 보다 능률적인 학습을 통하여 생산적이고 사회에 이바지할 수 있는 사회구성원이 될 수 있다(김일옥 외, 2013).

거버(Gerber, 2003)는 영유아들의 경우 아직 신체적 발달이 완전하게 이루어지지 못해 생리적인 요구나 건강과 영양 등에 대한 돌봄이 필요하며, 이러한 양육적 측면에서 교사의 민감한 행동은 영유아가 정서적인 안정감을 느끼도록 하여 영유아의 긍정적인 사회·정서 발달에 영향을 미칠뿐 아니라 문제행동을 없애준다고 주장한다. 따라서 교사는 영유아의 신호에 대해 인식, 영유아의 신호에 대한 정확한 해석, 영유아의 신호에 대한 적합한 반응, 영유아의 신호에 대한 즉각적인 반응을 통해 영유아의 기본적인 양육 욕구를 지원해 줄 수 있어야 한다(김숙령, 2010).

(2) 교사와의 상호작용

① 보육교사의 상호작용

교사와 영유아 간 상호작용의 질적 수준은 보육기관의 질을 결정할 만큼 중요하다는 인식이 일반화되고 있다(남궁수진, 최영희, 2008). 영유아들은 주 양육자와 나누는 상호작용을 기반으로 자신과 타인, 더 나아가 세상에 관한 이미지를 만들고, 형성된 이미지를 토대로 자신에게 주어진 상황을 해석하고 의미 부여를 한다. 따라서 영유아가 어머니가 아닌 교사와 함께 생활하는 시간이 긴 경우, 영유아가 어떻게 대상을 바라보며 세상을 이해하고 적응하고 있는지에 대한 교사의 영향력은 상당히 클 수밖에 없다. 그러므로 영유아가 교사와 언어적, 혹은 비언어적으로 어떠한 상호작용을 하는가는 매우 중요한 일이 아닐 수 없다(장영희, 곽승주, 2004).

영유아는 교사와의 역동적인 상호작용을 통해 신체, 인지, 언어, 정서 및 사회성 발달이 급격히 이루어진다. 또한 영유아기에 경험한 초기 사회적 관계는 사회성 발달의 기초를 형성하게 되며, 언어발달과 정서발달에도 긍정적인 영향을 주는 중요한 요소이다. 그러므로 영유아가 부모를 떠나 처음 경험하는 사회 속에서 환경에 잘 적응하기 위해서는 따뜻하고 긍정적인 상호작용이 요구된다. 즉, 영유아 개개인의 독특한 기질과 욕구를 알고 이를 존중하여야 한다. 또한 교사—유아의 상호작용은 교육의 효과를 좌우할 뿐 아니라, 교육의 질적 수준을 결정하는 중요한 요인이다. 예를 들어, 보육교사가 보육활동에서 영유아에게 민감하고 적절한 상호작용을 제공한다면 성장할 수 있는 가능성을 최대한 이끌어 낼 수 있는 교육적 효과를 가져올 수 있으며, 이를 통해 영유아의 인지, 사회, 정서 및 언어발달을 최적으로 이끌 수 있다(김월선, 2019). 따라서 보육은 교사—유아의 상호작용이라고 할 수 있다. 이와 같은 교사—유아의 상호작용은 정서적 상호작용, 언어적 상호작용, 행동적 상호작용으로 구분할 수 있는데(이정숙, 2003), 구체적인 내용은 〈표 2-3〉과 같다.

표 2-3. 상호작용 유형과 효과

구분	정의	효과
정서적 상호작용	교사가 영유아에게 친절하게 웃어주고 개별적 요구에 민감하게 반응해 주고, 느낌과 생각을 자유롭게 표현할 수 있도록 허용해 주는 분위기에서 보육활동을 진행하는 것을 의미한다.	교사가 유아와 정서적 상호작용의 수준이 높을수록 유아는 긍정적인 정서표현을 많이 하였고, 양질의 상호작용을 할 경우 유아의 부정적인 놀이가 감소되었으며, 긍정적인 상호작용을 많이 할수록 유아의 친사회적 행동이 증가하는 것으로 나타났다.
언어적 상호작용	안정감 있는 교사의 목소리로 영유아와 이야기를 나누고 유아의 질문과 요구에 언어적으로 반응해 주며, 유아의 생각과 느낌을 자유롭게 언어로 표현할 수 있도록 피드백을 해 주는 것을 의미한다.	언어적 상호작용을 많이 할수록 또래와 교사 모두에게 긍정적인 상호작용을 더 많이 하고 유아의 언어발달을 촉진하는 것으로 나타났다.
행동적 상호작용	교사가 영유아의 눈높이로 자세를 낮추거나 스킨십(skinship)과 모델링(modeling)을 제시하는 등의 신체표현을 통해서 긍정적인 행동을 표출할 수 있도록 하는 것을 의미한다.	교사–유아 간에 상호작용을 많이 할수록 다른 사람과 협동을 많이 하고, 개방적인 태도로 사회적 상호작용을 하며 교사에게 신뢰를 나타내는 반면, 상호작용을 적게 할수록 부주의하고 신체적인 공격성이 높아지는 것으로 나타났다.

임옥희(2006)는 교사–유아와의 상호작용에 미치는 요인으로 적극적인 활동참여, 경험의 다양성, 반응적 태도, 허용적 태도가 중요하다고 강조하고 있는데, 구체적인 내용은 〈표 2-4〉와 같다.

표 2-4. 교사–유아와의 상호작용에 미치는 요인

구분	내용
적극적인 활동참여	유아의 경험을 확장시켜주고 또래와 함께 할 수 있는 기회와 유아가 활동에 즐겁게 적극적으로 참여할 수 있는 상호작용을 의미한다.
경험의 다양성	경험의 다양성은 단순한 놀이가 반복되어 놀이의 변화가 필요할 때, 유아에게 편안한 언어로 새로운 방향을 제시하여 다양한 경험을 할 수 있도록 지원해 주는 것을 의미한다.

구분	내용
교사의 반응적 태도	유아의 개별적인 행동을 지지하고, 유아의 관심에 언어적 표현과 신체적 표현으로 민감하게 반응하여 유아의 요구를 존중해 주는 것이다.
교사의 허용적 태도	유아의 사회적 상호작용을 높이기 위해 허용적인 분위기에서 또래 간의 도움을 주고받는 상호작용을 제공하여 능동적인 정서발달을 도와주는 것이다.

따라서 보육교사는 유아의 행동을 제한하기보다는 유아의 발달특성을 이해하고 지지하는 자세로 상호작용을 할 때, 유아가 심리적 안정감을 가지고 적극적으로 환경을 탐색하는 놀이를 통해 행복하게 전인적인 발달을 할 수 있다는 것을 명심해야 한다.

② 보육교사의 상호작용 기술

보육교사들은 다른 교사들과 마찬가지로 영유아들에게 긍정적이고 민감하게 반응하고 효과적으로 언어를 전달해야 하며, 또래와 상호작용을 할 수 있게 돕고, 이들을 적절한 방법으로 훈육할 수 있어야 한다. 무엇보다 영아를 돌보는 교사는 연령이 높은 유아교사와는 다른 방법으로 상호작용을 해야 한다. 영아는 자신의 요구나 불편함을 잘 표현하지 못한다. 따라서 교사는 영아가 피곤하거나 배고파할 때, 그리고 지루해 할 때를 예상할 수 있어야 하며 그들의 비언어적 단서를 찾을 수 있어야 한다.

영아들을 돌보는 교사가 해야 할 역할들은 대부분 일상적이며, 신체적인 보호에 대한 것들이 많다. 따라서 교사들은 일상적인 보호의 역할이 영아교사에게 매우 중요하다는 것을 잘 알고 있다. 그러나 영아와의 일상적인 보호 및 생리적인 역할을 하다 보면, 개별 영아와의 상호작용을 소홀히 하는 경향이 있어 개별 영아와의 상호작용에 많은 시간을 보낼 수 있도록 해야 한다.

다음으로 연령이 높은 유아교사의 상호작용은 유아들 간의 관계에서 더 나아가 물리적 환경, 현상들과 서로 영향을 미치고 관계를 맺는 과정이라고 할 수 있다. 교사는 유아들과 신체적 · 정서적 유대관계를 갖는 것을 즐거워하고 신체적 · 정서적으로 진정한 사랑의 마음을 나눌 수 있어야 한다. 교사와 유아 간의 긍정적인 상호작용은 교수·학습의 질을 구성하는 핵심적인 요소가 된다. 유아는 다른 사람과의 관계를 통해서 학습하게 되므로, 교사의 상호작용능력은 유아의 건전한 성장과 발달에 직접적인 영향을 미친다. 이는 유아의 전인적인 성장과 발달을 위해서 유아와 교사의 질 높은 상호작용이 필요하다는 것을 시사한다.

영유아의 제반 영역의 발달을 촉진시켜 주고, 지속적인 학습을 유지시켜 줄 수 있는 상호작용 기술들을 살펴보면 〈표 2-5〉와 같다(누리과정 교사용 지침서, 2013).

표 2-5. 상호작용 기술들

구분	내용
인정하기	인정하기는 유아에게 관심을 기울여주고, 활동을 지속할 수 있도록 긍정적인 격려나 칭찬을 해 주는 것으로 교사가 유아의 생각이나 느낌, 행동을 인정해 주면 유아는 더욱 즐겁게 생활하고 활동에 참여하게 된다. 막연하고 지나치게 칭찬하면 유아의 내적 동기를 약화시킬 수 있으므로 구체적인 사실에 근거하여 인정해 주어야 한다.
모범보이기	학급에서 일어나기를 바라는 경향, 태도, 가치에 대해 교사가 바람직한 모습을 보여줌으로써 유아가 적절한 행동, 즉 바르게 말하기, 정리정돈하기, 공손한 태도, 골고루 먹기 등을 교사 자신이 매일의 생활에서 실천함으로써 유아가 자연스럽게 느끼거나 받아들일 수 있도록 하는 것이다. 행동 그 자체를 모방하는 것에 초점을 두는 것이 아니라 행동 이면의 가치, 성향, 태도를 닮아가는 것을 더 중요하게 본다.
촉진하기	교사의 최소한 개입으로 유아의 학습을 용이하게 해 주는 상호작용으로 유아가 과제나 문제를 보다 쉽게 해결할 수 있도록 일과 계획하기, 보조교사 함께 하기, 활동시간 조절하기 등의 방법을 의미한다. 예를 들어, 다른 친구들이 놀이하는 인접한 곳에서 활동에 집중하지 못할 때, 교사는 다른 곳으로 자리를 옮겨 주고 유아가 하는 활동을 곁에서 지켜봐 주는 등의 행동이다.
지지하기	유아의 현재 능력이 어느 정도에 이르면, 다음 발달 수준으로 넘어서도록 도움을 주거나 도전해 볼 수 있는 기회를 제공하는 것으로, 교사는 유아가 어떤 단계에 있는지를 파악하고, 새로운 단계로 발전할 수 있도록 기회를 주어야 한다. 그리고 유아가 스스로 하고 싶지만 도움이 없으면 완성하기 어려운 활동과제를 알아내어 도움을 주어야 한다.

구분	내용
함께 구성하기	모형이나 블록을 함께 쌓아 올리는 것처럼 교사와 유아가 공동으로 문제나 과제를 함께 생각하고 조사하며, 배우고 해결해 나가는 것으로, 이때 교사와 유아는 모두 학습자인 동시에 교사가 된다. 문제나 과제를 해결해 가는 과정에서 교사가 즉시 답을 알려주기보다는 유아와 함께 공동의 학습자가 되어 유아가 문제해결과정을 경험해 가도록 도와야 한다. 예를 들어, 집과 집을 이어주는 다리를 어떻게 만들 수 있을지 생각해 보고 이를 함께 해결해 가는 것이다.
시범보이기	어떤 사항을 유아에게 구체적으로 지도하기 위해 교사가 활동에 적극적으로 참여하여 보여주는 상호작용으로, 유아는 교사가 직접 시범을 보이는 모습을 관찰할 수 있기 때문에 더욱 쉽게 특별한 기술을 습득할 수 있다. 위험한 도구를 사용하는 데 가장 안전한 방법을 보여주거나 새로운 기술을 가르칠 때 효과적인 방법이다.
지도하기	유아가 착오 없이 학습이 이루어지도록 교사가 필요한 정보나 지식을 전달하는 과정으로, 지식과 정보를 더 많이 가진 사람이 그렇지 못한 사람에게 정보를 전달하고 말해 주는 전통적인 방법이다. 지도하기는 유아들이 스스로 문제를 발견하고 해결하는 것보다 직접적으로 그 방법을 말해 주는 것이 더 효과적일 때 사용하는 것이 바람직하다. 예를 들어, 안전과 관련된 교육내용이거나 도구를 사용하는 방법이나 새로운 기술을 익히는 경우이다.

2. 보육경험과 영유아발달

최근의 연구에 의하면, 양질의 보육경험은 영유아의 애착과 제반 발달영역에 긍정적인 영향을 미치는 것으로 나타났는데, 즉 오히려 가정에서 양육되는 영유아보다 기관에서 양육되는 영유아들이 어떤 면에서는 긍정적인 영향을 받는 것으로 보고하고 있다. 그러나 영유아의 보육경험이 영유아의 발달에 부정적인 영향을 미친다는 주장도 존재한다. 따라서 영유아발달에 있어 중요한 요인은 보육경험 유무라기보다는 어떤 어린이집에서 어떤 보육서비스를 제공받았는지 그 내용의 질이 더 중요한 요인으로 인식되고 있다.

1) 영아기 보육경험

영아기는 양육자의 보호적인 보살핌이 절대적으로 필요한 시기이며, 인간발달의 기초가 형성되는 시기이므로 생리적인 요구뿐 아니라 정서적, 인지적, 신체·운동적 발달을 자극하고 촉진할 수 있는 기회가 제공되어야 하는 중요한 시기이다. 그러므로 인간의 전 생애 동안 기초가 형성되는 영아기에 제공되는 보육경험이 이들에게 어떠한 영향을 미치는가는 영아발달을 이해하는 데 반드시 필요하다. 그러나 보육경험이 영아발달에 미치는 영향과 관련된 연구는 긍정적인 영향과 부정적인 영향이 있다는 상반된 연구결과가 나타나고 있는데, 그 내용을 구체적으로 살펴보면 〈표 2-6〉과 같다(고정곤 외, 2019; 김이영 외, 2020).

표 2-6. 영아기 보육경험과 발달

영역	연구결과	시사점
애착	• Belsky(2001): 생후 1년 이전에 1주일에 20시간 이상 어린이집에 다닌 영아는 순응적이지 못하고 공격적이며 사회·정서적 문제를 유발한다. 특히 어린이집을 영아기부터 장기간 이용하는 영아에게 더 많은 문제가 나타났다. • Howes(1983): 가정보육이나 시설보육에서의 애착형성의 결정적인 중요한 요인은 영아에 대한 양육자의 민감성과 반응성이다. • Van I Jzendoom(1990): 시설보육에서 보육교사와 영아 간에 애착이 부모와 영아 간의 애착보다 더 강하다. • 김영명(1999): 보육시작 시기가 6개월 이전인 경우와 6개월 이후에 보육을 시작한 집단에서 애착안정성이 다르게 나타나고 있는데, 6개월 이후에 시작한 영아들이 애착안정성이 좀 더 높게 나타났다.	시설보육이 영아의 애착에 긍정적인 영향을 미친다는 주장과 부정적인 영향을 미친다는 연구가 혼재되어 있으므로, 추후 연구가 필요하다. 하지만 영아의 애착형성에 보육교사의 민감성과 반응성이 매우 중요한 요인이다.
신체·운동 발달	• Robinson과 Robinson(1971): 보육시설을 이용하고 있는 저소득층 영아의 경우, 운동발달 및 활동성이 증진되고 신장과 체중이 더 많이 증가하였고, 여러 가지 질병도 감소하였다.	저소득층 영아의 경우 시설에서의 보육경험이 신체·운동발달에 긍정적인 영향을 준다. 그리고

영역	연구결과	시사점
	• Stith와 Davis(1984): 중류층 영아들은 신체의 성장 정도나 운동기능의 발달이 보육의 경험 유무에 따라 차이가 없다. • 김광웅(1997): 보육시설에 다니는 영아의 경우 콧물, 감기, 발진 등이 더 자주 발생하였다. 이유는 집단생활에 대한 아동 개인의 생리적인 저항력 약화와 감기와 같은 전염병 질환에 쉽게 노출되기 때문이다. 하지만 보육시설에서 건강관리 방안을 세우고 실천하면 발병률을 줄일 수 있다.	보육시설의 집단생활에 있어 전염병 질환의 예방과 건강관리 방안이 중요하다.
인지발달	• Burchinat(1989): 사회경제적 수준이 낮은 흑인 영아가 질 높은 시설에 다닌 경우 보통수준의 보육시설에 다닌 영아보다 인지발달이 유의하게 향상되었다. • Fowler(1978): 만2세~만4세 이하의 영아들 중 보육기관에 다닌 영아와 가정에서 양육된 영아들의 비교해보면, 보육경험이 있는 영아들이 같은 수준의 지적 수준을 보이거나 더 높은 지적 수준을 보였다. • Clarke-Stewart(1984, 1987): 어린이집에 다닌 영아가 지능지수, 시각-협응력, 물리적인 세계에 대한 지식, 언어 유창성, 수개념 등 인지발달 검사에서 높은 점수를 보였다. • Schweinhart와 Koshel(1986): 일반적으로 하류계층의 영아들이 중류계층에 비해 생애 초기부터 지적 수준이 낮지만 보육시설의 경험이 이러한 영향을 감소시킨다.	보육시설의 경험이 영아의 인지발달에 효과적임을 시사해 주고 있으며, 특히 저소득계층의 영아들에게 더욱 효과적이다.
또래관계	• Clarke-Stewart(1984): 시설보육 경험의 1~2세 영아는 낯선 또래 아동에게 더 가까이 가고, 낯선 아이가 있어도 자기놀이를 하며, 2~3세 영아는 낯선 또래와 놀이를 할 때 사교적이며, 협동적이고 타인의 관점을 이해하였다. • Haskins(1985): 보육을 시작한 시기와 보육경험의 기간 등은 영유아의 사회성 발달을 더 잘 예언해 준다. • Vandell & Corasanit(1990): 1세 전에 보육경험이 시작되었고 학교에 들어갈 때까지 계속되었던 아동에게서 불복종과 열악한 또래관계 능력을 보이는 것으로 나타났다.	시설보육경험이 가정보육경험보다 영아들 상호간에 좋은 상호적 관계를 형성시켜 주는 데 효과적이다.

지금까지의 연구들을 종합해 보면, 보육경험의 유무에 따라 공격성, 갈등, 문제행동에 차이가 없으며, 특히 저소득층의 경우 보육의 양이 많을수록 문제행동이 적게 나타

났고, 운동발달 및 활동성이 증진되며 신장과 체중이 증가하였고 질병도 감소한 것으로 보고되고 있다. 아동의 학습성취를 강조하는 보육 프로그램에 참여한 아동들을 대상으로 한 연구에서 2~3세경에 시작되는 보육 프로그램에 참여한 아동은 지적 발달이 높았으며, 학업중퇴율도 낮았고, 자조기술, 사회성, 인지발달 측면에서도 긍정적인 효과가 있었다. 그리고 부모교육을 실시하고 가족이 필요로 하는 통합적인 서비스를 지속적으로 제공했을 때, 아동들의 학교 입학 후 학업성취도가 증가하였으며, 어머니의 취업률도 증가하였고, 영아기 때부터 보육 프로그램에 참여한 아동들이 대학에 다니는 비율이 더 높았고, 기술의 전문성이 더 높은 직업을 가지는 것으로 나타났다(김기현, 신인철, 2012; 이영, 김명순, 1999; Phillips et al., 1987). 하지만 여전히 영아기의 보육경험이 영아에게 부정적인 영향을 미친다는 연구들도 보고되고 있어 영아기의 보육경험이 아이에게 미치는 영향에 대해서는 조심스러운 해석이 필요하다.

2) 유아기 보육경험

일반적으로 전형적인 보육은 유아기부터 이루어지는 것으로 인식되어 왔다. 오늘날과 같이 어머니들이 직업을 선택해야 하는 절실성과 필연성이 강조되지 않은 과거에는 영아기에는 어머니를 비롯한 가족에 의한 보육이 이루어져야 하고, 유아기에 가서 시설보육으로 전환되는 것이 이상적인 것으로 인식되었다. 따라서 보육경험의 발달적 연구는 유아기에 집중적으로 이루어졌는데, 이렇게 된 또 다른 이유는 유아의 언어, 인지, 신체, 사회성 등이 발달하게 됨으로써 유아의 보육경험이 유아에게 미치는 영향을 검증하기에 용이하기 때문이다. 유아기의 보육경험에 대한 연구결과는 영아기와 마찬가지로 긍정적인 영향과 부정적인 영향이 혼재되어 있는데, 그 내용을 구체적으로 살펴보면 〈표 2-7〉과 같다(고정곤 외, 2019; 김이영 외, 2020).

표 2-7. 유아기 보육경험과 발달

영역	연구결과	시사점
애착	• Sroute(1979): 유아기 어머니로부터 매일 격리되고, 어머니와의 지속적인 접촉이 제한되는 경험은 어머니와의 애착관계 형성을 방해하고 아동이 정서적 안정성에 부정적인 영향을 미친다. • Belsky(1988): 종일제 보육, 양육을 받은 유아는 회피–불안정한 애착이 형성되는데, 이것은 어머니가 유아의 욕구를 충족시켜 주기 위해 항상 옆에 있을 것이라는 것에 대한 유아의 의심 또는 기본적 불안감을 반영한 것이며, 그러한 불신감이 어머니와 불안정한 관계 형성에 영향을 준다. • Galdwel 등(1970): 6~15개월 사이에 보육시설에 다니기 시작하여 30개월 경과된 18명의 아동과 집에서 양육된 23명의 아동을 비교했을 때 아동과 어머니와의 관계나 양육행동, 정의감, 행복, 정서적인 면에서 유의한 차이를 보이지 않았다. • Kogan 등(1975): 종단연구에서 보육경험이 어머니와 유아간의 정서적인 유대를 약화시키지 않으며, 오히려 보육시설에서 생활하는 시간 이외인 가정에서 겪는 경험의 질이 어머니와 유아의 애착발달에 더 영향을 미친다.	보육경험이 유아의 정서발달에 미치는 영향에 있어 유아가 심각한 위기상황의 환경에서 자랐거나 또는 1세 이전에 불안정한 보육경험을 가진 경우를 제외하면, 질적으로 높은 수준의 보육 프로그램이 제공된다면 부모–자녀관계의 애칙에 부정석인 영향을 미치지 않는다.
신체 · 운동발달	• Robinson과 Robinson(1971): 시설에 다니는 아동과 가정에서 자라는 아동을 비교한 결과, 저소득층 아동은 보육시설에서 지냄으로써 운동발달 및 활동성이 증진되고 신장과 체중이 더 많이 증가하고 여러 가지 질병도 감소한다. 반면 가정에서도 이런 기회를 가지는 아동들에게는 이러한 유리한 점을 발견할 수 없었다. 오히려 건강에 있어서는 부정적인 영향이 나타났다. 이는 저소득층 아동의 경우 보육시설에서 가정보다 더 나은 영양과 건강서비스가 제공되고 다양한 놀이기구를 활용한 운동과 놀이기회가 주어졌기 때문이다. • 이영(1990): 질 높은 보 육프로그램에 1~2년간 경험한 유아는 전반적으로 발달지수 및 신체발육 정도에서 크게 향상되었다.	저소득층 아동들에게 매우 긍정적인 효과를 보이며, 질 높은 보육 프로그램의 경험은 신체 · 운동발달에 긍정적인 영향을 미친다.
인지 및 언어발달	• Belsky 등(1982): 중 · 상류계층 아동에게는 보육경험의 유무에 따른 인지발달의 영향을 적게 받거나 별상관이 없지	시설보육이 가정보육보다 인지발달에 효과적이

영역	연구결과	시사점
	만 하류계층의 아동들에게는 긍정적이다. • Clark-Stewart(1982): 전반적으로 중 · 상류계층보다는 하류계층 아동들에게 더 효과적이다. 또한 어머니들이 시설 보육경험에 대해 갖는 불만은 아동이 시설에서 나쁜 말을 배워 온다는 것이다. • 이영 등(1990): 종일제 보육시설에서의 경험이든 시간제 학령전 프로그램이든 이러한 보육경험을 갖는 아동은 그렇지 않은 아동에 비해 지적 발달에 있어 단기적으로라도 수혜를 받는다. 특히 비교적 저소득층 가정의 아동이 이러한 보육시설로부터 더 큰 이득을 보며, 초등학교에 들어가기 전 학습준비도 면에서도 긍정적인 영향을 받는다.	며, 중 · 상류계층의 아동보다 하류계층 아동들의 인지 · 언어발달에 더욱 효과적이다.
또래관계	• Moore(1975): 종단적 연구에서 5세 이전에 집단경험을 한 남아가 청소년이 되어 사회활동에 더 관심을 보였으며, 동료에 대해서도 보다 사교적이고 인기가 많았다. • Schwarz와 Teet(1974): 성인들과의 관계에 대한 연구에서 보육시설에 다니는 아동이 성인에게 덜 협조적이고, 더 공격적이며, 불만에 대한 참을성이 다소 부족하였다. • 양안나(1990): 유아의 사회성 발달은 보육경험의 유무와 가정환경변인과 높은 상관을 보였으며, 특히 저소득층의 유아에게 의미 있는 영향을 주었다. • Field(1987): 출생 후 1년 이내에 양질의 보육시설에서 보낸 유아가 긍정적인 사회적 행동을 더 많이 보였다. • 김미자(1996): 보육경험을 많이 한 유아들이 혼자놀이를 덜하며 협동적이고 긍정적인 언어적 상호작용 및 또래와의 관계맺기 기술이 높았다.	유아기의 보육경험이 또래와 성인과의 관계에서 부정적인 영향을 준다는 주장도 있지만 이것은 영유아기에 심각한 위기 상황의 환경에서 자랐거나 1세 이전에 불안정한 보육경험의 영향으로 보며, 질적으로 높은 보육 프로그램이 제공된다면 사회성 발달에도 효과적이다.

이상에서 살펴본 것과 같이 유아의 보육경험에 대한 연구 결과들이 상반되어 있는데, 최근에는 보육의 경험유무가 중요한 요인이라기보다는 보육경험의 질이 중요하다고 주장한다. 즉, 교사 대 아동 비율, 교사의 경력, 물리적 환경 같은 어린이집의 질을 결정하는 요인이 적절하게 갖추어져 질 높은 서비스를 제공할 때, 유아가 안정적인 상호작용을 통해 스트레스 지수, 또래관계, 긍정적 자아개념 및 친사회성과 같은 사회 · 정서적 능력 등에 긍정적인 영향을 미치게 된다고 주장한다.

Chapter

03

보육제도와 정책

배울 내용

1. 우리나라의 보육제도와 정책
2. 외국의 보육제도와 정책

학습 목표

1. 우리나라의 보육제도와 보육정책의 변천 과정에 대해 이해한다.
2. 외국의 보육제도와 정책에 대해 이해한다.
3. 우리나라와 외국의 보육정책에 대해 비교한다.

1. 우리나라의 보육제도와 정책

우리나라의 보육제도와 보육정책은 사회적 영향을 받아 시대적으로 변화하여 왔다. 그리고 보육제도와 정책의 기본성격은 「영유아보육법」에서 찾아볼 수 있다. 우리나라의 보육정책을 이해하기 위해 시대적으로 주요한 보육제도 및 정책에 따라 시기를 구분한다면, 1991년 「영유아보육법」 제정 이전, 「영유아보육법」 제정연도인 1991년부터 1997년까지, 「영유아보육법 시행령 및 시행규칙」 개정연도인 1998년부터 2003년까지, 「유아교육법」 제정 및 「영유아보육법」 전면 개정연도인 2004년부터 2007년까지, 「영유아보육법」 개정연도인 2008년부터 2012년까지, 무상보육 확대 및 제2차 중장기 보육기본계획 시행연도인 2013년부터 2017년까지, 그리고 2018년부터 2022년까지 제3차 중장기 보육기본계획으로 구분해 볼 수 있다. 이를 바탕으로 크게 「영유아보육법」 이전 시기와 「영유아보육법」이 재정된 이후 시기로 나누어 살펴볼 수 있다.

1) 「영유아보육법」의 변천

(1) 1991년 「영유아보육법」 이전 시기

이 시기에서는 우리나라에서 기관 중심의 보육이 시작된 시점인 1910년대부터 1991년 이전까지 시기이다. 이 시기의 특징은 보육의 공공성이 사회적으로 인식되기 시작했다. 즉, 보육은 민간 기관 차원에서 시작되어 국가 체계 내로 포함되기 시작했으나 보육의 공공성에 대한 인식 부족, 제도 미비, 재정 부족 등으로 인해 구빈적 또는 보호적 차원에서 선별적으로 이루어졌다. 또 다른 특징은 보육정책은 이분화된 유아교육과 보육의 제도적 체계로 인해 교육과 복지라는 각기 다른 법과 주관부처의 관할하에 있었다는 점이다.

우리나라의 보육은 1910년에서 1920년대 해외선교사들에 의한 기관 설립 및 프로그램 운영교사 양성이 시작되었다. 그 시작은 교육 중심의 보육이 먼저 활성화되었다. 1914년 개원한 이화유치원에서 보육 차원의 프로그램을 운영하였고, 1928년 이화보육학교에서는 전문적인 교사를 양성하였다. 그 외에 경성보육학교, 중앙보육학교, 숭의여학교 보육과에서도 교사가 양성되었다.

보호 중심의 보육은 1921년 태화기독교사회관에서 저소득층 자녀 위주로 탁아프로그램이 개발되어 이후 일부 기관에서 임시구호적인 탁아사업이 운영된 것을 그 시작점으로 보고 있다. 이후에도 보호 중심의 보육은 1950년대의 한국전쟁과 이에 따른 사회 혼란과 빈곤 속에서 지속되었다. 1950년대까지의 보육은 고아, 기아, 미아의 응급구호를 위한 것으로 민간과 해외 원조에 의존한 빈민 아동 구호 중심이었다. 이러한 보육은 1961년 「아동복리법」이 제정 · 공포됨으로써 종래의 구빈적 성격의 보육을 벗어나 아동의 복리를 증진시키고 보호하기 위한 것으로 변화되었다. 「아동복리법」은 탁아시설을 요보호아동을 위한 아동복리시설의 하나로 규정하고, 당시 보육 용어 이전에 같은 의미로 통용되던 탁아를 보호의 의미로 보았다. 「아동복리법」은 또한 요보호아동에 대한 국가책임 원칙이 제도화된 것으로 아동보호정책이 국가 중심 체제로 전환된 것을 의미하는 것이었다. 이러한 법적 기반하에 1960년대의 보육은 산업화 과정에서 나타난 사회적 취약 계층의 영유아기 자녀를 일시적 또는 일정 기간 동안 보호자의 위탁을 받아 보호하는 보육형태로 운영되었다. 그러나 여전히 보육은 선별주의 원칙에 입각한 잔여적 형태로 제공되었다. 1970년대 전 · 후로 국가주도 경제개발계획의 추진에 의한 산업화가 진행되었고, 선 성장 후 분배라는 국가발전의 논리가 강조됨에 따라 경제 분야에 비해 보육과 같은 사회복지 재정투자는 상대적으로 억제되었다. 이로 인해 1970년대까지 보육에서는 국가개입을 최소화하는 선별주의 정책이 지속되었다. 그러나 외원 기관의 철수와 사업축소로 보육시설의 운영은 외원 중심의 운영에서 탈피하여 국가 중심의 운영체제로 전환된 점과 이로 인해 보육 확대를 위한 국가재정보조가 증가하기 시작한 점으로 비추어 볼 때, 보육 공공성에 대한 필요성이 국가적 차원에서 인식되기 시작했다고 볼 수 있다.

보육의 공공성은 「아동복리법」이 1981년 「아동복지법」으로 개정되면서 부각되었다. 「아동복지법」은 보육의 전문성과 다양성을 표방하였다. 이후 「아동복지법」은 전체 아동을 대상으로 한 보편주의에 입각하여 보육대상 확대, 즉 보육의 공공성에 기반이 되었다. 1980년대 정부는 여성의 사회참여 증가 및 가족구조의 핵가족화에 따라 보육수요가 급격히 증가하자, 1982년 「유아교육진흥법」을 제정하여 기존의 어린이집, 새마을협동유아원 및 농번기탁아소를 새마을유아원으로 흡수 · 통합하여 운영해 왔다. 「유아교육진흥법」은 보육기관인 새마을유아원을 유아교육기관에 포함하고 보육의 성격을 교육으로 규정하였다. 이 법 제정 이후에도 기존 새마을유아원의 보육 기능이 미흡하고 보육시설이 절대 부족하여 취업여성의 자녀양육 문제가 큰 사회적 문제로 등장하게 되었다. 이에 따라 1987년 노동부에서는 「남녀고용평등법」에 의한 직장 탁아 제도를 도입하였고, 1989년 보건복지부에서는 「아동복지법」에 의한 보육사업을 실시하였다. 그러나 영유아보육에 관련된 사업이 여러 부처에서 제각기 독자적으로 관리 · 운영됨으로써 정부재정의 비효율적 투자는 물론 영유아에 대한 체계적이고 효율적인 보육을 실시하는 데 어려움을 겪게 되었다.

(2) 1991년 「영유아보육법」 재정 이후 시기

1991년 「영유아보육법」을 제정 · 공포하고, 각 부서로 분산, 다원화되어 있던 법체계와 주관 부서를 통합하기 위해 내무부, 보육부, 보건사회부 3개 부처가 합의하여 그동안 「보육진흥법」에 의해 운영되어 왔던 새마을유아원을 1993년까지 「교육법」에 의한 유치원이나 「영유아보육법」에 의한 어린이집으로 전환하도록 하였다. 「영유아보육법」이 추구하는 방향은 「교육법」이 구분하는 보육제도와 구분을 명확히 하고, 보육의 기본 이념을 보호와 교육의 입장에 두고 보육의 내용을 교육, 건강, 영양, 안전과 더불어 부모에 대한 서비스와 지역사회와의 교류까지 포괄하는 종합적인 서비스를 제공하도록 하였다. 결국 보육정책을 통하여 아동복지, 여성복지, 가정복지 및 지역사회 발전을 동시에 도모하려는 생산적인 복지 사업을 지향하게 된 것이다. 또한 이 법은 국가와 지방자치단체가 부모와 함께 영유아를 건전하게 보육할 책임을 지도록 명시하였다. 이에 따라서 보육에 관한 기획과 조사 등 필요한 사항을 심의하기 위한 중앙보육위원회를 보건복지부에 두고 지방에는 시 · 도 및 군 · 구에 지방보육위원회를 두도록 하였고, 보육에 대한 정보제공 및 상담을 위하여 시 · 군 · 구에 보육정보센터를 의무적으로 설치 · 운영하도록 하였으며, 저소득층 자녀의 보육비용은 정부가 부담하도록 하여 보육에 대한 국가와 지방자치단체의 책임을 강화하였다.

「영유아보육법」은 1991년 제정된 이후 15회에 걸쳐 부분개정되었고, 2004년 전면개정되었다. 그리고 2005년 「영유아보육법 시행규칙」의 일부를 개정하면서 시설에 대한 평가인증제를 도입하였으며, 보육시설 사전 상담제 및 시설장의 국가자격증제 도입과 아울러 보육시설 운영위원회 설치 의무화로 보육시설 운영의 책임성과 투명성을 강화하였다. 2006년 11월 10일 「영유아보육법 시행규칙」 개정을 통해 표준보육과정을 마련함으로써 영유아가 건강하고 안전하며 바르게 생활하는 데 필요한 내용과 신체, 사회, 언어, 인지, 정서 등 전인적 발달을 위해서 영유아가 갖추어야 할 지식, 태도, 기술을 제시하는 등 영유아가 조화로운 사회구성원으로 성장될 수 있도록 보육환경의 질을 높였다.

2008년부터 2012년까지 시기의 특징은 이전 시기에 이어 공보육 강화와 수요자 중심 체계 개편에 중점을 두었다는 점이다. 또 다른 특징으로는 2011년 「영유아보육법」 개정에서 위상향상을 목적으로 보육시설 및 보육시설 종사자의 명칭을 어린이집 및 보육교직원으로 개정한 점을 들 수 있다. 이 시기에도 보육정책을 위한 제도정비 및 관할 부서 변동이 있었다. 2008년 3월 보육업무가 여성가족부에서 다시 보건복지가족부로 이관되었다. 2008년 2월 「정부조직법」에 의하면 이전의 보건복지부는 보건복지가족부, 여성가족부는 여성부로 개정되면서 이전의 여성가족부의 보육업무는 보건복지가족부의 아동에 관한 사무에 포함되었다. 그리고 이전의 '새싹플랜'이 수정 · 보완되어 '제1차 아이사랑 플랜'(2009~2012)이 발표되었다. '아이사랑 플랜'은 국가책임제 보육에 초점을 두고 부모의 비용부담완화, 수요자 맞춤 지원, 보육시설의 질 제고 및 균형 배치, 보육인력의 전문성 제고, 전달체계의 효율화, 보육사업의 지원체계 구축 등을 추진과제로 하였다. '아이사랑 플랜'은 민간보육시설의 질 제고를 전제로 국 · 공립보육시설을 취약지역 위주로 설치한다는 방향으로 국 · 공립보육시설 공급이 부족한 실정에서 민간시설의 질 제고를 통해 모든 시설의 질적 수준을 균등화한다는 것이었다.

2013년부터 2016년까지 시기의 특징은 누리과정의 시행으로 영유아교육과 보육의 공공성, 즉 보편성과 무상성이 실제로 이행된 점이다. 이전부터 시행되어 온 수요자 중심의 보육과 보육의 질적 제고를 지향하는 정책방향은 이 시기에도 지속되었다. 특히 어린이집 아동학대 사건이 이슈화되면서 보육의 질적 안정성과 관련된 사업이 관련 법 개정을 통해 강화되었다. 즉, 보육정책은 어린이집의 질을 담보하고 안전관리를 강화하여 안전한 보육환경을 조성하고, 부모와 자녀의 필요에 맞는 보육지원 실시에 중점을 두고 있었다. 2013년 '국민 행복' 구현을 위한 맞춤형 복지를 위해 영유아 보육 · 교육에 대한 국가완전책임제 실현 및 안심하고 양육할 수 있는 여건 조성을 목표로 '제2차 중장기 보육계획'(2013~2017)이 수립되었다. '제2차 중장기 보육계획'은 공급자 중심 양적 확충보다는 보육서비스의 질적 수준을 높이고 수요자인 아동의 건전한 발달과 부모의 선택권을 높이는 촘촘한 맞춤형 지원에 역점을 두고 있었다. '제2차 중장기 보육계획'은 민간시설 지원으로 보육서비스의 질적 수준 개선을 목표로 하는 공공형 어린이집 확대를 추진한 '제1차 아이사랑플랜'과 방향성은 같으나 공공투자를 늘려 국·공립어린이집을 확대한다는 취지를 갖고 있었다. '제2차 아이사랑플랜'은 공급자 중심의 양적 확충보다는 수요자인 아동의 건전한 발달과 부모의 선택권을 높이는 맞춤형 지원에 역점을 두었다. 이에 '공공성 확대와 품질관리 강화'를 추진과제로 하고 어린이집 설치·인가 기준을 강화하여 민간 생계형시설 진입을 제한하였다. 또한 여기에서는 전체 보육 아동 중 직장, 국·공립(사회복지법인 포함), 공공형 어린이집 이용 아동 비율을 2017년까지 약 33%까지 확대하는 것을 목표로 하였다.

그리고 2017년 12월 27일 보건복지부는 '보육·양육에 대한 사회적 책임 강화'를 실현하기 위한 '제3차 중장기보육 기본계획(2018~2022)(이하 '제3차 기본계획')'을 발표하였고, 문재인 정부의 보육 비전을 반영하여 향후 5년간(2018~2022)의 보육정책 방향성을 좌우하는 중요성을 지니고 보육의 공공성과 서비스 품질향상 관련 4개 분야 17개 과제를 제시하였다. 그 내용은 ① 보육의 공공성 강화, ② 보육체계 개편, ③ 보육서비스 품질향상, ④ 부모 양육지원확대의 4개 분야에 대해서 주요 과제는 '국·공립어린이집 이용률 40% 확대', '표준보육시간제도' 도입 등 '어린이집 보육지원체계 개선 추진', '표준보육비용 재계측을 통한 적정 보육료 지원 기반 구축', '보육교사 자격 개편(1·2급 중심 개편 등)', '시간제 보육반 제공 확대'를 골자로 하고 있다.

2) 보육행정체계

(1) 중앙정부

중앙정부의 보육업무는 1991년 「영유아보육법」이 제정되면서 보건복지부에서 담당하다가, 2004년 동법이 전면 개정된 후 여성가족부로 이관되었다. 하지만 2008년 이명박 대통령 정부에서 정부조직을 전면 개편하게 되었고, 보육업무는 다시 보건복지부로 옮겨졌다. 중앙정부의 분담체계는 보건복지부 · 인구정책실 · 보육정책관 · 보육정책과 · 보육사업기획과 · 보육기반과의 체계로 구성되어 있다.

먼저 보육정책과의 주요 업무는 중앙부처 및 전국 지자체의 보육정책 협의 및 조정으로 전국에 걸쳐 보육서비스 전달의 원활성과 효율성을 높이는 것이다. 이를 위해 보육재정의 중장기투자계획을 수립하고, 또한 이와 지자체 보육공무원을 교육시키며, 보육행정을 전산화하는 업무를 수행한다. 그리고 이와 병행하여 보육서비스의 질 관리를 위해 어린이집 평가인증제도 운영 책임도 맡고 있다.

보육사업기획과의 주요 업무는 보육료 지원, 양육수당 지원, 관련 대상자의 선별 및 관리 등을 통해 전국의 어린이집을 이용하는 영유아 보호자를 재정적으로 지원하는 것이다. 또한 보육교직원의 처우 개선, 양성 및 교육훈련, 자격관리 등 보육교직원을 관리하는 업무를 수행하고 있다.

보육기반과의 주요업무는 어린이집의 설치 및 인가, 운영 지원, 국 · 공립시설 확충 계획 수립, 어린이집에 대한 지도 · 점검 · 관리 등이다. 국 · 공립시설 외에 직장어린이집, 협동어린이집 등 여러 가지 유형의 어린이집을 확충하는 업무도 수행하고 있다. 보육기반과에서는 전국의 어린이집을 대상으로 표준보육과정 및 보육프로그램을 개발하여 보급함으로써 보육서비스의 균형화를 꾀하고 있다. 전국에 설치, 운영되고 있는 보육정보센터의 운영을 관리, 지원하는 업무를 통해 어린이집과 이를 이용하는 부모의 양육을 지원하는 기능을 수행하고 있다.

보건복지부에서는 보육사업을 보다 효율적으로 운영하기 위해 영유아의 부모와 보호자를 대상으로 '아이사랑보육포털'을 운영하고 있다. 이곳에서는 영유아 자녀를 키우는 부모와 가족이 정부의 보육 및 양육 지원정책과 제도의 내용에 대해 자세한 정보를 알 수 있게 하였다. 또한 전국의 보육교직원을 대상으로 '보육통합정보시스템'을 개설하여 보육행정전산화 작업을 수행하고 있다.

(2) 지방자치단체

보육행정 업무는 중앙정부에서 기본정책과 계획을 수립하여 이를 수행하기 위한 지침을 하달하고 지방자치단체는 지침업무를 수행하는 방식으로 전달된다. 지방자치단체는 중앙정부의 사업지침을 수행하는 외에도 단체장의 정책의지에 따라 자체 예산으로 보육사업을 기획하여 자율적으로 실시할 수 있다.

(3) 보육 관련 기구

보육정책과 제도가 급속히 팽창되면서 여러 보육 관련 전문기구가 설치되었는데, 보육 관련 전문기구를 구체적으로 살펴보면 다음과 같다.

① 육아정책연구소(www.kicce.re.kr)

육아정책연구소는 2005년 설치된 것으로 국가경제인문사회연구회 산하기관이다. 이 기관은 육아정책연구를 종합적 · 체계적으로 수행하여 유아교육과 보육의 발전을 위한 합리적 정책방안을 제시함으로써 우리나라가 육아선진국으로 도약하는 데 기여함을 목적으로 설립되었다. 활발한 연구사업을 통해 다양한 보고서를 발간하고 있으며 국내 · 외 최근 유아교육 및 보육정책 동향을 제공하고 있다.

특히 2006년부터 우리나라 아동의 성장 · 발달과정을 출생부터 장기적으로 추적 · 조사하는 '한국아동패널(Panel Study on Korean Children)' 조사를 수행했다. 한국아동패널은 우리나라 아동의 성장 · 발달 과정을 출생부터 장기적으로 추적 · 조사함으로써, 각 시기에 발생하는 아동의 성장 · 발달 특성, 양육실태와 요구, 육아지원기관의 기능과 효과 및 지역사회와 육아정책의 영향에 관한 종단적 자료를 국가 수준에서 수집하여 제공하는 것을 목적으로 하고 있다.

② 한국보육진흥원(www.kcpi.or.kr)

재단법인 한국보육진흥원은 2009년 효과적인 보육 관련 사업 수행을 통해 보육의 질 향상을 꾀하고 체계적인 보육정책 지원을 통한 영유아와 부모, 보육교직원 등 수요자의 만족에 기여하기 위해 설립된 법인이다. 중앙보육정보센터를 기관 위탁하여 지원하고 있으며, 이후 국가의 주요 보육사업을 위탁받아 운영하고 있다. 현재 어린이집 평가제 사업과 보육인력 국가자격증 교부사업을 수행하고 있으며, 공공형 어린이집 사업을 위탁, 운영하고 있다. 최근에는 온라인교육과정도 운영하는 등 사업영역을 넓혀가고 있다.

③ 육아종합지원센터(www.central.childcare.go.kr)

육아종합지원센터는 「영유아보육법」 개정으로 보육정보센터에서 육아종합지원센터로 2013년 명칭이 변경되었으며, 전국적인 보육서비스 전달체계를 갖춘 보육전문기구이다. 「영유아보육법」에 따르면, 보육에 관한 정보의 수집 · 제공 및 상담을 위하여 보건복지부장관은 중앙육아종합지원센터를, 특별시장 · 광역시장 · 도지사 및 시장 · 군수 · 구청장은 지방육아종합지원센터를 설치 · 운영하여야 한다. 중앙보육정보센터는 1995년에 설치되었으며, 광역시 · 도 단위 및 시 · 군 · 구 단위 육아종합지원센터가 113개소가 설치되어 있다(2019. 12. 02. 기준).

④ 직장보육지원센터(www.escac.or.kr)

직장보육지원센터는 근로복지공단에서 직장어린이집 설치, 운영 관련 정보를 제공하고 직장어린이집의 운영 내실화 및 활성화를 기하기 위해 설치한 기관이다. 2003년 부산근로복지공단어린이집 건물에 설치되어 운영되다가 근래 직장어린이집이 급속히 확대되면서 근로복지공단 직장보육지원센터 서울센터와 부산사무소 체제로 확대, 개편되었다. 이 센터에서는 직장어린이집을 설치, 운영하고자 하는 사업주나 위탁운영자가 관련 정보를 제공받을 수 있다.

⑤ 어린이집 안전공제회(www.csia.or.kr)

「영유아보육법」에 따르면 어린이집 상호 간의 협동조직을 통하여 어린이집의 안전사고를 예방하고 어린이집 안전사고로 인하여 생명 · 신체 또는 재산상의 피해를 입은 영유아 및 보육교직원 등에 대한 보상을 하기 위하여 보건복지부장관의 허가를 받아 어린이집 안전공제회 사업을 할 수 있다. 이를 근거로 2009년 어린이집 원장을 회원으로 한 상호협동조직체의 비영리법인으로 어린이집 안전공제회가 설립되었다.

어린이집 안전공제회의 주요 업무는 첫째, 어린이집 안전사고에 대한 보상, 둘째, 어린이집 안전사고와 관련한 분쟁사안 조정, 셋째, 영유아 및 어린이집 종사자 등에 대한 복리후생 사업, 넷째, 어린이집 안전사고 관련 통계 산출, 다섯째, 안전사고 예방사업 등이다.

2. 외국의 보육제도와 정책

1) 미국

미국은 보육의 일차적 책임을 가정에 두고 있고 정부의 보육지원정책은 주로 저소득층 가정을 지원하기 위한 목적으로 수립된다. 개별 가정이 지불해야 하는 보육비용은 정부의 지원 유무에 따라 매우 다양한 보육지원 범위를 갖는다. 정부의 지원을 받아 수행되는 대표적인 프로그램으로 헤드 스타트(Head Start) 프로그램을 들 수 있다. 미국 50개 주가 각기 다르게 움직이듯이, 보육 유형도 프로그램 운영 주체가 누구인가에 따라 매우 달라진다. 유아교육기관 중 헤드 스타트 기관은 연방정부의 지원을 받는 프로그램이기 때문에 그 프로그램에 대한 규정은 미국 전체 주에 일관되게 적용되지만, 다른 유아교육기관은 주정부의 규정에 따르고 있어서 주마다 그 체계가 조금씩 다르다.

미국의 어린이집 유형은 어린이집(day care center), 유아원(nursery), 유치원(preschool) 등으로 다양하다. 국립보육자원 및 연방지원기국협회(The National Association of Child Care Resource and Referral Agencies, NACCRRA)가 부모에게 제안하고 있는 전형적인 네 가지 보육 형태는 다음과 같다.

(1) 어린이집(day care center)

어린이집은 유아를 집단으로 보육하는 곳이다. 모든 주 정부는 어린이집을 설립할 때 필요한 설립 허가 기준을 규정해 두고 있다. 구체적인 허가 기준은 주마다 다르며 허가를 받았다고 보육수준이 우수하다는 것을 보증하는 것은 아니다. 다만 허가를 받은 시설은 최소한의 건강, 안전, 보육자의 자격 등을 갖추고 있다. 모든 주에서는 최소 1년에 1회 이상 모든 어린이집을 점검한다. 어린이집을 선택하는 부모는 자녀를 집단으로 보육하는 시설을 선호하며 여러 명의 보육전문가가 주정부의 감독을 받으며 일하고 있기 때문에 자녀를 위해 더 안전하고 바람직하다고 믿는다. 어린이집이 명성을 갖고 있거나 신뢰할 만한 기구(대학 등)의 지원을 받고 있는 경우 이를 선호한다. 많은 부모들은 종사자, 공간, 시설 · 설비, 교재 · 교구, 조직화된 활동이 아동에게 더 좋은 학습 환경을 제공해 준다고 믿고 있다.

(2) 가정어린이집(family child care facilities)

가정어린이집은 보육자의 집에서 아동에게 보육서비스를 제공하는 것을 말한다. 시설이 갖추어야 할 기준은 주마다 다르지만 대부분의 주에서는 가정어린이집 종사자로

하여금 4명 이상의 영유아를 보육할 수 있는 법적 기준을 갖추도록 요구하고 있다. 모든 주에서는 최소한의 건강, 안전 및 영양기준을 정해 두고 있으며, 많은 주에서는 가정어린이집 종사자로 하여금 범죄기록이나 아동학대, 방임 등의 전과가 없다는 확인서류를 제출하도록 요구하고 있다. 또한 대부분의 주에서는 가정어린이집을 1년에 한 번 혹은 무작위로 점검하고 있다. 자녀들이 가정과 같은 환경에서 보육받기를 원하는 부모들이 가정어린이집을 선택한다. 이들은 한 명의 보육담당자와 상호작용하는 것을 선호하며 자녀가 소규모 그룹에 있을 때 더 안전하고 행복하며 건강하게 지낼 수 있다고 믿는다. 어떤 부모는 자녀를 모두 한 시설에 보내 자녀들이 같은 그룹에서 지내기를 바라기 때문에 이 유형을 선택하기도 하며, 또 어떤 부모는 이 유형이 집에서 더 가깝고 더 저렴하며 시간적인 측면에서 더 유동성이 크기 때문에 선호하기도 한다.

(3) 방문 보육사(in-home caregivers)

유아의 집에 와서 보육서비스를 제공하는 방문 보육사는 입주했거나 매일 출퇴근하는 유모 및 파출부가 포함된다. 대부분의 주에서는 방문 보육사에 대한 기준을 갖추고 있지 않지만 몇몇 주에서는 소개소에 대한 규제를 하고 있다. 많은 주에서는 아동보육보조금(child care subsidy)을 받는 방문 보육사의 경우, 범죄기록, 아동학대 및 방임기록이 없을 것을 요구하고 있다. 그리고 몇몇 주에서는 방문 보육사로 일하는 사람들에게 몇 시간의 건강 및 안전교육을 이수하도록 하고 있다. 이 보육유형을 선택하는 부모들은 자녀가 집에서 더 안전하고 깨끗한 보육서비스를 받을 수 있다고 생각한다. 그들은 보육사를 자기 집에서 일하게 하면 아이들에게 자기가 원하는 보육서비스를 제공하도록 보육사를 더 많이 관리 감독할 수 있다고 믿는다. 어떤 부모들은 방문 보육사가 가족의 요구에 더 유동적일 수 있기 때문에 선호한다. 더욱이 자녀가 여러 명일 경우는 방문 보육사를 쓰는 게 비용 면에서 더 효율적일 수 있다.

(4) 친척, 친구, 이웃에 의한 보육(care provided by relatives, friends and neighbors)

때때로 부모들은 자녀를 돌보기 위해 친구, 친척, 이웃을 선택한다. 아이는 자기 집이나 보육자의 집에서 생활한다. 부모의 근무시간이 교대로 바뀌는 경우 다른 부모가 아이의 보육을 책임지기도 한다. 많은 주에서는 친척, 친구, 이웃에 의한 보육형태에 어떤 규제를 가하지 않는다. 몇몇 주에서는 이럴 경우에도 범죄기록, 아동학대 및 방임기록이 없어야 할 것을 요구하기도 한다. 그리고 몇몇 주에서는 이 사람들에게 몇 시간의 건강 및 안전교육을 이수하도록 하고 있다. 이 유형의 보육서비스를 선택하는 부모들은 아이를 돌보아 줄 친척이나 친구, 이웃을 구할 수 있어 다행이라고 여긴다. 그들은 이런 보육자들이 더 따뜻하고 더 많은 사랑을 줄 수 있으며, 이에 따라 아이들이 더 안전하게 지낼 수 있다고 믿는다. 많은 부모들은 친척, 친구, 이웃과 가치를 공유하고 그들이 자녀에게 하는 일을 신뢰한다. 때때로 부모는 자신의 근무일정, 재정상태, 자동차가 없을 때 등 여러 가지 이유로 다른 어린이집에 다닐 수 없을 때 이를 선택하기도 한다.

2) 스웨덴

스웨덴은 사회주의 국가로서 유아기 보육과 교육을 일원화하여 교육부에서 관할하고 있다. 스웨덴의 보육제도와 정책에 대해서는 스웨덴 기구(Swedisi Institute)의 보고서(2004)를 중심으로 살펴보고자 한다. 스웨덴에는 1~12세까지의 아동을 위한 공립어린이집이 다양하게 설치되어 있다. 아직 초등학교에 들어가지 않은 아동은 유아학교(Preschool)에 다니고 학교에 다니는 아동은 방과후 시설(school-age childcare)에 다닌다. 6

세에 초등학교 입학을 하기 때문에 기본적으로는 1~5세는 유아학교에 6~12세는 방과 후 시설에서 돌본다고 볼 수 있다. 유아시설로는 유아학교(Preschool), 교육적 보육(Pedagogical care), 개방형 유아학교(Open preschool)가 있고, 아동 시설로는 여가센터(Leisure-time center), 개방형 여가센터(Open leisure-time center)가 있다. 원래 가정보육시설이 2009년 스웨덴 교육법 개정 후 교육적 보호(pedagogiskomsorg: pedagogical care)로 개칭되어 교육적 자극을 제공하는 기관으로 변화되었다(권미경 외, 2012).

(1) 유아학교(Preschool)

부모의 일, 학업, 무직이거나 육아휴직 등과 같은 이유로 특별한 보호를 필요로 하는 유아를 돌보는 곳이다. 4~5세의 모든 유아는 1년 중 525시간을 무료로 다닐 수 있다. 유치원은 연중 열고 보육시간은 부모의 요구에 따라 매우 다양하다. 유아는 대게 15~20명 단위로 한 반을 이룬다. 각 반에는 법에 따라 유아교사(preschool teacher) 1명과 보육교사(daycare attendants) 2명씩 모두 3명이 배치되어 있다.

(2) 교육적 보육(Pedagogical care)

부모가 일하러 간 시간 동안 집에 찾아와 보육교육서비스를 제공하거나 다양한 형태의 가정보육서비스를 제공한다. 2009년 스웨덴 교육법에 의해 가정보육의 개념을 교육적 보육내용으로 전환하였다. 따라서 다양한 가정보육시설에서 교육활동을 제공한다(권미경 외, 2012). 부모가 직업이 없거나 육아휴직 중이더라도 이 서비스를 이용할 수 있다. 보육시간은 부모의 요구에 따라 매우 다양하다. 가정보육서비스는 가령 유아의 집 근처에 유아학교가 없는 경우에 유치원의 대안으로 제공된다. 그러므로 대도시보다는 시골지역이나 조그만 마을에서 더 많이 이루어지는 편이다.

(3) 개방형 유아학교(Open preschool)

낮에 집에 있는 부모를 위한 시설로 유아는 부모와 함께 시설에 간다. 이곳에서는 부모나 다른 사람에 의해 가정보육되는 영유아에게 사회적·교육적 자극을 무료로 제공하여 부모의 보육기능을 지원한다.

(4) 여가센터(Leisure-time center)

아동의 방과후 시간 동안 부모가 일하거나 공부하러 가는 아동을 위한 시설이다. 이른 아침, 늦은 오후나 저녁, 휴일 등에 이용할 수 있다. 6~9세의 아동 중 대부분이 이 시설을 이용한다. 연중 운영하며 보육시간은 부모의 요구에 따라 매우 다양하게 짜여 있다. 여가센터는 학교기능을 보완하고 있다. 이를 위해 아동의 발달을 지원해 주고 그들이 여가를 의미 있게 보낼 수 있도록 여러 가지 프로그램을 제공한다. 보육정책의 방향은 초등학교와 이 여가센터들을 가능한 한 밀접하게 묶어서 통합적인 서비스를 제공하는 것을 목표로 하고 있다.

(5) 개방형 여가센터(Open leisure-time center)

10~12세의 아동을 위해 여가센터나 가정보육서비스의 대안으로 제공되는 것이다. 아직 스웨덴의 전역에 퍼져 있지는 못하고 10~12세 아동의 5% 정도만 이 서비스를 이용하고 있다.

스웨덴의 유치원은 표준교육과정을 구비하고 있다. 이 교육과정의 목표와 일반 원칙은 첫째, 기준과 가치의 준수, 둘째, 발달과 학습의 지원, 셋째, 유치원과 가정 간의 긴밀한 연계, 넷째, 유치원·학교·여가센터 간의 밀접한 상호작용 등이다. 스웨덴에서는 아동의 놀이를 매우 강조한다. 다양한 놀이와 여가활동이 프로그램으로 구성되어 있으며 아동은 여기에 참여함으로써 자연스럽게 호기심과 창의성을 키워나간다.

스웨덴의 모든 공립어린이집은 정부가 법에 의해 요구하는 질적 기준을 충족시켜야 한다. 유아학교의 교육과정 및 프로그램의 기준과 요건은 「교육법(The Education Act)」에 명시되어 있고, 그 외 여가센터, 개방형 유아학교, 교육적 보육이 갖추어야 할 기준은 국립교육지원센터(The National Agency for Education)에 의하여 마련되어 있다. 영유아 교육과 보육의 질을 높이기 위해 2003년부터 6년마다 평가를 의무화하였다. 평가는 3단계, 즉 기관자체 평가, 지방자치단체 평가, 국가수준 평가로 이루어진다(장명림 외, 2009).

3) 일본

일본에서는 보육만을 다룬 독립된 법이 없으며 「아동복지법」에 근거한다. 일본에서는 취업모의 경우에만 어린이집을 이용할 수 있고 전업주부의 경우에는 대부분 유치원을 이용한다. 「아동복지법」에 나타나는 보육소(일본은 어린이집을 보육소라고 함) 입소기준은 다음과 같다(선진국 보육정책 실무연수결과 보고서, 2004).

표 3-1. 보육소 입소기준

- 거주하는 집 밖에서 노동하는 것을 일상으로 하고 있는 경우
- 거주하는 집 안에서 해당 아동과 떨어져서 가사 이외의 노동을 하는 것을 일상으로 하고 있는 경우
- 임신 중이거나 출산 후 얼마 되지 않은 경우
- 질병에 걸린 상태이거나 정신 또는 신체에 장애를 가지고 있는 친족과 동거를 하며 늘 간호를 해야 하는 경우
- 지진, 수해, 화재, 그 외의 재해를 복구하고 있는 경우
- 상기 기준에 준하는 상태에 있다고 시정촌(일본의 행정구역 단위)의 장이 인정하는 경우

〈표 3-1〉의 조건에 맞지 않는 부모가 자녀를 보육소(어린이집)에 보낼 경우 국가의 보육료 지원을 받지 못한다. 이 때문에 현재 보육서비스를 이용하고 있는 가정과 이용하고 있지 않은 가정 간에 육아불만이나 부담을 둘러싼 형평성 문제가 제기되고 있다. 보육소(어린이집)에 입소를 희망할 경우 시정촌 아동가정과에 입소신청서를 작성하여 제출한다. 시정촌은 보육요건에 적합한지 판단한 후 사실조사를 거쳐 입소 여부를 결정한다. 시정촌에서는 보육에 필요한 경비를 지원하며 부모는 시정촌에 보육료를 납부하는데, 보육료는 부모수입을 7계층으로 나누어 차등 부과된다. 가령 제 1계층(생활보호법상 피보호세대)의 경우 3세 미만아를 위해 보육료를 납부하지 않아도 되지만 제 7계층(소득 40만 8,000엔 이상)의 경우 보육료만 8만 엔을 지불해야한다. 3세 이상아를 둔 부모는 제 1계층에서는 보육료를 내지 않지만 제 7계층에서는 7만 7천 엔을 내야 한다. 한 가정에서 두 자녀가 보육소(어린이집)에 다니는 경우에 둘째 자녀의 보육료는 1/2만 낸다. 일본에서는 최근 출산율의 저하에 따른 소자녀화 현상을 극복하기 위해 정부차원에서 자녀보육을 지원하는 종합계획인 '엔젤플랜(Angel Plan, 1995~1999)', '신엔젤플랜(2000~2005)'을 제시하였다. 2003년에는 '차세대육성지원대책 추진법안'을 마련하였다. 보육지원대책의 주요 내용은 어린 자녀를 가진 남녀가 일과 가정을 양립할 수 있도록 각종 지원 네트워크를 활성화시키는 것이다. 나고야의 육아지원시책을 살펴보면, 자녀보육 지원을 위해 먼저 보육소(어린이집)에 입소하려고 대기 중인 일명 '대기아동'을 0으로 만들겠다는 내용이 제시되어 있다. 이를 위해 어린이집의 수를 늘리고 일반보육 외에 다양한 형태의 보육서비스를 제공하고 있다(태시치즈, 2004).

표 3-2. 보육소의 유형

- 연장보육: 오후 7시 이후 시설에 따라 8시까지 혹은 밤 10시까지 보육이 이루어지는 것
- 야간보육: 연장보육시간을 넘어 야간에 보육이 이루어지는 것
- 일시보육: 주 3일 실시되는 보육형태, 평일이나 주간에 어린이집을 이용하지 않는 유아가 이용

- 장애아 보육: 장애 영유아가 이용
- 가정보육: 어린이집이 정비되기까지 잠정적인 것으로 일정한 기준을 갖춘 무인가보육소로 보육자의 집에서 연령이 낮은 소수 유아를 대상으로 실시하는 것

다양한 형태의 보육서비스 외에 아이를 키우는 모든 부모를 대상으로 육아를 지원하기 위해 '가정지원센터'가 설치되어 있다. 가정지원센터는 보육소(어린이집)에 설치되어 있기도 하고 별도로 설치되어 있기도 하는데, 목적은 자녀를 보육하는 부모를 지원하는 네트워크를 형성하여 다양한 지원서비스를 제공하는 것이다. 가령 전업주부가 갑자기 병이 났거나 가족의 장례를 치르게 되었을 때 일시적으로 자녀를 돌보아 주거나, 자녀를 키우는 부모가 모여 육아정보를 교환할 수 있는 '모임의 장'을 설치하거나, '육아지원종합 코디네이터'가 가정지원센터의 여러 가지 서비스를 쉽게 이용할 수 있도록 도와주거나, '육아서포터'가 보육상담을 해 주는 등 지역마다 가정의 자녀보육을 지원해 주기 위한 여러 가지 형태의 사업이 진행되고 있다.

4) 호주

호주는 부모의 경제활동과 가족생활의 균형을 이루기 위해 영유아기 자녀의 보육비용을 지원하고 있다. 또한 어린이집의 설치인가 및 인증제도를 통해 양질의 보육서비스가 국민에게 제공될 수 있도록 정부 차원에서 노력하고 있다. 보육에 대한 책임은 연방정부, 주정부 중 모든 수준의 정부가 함께 분담하고 있으며, 연방정부는 가장 중요한 재정적 지원을 담당하고 있다. 지방정부의 경우 민간시설에 특별 지원을 실시하여 보육서비스가 지방에도 고루 적용되도록 하는 데 주력한다. 호주의 보육서비스 유형은 크게 네 가지로 구분된다(선진국 보육정책 실무연수결과 보고서, 2004).

(1) 종일보육(long day care)

0~5세 아동을 위한 것으로 오전 8시부터 오후 6시까지 주 5일을 운영하는 것을 원칙으로 한다. 이와 병행하여 3~5세 아동을 위한 유아학교(preschool)가 운영되고 있는데, 유아학교는 오전 9시부터 오후 2시경까지 진행된다. 대규모 종일어린이집에서는 오전 시간에 유아학교를 포함시켜 운영하기도 한다.

(2) 가정어린이집(family child care)

보육자가 5~6명의 영유아를 돌보는 것으로, 관리소(scheme)를 중심으로 연계되어 활동한다. 하나의 관리소에는 1개소부터 100개가 넘는 가정어린이집이 소속되어 있다. 관리소를 기준으로 허가를 받고 인증을 받는다. 관리소는 소속된 가정어린이집을 위한 자원의 연계나 세미나 기획 등 여러 가지 서비스를 제공한다.

(3) 방과후 보육(outschool care)

초등학교 학생을 위한 어린이집이다. 일시보육(occasional care)은 학령 전 아동만 이용할 수 있는 것으로 학령 전 아동으로 하여금 함께 어울리면서 또래 간 상호작용을 경험할 수 있도록 일시적인 보육서비스를 제공하는 것이다.

(4) 방문보육(in-home care)

시골 등 넓은 지역에 집들이 드문드문 위치해 있을 경우 아이들이 어떤 기관에 다니기가 쉽지 않기 때문에 이들을 위해 보육자가 가정을 방문하여 아이들을 보육해 주는 형태이다. 종일보육, 방과후 보육, 일시보육, 농장보육, 24시간 보육 등 여러 가지 모습을 갖추고 가족과 영유아의 요구에 맞추어 보육서비스를 제공해 주려고 노력하고 있다.

연방정부가 어린이집을 이용하는 부모에게 지원하는 금액을 보육보조금(Child Care Benefit, CCB)이라 하는데, 정부는 자녀보육보조금의 형태로 약 80%의 보육비용을 지원하고 부모는 20%의 보육비용을 부담한다. 부모가 부담하는 보육비용은 가정의 소득에 따라 차등적으로 달라진다. 이를 결정하는 요소는 가족의 소득, 어린이집에 보내는 자녀의 수, 보육시간, 어린이집의 유형(대체적으로 long day care 어린이집의 비용은 상당히 비싼편임), 어린이집을 이용하는 이유 등이다.

원칙적으로 가족의 연소득 3만 달러, 호주달러를 기준으로 소득이 10달러씩 증가할 때마다 보육보조금을 1달러씩 줄인다. 이에 따라 자녀를 어린이집에 보내는 모든 부모가 월 최대 133달러에서 최소 20달러까지의 정부 지원금을 받는다. 가령 가족의 연소득이 3만 달러면 보육보조금이 1주에 133달러, 10만 달러면 보육보조금이 1주에 20달러가 된다. 그리고 어린이집에 보내는 자녀의 수가 증가함에 따라 보육보조금의 액수는 가파르게 증가한다. 한 자녀를 어린이집에 보낼 때 보육보조금이 1주에 137달러라면 세 자녀를 어린이집에 보낼 때는 보육보조금이 1주에 446.96달러로 급등하게 된다. 어린이집을 이용하는 이유도 지원액을 결정하는 데 영향을 미치는데 가령 부모가 취업해 있거나, 학업 중이거나, 훈련을 받는 중이라면 보육보조금을 1주에 50시간 분만큼 지원받는데 비해 부모가 취업해 있지 않을 경우에는 1주에 20시간 분만큼만 지원받을 수 있다(여성부 국외출장보고서, 2004).

5) 독일

독일의 보육에 대한 관점은 구동독의 경우는 종일제를 중심으로 집단교육을 실시하였고 양육의 사회화에 중점을 두고 있었다. 유아기의 집단교육이 아동의 의식 및 행동발달에 크게 영향을 미친다는 이념에서 비롯되었다. 동독과는 달리 구서독의 경우는 가족에 대한 우선적인 책임을 두고 가정에서의 자녀양육을 중요시 여겼다. 때문에 기혼여성의 취업률이 낮았고 3세 미만 아동을 위한 보육시설의 보급수준도 저조하였다 (이복희, 2017).

1990년 통일 이후 저출산 문제, 양성평등을 위한 여성의 일 · 가정 양립, 지속성장발달이 가능한 사회의 구축은 모두 시민이 함께 해결해야 할 공적 과제로 등장하였다. 통일을 전후하여 독일 사회는 정치 · 경제 · 사회적으로 급속한 변화를 경험하며, 지속적으로 교육 개혁을 실시해 가는 과정에서 보육정책도 크게 변화하였다. 이에 영유아 보육정책은 영유아를 위한 보육뿐만 아니라 양성불평등사회, 저출산 · 고령화사회, 양극화사회의 문제를 해결하고 지속 성장발전이 가능한 사회 건설을 목표로 발전되었다.

영유아 관련 정책의 수립과 담당 및 가족정책의 방향을 제시하고 감독하며 주관하는 부서는 가족 · 노인 · 여성 · 청소년부이다. 각 주정부는 연방정부가 제시하는 정책의 지침에 따라 실제적으로 독자적인 영유아 보육정책을 만들고 지방자치단체는 보육시설에 대한 제반지원과 실제교육을 수행해 가면서 주(州) 또는 지방자치단체의 지역적 상황에 따른 고유한 특성을 발전시켜 가고 있다. 2007년 8월 1일 부터는 「아동촉진법(Kinder foerderungsgesetz)」에 따라 만1~3세까지의 모든 영유아는 공적인 보육기관과 민간단체에서 공보육을 받을 수 있는 권리가 주어졌다. 더 나아가 2016년 10월 20일부터는 「아동촉진법」에 따라 자녀가 크리페에 입학하지 못해 양육자가 직장에 출근하지 못하는 경우에는 지방자치단체에 위자료를 청구할 수 있도록 하여 강력한 정책구현을 위한 의지를 표방하였다. 또한 독일은 영유아 보육정책으로 양성평등사회의 건설을 위해 취업 중인 여성들의 일 · 가정의 양립을 지원하기 위하여 출산휴가, 육아휴직 제도, 가족휴가 제도, 보육수당, 세제혜택 등을 지원하고 영유아 지원뿐만 아니라 부모 지원까지를 포함하여 지원하고 있는 것이 가장 큰 특징이다.

독일은 세계에서 두 번째로 가장 많은 자녀수당을 지급하며 자녀 양육비용 중 일부를 면세해 주며, 자녀양육으로 발생하는 경제적 손실을 보충해 준다. 독일은 가족 정책 관련 예산의 2/3를 부모에게 직접 지원하고 유치원 등 보육기관의 인프라 구축에 1/3을 지출하고 있다. 2004년 가족 관련 정책에 지출한 비용은 국내 총생산(GDP)의 45%인 약 1,010억 유로(약 121조 원)로, 1992년 668억 유로보다 342억 유로를 증액시켜, 사회발전의 기본 세포가 되는 가정을 지원하며, 저출산 문제를 해결하기 위해서 노력하고 있다. 그러나 이러한 노력에도 불구하고 출산율이 감소하고 있어 관계부처는 대책 마련에 여전히 노력하고 있다. 독일 인구는 2002년에 8,254만 명을 정점으로 미미한 감소추세를 나타내고 있으며, 2016년 8,129만 명으로 집계되었다. 신생아 출산수가 감소하고 있어 현재 독일인의 평균 연령은 40세이지만 20년 후인 2035년에는 50세로 고령화가 예상된다. 저출산 · 고령화 사회의 문제해결을 위해서 정부에서는 3세 미만 영유아 모두가 보육 받을 수 있도록 유치원 재원의 권리를 법적으로 보장하고 있다. 또한 저소득층 및 장애아를 위한 보육정책의 강화로 뒤처지는 영유아가 없도록 교육복지정책을 실시하고 있다. 이에 국가는 보육기관을 대폭 늘리고 종일제 프로그램을 강화하고 확대하며 실시하는 추세에 있다.

독일 유치원은 만3세가 지난 유아부터 초등학교에 입학하지 않은 아동이 이용할 수 있다. 1840년에 유치원을 세운 프뢰벨은 유치원은 유아들이 다니는 "일일보호소"로 칭하고 이전과는 달리 아동을 사랑으로 돌보는 교육방법으로 놀이를 채택하여 자유주의적이며 인본주의적인 유치원을 운영하기 시작하였다. 국제 PISA의 평가 결과, 유치원은 아동들이 놀이를 즐기는 곳이었으나, 유치원에서 학교와 같은 교육기능이 강화되어야 할 것인지에 대한 논쟁이 벌어진 이후에는 독일에서도 가족 · 노인 · 여성 · 청소년부가 영유아 관련 정책을 수립하고 주관하면서 초등교육적 기능을 강조하고 있는 추세이다. 독일은 영유아보육에 대해 「아동청소년지원법(KJHG)」, 「3세 미만 아동지원법(Kinder foerderung gesetz, KifőG)」, 「아동청소년 계속지원 발전법(Kinder-undJugendhilfeweiterentwicklungsgesetz, KICK)」, 「일일보육 확충법(Tagesbetreuungsausbaugesetz, TAG)」, 16개 「주정부 유치원법(Kitagesetz)」 등 총 5

개 법을 재정하여 영유아 보육정책의 법적 근거를 마련하고 있다(차현숙, 윤석진, 2009).

독일의 보육유형은 크게 가정보육, 유아원, 유치원, 방과 전후 보육으로 설명할 수 있다.

(1) 가정보육

영유아를 대상으로 하며 가정과 유사한 분위기, 탄력적으로 시간을 활용할 수 있어 영아에서 학령기 아동까지 보육한다. 보육모의 가정에서 최대 8명까지 보육하며 4~6세의 유아가 7~8명 있다면 정교사 1명을 배치한다. 영아 2명이 증가할 때마다 보육모 1인을 추가로 선발한다.

(2) 유아원(kindcrkrippe)

킨더크리페는 생후 4개월부터 만3세 미만의 영아를 보육하며 시나 주에서 설립, 운영하며 부모가 만들거나 종교단체, 비영리단체 법인이 설립할 수 있다. 유아 13명당 정교사 1명을 배치한다.

(3) 유치원(kindergarten)

킨더가르텐은 3세에서 취학 전 유아까지 혼합 연령반으로 운영하며, 부모가 만들거나 종교단체, 비영리 법인이 설립할 수 있다. 유아 13명당 교사 1명이 필요하다. 유치원이 종일제를 운영하기 시작하면서 직장을 다니는 부모님들이 자주 이용한다. 아침 10시~오후 2시까지 운영하는 경우가 많았지만 종일제 유치원이 중 · 소도시를 중심으로 점점 확대되었다.

(4) 방과 전후 보육

초등학교 4학년까지 취학연령의 아동을 대상으로 하며 학교 부설로 운영되고 있거나 유아교육기관 내에서 별도의 반을 운영하기도 한다. 보통 아침 7시 30분부터 8시 사이에 시작하고 저녁 4시 30분에서 6시까지 운영한다. 초등학교 1~2학년을 위해 반일제 방과후 보육이 있으며, 방과후 보육시설은 아침 7시 30분부터 오후 6시까지 운영한다.

6) 프랑스

프랑스는 모든 계층의 부모와 아동을 위한다는 원칙하에 국가의 책임과 역할을 강조하고 있다. 오늘날 보육 및 공교육제도의 연령별 이원화를 채택하고 있는 공보육체계가 가장 잘 갖추어진 국가이다.

프랑스는 일찍이 유모제도가 형성되어 개인보육이 이루어졌으나, 집단보육으로서는 1770년대 최초 보육시설로 유아교육기관이 오베르랑(Oberlin) 목사에 의해 설립되면서 시작되었다. 오베르랑은 보쥬산맥의 로슈 지방에서 벌목일에 종사하는 가정을 돕기 위해 어머니를 대신하여 자녀들을 돌봐주는 집단보육을 실시하였고, 이것이 바로 편물학교(뜨개질 학교)이다. 1880년부터 1940년까지 유아학교가 설립되고, 유아교육기관의 교육적 기능에 대하여 새롭게 영유아를 제도적 체제 안에서 보육하게 되었다. 유아의 자발적 학습이 중시되었으며 기존의 신체발달을 위한 활동에서 유아가 스스로 학습할 수 있는 능력의 함양을 강조함으로써 새로운 유아교육체제를 확립하였다. 1940년 이후 프랑스의 유아교육은 양적 · 질적 발전이 이루어졌다. 그 이유로는 첫째, 프랑스 사회에서 여성의 높은 취업률 때문이다. 둘째, 도시화로 인한 주거환경과 가족구조의 변화이다. 특히 1968년 학생시민운동에서 강조한 여성해방이 가사와 가정보육에서 담당했던 자녀양육 및 교육을 시설 중심의 집단보육으로 이양되었다. 보육시설의 유형은 규모에 따라 집단보육과 소규모보육으로 나뉘며, 보육이 이루어지는 장소에 따라서 기관보육과 가정보육의 형태로 나뉜다. 영유아 보육은 크레쉐(creches)라고 하는 보육시설에서 주로 담당한다. 프랑스의 보육료는 기본으로 무상이다. 다만, 식비, 방학, 휴일, 방과후 보육을 이용할 때에는 보호자가 부담하는 것을 원칙으로 한다.

(1) 집단보육시설

집단보육시설은 만3세 미만의 영아를 주간에 보육하는 대표적인 보육유형이다. 지방자치단체에서 운영하거나 병원, 기업체에서 운영한다. 월~금요일까지 운영하는 보육시설로 생후 2개월 반부터 만3세까지 기준으로 아침 7시 30분부터 저녁 6시 30분까지 운영한다. 한 시설에 전체 유아의 수는 대개 40~60명 선이며 대개 세 집단으로 나뉜다. 2개월 반에서 13개월, 15개월에서 만2세, 그리고 만2세에서 만3세까지의 큰 아이들 반으로 구성된다. 집단보육시설의 원장은 육아전문가 학교를 나온 후 국가자격증을 취득한 육아전문가이어야 한다. 원장은 25세 이상 60세 미만인 자로 최소 5년간의 현장경험이 있어야 한다. 시설종사자인 교직원은 영아(1~12개월) 5명당 1명의 교사, 유아 8명당 1명의 교사가 배치된다. 집단보육시설에서 40명의 영유아를 보육한다면 시설 내에 반드시 유아교사 자격증을 취득한 보육교사를 고용해야 한다.

(2) 가정보육

1960년대에 시작된 가정보육시설은 1970년에 공식적인 보육유형으로 나타난다. 원장은 현장경력 5년 이상을 가지고 있으며, 25세 이상 60세 미만인 자로 육아전문가 자격을 가지고 있어야 한다. 가정보육은 가정보육모가 자신의 집에서 2~3명의 영유아들을 개별적으로 돌보거나 가정보육시설에 고용되거나 부모가 개별적으로 고용하여 보육하는 형태이다.

(3) 소규모 보육

소규모 보육은 시설의 성격을 비교적 적게 가지고 있는 보육형태로 대개 공동주택이나 집 또는 지역사회 건물을 이용하며, 한 시설당 정원수는 15~20명 정도이다. 능력 있는 교사 확보가 어렵기 때문에 이러한 문제들을 보완하기 위하여 보육시설에서 영유아들의 간단한 의료진단이나 위생의 문제를 전문적으로 담당하는 자격 있는 육아전문가가 몇 군데 함께 소규모 보육시설의 일을 담당하기도 한다.

(4) 유치원

3세부터 취학 전까지의 유아들은 대부분 교육부 산하에서 운영하는 공립유치원 또는 사립유치원에서 무료로 교육을 받는다.

(5) 유아원

3개월~만2세 영유아를 대상으로 하며 이것을 교육제도로 인식하기는 어렵지만 아이가 태어나 부모와의 관계를 맺는 일련의 과정을 대신해 주는 생애 첫 교육의 경험이라는 측면에서는 이를 간과할 수 없는 중요한 역할을 담당한다. 교육은 월~금요일까지 운영되며 모두들 육아자격증을 소지한 교사들이 그 역할을 수행하고 있다. 이들 기관은 대부분이 국가가 관리하며 비용의 상당수도 국가가 부담하지만 부모의 소득에 따라 차이는 있는데 부모들이 운영비의 일부분을 부담한다.

(6) 시간제 보육

직장을 가지지 않는 부모들이 자녀들을 잠깐 맡길 수 있도록 하기 위하여 시간제 운영을 하는 시설이다. 부모들은 쇼핑이나 운동 또는 여가선용 등의 다양한 활동을 하기 위해 낮 시간 동안 잠깐씩 맡긴다. 아이들의 연령범위는 생후 2개월에서 4세까지이며 최대 1주일에 3회 이내 반나절에 해당되는 시간 동안 맡길 수 있다.

(7) 부모협동조합

부모협동조합은 약 20명 정도의 영유아를 보육하는 소규모의 보육유형으로 부모가 조직, 관리한다. 부모가 직접 보육에 참여하며 대상연령을 출생에서 3세까지를 포함한다. 보육시설은 다양하지만 보통 종일제이거나 시간제가 될 수 있다. 장소는 필요에 따라 지역 당국에 속한 시설, 주택, 아파트가 될 수 있다. 부모협동보육의 일원인 부모들은 보육시설에 주당 최소 3~4시간 동안 아동보육에 참여해야 한다. 실제적인 시설운영자는 육아전문가, 최소 2넌의 현장경험을 지닌 유아교사이지만 간혹 예외적으로 사회복지사, 특수교사, 간호사가 될 수 있다. 단, 영유아 대상으로 3년간 현장경험을 증명할 수 있어야 한다. 시설에는 최소 2명의 성인이 항상 영유아를 보육하는 것을 원칙으로 하고 있다.

PART 2

보육교직원의 역할 및 협력

Chapter

04

보육교직원의 자격

배울 내용

1. 보육교직원과 기관의 특성
2. 보육교직원의 자격기준
3. 보육교직원의 임면

학습 목표

1. 보육교사와 어린이집 조직을 특성을 이해한다.
2. 보육교직원의 자격기준에 대한 상세 내용을 숙지한다.
3. 보육교직원의 임면에 대한 상세 내용을 숙지한다.

유아교육기관에서 보육활동을 효율적으로 운영하기 위해서는 사람, 시설, 재정 및 조직이 기본적으로 갖추어져야 하는데, 그 중 사람인 보육교직원이 차지하는 비중이나 역할이 가장 크다고 할 수 있다. 즉, 유아교육기관이 이루고자 하는 보육목적을 달성하기 위해서는 훌륭한 원장을 비롯한 소정의 자격을 갖춘 보육교직원을 확보하는 것이 중요하다. 따라서 본 장에서는 보육교직원과 기관의 특성, 보육교직원의 자격기준과 보육교사의 질적 향상을 위한 보수교육 및 보육교직원의 임면에 대해 자세하게 살펴보고자 한다.

1. 보육교직원과 기관의 특성

1) 유아교직의 개념과 특성

사회적 의미에서 보육교사의 시초는 1921년 태화사회복지관에서 빈민아동을 구제하기 위한 구제사업의 일환으로 시작된 것에서 출발하였으며, 그 이후 돌봄이 필요한 아동을 대상으로 부모를 대신해 교육하고 보살피는 역할을 수행해 왔다. 예전에는 어린이집 보육교사를 교사라는 호칭을 사용하지 않고 보육기관의 종사자라는 호칭이 사용되다가 최근 들어 '보육교사(day care teacher)'라는 호칭이 사용되고 있다. 보육교사란 '보건복지부의 관리 · 감독을 받는 다양한 형태의 어린이집에 근무하면서 영유아를 담당하며 지도하는 교사' 또는 '영유아의 보호와 교육에 필요한 자질을 갖추기 위해 소정의 교육과 훈련을 받고 보육교사 자격을 취득한 후 보육기관에서 영유아를 직접 돌보는 교사'를 의미한다.

따라서 보육교사도 영유아들을 대상으로 보호와 교육을 담당하는 교사로서 교직에 종사하는 사람으로 볼 수 있다. 왜냐하면 교직이란 "인간을 대상으로 하여 바람직한 정신생활을 비롯한 이상적 인간 성장 발달을 도모하고 사회개척 및 진보를 기초로 국가와 민족의 번영, 더 나아가 인류사회의 진보와 발달을 도모하기 위해 뚜렷한 소명의식, 전문적 소양과 투철한 사명감을 가지고 교육에 관한 장기적인 공적 사업을 추진하는 고도의 전문성, 봉사성, 윤리성이 요구되는 성스러운 직업이다. 특히 가르치는 사람과 배우는 사람이 동일한 일을 한다는 본질적인 가치를 실현하기 위해 전문적 지식과 교육방법을 꾸준히 연마하여 자기 역량 배양을 의무로 하는 전문 특수직이다"로 정의되고 있기 때문이다.

교직을 담당하는 사람들은 유아부터 대학에 이르기까지 매우 다양하게 존재한다. 그러므로 유아교육에서부터 대학교육에 이르기까지 전체를 대표하는 보편적인 교직의 개념을 명확하게 규정하는 것은 불가능하다. 왜냐하면 연령발달, 즉 학교 및 급별에 따라 교직의 개념에 다소 다른 특성을 가지고 있기 때문이다. 특히 유아교육은 초등교육, 중등교육 및 대학교육과는 차별성이 많아 교직의 특성도 다르다고 할 수 있다.

위의 교직의 개념을 종합해 보면, 영유아들을 대상으로 보호와 교육을 담당하고 있는 보육교사는 유아교직을 담당하고 있는 교사로서의 직위를 가지고 있다고 할 수 있다. 따라서 유아교직의 특성을 통해 보육교사의 특성을 파악할 수 있는데, 유아교직의 특성을 구체적으로 살펴보면 〈표 4-1〉과 같다(최윤희 외, 2018).

표 4-1. 유아교직의 특성

- 유아교직은 인간의 가장 최초의 교육기관으로 인간의 모든 발달에 대한 기초를 형성하는 중요한 역할을 담당한다. 즉, 영유아들이 출생 이후 처음으로 접하는 형식교육으로, 유아교육에서의 성공 여부는 다음에 이어지는 초등학교 교육에서의 성공 여부를 결정해 주는 준비교육의 성격이 강하다.
- 유아교직은 교육과 보육을 병행하는 교육활동으로 여타의 교육기관에서 이루어지는 비교적 단순한

교육방법이나 기술이 아닌 또 다른 교육방법이나 기술을 필요로 한다. 예를 들어, 통합교육, 주제중심교육, 생활교육 등은 교육만을 강조하는 다른 교육기관의 역할과는 다소 다르다.

- 유아교육은 사랑을 매개로 하는 교육활동을 전개한다. 사도헌장과 사도강령에는 사랑의 문제가 강조되고 있다. 교사와 영유아, 교사와 교사, 교사와 학부모 간에 사랑을 매개로 하지 않고서는 참된 교육이 이루어질 수 없다. 특히 유아교육은 어버이의 심정으로 영유아를 배려하는 마음이 있어야 한다. 학습자가 어릴수록 교사에 대한 의존도가 높기 때문에 영유아에 대한 유아교사의 사랑이 더욱더 요구된다.
- 유아교직은 교육의 본질적인 측면에서 양육, 훈육, 보육, 개성의 조기계발, 초등학교 준비교육, 전인교육, 기초교육 등의 가소성이 높은 교육의 성격을 지닌다.
- 유아교직은 유아교육대상의 범위가 넓어 유아교육기관의 교육목적이나 목표가 다양함에 따라 교육 · 보육 프로그램이 다양하다. 따라서 유아교육기관의 유형이나 연령에 따른 최상의 지도방법을 모색하는 데 어려움이 많다.
- 유아교직은 교육 · 보육을 통해 영유아의 인지적 · 정서적 · 사회적 · 신체적 발달을 지원해야 되므로 유아교사가 수행하여야 할 역할은 매우 광범위하다. 따라서 교사의 부담이 다른 교육기관에 비해 크다.
- 유아교직은 어린이집은 보건복지부, 유치원은 교육부로 이원화되어 유아교육정책, 장학 및 행정 지도, 교육 · 보육 프로그램 및 자료개발체제 등이 서로 다르다. 따라서 교사와 영유아에 미치는 교육의 질적 수준에 이와 같은 이질적 성격이 영향을 미친다.
- 유아교사는 인지, 정서, 사회, 언어, 탐구 등 영유아발달의 전 영역에 걸쳐 직 · 간접적으로 영향을 주고 또한 교사의 전문성, 성격, 인성, 언행 등이 여타 교육기관에 근무하는 교사들에 비하여 영향을 줄 뿐만 아니라 어릴수록 교사의 영향을 더 많이 받는다. 따라서 교사의 전문성이나 역량개발이 더욱 요구된다.

출처: 고정곤 외(2016). 보육교사론. 양성원. pp.17-18.

2) 어린이집 조직의 특수성

보육교사가 근무하는 어린이집은 조직이 매우 작다는 특징을 지닌다(1장 〈표 1-12〉에서 2021년 전체 어린이집 33,246개소 중 20명 이하가 14,648개소(44.06%)로 가장 많은 것으로 나타났음). 작은 규모의 어린이집이 많다 보니 어린이집 조직의 구성원 또한 적은 인원으로 운영되는 곳이 대부분이다. 이런 이유로 기본적으로 영유아를 교육하고, 교육에 필요한 교재 ·

교구를 제작하여야 하며, 학급을 운영하고 다양한 행사를 준비하는 등 다른 조직에 비해 사무적으로 처리해야 하는 일들이 적지 않다. 이처럼 어린이집 조직은 다른 조직에 비해 나름대로의 특수성을 지니고 있다. 따라서 어린이집이 가지고 있는 특수성을 이해함으로써 바람직한 어린이집 조직문화를 조성해 나가려는 노력을 할 수 있다. 어린이집 조직의 특수성을 5가지로 분류하면 다음과 같다.

첫째, 어린이집은 교육활동을 조장하는 교육조직의 성격을 지닌다. 교육조직은 각 교육기관이 담당하고 있는 교육을 수행하고, 그 교육목적을 효과적으로 달성하기 위한 조직으로 교육활동이라는 의미에서 교육조직은 일반사회의 다른 조직과 대비되는 특성을 지닌다.

둘째, 인간형성을 목적으로 하는 교육조직인 어린이집은 과업을 추구하는 다른 조직과는 다른 비가시적 · 장기적 · 무형적 특성을 갖는다. 어린이집은 사람을 교육하는 곳으로 목적도, 대상도 모두 인간이기 때문에 조직운영의 효과성보다 인간성을 중시하고, 목표달성 여부가 단기적이기보다 장기적이며, 과정과 결과가 모두 중심이 되며 또한 과정이나 결과는 유형이기보다 무형의 형태를 가진다.

셋째, 어린이집은 대부분 성인으로 구성되어 있는 조직과는 달리 성인의 교사집단과 미성인의 학습자 집단으로 구성되어 있는 특성이 있다. 따라서 어느 조직보다 협조와 자율경영을 위한 의도적인 노력이 필요하다.

넷째, 어린이집 조직은 중층적 구조를 지닌 특성을 갖고 있다. 즉, 교사조직, 학생조직, 학부모 조직, 지역사회 조직 등 그 구조가 겹쳐 있는 중층적 구조로서 어린이집 자체 내 · 외의 교육 환경을 고려한 경영 및 운영이 필요하다.

다섯째, 어린이집은 전문적 관료제(professional bureaucracies), 조직화된 무질서(organized anarchic), 이완 결합체(loosely coupled systems) 등의 특수성을 갖고 있다. 교육조직은 전문교육을 받은 교사 전문가들로 구성되는 전문가 조직이며, 불문명하고, 불확실하고, 유동적인 참여를 특징으로 하는 조직화된 무질서 조직이며, 조직 간 혹은 조직 내의 결합관계가 느슨한 이완 결합체라는 점에서 다른 조직과 차별성을 갖는다.

이러한 특수성 외에 어린이집은 소수의 교직원들로 구성되어 있으며 대부분 여성 집단으로 구성되어 있다(1장 〈표 1-14〉에서 2021년 전체 보육교직은 321,116명 중에서 남자 11,261명, 여자 309,855명으로 나타났음). 또한 소수의 교직원들이 오랜 시간을 함께 보내야 하며 다양하고 융통성 있는 교육활동의 전개를 위해서 끊임없이 교직원들 간에 상호협력을 해야 한다. 따라서 소규모의 인간 집단으로 구성된 어린이집의 집단 구성은 가족적인 분위기에서 교직원들 간에 친밀감을 형성하여 근무할 수 있다는 장점이 있다. 그러나 만약 교직원들 간의 의사소통에 단절이 생긴다면 이는 개인적인 차원의 문제를 넘어서 어린이집의 전반적인 운영에 부정적인 영향을 미칠 수 있는 결과를 초래하기도 한다. 즉, 작은 조직은 큰 조직에 비해 체계적 · 과학적 · 합리적으로 운영되기보다는 조직원 한 명이 여러 가지 업무를 동시에 수행해야 하기 때문에 업무를 체계적으로 분담하여 운영할 수 없고, 책임 소재도 불분명하여 업무수행과 역할 기대 측면에서 갈등이 발생하는 경우가 흔하다(이애란, 2019). 따라서 어린이집 원장뿐만 아니라 보육교직원은 개방적이고 긍정적이며 서로 협력하고 지지하는 조직문화 형성을 위해 노력하는 자세가 필요하다.

2. 보육교직원의 자격기준

어린이집 조직에 속한 인적 구성원을 보육교직원이라고 한다. 「영유아보육법」에서는 보육교직원을 "영유아를 보육하고 영유아의 건강관리 및 영유아 보호자와의 상담과 그 밖의 어린이집 관리·운영 등의 업무를 담당하는 자"로서 영유아의 돌봄과 교육의 두 가지 기능을 수행해야 한다고 명시하고 있으며,「영유아보육법」에서는 원장, 보육교사와 그 밖의 직원을 보육교직원으로 규정하고 있다(「영유아보육법」 제2조[1]). 그 밖의 직원이라 함은 어린이집 규모 및 특성에 따라 의사(촉탁의사), 사회복지사, 사무원, 관리인, 위생원, 운전기사, 치료사 등을 말한다(「영유아보육법 시행규칙」 제10조). 보육교직원 중 원장과 보육교사를 중심으로 자격기준을 살펴보면 다음과 같다.

1) 어린이집 원장의 자격기준

어린이집 원장은 시설장으로 불리다가 원장으로 바뀌게 되었으며, 원장의 자격기준은「영유아보육법 시행령」 제21조에 의거 자격기준에 해당하는 자로 보육교사와 같이 '어린이집 원장·보육교사 자격검정 보육시설종사자 자격검정위원회'의 검정을 통해 보건복지부장관이 수여하는 국가자격증을 받은 자이어야 한다. 어린이집 원장의 자격별 세부기준은 〈표 4-2〉와 같다(보건복지부, 2022).

표 4-2. 어린이집 원장 자격기준

구분	내용
가. 일반기준	1) 보육교사 1급 자격을 취득한 후 3년 이상의 보육 등 아동복지업무 경력이 있는 사람

1)「영유아보육법」 제2조(정의) 이 법에서 사용하는 용어의 뜻은 다음과 같다.
1. "영유아"란 6세 미만의 취학 전 아동을 말한다.
2. "보육"이란 영유아를 건강하고 안전하게 보호·양육하고 영유아의 발달 특성에 맞는 교육을 제공하는 어린이집 및 가정양육 지원에 관한 사회복지서비스를 말한다.
3. "어린이집"이란 보호자의 위탁을 받아 영유아를 보육하는 기관을 말한다.
4. "보호자"란 친권자·후견인, 그 밖의 자로서 영유아를 사실상 보호하고 있는 자를 말한다.
5. "보육교직원"이란 어린이집 영유아의 보육, 건강관리 및 보호자와의 상담, 그 밖에 어린이집의 관리·운영 등의 업무를 담당하는 자로서 어린이집의 원장 및 보육교사와 그 밖의 직원을 말한다.

구분	내용
	2) 「유아교육법」에 따른 유치원 정교사 1급 자격 또는 같은 법에 따른 특수학교(유치원 과정을 말한다)의 정교사 자격을 취득한 후 3년 이상의 보육 등 아동복지업무 경력이 있는 사람 3) 유치원 원장의 자격을 가진 사람 4) 「초 · 중등교육법」에 따른 초등학교 정교사 자격 또는 같은 법에 따른 특수학교(초등학교 과정을 말한다)의 정교사 자격을 취득한 후 5년 이상의 보육 등 아동복지업무 경력이 있는 사람 5) 「사회복지사업법」에 따른 사회복지사 1급 자격을 취득한 후 5년 이상의 보육 등 아동복지업무 경력이 있는 사람 6) 「의료법」에 따른 간호사 면허를 취득한 후 7년 이상의 보육 등 아동복지업무 경력이 있는 사람 7) 국가 또는 지방자치단체에서 7급 이상의 공무원으로 보육 등 아동복지업무에 5년 이상 근무한 경력이 있는 사람
나. 가정어린이집	1) 일반기준에서 정한 자격을 갖춘 사람 2) 보육교사 1급 이상의 자격을 취득한 후 1년 이상의 보육업무 경력이 있는 사람
다. 영아 전담 어린이집	만3세 미만의 영아만을 20명 이상 보육하는 어린이집 1) 일반기준에서 정한 자격을 갖춘 사람 2) 간호사 면허를 취득한 후 5년 이상의 아동간호업무 경력이 있는 사람
라. 장애아 전문 어린이집	「장애아동복지지원법」 제32조에 따른 장애영유아 어린이집 중 12명 이상의 장애영유아를 보육할 수 있는 어린이집 1) 일반기준에서 정한 자격을 갖춘 사람으로서 대학(전문대학을 포함한다)에서 장애인복지 및 재활 관련 학과를 전공한 사람 2) 일반기준에서 정한 자격을 갖춘 사람으로서 장애영유아 어린이집에서 2년 이상의 보육업무 경력이 있는 사람
마. 대학 또는 교육훈련 시설이 운영하는 어린이집	「고등교육법」에 따른 대학(전문대학을 포함한다) 또는 법 제21조 제2항 제2호에 따른 교육훈련시설이 운영(위탁 또는 부설 운영을 말한다)하는 어린이집 1) 일반기준에서 정한 자격을 갖춘 사람 2) 어린이집을 운영하는 대학의 조교수 또는 교육훈련시설의 전임교수 이상으로서 보육 관련 교과목에 대하여 3년 이상의 교육 경력이 있는 사람
바. 가목부터 라목까지의 어느 하나에 해당하는 사람은 보건복지부령으로 정하는 사전직무교육을 받아야 한다.	

2) 보육교사의 자격기준

보육교사의 자격은 국가자격증 제도 도입을 통해 보육교사의 자질 및 전문성을 향상시키고 보육교사에 대한 사회적 인식을 제고하며 궁극적으로는 보육서비스의 질적 수준 향상에 기여하는 데 목적이 있다.

보육교사의 자격기준에 대한 법적 근거인 「영유아보육법 시행령」 제21조를 살펴보면, 현재 우리나라의 보육교사는 1급과 2급 및 3급으로 구분되어 있으며, 보육시설의 보육교사는 전문대학 이상의 학력을 요구하는 유치원 교사와 달리 1년의 양성과정 이상을 이수하면 보육교사 자격증을 취득할 수 있다. 다시 말해 보육시설의 보육교사가 되기 위해서는 보육교사 1급 또는 2급이나 3급의 자격증을 소지해야 하는데, 현행 규정에 의한 보육교사의 자격기준은 〈표 4-3〉과 같다(보건복지부, 2022).

표 4-3. 현행법령에 의한 등급별 자격기준(「영유아보육법 시행령」 제21조)

등급	자격 기준
보육교사 1급	1. 보육교사 2급 자격을 취득한 후 3년 이상의 보육업무 경력이 있는 사람으로서 보건복지부장관이 정하는 승급교육을 받은 사람
	2. 보육교사 2급 자격을 취득한 후 보육 관련 대학원에서 석사학위 이상을 취득하고 1년 이상의 보육업무 경력이 있는 사람으로서 보건복지부장관이 정하는 승급교육을 받은 사람
보육교사 2급	1. 전문대학 또는 이와 같은 수준 이상의 학교에서 보건복지부령으로 정하는 보육관련 교과목 및 학점을 이수하고 졸업한 사람
	2. 보육교사 3급 자격을 취득한 후 2년 이상의 보육업무 경력이 있는 사람으로서 보건복지부장관이 정하는 승급교육을 받은 사람
보육교사 3급	고등학교 또는 이와 같은 수준 이상의 학교를 졸업한 사람으로서 보건복지부령으로 정하는 교육훈련시설에서 정해진 교육과정을 수료한 사람

보육 등 아동복지업무 경력이라 함은

1. "보육 등 아동복지업무 경력"이란 다음의 어느 하나에 해당하는 경력을 말한다.
   가. 「영유아보육법」에 따른 보육시설 또는 보육정보센터에서 근무한 경력
   나. 「유아교육법」에 따른 유치원에서 근무한 경력
   다. 「아동복지법」에 따른 아동복지시설에서 근무한 경력
   라. 「장애인복지법」에 따른 장애 영유아 생활시설에서 장애아동과 관련된 업무에 종사한 경력
   마. 「유아교육법」 및 「초 · 중등교육법」에 따른 특수학교(유치원 및 초등학교 과정)에서 특수학교 교원으로 근무한 경력
   바. 법률 제7120호 「유아교육법」 제정으로 폐지되기 전 「유아교육진흥법」에 따른 새마을유아원에서 근무한 경력
   사. 가목부터 바목까지의 아동복지업무를 수행하는 시설 등에서 간호사로 근무한 경력
   아. 국가 또는 지방자치단체에서 7급 이상의 공무원으로 보육 등 아동복지에 관한 행정업무에 종사한 경력
2. "보육업무 경력"이란 다음의 어느 하나에 해당하는 경력을 말한다.
   가. 「영유아보육법」에 따른 보육시설 또는 보육정보센터에서 근무한 경력
   나. 「유아교육법」에 따른 종일제 유치원에서 원장, 원감, 교사로 근무한 경력
3. "아동간호업무 경력"이란 병원의 소아청소년과나 신생아실, 보건소 모자보건센터, 초등학교 보건실 등에서 근무한 경력을 말한다.

보육 관련 대학원이라 함은

① 학과(전공) 및 학위명에 '보육, (영)유아, 아동'의 단어가 포함된 대학원
② ①의 경우가 해당되지 않을 경우 보육 관련 교과목 이수기준으로 인정
(보육 관련 교과목 최소 15학점 이상 이수 여부를 확인하여 인정)

〈표 4-3〉에서 보는 것과 같이 보육교사는 1급, 2급 및 3급으로 나누어져 있으며, 보육교사 2급 자격 취득을 위해서 이수해야 하는 교과목은 〈표 4-4〉, 대면교과목은 〈표 4-5〉와 같다(보건복지부, 2022).

표 4-4. 보육교사 자격증 2급 취득을 위한 교과목

구분		교과목	이수과목 (학점)
교사 인성 영역	필수 교과목	보육교사(인성)론, 아동권리와 복지	2과목 (6학점)
보육 지식과 기술 영역	필수 교과목	보육학개론, 보육과정, 영유아발달, 영유아교수방법론, 놀이지도, 언어지도, 아동음악(또는 아동동작, 아동미술), 아동수학지도(또는 아동과학지도), 아동안전관리(또는 아동생활지도)	9과목 (27학점)
	선택 교과목	아동건강교육, 영유아 사회정서지도, 아동문학교육, 아동상담론, 장애아 지도, 특수아동 이해, 어린이집 운영관리, 영유아 보육프로그램 개발과 평가, 보육정책론, 정신건강론, 인간행동과 사회환경, 아동간호학, 아동영양학, 부모교육론, 가족복지론, 가족관계론, 지역사회복지론	4과목 (12학점) 이상
보육 실무 영역	필수 교과목	아동관찰 및 행동연구, 보육실습	2과목 (6학점)
전체		17과목 51학점 이상	

※ 각 과목은 3학점을 기준으로 하며 최소 2학점 이상이어야 함.

※ 상기 교과목 이외에 교과목 명칭이 동일하지 아니하더라도 교과 내용이 동일하다고 인정받고자 하는 경우, 동일교과목 심의를 보육교직원 자격검정위원회로 요청하여 동일과목으로 인정받아야 하며, 심의절차는 자격검정위원회 운영규정에 따름. 단, 심의결과는 당해 대학에만 인정되고, 타 대학은 미적용(당해 사건에 개별적 효력만 인정).

표 4-5. 대면교과목

구분	교과목
인성 영역	보육교사(인성)론, 아동권리와 복지
보육 지식과 기술 영역	놀이지도, 언어지도, 아동음악(또는 아동동작, 아동미술), 아동수학지도(또는 아동과학지도), 아동안전관리(또는 아동생활지도)
보육 실무 영역	아동관찰 및 행동연구, 보육실습
실시방법: 과목당 8시간 이상 출석수업, 1회 이상 출석 시험 실시	

3) 보육교사의 자격검정 및 발급신청

어린이집 원장 및 보육교사의 자격검정과 자격증 발급 및 재발급에 관한 업무는 한국보육진흥원에서 수행하며, 자격검정의 원칙과 세부기준은 〈표 4-6〉, 어린이집 원장 및 보육교사의 자격증 발급신청 및 교부 절차는 [그림 4-1]과 같다.

표 4-6. 자격검정의 원칙과 세부기준

구분	내용
일반원칙	• 어린이집 원장 및 보육교사의 자격검정은 무시험을 원칙으로 하며, 신청자가 제출한 서류를 심사하여 자격을 갖추었는지 여부를 검정한다. • 자격의 검정 및 자격증 발급과 관련된 중요한 사항은 보육교직원 자격검정 위원회에서 심의 · 의결하여 결정한다.
자격검정 세부기준	어린이집 원장 및 보육교사의 자격검정에 관한 세부사항은 어린이집 원장 · 보육교사 자격검정 업무편람에 따른다.

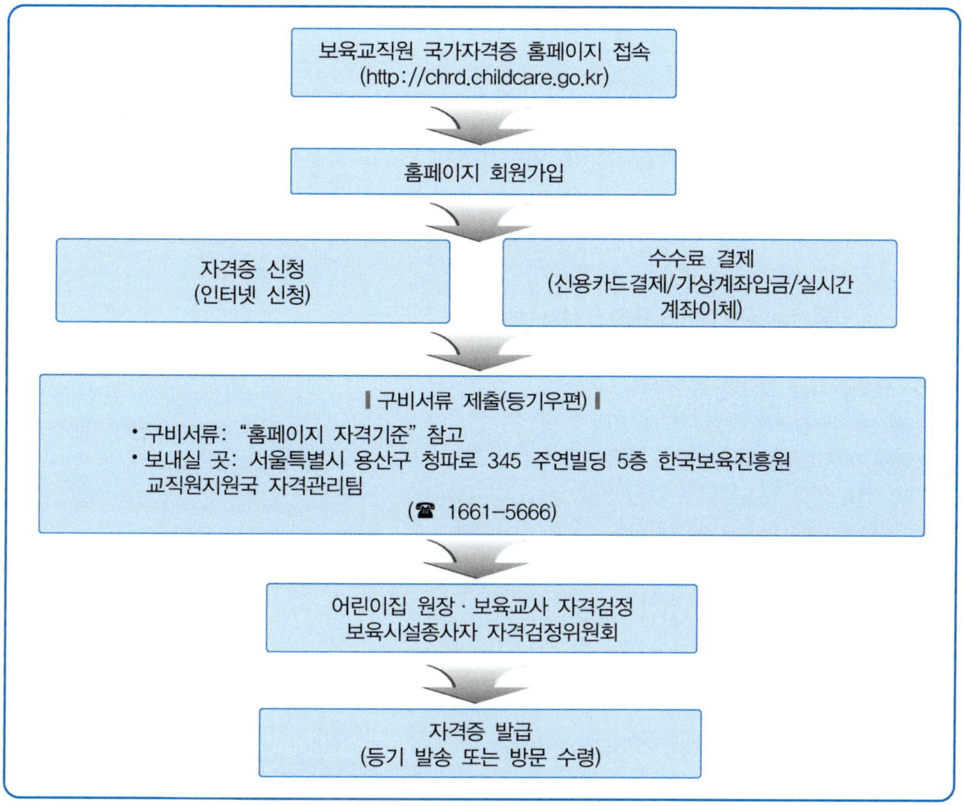

- 어린이집 원장과 보육교사 자격증 신청은 인터넷 신청만 가능(http://chrd.childcare.go.kr)
  ※ 인터넷 신청을 했더라도 구비서류는 등기우편으로 제출
- 자격증 신청 관련 구비서류 안내는 보육교직원 국가자격증 홈페이지 "자격기준"을 참고
- 자격증 신청 이후 진행현황은 홈페이지 회원가입 후 "나의 진행현황"화면에서 조회 가능
- 접수된 구비서류 및 수수료는 홈페이지 "나의 진행현황"에서 "서류 접수 완료"로 확인되는 시점부터는 일체 반환 불가

그림 4-1. 자격증 발급신청 및 교부 절차

출처: 보건복지부(2022). 2022년도 보육사업안내.

4) 보육교사의 보수교육

「영유아보육법」 제23조에 의하면(<표 4-7> 참고), 보건복지부장관은 보육시설 종사자의 자질 향상을 위한 보수교육을 실시하여야 하며, 보수교육은 <표 4-7>과 같이 직무교육과 승급교육 및 원장사전직무교육으로 구분된다(보건복지부, 2022).

표 4-7. 「영유아보육법」의 보육교직원의 보수교육

제23조(어린이집 원장의 보수교육)

① 보건복지부장관은 어린이집 원장의 자질 향상을 위한 보수교육(補修敎育)을 실시하여야 한다. 이 경우 보수교육은 집합교육을 원칙으로 한다.
② 제1항에 따른 보수교육은 사전직무교육과 직무교육으로 구분한다.
④ 제1항에 따른 보수교육에는 다음 각 호의 사항에 관한 내용을 포함하여야 한다.
1. 성폭력 및 아동학대 예방
2. 실종 · 유괴의 예방과 방지
3. 감염병 및 약물의 오남용 예방 등 보건위생 관리
4. 재난대비 안전
5. 교통안전
6. 어린이집 원장의 인성함양(영유아의 인권보호 교육을 포함한다)
7. 그 밖에 보건복지부령으로 정하는 사항

⑤ 그 밖에 보수교육의 기간 · 방법 등에 필요한 사항은 보건복지부령으로 정한다.

제23조의2(보육교사의 보수교육)

① 보건복지부장관은 보육교사의 자질 향상을 위한 보수교육(補修敎育)을 실시하여야 한다. 이 경우 보수교육은 집합교육을 원칙으로 한다.
② 제1항에 따른 보수교육은 직무교육과 승급교육으로 구분한다.
③ 제1항에 따른 보수교육에는 다음 각 호의 사항에 관한 내용을 포함하여야 한다.
1. 성폭력 및 아동학대 예방
2. 실종 · 유괴의 예방과 방지
3. 감염병 및 약물의 오남용 예방 등 보건위생 관리
4. 재난대비 안전
5. 교통안전
6. 보육교사의 인성함양(영유아의 인권보호 교육을 포함한다)
7. 그 밖에 보건복지부령으로 정하는 사항

④ 그 밖에 보수교육의 기간 · 방법 등에 필요한 사항은 보건복지부령으로 정한다.

제23조의3(교육명령)

① 보건복지부장관은 「아동복지법」 제3조 제7호의2에 따른 아동학대관련범죄를 저지른 사람이 제16조 제5호부터 제8호까지의 결격사유 및 제20조 제1호의 결격사유(제16조 제5호부터 제8호까지의 결격사유에 해당하는 경우에 한정한다)에 해당하지 아니하게 되어 어린이집을 설치 · 운영하거나 어린이집에 근무하려는 경우에는 그 사람에 대하여 사전에 아동학대 방지를 위한 교육을 받도록 명하여야 한다. 이 경우 교육 실시에 드는 비용은 교육을 받는 사람이 부담한다.

② 제1항에 따른 교육명령의 조치와 관련한 절차, 교육기관, 교육 방법 · 내용 등에 필요한 사항은 보건복지부령으로 정한다.

표 4-8. 보육교사 보수교육과정(교육구분별 보수교육 대상자)

교육구분			교육대상	교육시간	비고
직무교육	일반직무교육	보육교사	현직에 종사하고 있는 보육교사로서 보육업무 경력이 만 2년을 경과한 자와 보육교사 직무교육(승급교육 포함)을 받은 해부터 만 2년이 경과한 자	40시간	매 3년마다
		원장	어린이집 원장의 직무를 담당한 때부터 만 2년이 지난 경우	40시간	매 3년마다
		장기미종사자	만 2년 이상 보육업무를 수행하지 아니하다가 다시 보육업무를 수행하고자 하는 보육교사 또는 원장 자격 취득자	40시간	이수하고자 하는 자
	특별직무교육	영아보육	영아보육을 담당하고 있는 일반직무교육 대상자와 영아보육을 담당하고자 하는 보육교사 및 어린이집 원장	40시간	이수하고자 하는 자
		장애아보육	장애아보육을 담당하고 있는 일반직무교육 대상자와 장애아보육을 담당하고자 하는 보육교사 및 어린이집 원장	40시간	이수하고자 하는 자
		방과후보육	방과후보육을 담당하고 있는 일반직무교육 대상자와 방과후 보육을 담당하고자 하는 보육교사 및 어린이집 원장	40시간	이수하고자 하는 자

교육구분		교육대상	교육시간	비고
승급 교육	2급 승급 교육	보육교사 3급의 자격을 취득한 후 보육업무 경력이 만 1년이 경과한 자	80시간	이수하고자 하는 자
	1급 승급 교육	보육교사 2급의 자격을 취득한 후 보육업무 경력이 만 2년이 경과한 자 및 보육교사 2급의 자격을 취득한 후 보육 관련 대학원에서 석사 학위를 취득한 경우 보육업무 경력이 만 6개월이 경과한 자	80시간	이수하고자 하는 자
원장 사전 직무 교육	–	「영유아보육법 시행령」 [별표1] 제1호의 가목부터 라목(일반, 가정, 영아전담, 장애아전담 어린이집 원장)까지 어느 하나의 자격을 취득하고자 하는 자	80시간	이수하고자 하는 자

※ 어린이집에서 특수교사나 치료사로 근무하는 자도 일반·특별직무교육대상으로서 보수교육을 이수해야 한다(일반직무교육이나 특별직무교육 중 선택적으로 이수할 수 있음).

※ 보수교육을 연속하여 3회 이상 받지 아니하는 경우 어린이집 원장 또는 보육교사 자격이 정지될 수 있으므로 보수교육 대상자는 필히 보수교육을 이수해야 함.

예) 2016년에 직무교육을 이수한 어린이집 원장 및 보육교사의 경우 만2년이 경과한 2018년에 직무교육을 이수해야 하며 그해에 교육을 받지 못한 경우, 다음 해인 2019년 12월까지 받아야 함. 2019년에도 받지 않았다면 1회 위반, 2020년에도 받지 않았다면 2회 위반, 2021년도에도 받지 않았다면 3회 위반에 해당함.

보육종사자의 교육은 크게 직무교육, 승급교육 및 원장사전직무교육으로 구분된다. 먼저 직무교육과정은 일반직무교육과 특별직무교육으로 나누어 볼 수 있는데, 일반직무교육은 보육교사, 원장 및 장기 미종사자를 대상으로 3년마다 혹은 이수하고자 하는 사람들을 대상으로 실시된다. 특별직무교육은 영아보육, 장애아보육 및 방과후 보육으로 구분되는데, 교육대상자는 일반직무교육 대상자로 영아보육(혹은 장애아보육, 방과후 보육)을 담당하고 있거나 담당하고자 하는 보육교사 및 원장이 40시간을 이수하도록 되어 있다. 승급교육은 2급 승급교육과 1급 승급교육으로 구분할 수 있는데, 이수하고자 하는 자를 대상으로 80시간 교육이 이루어지고, 원장사전직무교육도 이수하고자 하는 자를 대상으로 80시간 교육이 이루어진다.

보육교사 일반직무교육, 원장 일반직무교육, 장기 미종사자 교육, 보육교사 승급교육, 어린이집 원장 사전직무교육, 특별직무교육의 자세한 교육내용은 〈표 4-9〉~〈표 4-14〉와 같다(보건복지부, 2022).

표 4-9. 보육교사 일반직무교육

영역		일반직무교육(기본과정)		일반직무교육(심화과정)	
		교과목	시간	교과목	시간
인성 · 소양 (8시간)		• 보육교사와 인권	3	• 보육교사의 인문적 소양	3
		• 보육교사의 직무역량 강화	3	• 보육교사의 직무역량 강화	3
		• 보육교사의 건강관리	2	• 보육교사의 건강관리	2
건강 · 안전 (9시간)		• 안전사고 예방교육	3	• 안전사고 예방교육	3
		• 보건위생관리	3	• 보건위생관리	3
		• 아동학대, 성폭력, 실종 예방 및 사후관리	3	• 아동학대, 성폭력, 실종 예방 및 사후관리	3
전문지식 · 기술 (23시간)	장애 및 다문화 실제 (4시간)	• 다문화교육 이해와 실제	2	• 다문화교육 과정 심화	2
		• 장애통합보육 운영 실제	2	• 장애통합보육 운영 실제	2
	보육활동 운영의 실제 (16시간)	• 영유아 관찰 및 기록 실제	3	• 영유아 관찰 기록의 활용	3
		• 영유아 부적응 행동의 이해	2	• 영유아 행동 유형별 발달지원	2
		• 보육정보 탐색의 적용과 사례	2	• 보육교사의 놀이참여 및 확장 · 연계	2
		• 디지털시대의 교수매체 활용 및 적용	3	• 영유아 프로그램 계획 및 운영	3
		• 영유아 인성교육의 실제	3	• 영유아 인성교육의 심화	3
		• 영아교사의 상호작용 전략(선택)	3	• 어린이집시설 · 설비관리(선택)	3
		• 유아교사의 상호작용 전략(선택)	3	• 동료 수업 멘토링(선택)	3

영역		일반직무교육(기본과정)		일반직무교육(심화과정)	
		교과목	시간	교과목	시간
		• 보수교육기관 자체개발 교과목	3	• 보수교육기관 자체개발 교과목(선택)	3
	가족 및 지역사회 협력 (3시간)	• 부모-교사 의사소통의 이해와 실제(선택)	3	• 열린 어린이집 계획 및 운영(선택)	3
		• 부모 개별 면담 기법(선택)	3	• 지역사회연계 프로그램 사례분석(선택)	3
계		15과목	40	15과목	40

※ 교육영역별 이수시간을 고려하여, 보수교육기관에서 일부 교과목 선택하여 운영 · 개설 가능.
예 「보육활동 운영의 실제」와 「가족 및 지역사회 협력」 영역의 경우 교과목 일부 선택이수 가능.
※ 「건강 · 안전」 영역의 응급처치 관련 교육은 심폐소생술, 응급처치 실습 등 이론보다 실습 위주로 교육하도록 함.
※ 「건강 · 안전」 영역 교육에서 「긴급복지지원법 시행규칙」 제2조의3에 따른 긴급지원 신고의무자에 대한 내용을 1시간 이상 포함하여 교육하도록 함.
※ 건강 · 안전(9시간) 영역 내 '아동학대, 성폭력, 실종예방 및 사후관리' 교육 내용에서 아동의 성 관련 문제의 유형과 사례, 대응 방법 등 내용을 포함하여 교육 실시하도록 함.

표 4-10. 원장 일반직무교육

영역	일반직무교육(기본과정)		일반직무교육(심화과정)	
	교과목	시간	교과목	시간
인성 · 소양 (8시간)	• 보육철학과 윤리	3	• 아동권리와 보육철학	3
	• 원장의 건강관리	3	• 원장의 건강관리	3
	• 보육교직원의 인문적 소양	2	• 보육교직원의 문화적 소양	2
건강 · 안전 (9시간)	• 안전사고 예방 및 대응	3	• 안전사고 예방 및 대응	3
	• 보건위생관리	3	• 보건위생관리	3
	• 아동학대, 성폭력, 실종 예방 및 사후관리	3	• 아동학대, 성폭력, 실종 예방 및 사후관리	3

영역		일반직무교육(기본과정)		일반직무교육(심화과정)	
		교과목	시간	교과목	시간
전문 지식 기술 (23시간)	장애 및 다문화 관리 (4시간)	• 다문화교육 프로그램 이해와 실제	2	• 다문화교육 프로그램 개발	2
		• 장애통합보육 운영 실제	2	• 장애통합보육을 위한 운영 관리	2
	기관 운영의 실제 (16시간)	• 어린이집 내 영유아 관찰과 평가	3	• 아동발달진단도구의 이해와 활용	3
		• 보육계획과 보육일지 작성 관리	2	• 보육 프로그램 개발 및 평가	2
		• 영유아 생활지도를 위한 교사 교육	2	• 교사교육 프로그램 개발 및 운영	2
		• 교수매체 선정과 평가	2	• 보육과정 디지털활용능력 개발	2
		• 원장의 대외협력 관리	2	• 원장의 리더십과 조직관리	2
		• 영상정보처리기기(CCTV)의 관리 및 운영	2	• 개인정보보호와 디지털매체 윤리의 실제	2
		• 우수 보육프로그램 사례(선택)	3	• 우수 보육프로그램 동향(선택)	3
		• 보수교육기관 자체개발 교과목(선택)	3	• 보수교육기관 자체개발 교과목(선택)	3
	가족 및 지역사회 협력 (3시간)	• 부모자원 활용 계획과 운영(선택)	3	• 부모 요구 조사 및 활용(선택)	3
		• 어린이집과 지역사회 자원 연계의 실제(선택)	3	• 어린이집과 지역사회 자원 연계 계발(선택)	3
계		16과목	40	16과목	40

※ 교육영역별 이수시간을 고려하여, 보수교육기관에서 일부 교과목 선택하여 운영 · 개설 가능.

예 「보육활동 운영의 실제」와 「가족 및 지역사회 협력」 영역의 경우 교과목 일부 선택이수 가능.

※ 「건강 · 안전」 영역의 응급처치 관련 교육은 심폐소생술, 응급처치 실습 등 이론보다 실습 위주로 교육하도록 함.

※ 「건강 · 안전」 영역 교육에서 「긴급복지지원법 시행규칙」 제2조의3에 따른 긴급지원 신고의무자에 대한 내용을 1시간 이상 포함하여 교육하도록 함.

※ 건강 · 안전(9시간) 영역 내 '아동학대, 성폭력, 실종예방 및 사후관리' 교육 내용에서 아동의 성 관련 문제의 유형과 사례, 대응 방법 등 내용을 포함하여 교육 실시하도록 함.

표 4-11. 장기 미종사자

영역 (시간)	어린이집 원장		보육교사	
	교과목	시간	교과목	시간
인성 · 소양 (8시간)	• 아동권리와 인권	4	• 보육교사의 역할과 윤리	4
	• 원장직무의 이해 및 윤리	4	• 아동복지와 인권	4
건강 · 안전 (4시간)	• 영유아 건강 · 안전	4	• 영유아 건강 · 안전	4
전문지식 · 기술 (28시간)	• 보육정책의 최신 동향	4	• 영유아 관찰 및 평가	4
	• 보육 관련 법규의 이해	4	• 영유아 행동지도	4
	• 어린이집 인사관리	4	• 영유아 긍정적 상호작용	4
	• 재무회계 관리	4	• 영유아 행동의 발달적 이해	4
	• 조직관리와 리더십	4	• 보육계획 수립	4
	• 어린이집 개인정보보호 관리 및 보육통합정보시스템 이해	4	• 보육일지 작성의 실제	4
	• 보육프로그램 개발과 운영	4	• 표준보육과정	4
계	10과목	40	10과목	40

※「건강 · 안전」 영역의 응급처치 관련 교육은 심폐소생술, 응급처치 실습 등 이론보다 실습 위주로 교육하도록 함.

※「건강 · 안전」 영역 교육에서 「긴급복지지원법 시행규칙」 제2조의3에 따른 긴급지원 신고의무자에 대한 내용을 1시간 이상 포함하여 교육하도록 함.

※ 건강 · 안전(9시간) 영역 내 '아동학대, 성폭력, 실종예방 및 사후관리' 교육 내용에서 아동의 성 관련 문제의 유형과 사례, 대응 방법 등 내용을 포함하여 교육 실시하도록 함.

표 4-12. 보육교사 승급교육

영역		2급 승급교육 교과목	시간	1급 승급교육 교과목	시간
인성 · 소양 (11시간)		• 아동복지와 인권의 이해	4	• 아동복지와 인권의 실제	4
		• 보육교사의 역할과 윤리	4	• 보육교사의 역할과 윤리	4
		• 보육교사의 건강관리와 힐링	3	• 보육교사의 건강관리와 힐링	3
건강 · 안전 (12시간)		• 영유아 건강안전교육 계획 및 실행	3	• 영유아 건강안전교육 계획 및 실행	3
		• 안전사고 예방교육	3	• 안전사고 예방교육	3
		• 보건위생관리	3	• 보건위생관리	3
		• 아동학대, 성폭력, 실종 예방 및 사후관리	3	• 아동학대, 성폭력, 실종 예방 및 사후관리	3
전문 지식 · 기술 (55시간)	장애 및 다문화 실제 (8시간)	• 다양한 가정의 영유아 이해	4	• 다문화 가정의 영유아 지원	4
		• 장애영유아의 이해	4	• 장애영유아의 이해 및 지원	4
	보육활동 운영의 실제 (39시간)	• 영유아 관찰 사례 이해 및 실제	4	• 영유아 관찰 및 평가	4
		• 대소집단활동 운영	4	• 대소집단활동 운영의 실제	4
		• 신체 · 예술(음률)활동 운영	4	• 신체 · 예술(음률)활동 운영의 실제	4
		• 언어 · 수과학활동 운영	4	• 언어 · 수과학활동 운영의 실제	4
		• 역할 · 쌓기놀이활동 운영	4	• 역할 · 쌓기놀이활동 운영의 실제	4
		• 보육계획 수립 및 보육일지 작성	4	• 보육일지 작성의 실제	4
		• 표준보육과정의 이해 및 평가	4	• 보육실습 지도의 적용과 사례	4
		• 누리과정의 이해 및 평가	4	• 어린이집의 개인정보보호 관리	4
		• 영유아 행동의 발달적 이해	4	• 영유아 문제행동 조기발견	4

영역		2급 승급교육		1급 승급교육	
		교과목	시간	교과목	시간
		• 실내 · 외 놀이 환경구성	3	• 어린이집 환경구성 및 관리	3
	가족 및 지역사회 협력 (8시간)	• 다양한 부모-자녀 관계의 이해	4	• 부모참여 계획 및 실행	4
		• 부모참여 및 상담 실제	4	• 지역사회 연계활동 계획 및 운영	4
평가시험		• 2급 승급교육 평가시험	2	• 1급 승급교육 평가시험	2
계		21과목+평가시험	80	21과목+평가시험	80

※「건강 · 안전」 영역의 응급처치 관련 교육은 심폐소생술, 응급처치 실습 등 이론보다 실습 위주로 교육하도록 함.

※「건강 · 안전」 영역 교육에서 「긴급복지지원법 시행규칙」 제2조의3에 따른 긴급지원 신고의무자에 대한 내용을 1시간 이상 포함하여 교육하도록 함.

※ 건강 · 안전(9시간) 영역 내 '아동학대, 성폭력, 실종예방 및 사후관리' 교육 내용에서 아동의 성 관련 문제의 유형과 사례, 대응 방법 등 내용을 포함하여 교육 실시하도록 함.

표 4-13. 어린이집 원장 사전직무교육

영역	교과목	시간
인성 · 소양(12시간)	• 아동권리와 아동학대	4
	• 원장직무의 이해 및 윤리	4
	• 원장의 건강관리와 힐링	4
건강 · 안전(18시간)	• 영유아의 건강안전교육의 계획 및 관리	3
	• 안전사고 예방 및 대응	3
	• 보건위생관리	3
	• 아동학대, 성폭력, 실종 예방 및 사후관리	3
	• 친환경 급식 및 영양관리	3
	• 시설 · 설비 안전관리	3

영역		교과목	시간
전문 지식 기술 (48시간)	장애 및 다문화 관리 (8시간)	• 다문화가정과 연계한 영유아 지원	4
		• 장애통합보육의 운영관리	4
	기관운영의 실제 (32시간)	• 보육정책의 최신 동향	3
		• 보육 관련 법규의 이해	3
		• 어린이집 인사관리	3
		• 재무회계 관리	3
		• 조직관리와 리더십	3
		• 사례별 발달지원 및 전문가 연계	3
		• 보육교직원의 수업 멘토링	4
		• 보육프로그램 개발과 운영	4
		• 어린이집의 개인정보보호 관리	3
		• 보육통합정보시스템 이해 및 실제	3
	가족 및 지역사회 협력(8시간)	• 부모참여 계획 및 운영	4
		• 어린이집과 지역사회 자원의 연계	4
평가시험		• 원장 사전직무교육 평가시험	2
계		23과목+평가시험	80

※「건강 · 안전」 영역의 응급처치 관련 교육은 심폐소생술, 응급처치 실습 등 이론보다 실습 위주로 교육하도록 함.

※「보육통합정보시스템 이해 및 실제」 교과목은 사회보장정보원에서 교육자료 제공 등 교육 협조.

※「건강 · 안전」 영역 교육에서 「긴급복지지원법 시행규칙」 제2조의3에 따른 긴급지원 신고의무자에 대한 내용을 1시간 이상 포함하여 교육하도록 함.

※ 건강 · 안전(9시간) 영역 내 '아동학대, 성폭력, 실종예방 및 사후관리' 교육 내용에서 아동의 성 관련 문제의 유형과 사례, 대응 방법 등 내용을 포함하여 교육 실시하도록 함.

표 4-14. 특별직무교육

영역		영아보육	장애아보육	방과후보육
인성 · 소양 영역		• 보육교사의 건강관리 • 영아보육교사의 역할과 윤리 • 아동권리와 영아학대 예방	• 장애아동 복지와 장애인식개선 • 장애아 보육교사의 역할과 윤리 • 아동권리와 장애아 학대 예방	• 현대사회 변화와 방과후보육의 이해 • 방과후보육교사의 역할과 윤리 • 아동권리와 아동학대 예방
건강 · 안전 영역		• 영아 건강교육 • 영아 안전사고 예방교육 • 보건위생관리	• 장애아급식 및 영양관리 • 장애아 안전사고 예방 및 대응 • 장애아 보건위생관리	• 초등학생의 보건 · 위생관리 • 초등학생의 안전사고 예방 및 대응
전문 지식 · 기술	보육활동 운영의 실체	• 영아 일상생활지도 I • 영아 일상생활지도 II • 표준보육과정 운영의 실제 • 영아 놀이지도 • 감각탐색활동 영역 • 역할 · 쌓기 영역 • 신체활동 영역 • 언어 영역 • 예술(음률,미술) 활동 • 실외놀이 활동 • 영아 적응프로그램 • 영아행동관찰과 평가 • 영아와의 상호작용 실제	• 장애아의 이해 I • 장애아의 이해 II • 일반보육과정에 기반한 장애영유아 교수방법 I • 일반보육과정에 기반한 장애영유아 교수방법 II • 운동발달 교수방법 • 의사소통 발달 교수방법 • 사회성 발달 교수방법 • 인지발달 교수방법 • 자조기술 발달 교수방법 • 개별화교육프로그램 작성 • 개별화교육프로그램 실행 및 평가 • 긍정적 행동 지원	• 초등학생의 발달적 특성 • 초등학교 교육과정의 이해 • 초등학생을 위한 교수 · 학습방법 • 학습지도 • 숙제 및 과제 지도 • 놀이지도 • 방과후 교육 프로그램에 대한 이해 I • 방과후 교육 프로그램에 대한 이해 II • 방과후 교육 프로그램에 대한 이해 III • 초등학생 생활지도 • 초등학생 문제행동 지원
	가족 및 지역사회 협력	• 영아 부모 상담 실제	• 장애 영유아 가족지원 • 지역사회 연계	• 초등학생 부모와의 상담 및 연계 • 방과후 아동을 위한 지역사회연계

영역		영아보육	장애아보육	방과후보육
	장애 및 다문화연계			• 학령기 장애아동의 이해와 교사지원 • 다문화사회와 아동
계		20과목, 40시간 (과목당 2시간)	20과목, 40시간 (과목당 2시간)	20과목, 40시간 (과목당 2시간)

※「건강 · 안전」 영역 교육에서 「긴급복지지원법 시행규칙」 제2조의3에 따른 긴급지원 신고의무자에 대한 내용을 1시간 이상 포함하여 교육하도록 함.

※ 건강 · 안전(9시간) 영역 내 '아동학대, 성폭력, 실종예방 및 사후관리' 교육 내용에서 아동의 성 관련 문제의 유형과 사례, 대응 방법 등 내용을 포함하여 교육 실시하도록 함.

3. 보육교직원의 임면

보육교직원의 임면이란 보육교직원을 임용하고 상황에 따라 면직하여 보육교사직을 수행할 수 없도록 하는 것을 의미한다. 보육교직원의 채용, 임용 및 면직에 대해 구체적으로 살펴보면 다음과 같다(최윤희 외, 2018).

1) 보육교직원의 채용

보육교직원의 전문성 향상과 보육의 질적 수준을 높이기 위해서 2005년 4월 「영유아보육법」 개정으로 보육교사 및 원장에 대한 국가 자격증제도를 도입하여 시행하고 있다(신혜원, 2016). 보육교직원 채용 및 임용 절차는 [그림 4-2]와 같다.

단계	내용
보육교직원 채용 (원장, 보육교사, 특수교사, 조리원 등)	• 채용주체: 어린이집 설치자 • 채용조건: 자격기준을 갖춘 자 • 채용 시 구비서류 –(공통) 인사기록카드, 주민등록등본, 채용신체검사서, 성범죄 경력 및 아동학대 범죄전력 조회 회신서, 개인정보제공 및 고유식별정보 처리 동의서, 보수교육 수료증 –(자격이 필요한 자) 자격증 또는 면허증 사본
교직원 임면보고	• 임면보고 절차: 어린이집→시 · 군 · 구청장(채용 후 14일 이내) • 임면보고 시 구비서류 – 인사기록카드, 채용신체검사서, 자격증사본, 성범죄 경력 및 아동학대 범죄전력 조회 회신서, 개인정보제공 및 고유식별정보 처리 동의서, 보수교육 수료증 ※ 자격증 사본 및 보수교육 수료증은 보육통합정보시스템으로 확인 가능한 경우 제출 제외 ※ 인사기록카드는 "임신육아종합포털(아이사랑)", "보육통합정보시스템"을 통해 임면보고 가능('15. 2. 2~) ※ 어린이집 및 시 · 군 · 구에서는 교직원 임면보고를 시스템을 통해 실시하고 적극 지도
교직원 자격의 적격성 확인	• 확인주체: 시 · 군 · 구청장 • 확인대상: 어린이집 원장, 보육교사, 특수교사, 장애영유아를 위한 보육교사, 치료사, 간호사, 영양사, 조리원 중 조리사 • 확인방법: 각 자격별 자격증명 서류, 보수교육 수료증 및 보육통합정보시스템
교직원 결격사유조회 및 범죄경력조회	• 결격사유조회 및 범죄경력조회 주체: 시 · 군 · 구청장 • 내용: 교직원 결격 사유(법 제20조)
경력관리시스템 입력 관리	• 교직원 임면 사항을 경력관리시스템에 입력 관리

그림 4-2. 보육교직원 채용 및 임면보고 절차

출처: 보건복지부(2022). 2022년도 보육사업안내.

(1) 보육교직원 채용 공고

보육교직원의 채용은 공개경쟁을 원칙으로 한다. 따라서 보육교직원을 채용하기 위해 어린이집에서 제일 먼저 해야 할 일은 보육교직원 채용공고를 하는 것이다. 채용공고는 임면권자인 어린이집 원장이 채용에 관한 구체적인 내용을 공고함으로써 시작된다. 채용공고에는 서류접수(접수기간, 접수방법, 제출서류 등), 전형방법(서류, 면접 및 실기수업 등) 및 응시자격 등에 대해 구체적으로 안내해야 한다.

(2) 보육교직원 채용 절차

어린이집에서 채용공고를 낸 후 공고를 접한 보육교직원은 필요한 서류를 제출하고 공고된 절차를 통해 공정하고 객관적인 채용 과정을 밟게 된다. 구체적인 절차는 〈표 4-15〉와 같다.

표 4-15. 보육교직원 채용 절차

구분	내용
서류심사	서류심사에서는 이력서, 졸업증명서, 성적증명서, 자기소개서 등이 포함된다.
면접	면접은 인터뷰나 포트폴리오 등을 활용할 수 있다. 면접을 통하여 지원자의 성품이나 자질, 직무수행능력, 직무에 대한 흥미나 만족도, 전문직상의 목표를 파악하게 된다. 그리고 지원자의 생각과 느낌에 대한 교류도 동시에 이루어지게 된다.
근로계약	서류심사와 면접의 과정을 통해 채용이 확정되면 임면권자와 채용예정 보육교직원 간에 근로계약을 체결해야 하는데 근로계약 내에는 계약 당사자, 급료, 근무시간, 근로조건 등이 명시되어야 하며, 부당한 내용, 즉 결혼, 출산, 육아휴직 등으로 인한 퇴직요구 등은 포함되지 않아야 한다.
구비서류 요구	임면권자는 보육교직원 채용 시에는 인사기록카드, 주민등록등본, 채용신체검사서, 국가 자격증 사본을 제출받아 적격성을 검토한 후 보관해 둔다. 또한 교직원 결격사유조회 및 범죄경력조회를 관할 시 · 군 · 구청장에게 요청하여 그 결과를 통보받아 문제가 있으면 채용을 유보한다.

2) 보육교직원의 임용

어린이집 원장은 보육교직원 채용이 종료되면, 임용 상황을 보육통합정보시스템에 등록하고 보육교직원의 임용사항을 구비서류를 갖추어 보고하여야 한다. 보육교직원 임면보고의 일반적인 원칙은 〈표 4-16〉, 보육교직원 임면보고의 방법 및 첨부서류는 〈표 4-17〉과 같다(보건복지부, 2020).

표 4-16. 보육교직원 임면보고 일반원칙

• 어린이집 원장은 보육교직원의 채용, 휴직, 출산전후휴가, 육아휴직, 육아기 단축근무, 1개월 이상의 장기병가 · 연수 · 휴가, 퇴직 등의 임면사항을 보육통합정보시스템에 즉시 등록하고, 이를 14일 이내에 관할 시 · 군 · 구청장에게 보고하여야 한다.
  – 보육교직원이란 어린이집에서 영유아의 보육, 건강관리, 보호자와의 상담, 그 밖에 어린이집의 관리 · 운영 등의 업무를 담당하는 자로서 어린이집 원장 및 보육교사와 그 밖의 직원을 말함

※ 어린이집에 근무하는 보육교직원은 직종, 근무기간 및 근무시간에 관계없이 보육통합정보시스템에 등록하고 시장 · 군수 · 구청장에게 임면보고를 해야 함(대체교사, 보조교사, 누리과정 운영 도우미, 운전원, 단기간 근로자 등 모든 보육교직원에 대하여 임면보고)

※ 어린이집 대표자가 실제로 해당 어린이집에서 보육교직원으로 근무하는 경우 반드시 보육통합정보시스템에 등록하고 시장 · 군수 · 구청장에게 임면보고를 해야 함

※ 「영유아보육법」 제44조 제3호의2에 따라 "보육교직원의 임면에 관한 사항을 보고하지 아니하거나 거짓으로 보고한 경우" 시정명령의 대상이 됨(2012. 2. 5. 시행)

표 4-17. 보육교직원 임면보고의 방법 및 첨부서류

• 보고방법 : 보육교직원 임면보고 시 원칙적으로 보육통합정보시스템에 첨부서류와 함께 등록하여야 한다(시 · 군 · 구에 시스템을 통하지 않고 직접 하는 경우 보육교직원은 임면보고 서식에 따라 시 · 군 · 구청에 제출).

• 첨부서류
  – 인사기록카드 사본(시스템을 통하지 않고 시 · 군 · 구에 직접 임면보고 하는 경우)
  – 자격(면허)을 요하는 자의 경우 자격증(면허증) 사본(단, 원장 및 보육교사, 장애영유아를 위한 보육교사 등 보육통합정보시스템을 통한 자격조회가 가능한 경우에는 제출 제외)
  – 채용신체검사서 사본
  – 성범죄 경력 및 아동학대 범죄전력 조회 회신서
  – 개인정보제공 및 고유식별정보 처리 동의서

- 보수교육 수료증(보육통합정보시스템으로 조회 가능한 경우 제외)
  (단, 장기미종사자의 경우 보육업무를 수행하기 이전 만 2년 이내의 기간 동안 실제 근무한 보육업무 경력이 있는 사람은 경력증명서 제출 필요)

3) 보육교직원의 면직

면직이란 여러 가지 이유로 일정한 직무에서 물러나게 함을 의미한다. 따라서 보육교직원의 면직이란 〈표 4-18〉의 면직의 유형에 의해 보육교직원으로의 직무를 수행할 수 없게 된 것을 의미한다.

표 4-18. 보육교직원 면직의 유형

구분	내용
의원면직	본인의 청원에 의하여 직위나 직무를 해임하는 것이다. 이 경우는 본인이 직무를 정상적으로 수행하기가 어려울 때 이루어지는 것으로 일반적으로 본인이 직접 사표 또는 사직서를 제출함으로써 이루어진다.
직권면직	보육교직원 자신의 의사와는 상관없이 기관장의 일반적인 의사에 따라 보육교직원의 지위나 직무에서 물러나게 하는 경우이다. 이때에는 신체나 정신에 이상이 있을 경우, 근무성적이 아주 나쁜 경우, 직제나 정원의 개폐 또는 성추행 등에 연루되었을 때 이루어진다.
당연퇴직	범죄나 중대한 과실을 저지르는 등 법령에 규정된 일정한 제한 조건에 의해 자동적으로 현직에서 물러나거나 근로관계가 소멸되는 경우이다.
해임	보육교직원이 직무수행 중 잘못을 저질렀을 때 교사를 강제로 퇴직시키는 중징계를 의미한다.
파면	보육교직원이 잘못을 저질렀을 때 직무나 직업을 그만두게 하는 중징계를 말하는 것으로 해임과 파면의 차이점은 파면은 임명의 철회를 해임은 보직의 철회를 말한다.

보육교직원의 면직, 즉 의원면직을 제외한 직권면직, 당연면직, 해임, 파면 등의 처분을 받게 되는데, 면직사유는 일반적으로 대리감독자로서의 책임소홀, 고의, 과실로 불법행위자로서의 책임소홀, 보육교사의 자격이 정지되거나 취소되었을 때 발생하게 된다.

Chapter

05

보육교직원의 전문성

배울 내용

1. 보육교직원의 자질과 역할
2. 보육교직원의 윤리
3. 보육교사의 전문성 향상

학습 목표

1. 보육교직원의 자질과 역할을 이해한다.
2. 보육교직원의 윤리를 숙지한다.
3. 보육교사의 전문성 향상을 위한 구체적인 방법을 모색해 본다.

영유아에게 영향을 미치는 가장 중요한 요인 중의 하나는 영유아를 직접 보육하는 보육교직원의 자질과 역할이라고 할 수 있다. 이와 같이 영유아발달에 중요한 역할을 담당하게 되는 보육보직원에는 영유아의 보육에 책임을 맡고 프로그램을 운영하는 원장과 보육교사, 프로그램을 지원하고 도와주는 영양사, 간호사, 사회복지사, 조리사, 관리인, 일반사무직, 운전기사 및 자원봉사자 등이 있다. 또한 어린이집의 지역사정이나 시설의 규모에 따라 촉탁의사, 상담사를 둘 수 있지만 현실적으로 어렵기 때문에 지역사회와의 네트워크 형성을 통해 각 시설의 상황에 따라 적절하게 운영되고 있다. 이처럼 어린이집은 원장이나 보육교사뿐만 아니라 여러 분야의 전문가들이 유기적으로 상호작용함으로써 보호적 기능, 교육적 기능, 서비스 개선 등을 통합하여 영유아의 전인적인 발달에 도움을 주게 된다(심성경 외, 2017). 따라서 본 장에서는 보육교직원의 자질과 역할, 보육교직원의 윤리 및 보육교사의 전문성 향상에 대해 살펴보고자 한다.

1. 보육교직원의 자질과 역할

1) 원장의 자질과 역할

어린이집의 원장은 영유아와 가족 및 지역사회에 통합적 서비스를 제공하는 어린이집의 총책임자로서 어린이집의 인적 환경에 매우 중요한 요인 중의 한 명이다. 왜냐하면 어린이집 원장의 보육에 대한 철학과 가치관 및 보육활동에 관한 견해는 영유아의 보육활동에 직접적인 영향을 미칠 뿐만 아니라 어린이집 운영 전반에 차이를 가져올 만큼 원장의 위치는 핵심적이기 때문이다.

어린이집 원장은 어린이집의 운영방향을 결정하고 전반적인 관리 및 책임 등에 관련된 다양한 역할을 수행하여야 한다. 이를 효율적으로 수행하기 위해 어린이집 원장은 역할에 필요한 전문적 능력과 적합한 자질이 요구된다. 이에 임재택(1995)은 원장으로서 갖추어야 할 자질로서 올바른 아동관과 보육에 대한 철학, 지역사회 봉사자로서의 자질, 원만한 대인관계능력, 시설운영에 대한 행정적 능력과 관리기술, 보육시설 운영에 있어서 민주적이고 합리적인 의사결정능력이 필요하다고 보았다. 어린이집 원장으로서 필요한 전문적인 자질을 구체적으로 살펴보면 〈표 5-1〉과 같다(김은설 외, 2009).

표 5-1. 어린이집 원장의 전문적인 자질

- 보육교사로서의 경험과 연륜이 풍부한 좋은 교사가 좋은 운영자가 될 수 있다. 따라서 보육교사의 경험이 원장으로서 양질의 보육을 제공하고, 보육교직원들을 통솔할 수 있는 리더십의 기틀이 된다.
- 올바른 아동관과 보육철학을 가지고 목표와 비전을 제시하는 능력이다. 즉, 영유아들의 인권을 보장하고, 잠재력과 소질을 계발할 수 있는 보육철학을 가지고 운영되도록, 어린이집에 비전을 제시할 수 있어야 한다.
- 어린이집 운영에 대한 행정관리능력과 기술이 필요하다. 어린이집 원장의 가장 중요한 임무인 원활한 시설 운영을 위하여 회계 및 재정, 제반 시설, 인사 조직, 프로그램 등의 행정능력과 관리기술을 갖추어야 한다.
- 리더십과 원만한 대인관계기술이 필요하다. 어린이집 원장은 보육교직원 간의 관계형성과 교직원의 역량을 충분히 발휘할 수 있도록 돕고, 긍정적이고 민주적인 조직문화를 형성하여 어린이집의 목표를 달성할 수 있도록 동기를 부여하는 리더십이 요구된다.
- 학부모와 보육교직원, 지역사회와 관련 기관의 관계자들과의 긍정적인 관계를 유지할 수 있는 대인관계기술을 갖추어야 한다.

어린이집 원장은 〈표 5-1〉과 같은 전문적인 자질을 기초로 해서 어린이집을 총괄하고, 보육교사 및 그 외의 어린이집 보육교직원을 감독하고 지도하며 영유아를 보육하는 역할을 한다(「영유아보육법」 제18조). 구체적으로 어린이집 원장들은 인간관계, 근무환경, 교육관, 시설설비, 직무자체, 사회인식, 직무능력 등과 관련하여 관리자로서의 역할,

의사결정자로서의 역할, 인화조성자로서의 역할 및 대외적 역할을 수행하는 등 다양하고 복합적인 역할을 수행한다(조희원, 2010). 어린이집 원장의 역할에 대해 어린이집 평가제의 지표를 근거로 살펴보면 〈표 5-2〉와 같다.

표 5-2. 어린이집 원장의 역할

• 원장은 영유아의 발달과 안전을 고려하여 영유아가 자유롭게 뛰어놀면서 건강하게 성장할 수 있는 환경을 제공해야 한다. • 원장은 시설운영에 대한 행정적 능력과 관리기술을 갖추고 시설운영, 즉 보육 프로그램 및 운영관리, 인사관리, 재정관리 등 시설운영에 관련된 정책과 법규에 대한 충분한 지식을 가지고 있어야 한다. • 원장은 보육철학에 따라 보육 프로그램을 수립하고 구성하는 역할, 프로그램의 목표, 내용, 교수 · 학습방법, 평가에 대한 구체적인 내용을 교사들과 협의하여 지속적으로 관리하며 교사의 수업을 장학하면서 보육내용이 영유아에게 제대로 전달되고 있는지 점검하는 역할을 해야 한다. • 원장은 교직원들 간의 바람직한 인간관계형성을 도울 수 있는 능력과 서로 협력하며 신뢰하는 분위기에서 일할 수 있도록 적극적으로 도와주는 적절한 지도력을 지니고 있어야 한다. • 원장은 영유아에게 발생할 수 있는 전염성 질환의 예방과 관리를 위한 구체적인 대책을 마련하고, 영유아의 발달단계에 적절한 영양을 위해 균형 잡힌 식단을 제공해 주어야 한다. • 원장은 영유아에게 제공되는 실내 · 외 놀이기구들이 안전한지 살펴보고 수리하도록 지시해야 한다. 또한 보육교직원과 영유아에게 다양한 안전교육과 월 1회 이상 소방훈련을 실시하고 화재 등의 비상사태에 대비한 안전 대피시설과 대처방안을 구체적으로 마련해 놓아야 한다. • 원장은 지역사회와의 연계 및 부모교육 실시, 영유아에게 알맞은 프로그램 반영, 대외적인 활동, 행정기관과 전문 기관과의 연계, 재정조달 등 지역사회와의 관계를 형성해야 한다.

2) 보육교사의 자질과 역할

법률적인 의미에서 보육교사의 정의는 개정 「영유아보육법」에 의거해 어린이집 영유아의 보육, 건강관리 및 보호자와의 상담, 그 밖에 어린이집의 관리 · 운영 등의 업무를 담당하는 보육교직원의 일원을 말한다. 예전에는 어린이집 보육교사를 교사라는 호칭을 사용하지 않고 보육기관의 종사자라는 호칭이 사용되다가 최근 들어 '보육교사(day care teacher)'라는 호칭이 사용되고 있다. 즉, 보육교사란 '보건복지부의 관리 · 감독을 받는 다양한 형태의 어린이집에 근무하면서 영유아를 담당하며 지도하는 교사' 또는 '영유아의 보호와 교육에 필요한 자질을 갖추기 위해 소정의 교육과 훈련을 받고 보육교사 자격을 취득한 후 보육기관에서 영유아를 직접 돌보는 교사'를 의미한다.

보육교사는 1급, 2급 및 3급으로 구분되며 전문대학 또는 이와 동등 이상의 학교에서 보건복지부령이 정하는 보육 관련 교과목 및 학점을 이수하고 졸업하면 보육교사 2급을 취득한다. 또한 보육교사 1급은 보육교사 2급 자격을 취득한 후 3년 이상의 보육 업무경력과 보건복지부장관이 정하는 승급교육을 받으면 자격을 취득할 수 있다. 그리고 보육교사 3급은 고등학교 또는 이와 동등 이상의 학교를 졸업한 사람으로서 보건복지부령이 정하는 교육훈련시설에서 정해진 교육과정을 수료한 사람에게 발급한다.

전문직으로서의 보육교사의 역할은 보호자로서의 역할과 더불어 전문적 지식과 기술을 가진 교수자이고 상담자이며 연구자로서의 여러 가지 역할을 담당하는 전문가라는 것이다. 이와 같은 다양한 역할을 수행하는 보육교사에게는 무엇보다 교사로서 엄격한 자질을 요구한다. 구체적으로 보육교사의 자질은 개인적인 자질과 전문적인 자질로 구분할 수 있는데, 자세한 내용은 〈표 5-3〉과 같다(김경희 외, 2006).

표 5-3. 보육교사의 자질

구분	내용
개인적 자질	• 신체적 · 정신적으로 건강해야 한다. • 보육교사 자신에 대한 신뢰와 긍정적 자아개념의 소유자여야 한다. • 인간에 대한 애정과 관심이 있어야 한다. • 하루의 일과계획과 일정을 상황에 따라 조절할 수 있는 융통성이 있어야 한다. • 원만하고 조화로운 대인관계능력과 인내심이 있어야 한다. • 바람직한 언어행동과 효율적인 의사소통능력이 있어야 한다. • 즐겁게 영유아를 돌보며 따뜻한 정서적 관계를 형성할 수 있어야 한다.

구분	내용
전문적 자질	• 영유아의 발달단계에 대한 체계적이며 전문적인 지식을 갖추어야 한다. • 새로운 지식, 교수방법을 연구하여 영유아의 연령에 맞는 프로그램을 계획하고 조직하는 능력을 갖추어야 한다. • 자신의 업무를 유능하고 효과적으로 완수하며 영유아에게 양질의 프로그램을 제공하는 데 만족감과 기쁨을 느껴야 한다. • 영유아에 대한 책임을 부모와 공유하며 부모에게 양육에 대한 정보를 제공할 수 있어야 한다. • 윤리의식을 갖고 영유아의 개인차를 인정하며, 모든 영유아를 인격적으로 대우하며 편애하지 않아야 한다.

〈표 5-3〉의 보육교사의 자질을 살펴보면, 보육교사는 교사 개개인의 사람됨과 관계되는 개인적 자질과 영유아에 대한 전문적인 지식, 교육과정 및 교수에 대한 전문적인 지식과 운영기술, 교직에 대한 건전한 태도 및 윤리의식과 관련된 전문적인 자질을 갖추고 보육교사로의 역할을 충실히 수행해야 할 필요성이 있다.

보육교사 역할에 대한 기대는 과거 '보호자'의 개념에서 영유아에게 보호 이상의 다양한 자극을 주어 영유아의 발달을 촉진하고 미래를 준비시키는 '교육자'로서의 역할이 강조되어 보육교사의 역할은 복합적이고 다양해졌다(Comelius, 1987). 즉, 보육교사는 영유아의 흥미와 발달에 따른 통합놀이 중심의 보육 프로그램을 운영하는 교육자, 질 높은 보육 프로그램을 위해 연구하는 연구자, 영유아를 관찰하고 학부모와 상담을 하는 상담자 등의 역할을 하고 있으며, 행정 관계기관과 부모, 가족, 지역사회와의 관계를 형성하고 유지하는 역할 또한 요구받고 있다(김문희, 2011).

이처럼 보육교사의 역할은 시대적 변화와 요구, 보육기관의 유형, 적용되는 프로그램의 특성, 영유아의 특성 및 학부모의 요구에 따라 보육교사의 역할은 다양하다. 일반적으로 보육교사는 영유아의 교육과 보육업무를 담당하며 보육계획안 작성부터 보육활동 및 환경구성, 부모참여, 영양, 건강, 안정 등 폭넓은 업무를 담당하게 된다. 보육교사의 역할을 구체적으로 살펴보면 〈표 5-4〉와 같다(고정곤 외, 2016; 최윤희 외, 2018).

표 5-4. 보육교사의 역할

구분	내용
보육과정 설계자로서의 역할	• 보육과정 운영계획 수립 • 연간, 월간, 주간, 일간 보육계획 수립 • 기타 보육활동계획 수립
보육과정 운영자로서의 역할	• 일과계획 및 운영 • 보육관련 행사 운영
교수 · 학습지도자로서의 역할	• 보육과정 지도자 • 학습조력자 • 상호작용자 • 활동제공자 • 상호학습조력자
생활지도자로서의 역할	• 부모의 역할 • 본보기 • 상담 및 조언자 • 훈육 • 대리양육자 • 대화자 • 도덕적 귀감자 • 지지자 • 촉진자 • 스트레스 관리자 • 문제해결자 • 설득자
보육환경 조성자로서의 역할	• 흥미 영역 관리 • 공간구성 관리
교수 · 학습자료 제작 · 관리 · 활용자로서의 역할	• 교수 · 학습자료 제작 • 교수 · 학습자료 관리 • 교수 · 학습자료 활용
상호교류자로서의 역할	• 학부모와의 교류 • 지역사회와의 교류 • 보육행정가와의 교류 • 동료교사와의 교류
보육활동 평가자로서의 역할	• 관찰자 • 평가자

(1) 보육과정 설계자로서의 역할

보육교사의 가장 큰 역할은 보육과정 운영계획을 수립하는 것이다. 보육과정은 당해 보육기관에서 1년간 운영할 총체적인 보육계획으로 보육과정 운영계획을 보면 당해 보육기관의 총체적인 운영모습을 쉽게 이해할 수 있다. 일반적으로 보육과정 운영계획에는 보육기관 현황, 보육 프로그램 운영, 지도계획, 보육행사계획, 시설관리계획, 보육환경구성계획, 생활지도계획, 부모교육계획, 보육과정평가계획 등이 포함된다.

(2) 보육과정 운영자로서의 역할

보육과정 설계자로서의 역할은 합리적인 절차를 통해 보육과정을 편성하는 것을 의미하며, 보육과정 운영자로서의 역할은 편성된 보육과정을 합리적으로 운영하여 기관 및 학급의 보육목표를 실현하고 영유아들의 잠재능력을 계발시켜 주는 활동을 의미한다. 보육과정 운영에는 교수·학습지도, 생활지도, 행사지도, 일과운영, 지역사회 자원 활용 등 다양한 활동들이 포함된다.

(3) 교수·학습지도자로서의 역할

영유아보육기관에서 수립한 보육과정 계획은 궁극적으로는 일일 보육활동계획에 반영되어 교사의 교수·학습지도를 통하여 구체화되고 실현된다. 따라서 보육교사가 훌륭한 교수·학습방법을 적용하여 일일 보육계획을 계획하고 지도한다면 효율적으로 교수·학습목표를 구현할 수 있다. 여기에서는 보육과정 지도자, 학습조력자, 상호작용자, 활동제공자 및 상호학습협력자로서의 역할을 수행하게 된다.

(4) 생활지도자로서의 역할

영유아보육활동은 '영유아의 생활에서 출발하여 영유아 생활로 되돌아온다'라고 말한다. 이 말은 영유아보육활동 내용은 영유아의 생활경험 속에서 학습활동을 계획, 전개하고 학습된 경험이나 결과는 영유아의 현재 생활 속에서 적용되어 영유아의 생활을 바람직하게 이끌어간다는 의미이다. 따라서 영유아 생활 자체가 교육의 현장이고 소재이기도 하다. 다시 말해 영유아의 생활 자체가 아주 광범위하므로 생활지도자로서의 역할 또한 광범위하지만 일반적으로 부모의 역할, 본보기, 상담 및 조언자, 훈육, 대리양육자, 대화자, 도덕적 귀감자, 지지자, 촉진자, 스트레스 관리자, 문제해결자 및 설득자로서의 역할을 수행하게 된다.

(5) 보육환경 조성자로서의 역할

보육환경은 단순히 물리적 기능만이 아니라 영유아의 성장, 발달에 끊임없이 정신적 · 정서적인 영향을 주므로 가정과 같이 친근함과 안락함이 있게 꾸며야 한다. 보육환경으로서의 흥미 영역과 실내공간 구성이 대표적이다. 우리나라 표준보육과정에서는 교육과 보육의 효율성을 높이기 위해 흥미 영역 설치를 의무화하여 놀이 중심으로 학습을 이끌어가도록 유도하고 있다. 따라서 교사는 어린이집 실정에 맞는 흥미 영역을 실내 · 외에 반드시 설치 · 운영해야 한다. 그리고 어린이집 보육실에는 흥미 영역 외에 벽면과 천장공간을 어떻게 구성하느냐에 따라서 영유아의 학습효율성과 보육실 내의 아늑하고 부드러운 정서적 분위기가 달라진다. 그러므로 교사는 실내 공간을 정서적으로 구성함은 물론 다양한 구성물들을 영유아발달에 도움이 되도록 마련해 주어야 한다.

(6) 교재 · 교구 제작 및 관리 · 활용자로서의 역할

오감을 활용한 직접적인 체험을 통한 보육이 중요하므로 교재 · 교구를 충분히 확보하고 적절하게 활용하는 것은 매우 중요하다. 먼저 교재 · 교구를 확보하기 위해서는 교재 · 교구별로 기준량에 따른 현재 보유량을 파악하고, 부족 시에는 교재 · 교구 현황에 따른 확보계획을 세워 점차적으로 확보해야 한다. 그리고 정비된 교재 · 교구는 교재 · 교구 자료실을 설치하여 보관 · 관리한다. 또한 교재 · 교구 자료 관리대장을 비치 활용한다. 교재 · 교구 활용은 필요한 교재 · 교구는 반드시 교수 · 학습지도에 활용하며 교재 · 교구 · 자료의 활동 및 반환대장을 비치하여 활용한다.

(7) 상호교류자로서의 역할

보육활동의 효율성을 높이기 위해 보육활동에 직접적으로 영향을 주는 학부모, 지역사회, 보육행정가 및 동료교사들 간에 적절한 상호교류가 이루어져야 한다. 구체적으로 부모를 통하여 영유아의 효율적인 지도를 위한 각종 정보를 수집하여 영유아 보육지도계획 수립 및 지도에 활용하고 교사는 부모교육을 체계적으로 계획 · 실시하여야 한다. 그리고 지역사회에 있는 보육기관은 지역사회의 특성과 요구를 반영하여 보육과정운영계획을 편성 · 운영하고 보육행정가의 교류를 통하여 보육정책은 물론 다양한 보육정보 및 자료를 수집해야 한다. 마지막으로 보육교사는 항상 동료교사들과 어떻게 좋은 인간관계를 형성하느냐에 대해 관심을 갖고 영유아지도를 위한 각종 정보를 교환해야 한다.

(8) 보육활동 평가자로서의 역할

보육기관에서는 보육과정운영계획에 따른 보육활동을 전개한 후, 그 성과를 평가하고 영유아 개인별로 성장 발달에 대한 성과를 평가하여 평가결과를 다시 보육과정운영계획을 수립하거나 영유아 개인별 지도계획 수립에 반영해야 한다.

3) 기타 보육교직원의 자질과 역할

어린이집의 운영에 참여하고 있는 보육교직원은 원장과 보육교사를 중심으로 프로그램을 지원하고 도와주는 다양한 인력으로 구성되어 있다. 어린이집을 구성하고 있는 의사와 간호사, 영양사, 조리사, 사무원, 관리인 및 운전기사의 자질과 역할에 대해 살펴보면 다음과 같다(심성경 외, 2017).

(1) 의사와 간호사

어린이집에 근무하는 의사와 간호사의 역할은 영유아의 위생관리, 안전지도, 건강 및 영양지도, 보건상담과 영유아의 정기검진 실시 등이 있다. 그러나 현실적으로 의사가 상주하기는 어렵기 때문에 어린이집과 가까이에 위치한 병원이나 의원의 의사와 촉탁의사 계약을 맺어 영유아의 건강에 대하여 상담 및 건강검진을 하는 것이 일반적이다. 또한 간호사는 전염성 질환의 종류와 발생시기, 증상, 예방과 사후 처리방법 등을 숙지하여 전체 보육교직원과 각 가정에 통보하며, 어린이집에서 실시하는 신체검사에서 영유아의 키, 앉은키, 가슴둘레, 몸무게 등을 주기적으로 검사하여 영유아의 신체적 성장을 부모에게 알려주어야 한다.

(2) 영양사

어린이집은 영유아가 장시간 머무르는 곳이기 때문에 간식과 식사 제공은 필수적이다. 따라서 영양사는 영유아의 발달단계와 영양상태를 고려하여 식사와 간식의 양과 종류를 조절하여 식단을 작성하고, 영유아가 올바른 식습관을 형성하도록 지도하는 역할을 해야 한다. 또한 조리과정을 관리, 감독하여 영유아에게 식사와 간식을 통해 필요한 영양과 칼로리를 제대로 공급하는지 확인하고, 신선하며 질 좋은 식품 재료를 구입하고 집기류와 조리과정의 위생관리를 담당해야 한다. 그리고 영유아의 영양교육과 교직원 및 학부모를 대상으로 영유아의 건강과 영양 및 식습관에 관한 교육도 실시해야 한다. 따라서 영양사의 구체적인 역할은 식단작성, 급식 및 배식관리, 구매식품의 검수 및 관리, 급식시설의 위생적 관리, 집단급식소의 운영일지 작성 및 종업원에 대한 영양지도 및 위생교육을 실시하는 것이다.

(3) 조리사

조리사는 조리사 자격증을 소지해야 하며 영양사가 작성한 식단에 맞게 준비재료의 영양소를 살려 다양한 조리법으로 영유아가 먹기에 알맞게 간식과 식사를 직접 만들어 제공해야 한다. 조리사는 주방과 조리기구의 청결을 유지해야 한다. 또한 자신의 건강과 청결에도 신경을 써서 항상 깨끗이 세탁된 위생모와 위생복을 착용해야 한다. 그리고 조리사는 영양사와 충분한 의사소통을 통해 영유아의 영양과 건강한 식단에 대해 관심을 가지고 영유아가 즐겁게 먹을 수 있는 조리법을 개발하여 조리사로서의 전문성을 발휘하도록 노력해야 한다.

(4) 사무원

사무원은 영유아에게 직접 관련되지는 않더라도 어린이집 전반의 원활하고 효율적인 운영을 위해 중요하므로 성실하게 업무에 임하는 자세가 중요하다. 사무원은 각종 공문서 처리, 보육교직원과 원아에 대한 각종 서류의 관리 및 보관, 원아의 보육료 수납을 포함한 재정 및 행정 업무 등을 담당하는 역할을 한다.

(5) 관리인

어린이집에서는 시설의 보수, 관리, 경비 등의 역할을 담당하는 관리인이 필요하다. 규모가 큰 시설에서는 관리인을 따로 두고 있지만 그렇지 않은 곳에서는 운전기사나 사무원이 관리인의 역할을 병행하기도 한다. 관리인은 비품이나 교구의 관리와 보수, 실내·외 공간의 점검 및 관리 등을 담당하는 역할을 한다.

(6) 운전기사

대부분의 어린이집에서는 운전기사를 고용하여 영유아의 등·하원을 돕고 있다. 운전기사의 자질은 성품이 온화하며 원만한 성격의 소유자이어야 한다. 운전기사는 차량의 안전운행과 차량안전장비를 갖추고, 차량의 청결을 유지해야 하며, 등·하원 차량 운행을 마친 후에는 반드시 담임교사와 함께 차량에 남아 있는 영유아가 없는지를 확인하고 점검하는 역할을 해야 한다. 또한 등·하원 차량 이용 영유아 명단과 차량 일지를 기록하여 보관하는 역할을 해야 한다.

2. 보육교직원의 윤리

전통적으로 교사는 존중과 신뢰의 대상으로 다른 직업보다 높은 윤리의식과 사명감을 기반으로 하는 직업이었다. 그러나 현대 사회에서 교사는 교권 실추로 인하여 교육자로서의 자부심과 사명감을 갖기가 어려운 상황이다. 하지만 만약 교사들이 교직에 대한 자부심과 사명감을 잃는다면, 그 피해는 고스란히 학생들에게 돌아갈 수밖에 없다. 이에 최근 교육현장에서는 교사의 교직윤리 강화의 필요성이 제기되고 있다. 보육현장에서 보육교사는 하루 일과 중에도 수많은 의사결정을 해야 한다. 왜냐하면 영유아는 스스로 가치판단을 통해 자신을 방어할 수 있는 능력이 부족하며, 보육과정운영에 있어 교사의 자율성이 폭넓게 보장되어 있기 때문이다(조형숙, 2009). 보육교사에게 교직윤리가 필요한 이유를 정리하면 〈표 5-5〉와 같다(이명순 외, 2016; 조부경 외, 2016).

표 5-5. 보육교사에게 교직윤리가 필요한 이유

- 보육교사의 윤리의식은 보육의 질을 결정하는 중요한 요소이다. 윤리의식은 교사의 모든 행위, 즉 영유아보육, 생활지도, 대인관계, 보육과정계획 및 운영, 평가 등 모든 보육행위와 관련이 있다.
- 보육교사는 영유아를 보호하고 교육한다. 영유아는 스스로 자신을 보호하고 권리를 찾을 수 있는 능력을 갖지 못한 존재로, 학급 안에서 절대적인 힘과 지위를 가진 보육교사로부터 통제를 받게 된다. 따라서 힘이 약하고 쉽게 상처 받는 영유아를 스스로 존중하고, 그들이 보육현장의 주체가 될 수 있도록 교직윤리가 강화되어야 한다.

- 보육교사는 영유아뿐만 아니라 영유아의 가족, 지역사회 등 다양한 집단의 요구를 반영한다. 대부분의 보육교사는 우선적으로 영유아에게 충실하고, 영유아에 대한 책임을 중요하게 생각하지만 영유아의 가족과 지역사회의 요구도 무시할 수 없다. 따라서 교직윤리는 보육교사가 의사를 결정할 때 우선순위 결정을 명료하게 해 준다.
- 보육교사는 보육현장에서 수많은 윤리적 딜레마를 경험한다. 딜레마는 직면하는 문제에 대해 양자택일을 해야 하지만 두 가지를 모두 선택할 수 없는 상황으로, 한 영유아를 보호하고자 하면 다른 영유아의 권리를 침해할 수 있고, 한 가족의 입장을 고려하면 다른 가족의 권리를 보호하지 못할 경우를 의미한다. 교직윤리는 보육교사의 딜레마를 해결하는 방향을 제시해 줄 뿐 아니라 판단의 기준이 된다.

이상에서 살펴본 바와 같이 교직윤리는 보육의 질을 결정하는 중요한 요소이며, 보육교사가 보육활동을 수행하는 과정에서 경험하는 수많은 의사결정의 판단 기준이나 지침의 역할을 하므로 중요하다고 할 수 있다. 따라서 보육교사는 교직윤리의 내용을 정확하게 이해하고 숙지하여 보육현장에서 직면하는 다양한 상황에서 최적의 윤리적 행동방안을 선택하여 행동할 수 있도록 노력해야 한다.

이처럼 윤리강령 제정의 필요성이 제기되면서 어린이집 원장 및 보육교사 윤리강령이 2010년 한국보육시설연합회(현 한국어린이집연합회)와 육아정책연구소의 공동연구를 통해 개발되어 2011년 전국보육인대회에서 공표되었다. 윤리강령은 보육교사의 역할에 대한 철학적 기초를 제공함으로써 보육교사가 다양한 윤리적 상황에서 슬기롭게 판단하고 대처하여 영유아의 인권을 존중하고, 질 높은 보육 · 교육을 제공할 수 있게 한다.

어린이집 원장 및 보육교사 윤리강령은 서문과 본문으로 구성되어 있으며, 서문에는 전문직업인으로서의 자긍심 고취, 윤리강령의 핵심 가치 및 범위 등이 제시되어 있고, 본문에는 '영유아에 대한 윤리', '가정에 대한 윤리', '동료에 대한 윤리', '사회에 대한 윤리' 4가지 영역에 대한 윤리적 기준, 덕목, 실천방안이 구체적으로 제시되어 있다. 어린이집 원장 및 보육교사 윤리강령의 서문과 본문, 보육인의 윤리선언의 구체적인 내용은 〈표 5-6〉, 〈표 5-7〉과 같다.

표 5-6. 어린이집 원장 및 보육교사 윤리강령

보육은 영유아를 건강하게 양육하고, 안전하게 보호하며, 발달특성에 적합한 교육을 제공하는 복지서비스이며, 보육인은 사랑과 존중과 전문지식을 바탕으로 영유아의 전인적 성장에 영향을 미치는 전문직업인이다. 그러므로 보육인은 윤리적 의식과 태도를 가지고 사회적 본분에 임해야 한다.
이에 어린이집 원장과 보육교사는 스스로 책무성을 발현하여 윤리강령을 제정함을 밝힌다. 본 강령을 직무수행의 규준으로 삼아, 보육현장에서 발생하는 윤리적 갈등을 해결하고, 생존권, 보호권, 발달권, 참여권 등 영유아의 권리를 보장함으로써 직무상의 윤리적 책임을 다하여 전문직업인으로서의 위상을 공고히 하고자 한다.
더불어 영유아와 그 가정, 동료와 사회의 존엄성을 존중하는 보육의 실천으로 다각적인 신뢰를 구축하고, 영유아의 잠재력을 최대한 발휘시킴으로써 영유아가 긍정적인 자아개념을 형성하고 유능한 사회인으로 성장할 수 있도록 도와, 궁극적으로는 영유아와 그 가정, 동료와 사회의 통합적 · 이상적 복지 실현에 기여하고자 한다.

제 I 장. 영유아에 대한 윤리

1. 영유아에게 고른 영양과 충분한 휴식을 제공하여, 몸과 마음이 건강한 사람으로 자라도록 돕는다.
2. 성별, 지역, 종교, 인종, 장애 등 어떤 이유에서도 영유아를 차별하지 않고, 공평한 기회를 제공한다.
3. 영유아는 다치기 쉬운 존재임을 인식하여 항상 안전하게 보호한다.
4. 영유아에 대한 정서적, 언어적, 신체적 학대를 행하지 않는다.
5. 어린이집 내외에서의 영유아 학대나 방임을 민감하게 관찰하며, 필요한 경우 관련 기관("아동보호전문기관" 등)에 보고하고 조치를 취한다.
6. 영유아의 인격을 존중하고, 개인의 잠재력과 개성을 인정한다.
7. 개별적 상호작용 속에서 영유아의 요구를 수용하기 위해 노력한다.
8. 영유아의 사회 · 정서 · 인지 · 신체 발달을 통합적으로 지원하는 보육프로그램을 실시한다.
9. 특별한 도움을 필요로 하는 경우, 전문가와 협력하여 영유아의 입장에서 최선의 대안을 찾는다.
10. 보육활동을 계획, 실행, 평가하는 모든 과정에 영유아의 흥미와 의사를 반영한다.
11. 영유아의 개인적 기록과 정보에 대해 비밀을 보장한다.

제 II 장. 가정에 대한 윤리

1. 상호 신뢰를 바탕으로 영유아의 가정과 동반자적인 관계를 유지한다.
2. 각 가정의 양육가치와 의사결정을 존중한다.
3. 경제적 수준, 가족형태, 지역, 문화, 관습, 종교, 언어 등 어떤 것에 의해서도 영유아의 가정을 차별대우하지 않는다.
4. 보육활동 및 발달 상황에 관한 정보를 정확하게 제공하여 영유아에 대한 가정의 이해를 돕는다.
   다문화, 심신장애 등으로 의사소통에 도움이 필요한 경우 문제를 해결할 최선의 방법을 도모한다.

5. 어린이집 운영 전반에 관한 정보를 공개하여 영유아 가정의 알 권리에 응한다.
6. 보육프로그램과 주요 의사결정에 영유아의 가정이 참여하도록 안내한다.
7. 필요한 사회적 지원, 전문서비스 등 관련 정보를 제공하여 영유아 가정의 복리 증진을 돕는다.
8. 영유아 가정의 사생활을 보호하고 익명성을 보장한다.

제Ⅲ장. 동료에 대한 윤리

[어린이집 원장]

1. 최상의 보육서비스 제공에 필요한 인적, 물적 환경의 조성 및 유지를 위해 노력한다.
2. 보육교사를 신뢰하고 존중하며 전문성과 자율성을 인정한다.
3. 성별, 학연, 지연, 인종, 종교 등에 따라 보육교사를 차별하지 않는다.
4. 업무 관련 의사결정이 필요한 경우, 보육교사의 의견 개진 기회를 보장한다.
5. 보육교사에게 지속적 재교육 등 전문적 역량 제고의 기회를 부여한다.
6. 보육교사에게 적정 수준의 보상(보험, 급여 등)을 안정적으로 제공하며, 복지증진에 힘쓴다.
7. 보육교사 개인의 기록과 정보에 대한 비밀을 보장한다.

[보육교사]

1. 존중과 신뢰를 바탕으로 협력하며, 서로의 전문성과 자율성을 인정한다.
2. 상호간 역량계발과 복지증진에 부합하는 근무환경이 되도록 힘쓴다.
3. 어린이집 원장 및 동료와 영유아 보육에 대한 신념을 공유한다.
4. 보육교사로서의 전문성 향상을 위해 스스로 노력한다.
5. 어린이집 내에서 영유아 및 보육교사의 인권과 복지를 위협하는 비윤리적 사태가 발생한 경우, 법률규정이나 윤리기준("한국보육시설연합회 윤리강령위원회" 참조)에 따라 조치를 취한다.

제Ⅳ장. 사회에 대한 윤리

1. 공보육에 대한 책임을 인식하고, 항상 질 좋은 보육서비스를 제공한다.
2. 영유아의 안전을 위협하는 환경이나 정책이 발견될 시, 관계기관과 협의하여 개선한다.
3. 공적 책임이 있는 어린이집으로서 재정의 투명성을 유지하고, 부정한 방법으로 사적 이익을 취하지 않는다.
4. 영유아의 권익보호를 위해 관련 정책 결정 및 법률 제정에 적극 참여하며, 사회적으로 이를 널리 알리는 데 앞장선다.
5. 지역사회 실정에 맞는 어린이집의 책임과 역할을 인지하고, 실천하고자 노력한다.

표 5-7. 보육인의 윤리선언

나는 영유아의 건강한 성장과 발달을 지원하는 보육교사(어린이집 원장)로서, 직무상의 윤리적 책임을 다하여 다음 사항들을 지킬 것을 다짐합니다. 1. 나는 내가 영유아에게 지대한 영향을 미치는 존재임을 잊지 않으며, 항상 스스로의 말과 행동에 신중을 기한다. 2. 나는 영유아의 인격과 권리를 존중하며, 어떠한 경우에도 영유아에게 해가 되는 일을 하지 않는다. 3. 나는 영유아 가정의 다양성을 이해하고 존중하며, 상호 신뢰하는 동반자적 관계를 유지한다. 4. 나는 동료를 존중하고 지지하며, 서로 협력하여 최상의 보육서비스를 제공하기 위해 노력한다. 5. 나는 보육의 사회적 책임과 역할을 인식하고, 영유아의 권익과 복지를 위한 활동에 앞장선다. 6. 나는 「어린이집 원장 · 교사 윤리강령」을 직무수행의 도덕적 규준으로 삼아 진심을 다하여 충실히 이행한다.

3. 보육교사의 전문성 향상

보육교사는 인간의 전 생애 중 가장 급격이 발달하고 중요한 시기인 영유아들의 본보기와 같은 사람들이므로 스스로 전문직이라는 인식은 어느 직업보다 중요하다. 전문적이란 일반적으로 책임감(responsibility), 자율(autonomy), 권위(authority), 전문가(expert)의 특징을 가지고 고도의 지식 및 기술 차원의 능력을 갖춘 전문인들이 사회적으로 봉사하며 합리성에 근거하여 업무를 수행하며 인류와 사회적으로 공헌하는 직업을 말한다. 영유아기는 일반적으로 감수성과 모방성이 강해서 환경의 영향을 받기 쉬우며, 무엇보다 보육교사의 인격이 영유아의 교육에 90% 이상 영향을 미친다고 한다. 따라서 보육시설은 다른 어떤 가치관보다 더 전문적인 능력을 갖춘 보육교사가 중요하다고 주장한다. 캐츠(Katz, 1998)는 이러한 전문성의 기준을 8가지로 설명하고 있다(<표 5-8> 참고).

표 5-8. 캐츠(Katz, 1998)의 전문성의 기준

구분	내용
사회적 필요성 (social necessity)	현재 보육요구에 따르는 보육시설 확충과 질적 향상은 거의 절대적이다. 또한 건전한 아동발달은 아동의 권리이기 때문에 건전한 성장의 위한 보육서비스는 당연한 것이며, 아동의 건전한 성장은 교사의 경험과 질에 상호 연관된다고 본다면, 교사의 자질 향상은 필수적인 것이다.
이타주의(altruism)	전문성은 자신의 이윤 추구보다는 이타주의적 봉사정신이 있어야 한다. 따라서 특히 보육교사는 대상자 중심의 직업이기 때문에 보육교사의 자세는 매우 중요하다.
자율성(autonomy)	보육교사는 각각의 상황과 요구에 적절한 능력을 충분히 발휘하여야 하며, 보육교사의 역할수행에 있어서는 철학과 신념이 뒷받침되어야 한다. 따라서 교사들의 바람직한 양성교육이나 재교육이 필요하다.
윤리강령 (code of ethics)	윤리강령이란 직업에서 생기는 여러 가지 유혹들에 관한 규정 진술들이다. 보육활동 중 아동의 개인차를 인정하고 모든 아동을 수용하고 긍정적인 안내를 하며 아동의 존엄성을 인정해야 하며 대상자이 다양성을 이해하고 보육교사의 윤리적 판단으로 가장 우선으로 고려해야 할 것을 판단해야 된다.
대상으로부터의 적절한 심리적 거리 (distance from client)	전문인은 그들의 지식과 원리를 적절하게 활용하기 위해서 그들이 봉사하고 있는 대상으로부터 적절한 심리적 거리를 유지해야 한다. 전문인이 그들의 대상과 심리적, 정서적으로 너무 밀착되어 있으면 그들의 전문성을 제대로 발휘하기가 어렵기 때문이다. 즉, 보육교사는 아동과 균형적인 관계를 유지함으로써 객관적으로 아동을 관찰하고 자신을 조정할 수 있는 자기인식(self awareness)을 가지는 것이 필요하다.
과업수행의 기준 (standards of practice)	보편적 서비스의 주체로서 보육교사는 지식이 바탕이 되는 역할자로서의 기준이 정립되어야 한다. 특히 인간에게 있어서 가장 중요한 시기인 영유아를 교육하는 입장에 있는 교사는 여러 가지 문제 상황에 대처할 수 있는 전문적인 지식이 필요하다.
오랜 기간의 훈련 (prolonged training)	전문적인 자질을 갖추기 위해서는 오랜 기간의 훈련이 필요하며 훌륭한 교사가 되기 위해서는 적절한 훈련을 받아야 한다. 교사에게는 인간이해에 도움이 되는 기초적 학문의 기회와 현장교육(실습교육)이 필요하며, 새로운 기술개발과 연구를 위한 자극적 기회도 필요하다.
특수화된 지식 (specializd knowledge)	전문인은 특수화된 지식을 가지고 있어야 한다.

따라서 교사의 전문성에 대한 구성 요인으로는 전문적 지식과 기술, 윤리강령, 봉사성, 자율성과 책임성, 전문조직 단체, 장기간의 전문교육, 자격기준 등이 강조된다. 그리고 홍정일(2006)은 교사의 전문적 지식과 기술의 전문성을 지식 기반, 능력 기반, 신념 기반 전문성으로 구분하고 있다([그림 5-1] 참고). 즉, 지식 기반 전문성은 수업과 학생지도에 기초한 지식을 의미하며, 능력 기반 전문성은 지식을 활용하여 교육활동을 성공적으로 수행할 수 있는 수행능력을 의미하고, 그리고 신념 기반 전문성은 교직 수행의 적성과 인성, 뚜렷한 교직관과 소명의식 그리고 태도 등 교직 소양과 자질에 관한 전문성을 의미한다.

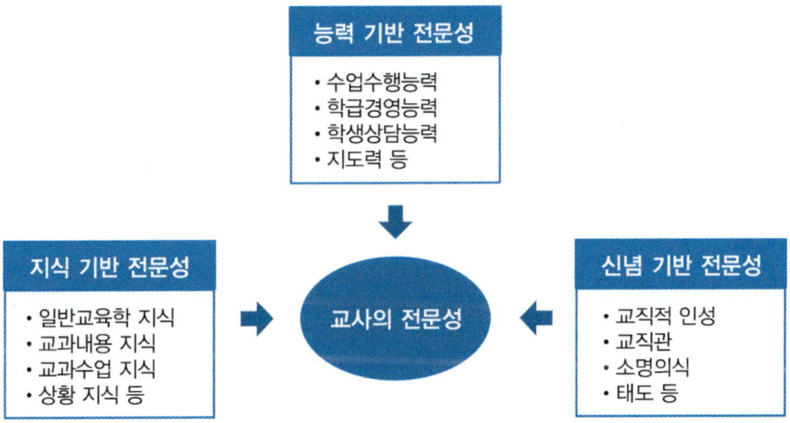

그림 5-1. 교사전문성의 지식적 구조

영유아보육을 담당하는 보육교사는 다른 교사들보다 엄격한 윤리가 강조되기 때문에 앞에서 살펴본 보육교사 윤리강령을 준수하고 교육을 받는 영유아에게 끝없는 사랑과 불타는 정열 그리고 고결한 인격과 애타적 봉사정신과 사명감이 필요하다. 따라서 교사가 전문성을 갖추기 위해서는 신뢰할 수 있는 기관에서 자격을 받아서 전문가로 인정을 받고, 장기간의 직전교육과 현직교육의 전문직 교육을 받아야 한다. 즉, 직전 교육은 예비교사가 전문적 · 사회적 · 인격적으로 계속 성장할 수 있도록 일정한 프로그램과 교육방법을 받는 과정을 의미하며, 현직교육은 현직에 임용된 교원이 전문적인 능력과 일반적 자질을 배양하는 각종 교육 · 훈련활동을 의미한다.

이상에서 살펴본 바와 같이, 보육교사는 전문기관에서 자격을 받아 전문가로서 인정을 받고 영유아에 대한 애타적 봉사정신과 사명감으로 그 직무를 수행함에 있어 책임성을 부여받고 장기간의 전문직 교육을 받아야 한다는 것을 알 수 있다.

또한 최근 강조되고 있는 개념이 보육교사의 역량강화이다. 역량이란 조직 환경 속에서 탁월하고 효과적으로 업무를 수행할 수 있는 행동특성으로 정의할 수 있으며, 핵심역량이란 교사로서 갖추어야 할 전문성, 교사의 역할, 교사의 자질 등을 포괄하는 핵심적인 직무능력을 의미한다. 더불어 보육교사가 직무를 효과적으로 수행하기 위해 갖춰야 할 능력으로는 전문적 지식과 기술, 태도, 소양, 가치관 영역 등이다. 보육교사가 갖추어야 할 핵심역량의 영역과 구성요소는 〈표 5-9〉와 같다(이정순, 2012).

표 5-9. 보육교사 핵심역량의 영역과 구성요소

영역	구성요소
전문적 지식 · 기술 영역	유아발달에 대한 이해, 유아교육과정에 대한 전문지식과 실천능력, 유아와의 상호작용능력, 대인관계 및 의사소통능력, 문제해결능력, 유아 문제행동 및 부모 상담에 대한 이해와 지식, 유아관찰 및 평가능력, 환경구성능력, 기본생활습관 지도능력, 기초학문에 대한 지식, 교사로서 지녀야 할 교양과 상식, 유아교육학에 대한 기초적인 지식, 교재와 교구 제작 및 활용능력, 유아 건강 · 영양 · 안전지도 능력과 기술, 학급운영 관리능력, 교육행정업무 수행능력, 다양하고 효과적인 수업운영능력, 유아의 개인차 파악과 이해능력, 프로그램개발과 운영관리능력, 행사운영능력
태도 및 기본소양	자신감, 유아를 존중하고 사랑하는 마음, 인내심, 건강한 교육관과 교직관, 반성성, 적극적이며 열정적 성향, 도덕성, 공평성, 심리적 안정성, 개방성과 융통성, 성실성과 봉사정신 실천, 교직 직업윤리
개인특성	창의성, 신체건강, 반성적 사고 및 실천적 지식, 전문성과 리더십 등 자기개발 노력, 유창하고 명료한 언어사용능력

〈표 5-9〉에서 보는 것과 같이, 좋은 교사의 역량은 유아발달에 대한 이해, 유아교육과정에 대한 전문지식과 실천, 유아와의 상호작용, 유아 문제행동과 부모상담에 대한 이해와 지식, 유아관찰 및 평가능력, 기본생활습관 지도, 유아 건강 · 영양 · 안전지도 등이 포함된다고 할 수 있다(최은자, 2014).

따라서 보육교사의 전문성 향상을 위해서 보육교사는 건강한 교육관과 교직관, 도덕성, 개방성과 융통성, 반성적 사고 및 실천적 지식, 자신감, 자기계발 노력 등을 통해 교사 스스로 자기장학 등을 실시하고 역량을 신장시켜서 교육 · 보육의 질을 효과적으로 개선하여 나아가려는 태도와 노력이 무엇보다 필요하다. 또한 유아교육현장에서 보육교사는 자신의 교수활동과 관련된 교육계획, 교육활동, 교수 · 학습방법, 환경구성 등에 대한 전문성을 지속적으로 함양하기 위하여 노력해야 하고, 유아를 사랑하고 공평하게 지도하면서 유아의 개성을 존중하려는 태도를 가져야 한다.

Chapter

06

어린이집과 부모 및 지역사회와의 협력

배울 내용

1. 어린이집과 부모와의 관계형성
2. 어린이집과 부모와의 협력
3. 어린이집과 지역사회와의 협력

학습 목표

1. 어린이집과 부모와의 관계형성의 중요성을 이해한다.
2. 어린이집과 부모와의 구체적인 협력 방법을 숙지한다.
3. 어린이집과 지역사회와의 협력의 다양한 방법들을 숙지한다.

어린이집에서는 보육교사들이 상호 간에 원활한 의사소통과 협력으로 영유아보육을 이끌고 학부모들과의 원활한 상호작용과 인간관계 속에서 영유아보육활동에 적극적인 지원과 협조를 받는다. 또한 교사와 학부모는 지역사회의 소속원으로서 지역사회와 긴밀한 결연과 협력 속에서 지역사회자원을 적극 활용하는 등 협력과 지원을 받아 궁극적으로 영유아의 성장·발달을 돕기 때문에 상호유기적인 협력이 필요하다. 따라서 본 장에서는 어린이집과 부모와의 관계형성, 어린이집과 부모와의 협력 및 어린이집과 지역사회와의 협력에 대해 살펴보고자 한다.

1. 어린이집과 부모와의 관계형성

최근의 많은 연구들에서 교사와 학부모 간의 협력과 상호작용은 영유아발달에 긍정적인 영향을 미치는 것으로 보고되고 있다. 즉, 교사와 학부모와의 협력은 영유아의 발달과 관련된 각자의 역할을 촉진하기 위한 것으로 교사와 학부모는 영유아의 바람직한 발달을 위하여 각자의 성공적인 협력이 이루어질 수 있도록 노력해야 한다.

부모와 보육교사에게는 자녀를 바르고 올바르게 양육하고 교육해야 할 책임이 있다. 부모로서의 책임은 단순히 자녀에게 필요한 음식물을 제공해 주고, 옷을 입히고, 잠자리를 마련해 주는 것만으로 끝나는 것이 아니다. 즉, 부모는 가정 내에서의 영유아교육의 의의를 인식하고 영유아교육에 필요한 제반 지식과 기능을 습득하고, 부모와 자녀 간의 관계를 원만히 유지·발전시키는 데 필요한 태도에 대한 교육을 받아야 한다. 그리고 보육교사는 부모들에게 유아교육기관에서 생활하고 있는 영유아의 상태를 정확하게 부모에게 전달하여야 하며, 더불어 자녀를 양육하는 데 필요한 정보와 기술을 부모에게 제공해 주어 자녀의 올바른 성장과 발달을 증진시킬 수 있도록 도와주어야 한다. 이를 위해 필요한 것이 학부모와 교사와의 관계형성, 즉 협력이 필요하다. 부모와 교사 간 협력이 필요한 이유를 구체적으로 살펴보면 〈표 6-1〉과 같다(정갑순, 2006).

표 6-1. 학부모와의 관계형성이 필요한 이유

- 부모는 자녀에 대해 누구보다도 가장 잘 알고 있기 때문에 자녀의 개인적 요구나 정보를 교사에게 제공해 줌으로써 보육 프로그램의 목적과 운영계획수립에 큰 도움을 줄 수 있다.
- 부모와 교사는 영유아와 같이 보내는 시간이 많다는 공통점을 가지고 있으며, 특히 교사는 영유아에게 개별적으로 적합하고 치밀한 계획을 수립하고 지도할 수 있다는 특징을 지닌다. 따라서 부모와 교사의 관계는 자녀를 위한 공동협력교사로서의 역할을 수행할 수 있다.
- 부모는 자녀가 받고 있는 프로그램과 여러 가지 혜택에 대하여 직·간접적으로 비용을 지불하고 있으므로 자녀가 배우는 학습내용과 방법에 대해 알 권리를 가진다.
- 자녀가 받고 있는 프로그램의 성과에 대해 자세하게 알게 되면 부모는 프로그램이 더 오래 지속되고 확대할 수 있도록 하기 위해 최선을 다한다.
- 영유아기 자녀를 위한 부모훈련은 대상 영유아뿐만 아니라 그 외 자녀들을 위해서도 매우 유익하다. 즉, 부모가 배운 영유아지도 기술은 다른 모든 자녀들에게 훌륭한 부모·교사 역할을 수행할 수 있도록 도와준다.
- 어린이집에서 진행하는 프로그램에 대하여 부모가 직접적이며, 체계적으로 협력할 때 영유아의 학습의 성과와 속도는 촉진된다.

부모는 영유아의 최초의 교사이며, 가정의 환경은 교육적 환경의 매우 중요한 부분이다. 그리고 부모들의 대부분은 자녀들의 발달에 관심이 매우 높기 때문에 어린이집에서 실시되는 활동, 교육내용 및 방법에 대해 관심이 높다. 하지만 가정과 어린이집에서 영유아지도를 위한 교육적 방법이나 기술에서 많은 차이가 발생하면 영유아는 학습활동에서 갈등을 경험하게 되고, 반면 가정과 어린이집 간의 교육의 방법이나 기술이 일치된다면 영유아의 발달에 긍정적인 영향을 주기 때문에 학부모와 교사 간의 협력은 매우 중요하다. 부모와 교사와의 협력은 부모, 교사 및 영유아에게 긍정적인 영향을 미치게 된다. 부모와의 관계형성이 부모, 교사 및 영유아에게 미치는 영향을 살펴보면 〈표 6-2〉와 같다(최윤희 외, 2018).

표 6-2. 관계형성이 부모, 교사 및 영유아에게 미치는 영향

대상	구분	내용
부모	교사로서의 역할수행	교사와의 협력을 통해 자녀의 양육에 필요한 기술들을 습득함으로써 교사로서의 역할을 수행하게 된다. 구체적으로 부모가 영유아지도에 직접 참여함으로써 영유아의 올바른 인성, 기본생활습관 형성 등에 영향을 미치게 된다.
	자기만족감 증대	부모가 교사와 협력관계를 맺는 것은 자녀교육을 위해 맺어지는 자연적이며 인위적인 과정이다. 부모는 직접적으로 교사와 공동협력을 통해 자녀교육에 참여함으로써 부모 자신의 가치를 재발견하고 자녀교육에 대한 윤리적, 사회적 책임을 이행했다는 만족감을 가지게 된다.
교사	정보 및 자료 확보	보육교사는 영유아의 건강한 발달을 위해 영유아에 대한 다양한 정보를 가지는 것이 중요한데, 이런 정보는 부모와 가족을 통해 습득되는 경우가 대부분이다. 따라서 보육교사는 부모나 가족과의 긴밀한 협력을 통하여 가정에서 작성한 기록물, 질문지 그리고 면담 등을 통해 영유아지도에 필요한 다양한 정보나 자료를 확보할 수 있다.
	자기관리	보육교사는 부모와의 협력을 위해 부모와 자주 접촉하게 되며, 호감을 얻기 위해 다양한 노력들을 하게 된다. 예를 들어, 자신의 행동과 말, 몸가짐, 인사 및 태도 등에 대하여 예민하게 주의를 기울이게 되며, 부족한 점은 수정해가면서 교사로서의 품위를 유지해 나간다. 품위유지는 보육교사가 영유아교육에서 영유아에게 모델링이 되는 교육적 환경으로 작용함으로써 부모로부터 신뢰와 인정을 받게 된다. 이와 같은 쌍방향적 협력을 통해 보육교사는 자기관리와 부모의 신뢰와 믿음을 쌓게 된다.
	전문성 제고	보육교사는 부모와의 협력을 통하여 영유아이해를 위한 각종 정보와 자료를 확보할 수 있고 학부모의 신뢰와 믿음을 주어 보육현장에서 가장 적절한 방법으로 영유아지도의 효율성을 제고시킬 수 있는 전문가의 역할을 수행할 수 있게 된다.

대상	구분	내용
영유아	바람직한 성장 · 발달 도모	보육교사는 학부모로부터 수집한 다양한 정보와 자료, 신뢰와 믿음을 바탕으로 영유아지도에 대한 적극적인 참여와 지원을 받아 지도함으로써 영유아의 바람직한 성장 · 발달을 도모하게 한다.
	자신감 향상	영유아는 부모님이 선생님과의 원활한 의사소통, 어린이집 보육활동에 대한 적극적인 참여로 어린이집의 모든 활동에 자신감과 적극성을 가지고 생활할 수 있다.

2. 어린이집과 부모와의 협력

1) 부모교육

(1) 부모교육의 필요성

부모교육이란 부모기 및 부모역할에 대한 올바른 인식을 정립하고, 영유아발달의 과정 및 양육방법을 익혀 다양한 가족이 필요로 하는 요구에 부응하는 것이라고 할 수 있다. 따라서 부모교육의 목적은 영유아교육의 효과를 극대화하고 영유아의 전인적인 발달 도모를 위한 부모의 신념, 양육태도, 양육방법 등의 개선 및 향상시키는 데 있다. 그러나 최근 급격한 산업화, 도시화로 인한 현대 사회의 변화는 여성의 취업률을 증가시키는 계기가 되었으며, 다양한 가족구조의 변화를 초래하게 되었다. 이로 인해서 양육에 대한 역할모델의 부재로 현대 가정의 부모들은 새로운 형태의 생활양식에 알맞은 자녀 양육방법을 익힐 수 있는 기회를 필요로 하게 됨에 따라 그 중요성이 강조되고 있는데, 부모교육의 필요성은 〈표 6-3〉과 같다(이소희, 2005).

표 6-3. 부모교육의 필요성

구분	내용
영유아 측면	• 부모와 영유아의 성장, 발육에 관한 원리를 이해하므로 영유아의 신체발달을 촉진할 수 있다. • 영유아의 요구를 이해하고 배울 수 있는 기회를 갖게 됨으로써 영유아의 사회적·정서적·인지적 발달에 긍정적인 영향을 줄 수 있다. • 교사와 부모 간에 영유아보육의 지도방향이 일치되어 일관성 있는 양육을 하게 되므로 영유아가 안정감을 가질 수 있다.
부모의 측면	• 자녀양육에 대한 신념과 안정감을 가질 수 있다. • 부모교육을 통해 실제적으로 가족 간의 유대관계 향상에 도움을 받을 수 있다. • 자녀양육 문제에 대한 조언이나 도움을 받을 수 있다. • 부모 자신의 성장과 함께 삶에 대해 자신감을 가질 수 있다.
어린이집의 측면	• 영유아의 보육차원에서 효과성을 기대할 수 있다. 직·간접적인 방법을 통해 교육된 내용을 바탕으로 영유아, 부모, 교사, 어린이집과의 양적 및 질적 차원에서 상호작용을 높일 수 있다. • 부모교육을 통해 어린이집에 대한 신뢰감이 형성되어 안정적인 어린이집 운영을 기대할 수 있다.
사회적 측면	• 교육의 경제성이 높아진다. 어릴수록 가소성이 높기 때문에 교육의 효과가 높다. • 교육적 효과가 높은 발달 초기의 영유아를 효과적으로 지도할 수 있는 부모역량을 배양함으로써 국가의 인적 자원 육성에 기여할 수 있다. • 저소득층 가정의 영유아를 위한 보상교육의 효과를 기대할 수 있다. • 현대 사회의 다양한 가족형태에 따른 적절한 부모역할 수행을 위해 부모교육이 필요하다.

(2) 수준별 형태에 따른 부모교육

부모교육의 형태는 소극적이고 최소한의 부모참여 형태로부터 부모가 완전히 프로그램을 주관하는 적극적인 형태에 이르기까지 크게 네 가지 수준별 형태로 구분된다. 수준별 형태의 단계와 내용은 〈표 6-4〉와 같다.

표 6-4. 수준별 형태의 단계와 내용

단계	내용
기초적 형태	• 전통적으로 유아교육기관에서 실시해 오던 소극적이며 수동적인 부모참여 형태이다. • 교사가 주도적인 입장에 서서 영유아발달과 해당 교육기관의 교육방향과 운영에 관한 정보와 지식을 전달하는 것이다. • 주로 부모회, 참관, 가정통신, 면담, 가정방문이 여기에 속한다.
약간 진보된 형태	• 약간 진보된 형태로 직접적인 교수활동에 부모참여가 이루어지도록 계획한 형태이다. • 부모교육 프로그램과 일치되는 범위 내에서 부모가 도울 수 있는 활동을 교사가 정해 주고, 부모들은 이를 조절하여 교육 프로그램을 운영하는 형태이다. • 아동의 언어 학습활동과 훈육 기술을 위한 과정들이 여기에 속한다.
많이 진보된 형태	• 부모가 학급활동 보조자로 참여하는 진보된 부모참여 형태이다. • 학급 내의 일상적 과정을 지원하고 교사의 주의 깊은 감독 · 자문하에 보조 교수 기능을 수행하며, 부모가 교사의 교수활동 중 일부를 분담하기 때문에 교수 기술에 대한 부모훈련이 반드시 필요하다. • 부모가 교구나 교육 자료를 제작 · 마련하는 활동, 환경구성, 각종 행사지도, 간식, 휴식, 신체검사, 안전지도, 귀가지도, 놀이지도와 같은 활동에 참여하는 것이다.
가장 진보된 형태	• 교사가 부모의 권한을 최대한 인정하여 어린이집 운영에 직접 참여하려는 부모의 요구를 완전히 존중하는 가장 진보적인 부모교육 형태이다. • 부모가 단순한 봉사하는 사람이 아니고 오히려 부모들이 교육과정의 운영이나 교육 목표 설정, 교육기관의 재정 및 설비에 대한 제 문제를 결정하는 주도 세력이 되는 것이다. • 보조교사, 교육자료 제작, 자원봉사 프로그램, 전문 지식을 활용한 봉사 등이 여기에 속한다.

출처: 고정곤 외(2016). 부모교육. 양서원. pp.193-194.

(3) 유형별 형태에 따른 부모교육

어린이집에서는 기관의 교육철학 및 계획, 부모와 지역사회의 요구 및 특성을 충분히 반영하여 실천 가능한 프로그램이 되도록 매년 부모교육 프로그램을 계획해야 한다. 다양한 부모교육의 유형에 따른 내용과 운영방법은 〈표 6-5〉와 같다. 가장 비형식적인 브레인스토밍부터 가장 형식적인 강연회에 이르기까지 다양한 부모교육 유형이 있으며, 주제에 따라 적절한 방식을 결정하게 된다.

표 6-5. 부모교육 유형에 따른 내용 및 운영방법

유형	특징	집단 구성	좌석 배치	제한 시간	적절한 주제의 예
브레인 스토밍	• 모든 사람이 새롭고 다양한 주제를 산출한다. • 사고의 확장과 문제해결능력을 기른다.	30명 이하	원	4~6분, 10분	• 자녀 생활습관 기르기 • 가정 주변의 문제 • 문제해결방법
원탁 모임	• 전 구성원이 원으로 앉아서 적극적으로 참여한다. • 토의를 통하여 문제를 규명하고 결정한다.	소집단	원, 반원		• 부모 간 팀워크 • 문제행동 • TV의 영향
동심원 모임	• 큰 원 안에 작은 원을 만들어 소집단 토의를 하고, 바깥 원의 구성원은 이를 경청한다. • 토의 후 전체 집단에 공개한다.	내부원 6~8명, 전체 24~30명	원	5~10분	• 유아에게 바라는 것 • 가치판단력 • 자녀 자아존중감 형성
소집단 토의	• 모든 참여자가 상호작용할 수 있는 소규모로 진행된다. • 6명의 회원이 6분간 토의함으로 6-6회라고도 한다.	최소 2명, 최대 6~8명	원, 반원	6분	• 아동의 정서와 감정 • 훈육 • 도덕적 가치
워크숍과 센터	• 워크숍은 직접 참여하여 교구제작, 그림 그리기 등을 하게 된다. • 센터는 실제로 하지 않고 여러 영역을 다니며 시범을 보고 설명을 듣는다.	소집단	분리된 방이나 큰방	주제에 따라 상이	• 동요, 동시 • 책만들기 • 유아놀이 • 교구제작
참관과 견학	• 실제로 현장을 견학하고 지역사회 등을 방문한다. • 사전토의나 추후활동을 하면 보다 효과적이다.	소집단			• 박물관, 신문사, 병원, 소방서, 특수학교, 방송국, 우체국, 경찰서 등
역할 놀이	• 특정한 상황을 극화하여 역할을 수행한다. • 문제상황을 판단하거나 다른 사람의 입장에 대한 이해심을 기른다.	소집단, 대집단	원, 반원, 강당식 배열		• 교사-부모회 • 유아의 문제행동 • 집단 내의 역할 • 가정방문 시 가능성 있는 상황

유형	특징	집단 구성	좌석 배치	제한 시간	적절한 주제의 예
					• 경청하기 • 나-전달법
극놀이	• 선정된 연극대본을 통하여 토의한다. • 촌극은 집단의 욕구와 직접 관련되므로 유익하다. • 인형극은 부담감이 없어 효과적이다.	소집단, 대집단	원, 반원, 강당식		• 고집 센 아동 다루기 • 가족의 의사소통 • 유아를 위한 어머니 연극
공개 토론회	• 선정된 주제를 공개 토론하는 모임이다. • 주제에 대한 찬반 토의를 한다.	4~6명	반원		• 새로운 교수방법 • 훈육방법
대담	• 비전문가나 전문가에 의한 공개토의이다. • 청중의 질의응답을 받는다. • 단일토의와 이중토의가 있다.	6~12명	반원		• 자녀의 공포심 다루기 • 불안을 해소하는 방법
토론	• 논란이 되는 문제에 대하여 찬반론을 토의한다.	2~6명, 대집단	원, 강당식		• 개방교육 대 전통교육 • 성취장려 대 경쟁촉구
독서회	• 책을 선정하여 읽고 난 후 토의한다.				• 가치명료화 • 의사결정법
시청각 교재	• 시각적, 청각적 자료를 공개토의를 촉진시킨다. • 집단에 필요한 정보를 제공한다.	소집단, 대집단	부채꼴		• 정서적 성장 • 공포심 다루기
심포지움	• 한 주제에 대하여 여러 명의 발표자가 의견을 제시한다. • 발표 후 질의응답 시간을 갖는다.	대집단	원, 반원, 강당식	5~10분	• 성역할 이해 • 다양한 문화 이해 • 소비자 교육
강연회	• 전문가가 한 주제에 대하여 강연한다. • 특정 지식을 많은 사람들에게 전달하는 데 효과적이다.	대집단	강당식		• 유아교육의 중요성 • 양육태도와 아동 행동 • 질병 문제

출처: 정옥분, 정순화(2016). 부모교육. 학지사. pp.399-400.

2) 부모교육의 운영방법

(1) 가정통신문

가정통신문은 문서를 통해 어린이집과 가정 간에 정보를 교환하고 다양한 소통을 하는 방법 중의 하나이다. 가정통신문은 가장 간편하면서 보편적으로 사용되는 소극적인 형태의 부모교육 방법이다. 즉, 어린이집에서는 부모에게 전달하고 싶은 내용을 가정통신문으로 작성하여 각 가정에 전달하면 각 가정에서는 가정통신문을 통해 어린이집에서 실시하고 있는 주요 교육내용이나 생활지도 사항 및 행사 등과 관련된 내용을 손쉽게 알 수 있다. 더구나 최근 여성의 사회진출로 인해 가정방문 혹은 부모면담이 어려운 상황에서 가정통신문은 부모와의 의사소통을 쉽게 할 수 있는 매개체로서의 역할을 하고 있다.

(2) 학부모 오리엔테이션

학부모 오리엔테이션은 어린이집의 보육철학 및 보육과정의 내용에 대해 설명하고, 신입원아의 초기적응을 위해 어린이집과 가정에서 해 줄 수 있는 지원 등에 대해 서로 의견을 나누는 방법이다. 보육의 효과를 극대화하기 위해 학부모의 이해와 지원을 알아보기 위한 목적을 가지고 정기적으로 연 1회 혹은 2회에 새로 입소하는 영유아의 부모를 대상으로 실시한다. 학기 중 어린이집에 원아가 새로 입소하는 경우는 개별적으로 오리엔테이션을 진행한다.

(3) 워크숍과 강연회

워크숍은 부모가 실제로 활동에 참여하는 것이다. 적절한 워크숍 활동으로 영유아의 교육활동에 필요한 자료(교구) 제작하기, 영유아의 놀이 · 노래 · 게임 배우기, 학부모로 하여금 자기만족을 경험하게 할 수 있는 취미와 교양활동 등이 있다. 학부모는 이러한 활동을 통해 보육활동에 대한 이해를 도모하고 도움을 받으며, 성취감을 느낄 수 있다.

강연회는 일정한 주제나 분야에 대한 전문가나 관련 인사를 초청하여 강연을 듣는 것이다. 부모가 공통적으로 관심을 두는 문제를 다룰 때 많이 활용되고 있으며, 많은 부모에게 정보를 동시에 전달할 수 있다는 장점이 있다.

(4) 온라인 통신망을 활용한 교육

어린이집과 가정 간에 온라인 통신망을 이용하면 시간과 공간에 구애받지 않고 다양한 원격 부모교육을 실시할 수 있으며, 또한 원활한 소통을 할 수 있다. 대부분 어린이집에서는 홈페이지를 개설하고 홈페이지의 한 코너에 부모교육란을 개설하여 운영하고 있다. 또한 각 부모를 위한 상담코너를 통해 개별상담을 수시로 할 수 있으며, 새로운 정보제공란에는 부모들을 위한 각종 정보를 제공해 줄 수 있다. 이 외에도 포탈 사이트의 카페나 블로그 등은 전문적 기술이 없더라도 손쉽게 부모들과 소통할 수 있는 가상공간으로 비용도 전혀 들지 않는다는 장점을 지닌다.

3) 부모상담

부모상담은 교사와 부모가 서로 얼굴을 대면하고 자녀의 생활 전반에 대한 정보를 교환하는 방법이다. 부모상담은 등·하원 시간을 통해 짧게 비공식적인 방법으로 필요한 정보를 교환하기도 하지만 일반적으로 공식적인 일정을 미리 정하여 자녀의 생활 전반에 걸친 내용을 서로 교환하고 상담하는 시간을 가진다. 부모상담은 부모와 교사 간에 직접적인 대면을 통해 이루어지기 때문에 자녀의 생활 전반에 걸친 내용을 보다 상세하게 상담할 수 있다는 장점을 지닌다. 부모상담의 구체적인 장점은 〈표 6-6〉과 같다.

표 6-6. 부모상담의 장점

- 부모와 교사 간에 상호 친밀감을 형성할 수 있다.
- 교사가 영유아에게 영향을 주는 가정생활이나 가족관계에 대한 다양한 정보와 자료를 수집할 수 있어서 영유아지도에 도움이 된다.
- 영유아에게 문제행동이 발생할 경우, 지도방안을 공동으로 모색할 수 있다.
- 부모가 자녀에 대해 새로운 인식을 갖게 된다.
- 부모는 어린이집의 보육목적과 보육 프로그램에 대해 상세하게 이해할 수 있다.
- 어린이집의 다양한 행사에 대해 의견을 서로 교환할 수 있다.

대부분의 어린이집에서는 〈표 6-7〉과 같이 그 양식은 다소 상이하지만 부모상담을 위한 상담일지를 구비하고 있으며, 그렇게 함으로써 부모상담의 효과도 더욱 높아질 수 있다(정옥분, 정순화, 2014).

표 6-7. 부모면담 및 상담 기록지

학부모 상담 기록지	담임	원장

일시		담임교사	
기관명		반	
이름		연령 / 성별	
상담장소		상담유형	

		교사의견 / 목표	부모의견 / 목표
발달사항	• 신체운동 건강영역: 대근육 그리고 소근육 운동의 발달이 포함된다.		
	• 사회관계 영역: 사회성 발달과 정서 발달이 포함된다.		
	• 자연탐구 영역: 문제해결기술, 기억력, 수 분류하기 그리고 연속적 배열 능력들이 포함된다.		
	• 예술경험 영역: 음악, 미술, 극놀이, 블록 쌓기 혹은 언어표현능력에서 보여진 창의적인 능력들의 증거 그리고 창의력을 나타내는 지표들이 포함된다.		
기본생활습관			
고려해야 할 사항			
기타(검사결과)			

(1) 부모상담의 목적과 중요성

부모상담은 교사와 학부모가 만나 영유아에 대한 정보를 주고 받음으로써 아동의 생활지도 및 문제행동을 지도하기 위한 시간이다. 특히 부모상담을 통해 학부모와 신뢰감을 형성함으로써 영유아의 건강한 발달에 긍정적인 영향을 미치게 된다. 부모상담의 구체적인 목적은 첫째, 보다 구체적인 문제가 생겼을 때 해결책을 찾는 것이다. 특히 아동이 문제행동을 보일 때 교사와 부모의 의사소통은 필수적이다. 아동의 문제행동을 해결하기 위해서는 부모와 교사의 협동적인 대화가 가장 중요한 출발점이 된다. 둘째, 부모상담은 교사와 부모의 가장 적극적인 의사소통으로 교사와 가족구성원들이 아동의 성장에 관한 지원과 관심을 공유하기 위한 것이다. 대화를 통해 교사는 아동의 가정환경을 알 수 있고, 부모는 어린이집에서 아동의 모습들을 이해할 수 있다.

가정에서 주로 부모와 생활하던 영유아가 어린이집에 입학하게 되면서 교사 및 또래와 새로운 관계를 맺어 나간다. 영유아는 새로운 환경에 대한 적응의 문제나 또래와의 관계를 맺으며 다양한 갈등상황 등을 경험하게 된다. 영아의 경우 기본생활습관을 형성하는 단계이고 자신의 감정을 적절히 표현하며 협상하고 공유하는 등의 친사회적 기술이 아직 부족하기 때문에 지도가 필요한 문제들이 발생할 수 있다. 이 시기의 문제행동은 아동이 점점 성숙해지므로 자연스럽게 해결이 되는 부분도 있지만 적절한 중재와 지원이 이루어지지 않는다면 청소년기를 지나 성인기까지 부정적인 영향을 미칠 수 있기 때문에 반드시 지도가 필요하다(권정윤 외, 2016; 송진숙, 권희경, 2003; Kaiser & Rasminsky, 2012; Shaw et al., 2003). 따라서 교사와의 상담을 통해 부모들은 자녀의 문제에 대해 이해하며 아동의 생활습관이나 행동의 변화를 위해 교사와 부모는 협력관계를 유지해야 한다.

(2) 상담방식에 따른 분류

상담방식에 따라서는 대면상담과 통신상담으로 구분할 수 있다. 대면상담은 전통적으로 실시해오는 방식으로 교사와 학부모가 직접 대면하여 어떤 문제를 다루는 것으로 대인상담, 집단상담, 그리고 가족상담 등을 예로 들 수 있다. 또한 놀이치료, 음악치료, 미술치료 등은 각각 놀이, 음악, 미술을 매개로 하는 대면상담 방법이다.

통신상담은 과학기술이 발전함에 따라 의사소통과정에 서신, 전화, 팩스, 그리고 컴퓨터를 활용하게 됨으로써 발전하게 되었다. 최근 컴퓨터를 통한 '사이버 상담'도 가능하게 되었는데 사이버 상담은 컴퓨터 통신이 단순한 정보교환이나 의사소통의 수준을 넘어서서 인간의 내면세계까지 다루게 된 결과, 학부모의 문제를 해결하고 성장을 촉진하는 것을 돕는 과정까지 가능해졌다. 사이버 상담은 전화상담과 마찬가지로 편리성, 경제성, 신속성, 시공의 제약 극복 등의 특징을 지닌다. 그러나 실제적인 관계를 통한 상담이 아니라는 것과 단회적인 상담으로 흐르게 되는 점, 그리고 기계라는 한계 등 다양한 문제점을 가지고 있다.

4) 부모참여

부모참여는 교육기관에서 실시하는 부모교육 방법 중 가장 적극적인 형태로 부모의 요구를 교육기관운영에 반영하고 직접 참여할 수 있는 기회를 제공하는 방법이다. 부모참여에는 부모가 담임교사의 보조교사나 일일교사 역할을 할 수도 있고, 운영위원회 위원 혹은 학부모회 활동을 통해 기관운영에 의견을 제시할 수도 있으며, 일일 참여수업에는 자녀와 함께 다양한 교육활동 체험을 할 수 있다.

(1) 수업참관

수업참관은 부모가 가정이 아닌 다른 곳에서의 유아의 행동과 특성을 이해할 수 있는 가장 기본적인 방법이다. 수업참관은 가능한 한 많은 부모들이 참여할 수 있도록 계획되어야 한다. 부모가 어린이집의 수업을 관찰함으로써 유아의 발달수준, 흥미, 특징 등을 객관적으로 관찰할 수 있을 뿐만 아니라 교사의 교수행동과 교육환경을 관찰하여 가정에서의 자녀교육에 반영할 수 있다. 그리고 부모로서의 역할에 대한 자신감을 가지게 되고, 긍정적인 부모관을 가지게 된다. 따라서 수업참관은 어린이집과 가정의 일관성 있는 지도를 가능하게 해 주어 유아의 발달을 촉진시키게 된다(김현주 외, 2014).

수업참관은 일반적으로는 소규모의 그룹으로 나누거나 아버지 참관수업과 같이 특정한 대상을 중심으로 이루이지나 전체 학부모를 대상으로 수업참관을 실시하게 된다. 수업참관을 실시할 경우에는 사전에 미리 안내문을 발송하여 부모들로부터 협조를 구하고, 수업참관일에 부모들에게 관찰기록지를 배부함으로써 참관 집중도를 높이고, 기록결과를 이후의 교육을 위한 기초자료로 활용하도록 하는 것이 효과적이다(〈표 6-8〉 참고). 즉, 수업참관을 계획하면서 참관일과 참관 방식을 먼저 결정하고, 참관의 목적, 내용, 주의사항 등을 미리 인쇄물로 제작하여 나누어주고, 이에 대한 질문을 받은 후 참관하도록 하는 것이 좋다.

부모참여수업은 교육 프로그램의 성격에 따라 어머니 참여수업, 아버지 참여수업, 할머니 참여수업, 할아버지 참여수업 등이 있다.

표 6-8. 참여수업 관찰기록지

<table>
<tr><th>참관자</th><td></td><th>참가반</th><td></td><th>유아성명</th><td></td><th>관계</th><td></td></tr>
<tr><th>참관일시</th><td colspan="7">년 월 일 시 분~ 시 분</td></tr>
<tr><th>구분</th><th colspan="4">관찰내용</th><th>예</th><th>아니오</th><th>비고</th></tr>
<tr><th rowspan="5">교사와의 상호작용</th><td colspan="4">교사의 안내와 지시에 따른다.</td><td></td><td></td><td></td></tr>
<tr><td colspan="4">교사의 질문에 적절하게 반응한다.</td><td></td><td></td><td></td></tr>
<tr><td colspan="4">교사의 관심을 끌려고 한다.</td><td></td><td></td><td></td></tr>
<tr><td colspan="4">집단활동 시 주의를 집중한다.</td><td></td><td></td><td></td></tr>
<tr><td colspan="4">도움이 필요할 때 교사에게 요청한다.</td><td></td><td></td><td></td></tr>
<tr><th rowspan="6">놀이활동 및 또래 상호작용</th><td colspan="4">활동에 대한 호기심을 말로 표현하거나 관련된 질문을 한다.</td><td></td><td></td><td></td></tr>
<tr><td colspan="4">활동에 적극적으로 참여한다.</td><td></td><td></td><td></td></tr>
<tr><td colspan="4">활동의 과정에서 의문나는 것이나 잘 모르는 것을 솔직하게 표현한다.</td><td></td><td></td><td></td></tr>
<tr><td colspan="4">활동을 하는 과정에서 잘 안 되는 점을 그대로 표현하고 도움을 요청한다.</td><td></td><td></td><td></td></tr>
<tr><td colspan="4">활동에서 쉽게 포기하지 않고 지속적으로 문제를 해결하려고 한다.</td><td></td><td></td><td></td></tr>
<tr><td colspan="4">활동을 마친 후에 다른 유아들과 함께 정리정돈을 한다.</td><td></td><td></td><td></td></tr>
<tr><th>종합평가</th><td colspan="7"></td></tr>
<tr><th>궁금한 점</th><td colspan="7"></td></tr>
</table>

(2) 보조교사 및 일일교사 참여

부모는 어린이집에서의 교사역할을 보조하거나 일일교사로서 주도적인 교사역할에 참여할 수 있다. 보조교사 및 일일교사 참여란 부모가 교육기관에서 교사역할을 보조하는 부모참여 방법이다. 부모가 어린이집에서 교사로서 참여하는 것은 교사뿐만 아니라 부모와 유아 모두에게 도움이 된다. 부모는 교육환경과 교수 · 학습방법을 관찰하여 자녀교육에 반영할 수 있으며, 부모의 바람직한 교육방법 습득은 유아의 발달에 영향을 미치게 된다(김현주 외, 2014). 무엇보다 부모 자신의 능력과 역할을 새롭게 확인할 수 있는 기회가 된다는 장점을 지닌다. 그리고 부모가 보조교사 및 일일교사로 참여하게 됨으로써 교사들은 여러 가지 일을 분담할 수 있으므로 업무부담이 줄어들게 되고, 그 시간을 유아들을 위해 투자함으로써 교육의 질을 향상시킬 수 있는 장점도 지니게 된다.

부모가 어린이집에서 보조교사로서 참여할 수 있는 분야는 간식 준비, 간식 시간의 소집단 지도, 자유선택활동 시간의 소집단 지도, 소집단활동 보조자, 교구 및 학습자료 제작 보조, 환경정리, 동화, 노래, 게임 등의 부분활동 지도의 역할을 수행할 수 있다(고정곤 외, 2016).

(3) 어린이집의 운영참여

어린이집에서 가장 진보적인 부모참여 형태로서 교육기관운영에 개입하고자 하는 부모의 요구를 운영자나 교사가 존중해 주는 방법이다. 어린이집 운영에 학부모가 참여할 수 있는 기회는 운영위원회의 위원으로 참여하는 경우와 학부모회를 통해 의견을 제안하거나 기관의 다양한 행사에 참여하는 방법 등이 있다. 첫째, 운영위원회의 위원으로 참여하는 경우로 우리나라의 경우 「영유아보육법」 제25조[1]에서는 어린이집

1) 「영유아보육법」 제25조(어린이집운영위원회)
① 어린이집의 원장은 어린이집 운영의 자율성과 투명성을 높이고 지역사회와의 연계를 강화하여 지역 실정과 특성에

운영의 자율성과 투명성을 높이고 지역사회와의 연계를 강화하여 지역 실정과 특성에 맞는 보육을 실시하기 위하여 어린이집에 어린이집운영위원회를 설치·운영하도록 규정하고 있으며, 운영위원회에 학부모 대표가 참여하도록 되어 있다. 또한「영유아보육법」제25조의2[2]에서는 부모모니터링단을 구성하여 운영하도록 되어 있다.

둘째, 학부모회를 통해 의견을 제안하거나 기관의 다양한 행사에 참여하는 방법으로는 소풍, 견학, 운동회, 바자회, 환경구성, 연구 수업 등에 참여하는 것으로 교육기관의 장이나 교사가 교육계획 단계부터 부모를 참여시킨다면 부모들의 의견이 반영되므로 좀 더 주체적이며 적극적으로 교육활동에 참여하게 할 수 있다. 어떤 활동은 교사가 주관하는 것보다 부모에게 전적으로 위임할 때 더욱 효과적으로 운영할 수도 있다.

3. 어린이집과 지역사회와의 협력

1) 지역사회 연계활동의 필요성

영유아의 발달은 어린이집, 가정 외에 지역사회의 물리적 환경, 관련 정책과 제도, 보육서비스의 질 등 다양한 요소들과 관련이 있다. 그 이유는 부모를 포함한 교사가

맞는 보육을 실시하기 위하여 어린이집에 어린이집운영위원회를 설치·운영할 수 있다. 다만, 제26조에 따른 취약보육(脆弱保育)을 우선적으로 실시하여야 하는 어린이집과 대통령령으로 정하는 어린이집은 어린이집운영위원회를 설치·운영하여야 한다.

② 어린이집운영위원회는 그 어린이집의 원장, 보육교사 대표, 학부모 대표 및 지역사회 인사(직장어린이집의 경우에는 그 직장의 어린이집 업무 담당자로 한다)로 구성한다. 이 경우 학부모 대표가 2분의 1 이상이 되도록 구성하여야 한다.

2)「영유아보육법」제25조의2(부모모니터링단)

① 시·도지사 또는 시장·군수·구청장은 어린이집 보육환경을 모니터링하고 개선을 위한 컨설팅을 하기 위하여 부모, 보육·보건 전문가로 점검단(이하 이 조에서 "부모모니터링단"이라 한다)을 구성·운영할 수 있다.

영유아의 성장과 발달을 지원하는 일차적인 기능을 담당하지만 가족의 양육기능은 가족 내부의 요소뿐만 아니라 외부의 환경에 영향을 받으며 강화되거나 축소되기 때문이다. 따라서 영유아는 가족에 속하고 가족은 또한 지역사회에 속하므로 지역사회와 분리하여 서비스를 제공할 수는 없다.

가족의 양육기능에 영향을 끼치는 외부 환경요소는 어린이집, 학교, 병원, 이웃, 지역사회 네트워크, 공공기관 등 부모와 자녀가 살아가는 지역사회의 환경 전반이다. 지역사회 환경은 어린이집, 학교 등의 형식적 자원과 가족, 친구, 이웃, 자원봉사자 등의 비형식적 자원이 있는데, 형식적 자원과 비형식적 자원이 연계적으로 제공되었을 때 궁극적인 목적을 달성할 수 있다. 즉, 영유아를 양육하는 부모와 가족을 지원하기 위하여 지역사회에 공존하는 인적 · 물적 자원 간의 연계를 통하여 부모와 가족이 그 수혜를 얻을 수 있도록 하는 것이다. 어린이집은 영유아의 성장과 발달에 관련된 지역사회 인적 · 물적 자원의 네트워크에서 가장 중요한 핵심적 역할을 담당하는 기관이라고 할 수 있다.

특히 현대 사회는 물질적인 생활수준은 향상되었으나 개인주의, 인간소외 현상 등으로 인해 영유아에게 유해한 성장환경이 많아지게 되었고 지역사회의 적극적인 협력과 자정 노력이 필요하게 되었다. 즉, 다문화나 한부모 등 다양한 가족구조, 질병이나 장애 등 취약계층 가정의 영유아를 지원하기 위해서는 어린이집이 지역사회의 다양한 자원을 잘 활용하여야 한다. 그러므로 지역사회와 연계한다는 것은 영유아가 성장하는 지역사회의 특수한 문화, 양육패턴, 전통, 사회정책이나 기관 등을 보육서비스에 반영한다는 것을 의미한다. 따라서 영유아가 태어나서 성장하는 지역사회에 대해 함께 살아가는 사람, 다양한 직업이나 공공기관, 자연환경 등에 대해 인식할 수 있도록 도와야 하며 보육과정에 이를 반영하여야 한다. 지역사회 연계의 필요성을 영유아, 부모, 어린이집 및 지역사회 측면에서 살펴보면 〈표 6-9〉와 같다.

표 6-9. 지역사회 연계의 필요성

구분	내용
영유아	영유아를 위한 시설 및 제도의 서비스를 폭넓게 받음으로써 전인적 발달에 기여하고 영유아가 자신이 속한 지역사회에 대해 인식하여 안정감과 소속감을 경험하게 된다. 또한 영유아가 지역사회 행사 등에 참여함으로써 다양한 구성원들과 만날 기회를 갖게 되고 공동체에 대한 나눔과 공유를 경험하여 민주시민 의식의 기초를 형성하게 된다.
부모	부모는 지역사회 자원을 폭넓게 활용함으로써 양육정보를 습득하는 계기가 되어 부모역할을 수행하는 데 지지를 받게 된다. 어린이집에서 지역사회 자원을 연계하여 줌으로써 맞벌이 등 정보 활용에 제한적인 가정일 경우에는 지역정보 습득의 기회가 된다. 특히 장애영유아 부모 등 특별한 도움이 필요한 부모의 경우 지역사회 복지기관의 통합어린이집을 연계하거나 어린이집을 통하여 복지서비스 혜택을 받을 수 있는 계기가 된다. 또한 어린이집이 부모 및 지역사회 자원과 활발히 교류하는 것은 부모가 어린이집에 신뢰를 갖게 하는 계기가 된다.
어린이집	어린이집의 인적 · 물적 자원에는 한계가 있으므로 지역인사, 지역사회 시설, 서비스를 이용함으로써 보육의 목표를 효과적으로 달성할 수 있다. 또한 어린이집 시설을 지역사회 공공행사 등에 개방하거나 보육교직원이 지역사회 프로그램에 참여하여 봉사하는 등 사회복지 서비스로서의 공공적 책무성을 수행할 수 있다.
지역사회	지역사회에 속한 공공시설이나 자연환경은 어린이집과 연계함으로써 운영목적, 사업성과를 달성하는 데 효과적인 결과를 얻을 수 있다. 지역사회 시설과 기관은 어린이집과의 연계를 경험함으로써 기존의 사업 외에 영유아복지와 발달에 기여하는 프로그램을 적극적으로 개발할 수 있는 기회가 된다. 이러한 선순환이 지역사회 자원을 풍부하게 확장하고 어린이집 운영 및 영유아발달에 긍정적인 영향을 미치게 된다.

출처: 김광자 외(2016). 원장일반직무교육. 양성원. p.305.

2) 지역사회 자원의 종류와 활용

지역사회란 일정한 지역에 모여 삶의 문제를 협력적으로 해결하며 살아가는 생활공동체를 의미하며, 지역사회 자원은 지역사회에 속한 사람, 물리적 장소, 자연환경, 문화적 경험 등을 포함한다. 어린이집은 지역사회 자원 중에서 영유아, 부모 및 가족과 연계할 수 있는 자원을 파악하여 이를 보육과정에 반영함으로써 보육 전반에 긍정적인 영향을 줄 수 있는 보육환경을 조성할 수 있다. 또한 어린이집의 보육교직원, 영유아, 부모가 지역사회의 자원으로서 기여할 수도 있다. 어린이집에서 활용할 수 있는 지역사회 자원과 어린이집이 지역사회 자원으로서 참여할 수 있는 방안을 살펴보면 다음과 같다.

(1) 지역사회 인적 자원의 활용

어린이집이 속한 지역사회에는 직업, 사회문화적 배경이 다른 다양한 사람들이 어울려 살아가고 있다. 지역사회 인적 자원으로 활용할 수 있는 자원은 영유아의 부모, 지역사회 기관의 업무 종사자, 가족문제 전문가 및 지역사회의 주민 등이다(〈표 6-10〉 참고).

표 6-10. 지역사회 인적 자원의 자원

구분	내용
영유아의 부모	어린이집에 디니는 영유아의 부모가 가진 특별한 사회문화적 배경도 어린이집 보육활동에서 활용할 수 있는 자원이 된다. 국적이 다른 부모, 특별한 직업을 가진 부모, 기술이나 재능이 있는 부모를 참여하도록 함으로써 영유아에게 풍부한 경험을 제공할 수 있다.
지역사회 기관의 업무 종사자	어린이집은 지역사회의 인적 자원 중에서 소방서, 경찰서, 복지관 등 공공기관에서 공공업무에 종사하는 사람들, 병원이나 보건소 등 영유아의 건강이나 위생 관련 업무에 종사하는 사람들, 회사나 상점에서 일하는 사람들 등 다양한 인적 자원을 활용할 수 있다.
가족문제 전문가	부모와 가족이 직면한 문제를 해결하기 위하여 지역사회 전문가와 연계할 수 있다. 어린이집은 부모가 영유아의 문제나 가족문제에 대해 지역사회 전문가(의사, 상담전문가, 특수교육전문가, 건강가정사, 사회복지사 등)에게 도움을 받을 수 있도록 안내함으로써 건강한 가족관계를 지원하고 영유아의 어린이집 적응을 도울 수 있다. 또한 이혼이나 빈곤, 다문화 가족, 조손 가족 등 다양한 가족이 필요로 하는 요구를 파악하여 이들에게 필요한 서비스를 지역사회 기관으로부터 찾아내어 적절히 연계해 주어야 한다. 가족이 겪는 문제가 다양하고 영유아의 개별적 발달 차이가 있기 때문에 어린이집이 가족의 문제를 획일적으로 접근하지 않아야 한다. 그러므로 영유아와 가족이 심리적으로 안전한 생활을 영위하고 어린이집과 원만한 관계를 유지하도록 전문기관과 연계하여야 하며 정보를 수집하고 계획을 수립하여 이를 가족에게 제공하는 것이 바람직하다.
지역사회의 주민	지역사회의 일반 주민이 보육활동에 자원봉사자로 참여할 수 있다. 지역주민이나 주변학교 학생들이 어린이집 보육활동이나 행사에 자원봉사자로 참여함으로써 영유아의 대인관계가 확장되고 바람직한 성인모델을 직접 경험할 수 있다. 예를 들어, 교재 · 교구

구분	내용
	제작, 놀잇감 수선, 김장이나 외부견학 등에 자원봉사자로 참여한다. 어린이집은 자체적으로 자원봉사자를 모집하거나 지역의 자원봉사센터, 육아종합지원센터와의 협력을 통해 자원봉사자를 지원받는다. 이때 자원봉사자의 신원에 대한 확인, 어린이집 안내와 영유아지도에 대한 사전 오리엔테이션 과정이 필요하다.

출처: 김광자 외(2016). 원장일반직무교육. 양성원. pp.306-308.

(2) 지역사회 물리적 자원의 활용

지역사회에서 활용할 수 있는 물리적 자원은 지역사회 기관이나 시설, 지역사회의 물리적 자원 등으로 〈표 6-11〉과 같다.

표 6-11. 지역사회 물리적 자원

구분	내용
지역사회 기관이나 시설	어린이집은 지역사회 관련 기관으로 직접 현장학습을 가거나 기관으로부터 물품을 지원받아 활용할 수 있다. 영유아가 직접 방문할 수 있는 위치의 시청이나 구청, 경찰서, 소방서, 보건소, 의료기관, 미술관, 초등학교, 박물관, 재래시장, 문화센터 등을 견학함으로써 보육과정운영에 효과를 거둘 수 있다. 영유아는 지역사회 기관이나 시설을 이용함으로써 지역사회에 대해 더 잘 알게 되고 자신이 살고 있는 지역에 대해 자부심과 공동체 의식이 함양된다.
지역사회의 물리적 지원	영아이거나 기관의 위치가 적절하지 않아서 직접 방문하지 못하더라도 리플렛이나 홍보물, 교육자료 등을 제공받아 활용할 수 있다. 예를 들어, 재활용센터로부터 장난감, 놀이에 필요한 재료 등을 지원받거나 단추나 헝겊제품을 제작하는 기업이나 상점으로부터 미술재료를 제공받을 수 있다. 특히 부모나 가족과 관련된 교육 또는 행사에 대한 정보지를 제공하여 부모가 정보를 쉽게 얻을 수 있도록 돕는다.

출처: 김광자 외(2016). 원장일반직무교육. 양성원. p.308.

(3) 지역사회 자연환경 자원의 활용

어린이집은 지역사회에서 영유아가 직접 갈 수 있는 산, 바다, 공원, 논과 밭 등 자연환경을 활용할 수 있는데, 이는 교육적 경험을 제공하는 매우 중요한 자원이다. 이러한 경험은 영유아들에게 자연체험의 기회와 환경보호에 대한 의식을 고취시킬 수 있다. 또한 영유아들은 자연스럽게 지역의 역사와 문화에 대해 이해할 수 있으며 관련된 직업의 종류, 그곳에서 생산되는 생산물에 대해 이해하게 된다. 보육과정운영에서 계절의 변화, 자연환경에 대한 관찰과 탐색, 신체운동활동이나 과학활동에 필요한 다양한 경험을 자연환경으로부터 얻으려는 노력이 필요하다.

(4) 지역사회 문화적 자원의 활용

어린이집은 지역사회의 문화적 행사, 공연, 전시, 축제 등에 참여하거나 영유아를 대상으로 하는 특별한 행사나 공연을 관람하는 기회를 마련할 수 있다. 지역사회 전통문화를 전수할 수 있는 1세대 어르신이나 외부전문가로부터 전통문화를 경험하는 것도 문화적 자원 활용이 된다.

(5) 어린이집의 지역사회 기여

어린이집의 영유아와 부모, 보육교직원이 지역사회에 자원봉사자로 참여하면서 협력과 소통에 기여할 수 있다. 알뜰시장을 개최하여 주변의 어려운 이웃에게 물품이나 기금을 후원하는 일, 학부모들이 지역의 취약계층을 위해 가정방문 프로그램을 진행하는 일, 영유아가 노인기관을 방문하여 즐거움을 드리는 일, 보육교직원이 지역행사에 자원봉사자로 참여하는 일 등 다양한 방법으로 참여할 수 있다. 이러한 참여는 어린이집과 지역사회 간의 연계를 확장하고 지역사회에 대한 공동체 의식을 고취시킨다. 또한 영유아가 나눔과 배려를 배워서 바람직한 인성을 갖추는 데 긍정적인 영향을 미치게 된다. 다른 관점으로 어린이집 원장, 보육교사, 영양사, 간호사 등 보육교직원의 전문성을 지역사회에 기여할 수 있다. 원장이 지역사회 기관의 부모교육에 강사로 참여하거나 어린이집 시설이나 교구를 시설 미이용 영유아에게 일부 허용하는 것 등 다양한 방법으로 지역사회에 기여하는 방안을 마련하는 것이 좋다.

PART 3

영유아 보육과정

Chapter

07

보육과정의 개념과 구성 및 운영

배울 내용

1. 보육과정의 개념과 특성
2. 보육과정의 구성
3. 보육과정의 운영

학습 목표

1. 보육과정의 개념과 특성을 이해한다.
2. 보육과정의 구성체계를 익힌다.
3. 보육과정의 운영에 대한 이해를 바탕으로 전문가의 역할을 숙지한다.

1. 보육과정의 개념과 특성

1) 보육과정의 개념

보육과정(educare curriculum)이란 보육시설에서 영유아를 돌보는 틀이자 기준으로, 달성하고자 하는 보육목적을 효과적으로 달성할 수 있도록 해 주는 구체적인 접근 양식을 의미한다(이순형 외, 2006). 즉, 보육과정은 '영유아의 전인적인 발달을 위한 총체적 경험'이며 구체적으로 영유아들이 경험하는 내용, 설정한 보육 및 교육목표를 성취해 나가는 과정, 이 과정에서 도움을 주는 교사의 역할 및 교수와 학습이 일어나는 상황에 대해 서술한 조직화된 체계를 의미한다(엄지나, 2012).

또한 보육과정이란 생명을 위협하는 모든 위협으로부터 영유아를 지키고, 보다 나은 인간으로 성장 · 발달시키기 위한 모든 수단(행위)을 체계적으로 선정 · 조직 · 관리하는 데 필요한 보육의 기본 설계도로 정의된다(변용찬, 2002). 즉, 보육과정이란 아이를 잘 키우기 위한 보육의 방향과 방법을 제시하는 것이다. 그리고 보육과정은 보육의 대상이 지니는 특수성에 따라 초 · 중등 교육과정과는 의미가 다르다.

스포덱 등(Spodek et al., 1993)은 보육과정을 프로그램의 교육목적에 따라 계획되고 조직된 학습경험들의 목록으로 보고 있다. 영유아보육활동을 위한 전체적 계획과 조직으로서의 영유아보육과정은 그 대상의 범위가 넓으므로 발달수준을 고려하여 구성되어야 하며 영유아의 일상생활 전반을 포함하여 보호와 교육을 계획해야 하고 총체적 발달을 지원하고 가정과 부모와의 연계를 중시해야 한다(이순형 외, 2006). 백혜리(2006)는 보육과정을 영어로 'curriculum of child care and education'으로 표기할 수 있으며 보육시설에서 시행되는 교육과정(curriculum)으로 보고 교육과정이란 무엇을 왜, 어떻게 가르칠 것인가에 대한 결정을 위한 것으로 교육목적, 교육내용, 방법 및 평가의 네 가지 요소로 구성된다고 하였다. 따라서 보육과정은 보육시설에서 영유아들을 어떻게 보육할 것인가 하는 보육의 내용으로만 볼 것이 아니라 보육목표, 보육내용, 보육방법이나 운영방식 평가를 포괄하는 폭넓은 개념으로 보아야 할 것이다. 즉, 보육과정은 아동의 중심이 되는 영유아를 돌보는 기준으로 추구하려는 보육목적을 효과적으로 달성할 수 있는 구체적이며 총체적 교육과정을 의미한다. 또한 보육의 개념, 목적, 강조점이 무엇인지, 이를 달성하기 위해 어떠한 활동을 선정하고, 선정된 활동을 어떻게 순서화하고 조직하고 그리고 평가할 것인가에 관한 것으로 정의할 수 있다(엄지나, 2012).

교육과정에 대한 다양한 개념들을 정리한 이귀윤(1997)은 교육활동에 있어 교사를 중심으로 생각하는 사람들은 대체로 교육과정을 가르치는 내용이나 교과로 보는 경향이 있으며, 배우는 학생들을 중심으로 생각하는 사람들은 경험으로 보는 경향이 있다고 정의하였다. 한편 교육활동 그 자체에 의미를 두는 사람들은 교육과정을 학교에서 일어나는 의도적이든 비의도적이든 간에 모든 활동 또는 과정으로 본다. 조복희 등(2007)은 보육과정을 보육에 대한 전체적인 계획과 조직 및 틀로 정의하고, 보육과정을 위해서는 보육의 목적과 목표설정, 목적과 목표달성을 위한 활동 선정과 조직 그리고 구체적인 교수 학습 활동과 결과에 대한 평가와 같은 과정들이 요구된다고 하였다. 따라서 보육과정은 보육의 목표를 설정하고 영유아의 발달에 맞는 교육을 통해 전인적인 발달을 돕고, 보육시설의 모든 활동과 교수학습, 운영방식 등 폭넓은 의미로 보육과정을 보아야 한다.

이러한 보육과정에 대한 개념은 학자들마다 보는 시각과 관점에 따라 매우 다양하게 규정되고 있으며 합의된 정의는 없다. 보육과정을 넓게 생각하느냐, 좁게 생각하느냐에 따라 그 의미가 달라질 수 있으며 어디에 중점을 두고 있느냐에 따라서도 달라질 수 있다. 이와 같이 보육과정에 대한 개념 규정의 어려움은 근본적으로 교육을 보는 시각, 인간과 사회를 보는 시각, 즉 사물을 보는 철학적 견해의 차이에서 나타난다고 할 수 있다.

2) 보육과정의 특성

영유아보육과정은 영유아의 전인적 성장과 발달 및 효율적 학습을 도모하기 위하여 전체적으로 계획하고 조직하는 것으로 보육시설의 종류, 설립목적 및 설립주체, 대상 영유아의 연령과 발달 수준에 따라 다양하고 복잡하게 운영되고 있다. 또한 보육과정은 부모의 사회, 경제적 수준에 따른 부모의 보육 욕구에 맞추어 변화되고 있어, 이에 보육대상의 범위, 일상생활 중심의 종일 프로그램, 보육프로그램의 다양성 및 보육유형의 다양성의 특성을 살펴보면 다음과 같다.

(1) 보육대상의 범위

영유아 보육의 대상은 유아교육과 다르다. 「유아교육진흥법」에 따라 유치원 교육과정은 만3~5세까지 3년의 교육과정으로 편성되는 데 비해, 어린이집 보육과정은 대상 연령이 출생 후부터 만5세의 취학 전 영유아뿐 아니라 방과 후 초등학교의 만12세 이하까지 연장할 수 있어 보육과정의 연령별 대상 범위가 매우 넓다고 할 수 있다. 또한 장애아, 일반아동 및 보호가 필요한 요보호 아동을 모두 포함한다. 영유아는 연령 간 발달특성 및 수준별 차이가 크고, 동일 연령일지라도 타고난 기질과 성향에 따라 차이가 있다. 따라서 보육과정을 구성하기 위해서 영유아들의 다양한 연령, 계층 등에 의한 특수성과 개별성을 반영한 보육활동으로 차별되어야 된다. 다시 말해 영유아를 위한 보육은 대상연령의 범위가 넓고, 발달적 특성이 독특하고, 보육에 대한 수요자들의 요구 또한 다양하여 매우 복잡하게 이루어지는 특성을 지닌다.

(2) 일상생활 중심의 종일 프로그램

어린이집 보육과정은 종일반을 기본으로 하는 보육과정으로 영유아의 발달 단계에 맞는 교육뿐만 아니라 일상생활을 포함하는 보호가 함께 계획되어야 하며, 영유아의 개별적 요구를 반영한 보살핌과 가정과 같은 충분한 영양과 휴식을 취할 수 있어야 한다. 특히 영아(0~1세)의 경우, 일상생활 중심으로 3~5세 누리과정에 비해 기본생활을 강조하며, 수유시간과 배변시간, 취침시간 등 개별 욕구가 충분히 반영되어야 한다.

0~1세에 비해 2세는 특정한 활동 여부보다는 경험하기, 시도하기에 중점을 두고 다양한 경험을 갖도록 하고, 경험 시 대상에 대한 관심을 갖도록 유도하며 어린이집 운영시간에 맞추어 놀이가 충분히 이루어지도록 편성 · 운영하고, 교사는 개별 영유아의 흥미와 관심을 고려하여 놀이를 지원해야 한다.

유아의 경우는 실내 · 외 놀이 활동 및 대 · 소집단 활동, 식사, 간식, 낮잠 등 기본생활을 포함한 하루 일과 중 놀이가 충분히 이루어지고, 놀이를 통한 배움을 강조한 보육과정이 계획되어야 한다. 특히 교사 주도적 교육에서 벗어나 일상생활 안에서 아동중심의 아동 주도적이고 자발적 놀이를 권장하고 있다(보건복지부, 2020).

(3) 보육프로그램의 다양성

보육과정은 영유아들의 발달단계에 따른 교육 및 부모의 경제적 활동 지원을 위한 가족복지서비스 측면에서의 기능이 확대되고 있다. 따라서 종일 보육 위주의 특성에 따라 많은 프로그램을 요구하고 있고 필요성 또한 증대되고 있다.

영유아들은 오랜 시간 어린이집에서 보내야 하기에 신체적 성장, 건강과 영양 및 안전, 기본생활습관에 관한 보육과정이 운영되어야 한다. 또한 영아의 경우는 개별 욕구가 반영된 개별 수유, 음식섭취, 휴식, 취침, 대 · 소변 등 일상생활 중심 프로그램이 균형 있게 계획되어야 하며, 유아의 경우는 신체 · 인지 발달을 위하여 개별 흥미를 반영한 놀이 중심 프로그램이 개발되고 제공되어야 한다.

(4) 보육유형의 다양성

보육과정은 지역사회의 환경과 수요자 특성에 따라 다양한 형태로 운영되고 있으며, 수요자의 요구나 환경변화에 민감하게 반응하여 변화되고 있다. 즉, 운영주체, 대상의 특성, 보육시간 등 수요자의 요구에 따라 보육유형이 다양화되는 만큼 보육과정 또한 보육유형에 따라 변화되어야 된다. 예를 들어, 장애아통합이나 장애전담 보육시설의 경우 장애아동의 장애유형과 정도, 특성에 맞는 개별보육과정이 마련되어야 하며, 가구유형에 따른 다문화, 조손가족 등에 따라서도 개별 특성과 요구에 맞추어 보육과정이 마련되어야 한다.

보육은 가정의 기능을 보완해 주는 역할을 수행하므로 가정 및 부모와의 연계서비스를 통하여 영유아를 위한 포괄적 보육서비스 제공 및 가족의 양육지원서비스가 함께 강화되어야 한다는 특성을 가진다.

2. 보육과정의 구성

보육과정은 일반적으로 사회·문화적 맥락 속에서 개별 어린이집의 특정한 보육목적을 달성하기 위해서 시행되는 모든 계획과 실행과정을 포괄하는 개념으로서, 형식적 교육과 비형식적 교육 모두를 포함한다(서영숙 외, 2013). 이에 교육목표나 교육내용, 방법, 인적·물적 환경과 사회적 관계, 평가를 체계적으로 조직하는 보육계획의 과정이라 할 수 있다. 보육과정을 위해서는 보육의 목적과 목표를 설정하고 이를 달성하기 위해서 활동 선정과 조직, 구체적인 교수학습 방법, 그리고 이를 통한 활동의 결과에 대한 평가의 과정까지 요구된다. 이에 보육과정을 구성하고 어린이집을 운영함에 있어 영향을 미치는 일부분인 보육과정을 구성하는 원리와 보육과정의 구성체계에 대해 살펴보면 다음과 같다.

1) 보육과정의 구성원리

영유아를 위한 보육과정 구성 시 고려해야 할 기본 사항은 지향하고자 하는 목적과 목표를 설정하기 위한 철학적 기초이다(서영숙 외, 2013). 이를 바탕으로 영유아의 흥미와 놀이를 중심으로 능동성과 자발성을 존중하고, 개별적 특성을 반영하여 영유아의 일상생활 속의 경험들을 중요하게 다루어야 한다. 보육과정 구성에 있어서 그 사회가 갖고 있는 교사 관념과 아동관에 보육에 대한 사회적 기대 및 가치이며 철학적 배경 등 다양한 요인들을 반영하여야 함을 강조하고 있다(곽승주 외, 2016). 이로 인해 각각의 보육 프로그램이 갖는 보육 목적에 따라서도 그 내용과 방법 그리고 교사의 역할 등이 달라지게 된다.

보육과정을 구성할 때에는 가르치는 교사와 배우는 영유아에 의해 구성되므로 아동－교사 간 의미 있는 상호작용은 중요하며, 부모와의 관련성 또한 중시하여 영유아의 발달 및 교육을 지원하는 부모 역할 또한 고려해야 한다. 더 나아가 지역사회와의 연계를 중시하여 영유아가 주변 세계를 탐색하고 다양한 사회적 경험을 할 수 있도록 해야 한다. 종일제 프로그램에서 생활하는 영유아가 심리적으로 안정되고 편안하게 지낼 수 있도록 정서적인 지지 및 지원을 강화하는 방향으로 구성한다(박민정, 2017). 그리고 어린이집의 시설 및 환경과 운영의 구조적 측면을 고려하여 어린이집의 인적·물적 환경에 적절한 보육과정 편성과 영유아의 신체, 사회, 정서, 언어, 인지적 측면에서의 전인 발달을 도모하고 건강한 성장을 지원할 수 있도록 구성해야 한다. 보다 구체적인 보육과정 내용 선정의 기준은 〈표 7-1〉과 같다(박찬옥 외, 2017).

표 7-1. 보육과정 내용 선정의 기준

구분	내용
유의미성	보육내용이 그 학문분야에서 얼마나 본질적이고 기본적인가를 다루는 내용의 유의미성을 의미한다.
타당성	타당성으로 내용 자체가 타당한가 하는 것과 선정되는 내용의 깊이와 폭에 있어서 균형이 확보되어 있는지를 보는 부분을 의미한다.
유용성	내용의 유용성으로 선정된 내용이 얼마나 실제 세계에서 활용될 수 있는가의 문제이며, 영유아의 미래의 삶에 있어서 지속적으로 도움이 될 수 있는지를 함께 고려되어야 한다.
학습 가능성	내용의 학습 가능성으로서 교사는 무엇을 가르칠 수 있고 영유아는 무엇을 배울 수 있는가 하는 문제로 활동하여 내용을 선정하는 것은 매우 중요하다.
경제성	주어진 물리적 · 인적 자원 안에서 최대의 효과를 거둘 수 있도록 하는 경제성으로서 최소의 노력으로 최대의 효과를 내는 것이 가장 좋은 활동이다.
잠재적 가능성	내용의 내적 · 외적 상관성으로서 보육과정 내에서 다른 내용들과 유기적 관계를 형성하고 있는가의 문제와 다른 학문분야와의 관련을 지을 수 있는 잠재적 가능성이 있어야 한다.
내용의 균형성	내용의 균형성으로 보육의 내용이 학습자의 요구와 사회적인 요구, 교사의 요구 등 여러 집단의 요구가 균형 있게 고려되었는가의 문제로서 한쪽으로 편향되지 않게 균형 있게 선정할 필요가 있다.
사회가치의 적합성	사회가치의 적합성으로 어린이집이 사회 의지의 반영만을 위해서 노력하는 것이 아니라 개인 변화와 동시에 사회 변화의 방향을 제시할 수 있어야 한다.

어린이집 보육과정은 영유아의 심신의 건강과 전인적 발달을 도와 행복을 도모하며 민주시민의 기초를 형성하는 것이다(서영숙 외, 2013). 즉, 보육과정은 어린이집에 다니는 영유아를 대상으로 어린이집 내 · 외에서 영유아의 흥미와 발달 및 문화에 바탕을 두

고 경험하는 여러 활동을 매일의 일과를 말한다. 민주시민으로서 자신의 역할을 잘 할 수 있는 기초 자질을 형성하고, 영유아들이 건강하고 전인적인 발달을 이루어 행복한 사회구성원으로 자라도록 하는 데 목적이 있다(김양희, 2018).

이에 보육과정에 제시된 각 영역은 모든 영유아의 전인발달을 위해서 중요하므로 보육과정 속에서 균형 있고 통합적으로 다루어져야 한다(이영환 외, 2013). 이를 바탕으로 영유아를 위해 보육내용을 선정한다면 영유아가 사회의 한 구성원으로서 건강하게 성장할 수 있는 지식과 기술, 태도를 포함하여 발달 수준에 적절하고 의미 있게 구성되어 효과적으로 학습할 수 있다. 보육과정을 구성함에 있어서 표준화된 보육과정 내에서만 구성하는 것에 그치지 않고 개별 어린이집을 설립하면서 갖게 된 철학을 바탕으로 보육과정을 구성하도록 한다(이진희, 이혜정, 2016).

2) 보육과정의 구성체계

일반적으로 교육과정을 구성하는 기본요소로 교육목표, 교육내용, 교수·학습방법 및 평가의 네 가지 요소를 들 수 있다. 우리나라 영유아보육과정인 표준보육과정에서 제시하고 있는 구체적 내용 및 교사 지침에서는 보육과정의 구성 절차를 보육과정의 목표, 보육내용의 선정, 보육내용의 조직 및 보육과정의 평가로 나누어 제시하고 있다. 하지만 일반적으로 교수·학습이 이루어지는 전 과정의 절차는 보육과정의 목표, 보육내용의 선정, 보육내용의 조직, 교수·학습지도 및 보육과정의 평가로 구분할 수 있으며([그림 7-1] 참고), 구체적인 내용은 다음과 같다(시옥진 외, 2020).

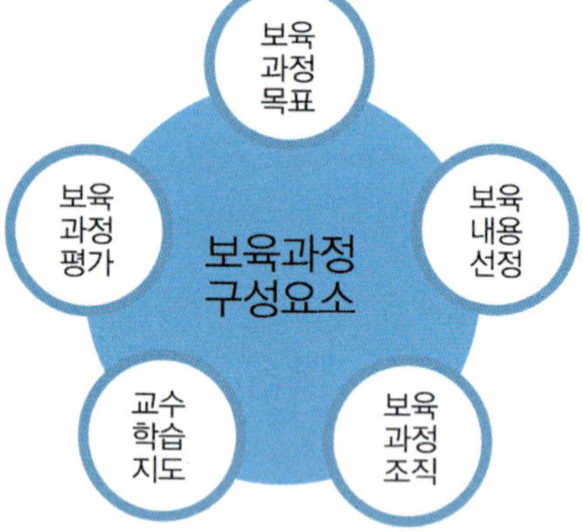

그림 7-1. 보육과정의 구성요소

(1) 보육과정의 목표

보육목표는 보육과정을 계획할 때 가장 먼저 실시해야 하는 첫 단계의 작업으로 보육목표를 설정하기 위해서는 보육대상 영유아에 대한 연령별 발달과 특징 등에 대한 지식과 사회적 요구, 각 영역별 활동에 대한 전문적인 지식, 전문가들의 조언이나 연구자료를 토대로 보육목표를 설정해야 한다. 일반적으로 보육목표를 설정할 때는 보육시설의 이념을 나타내는 교육철학, 보육에 대한 사회적인 요구, 영유아들의 특성, 보육 프로그램의 특성 등을 고려하여 보육목표를 설정하게 된다. 보육목표를 설정할 때 고려해야 할 사항은 〈표 7-2〉와 같다.

표 7-2. 보육목표를 설정할 때 고려해야 할 사항

구분	내용
영유아의 발달적 특성	• 학습주체인 영유아의 기본적 권리와 정서를 충분히 배려해야 한다. • 영유아의 개별적인 요구와 흥미가 충족될 수 있어야 한다. • 영유아의 개인차를 고려해야 한다. • 서로 다른 발달 능력과 차이, 소질, 적성, 흥미, 요구 등을 있는 그대로 인정하고 배려한다.
국가 및 사회적 요구	• 모든 보육영역에서 합의되고, 추구하고 있는 인간상을 반영한다. • 학부모들의 다양한 현실적 요구를 교육적으로 해석하여 수용한다. • 지역사회의 다양한 문화적 자원과 유산을 보육과정으로 연계가능해야 한다. • 글로벌 시대에 요구되는 다문화 반편견적 요소들을 보육과정에 반영한다.
학문적 관점 (전문적 지식)	• 보육의 목표가 학습자에게 의미 있는 것인지 고려해야 한다. • 사회적으로 가치 있는가? • 개별적으로 발달특성을 반영하는가? • 영유아들이 성취할 수 있는 수준인가?
전문가 집단의 조언	• 전문가들이 발표한 보육에 대한 기초적인 연구결과를 반영할 수 있어야 한다. • 교과영역의 전문가들이 제안하고 있는 발달단계에 따라 교육목표를 제시한다.

(2) 보육내용의 선정

보육목표가 설정되고 나면 그 목표를 달성하기 위해 무엇을 가르칠 것인가에 대한 보육내용이 선정되어야 한다. 보육내용을 선정할 때는 보육목표를 달성할 수 있는 내용과 가장 기본적인 개념을 중시하여 내용을 선정해야 한다. 또한 보육내용은 영유아들이 직접 경험해 볼 수 있는 실생활과 밀접하게 관련된 내용을 중심으로 선정하고, 영유아들의 전인적인 발달을 도모할 수 있는 언어 · 인지 · 신체 · 사회 · 정서발달의 모든 영역을 통합할 수 있는 내용으로 선정해야 한다. 유아교육 전문단체(NAEYC, 1991)에서 제시하고 있는 교육내용 선정을 위한 기준은 〈표 7-3〉과 같다.

표 7-3. NAEYC(1991)가 제시한 교육내용 선정을 위한 지침

- 교육과정은 영유아가 어떻게 배우는지에 대한 전문적인 의견과 연구로 이루어진 분명한 이론적 기초를 포함하고 있어야 한다.
- 교육과정의 내용은 모든 영역(사회, 정서, 인지, 신체, 언어)에서 영유아를 위한 장기적인 목표를 성취하기 위해 설계되고 민주사회에 기여하는 시민의 역할을 준비할 수 있게 계획되어야 한다.
- 교육과정은 지식과 이해의 발달, 과정과 기술의 발달, 성향과 태도의 발달을 격려해야 한다.
- 교육과정은 영유아에게 적절하고 관련 있으며, 의미 있는 폭넓은 내용을 다루어야 한다.
- 교육과정의 목표는 각 연령의 영유아에게 적합해야 하며, 실현 가능하도록 계획되어야 한다.
- 교육과정의 내용은 각 영유아의 욕구와 흥미를 존중하여 결정되어야 한다.
- 교육과정은 개인적, 문화적, 언어적 다양성을 반영하고 지지하여야 한다.
- 교육과정은 영유아의 학습을 통합하기 위해서 그리고 새로운 개념과 기술의 획득을 촉진하기 위해서 영유아가 이미 알고 있는 것과 할 수 있는 것을 기초로 한다.
- 교육과정은 영유아에게 이전의 지식과 경험에 기초한 그들의 정신구조가 시간이 지남에 따라 보다 복잡해지도록 개념적 틀을 제공해 주어야 한다.
- 교육과정은 특정 주제나 내용에 초점을 맞추게 되는데, 이것은 영유아에게 풍부한 개념적 발달을 이루기 위한 학습경험을 주거나 주제를 중심으로 교육계획을 함으로써 여러 교과영역을 통합하도록 해 준다.
- 교육과정의 내용은 지적인 통합성을 지녀야 한다. 즉, 내용은 아무것이나 다루는 것이 아니라 관련 학문의 합의된 표준내용이어야 한다.
- 교육과정의 내용은 탐구할 가치가 있는 것으로 선정한다.
- 교육과정은 영유아가 학습과정에 능동적으로 참여하게 하며, 의미 있는 선택의 기회를 제공해야 한다.
- 교육과정은 학습과정에 동반되는 실수를 가치 있는 것으로 인정하고 올바른 답을 찾기 위한 탐구와 실험을 제한하지 않아야 한다.
- 교육과정은 영유아의 사고, 추리능력, 의사결정능력, 문제해결능력의 발달을 강조해야 한다.
- 교육과정은 모든 영역의 학습에서 사회적 상호작용의 가치를 강조하고, 또래로부터 배울 수 있는 기회를 제공해야 한다.
- 교육과정은 활동과 감각적 자극, 신선한 공기, 휴식, 위생, 영양, 배설에 대한 영유아의 생리적 욕구를 충족시켜 주어야 한다.
- 교육과정은 영유아에게 심리적인 안정감을 주어야 한다.
- 교육과정은 영유아의 관점에서 성공할 수 있는 경험을 제공함으로써 자신감과 학습의 즐거움을 장려해야 한다.
- 교육과정은 교사가 개별 영유아나 집단에 적용할 수 있도록 융통성이 있어야 한다.

(3) 보육내용의 조직

보육내용이 선정되고 나면 이 내용을 어떻게 가르칠 것인가를 조직해야 한다. 보육내용의 조직은 보육내용을 어떻게 배열할 것인가에 대한 문제이다. 표준보육과정에서는 보육내용을 연령집단별로 구분하여, 각 영역의 연령별 목표와 내용을 기술하고 있으며, 세 연령집단의 보육목표와 내용을 계열성 있게 경험하도록 조작하여 제시하고 있다. 또한 각 연령집단별 보육내용은 연령, 발달, 개인차를 고려하여 조직하고 영역별 교사 지침을 마련하여 연령별 보육목표와 내용뿐만 아니라 교사가 각 영역에서 알아야 할 영유아에 대한 지식, 바람직한 물리적 환경구성과 지도방법, 지도할 때 유의할 점 등을 제시하고 있다. 이는 보육교사가 보육과정을 계획하고 운영할 때, 교사 지침의 내용을 숙지하여 환경구성 및 영유아지도 시 이를 반영하고 교사와 영유아 간 바람직한 상호작용이 이루어질 수 있도록 하기 위해서이다. 영유아교육과정에서는 강조되고 있는 보육내용의 조직 원리는 〈표 7-4〉와 같다(김정호, 1997).

표 7-4. 보육내용의 조직 원리

구분	내용
계속성의 원리	학습경험을 반복적으로 제시하는 것으로 손 씻기, 식습관 지도, 생활안전, 소방대피훈련 등과 같은 교육을 말한다. 즉, 학습경험을 동일한 수준에서 반복하는 것이다. 연령 및 수준별 교육내용, 연간 교육계획, 주제의 전개에서부터 마무리 단계까지의 학습경험 등이 있다.
계열성의 원리	영유아교육에서 계열성을 고려하여 조직하기 위해 구체적인 것에서 추상적인 것으로, 가까운 것에서 먼 것으로, 부분에서 전체로(혹은 전체에서 부분으로), 단순한 것에서 복잡한 것으로 점진적으로 조직하는 것을 말한다. 즉, 내용의 수준을 점차적으로 높이고 확대하면서 심화해 나가도록 조직하는 것이다.
통합성의 원리	여러 영역의 학습내용들이 서로 연결되고 통합될 수 있도록 조직하는 것을 말한다. 특히 유아교육과정에서 이 원리가 중요한 것은 영유아의 발달특성상 친숙하지 않거나 추상적인 것을 지식으로 습득하기 어렵기 때문이다.

(4) 교수 · 학습지도

보육과정의 목표와 내용을 실제로 실행하기 위해서는 무엇보다 교수 · 학습 방법을 구체적으로 계획해야 한다. 교수 · 학습 방법이란 보육과정의 내용을 영유아가 효과적으로 탐색 · 발견할 수 있도록 돕는 것으로서, 보육과정의 목표와 내용을 영유아의 발달과 학습에 대한 관점과 부모와 지역사회와의 요구 등에 따라 다양하게 적용될 수 있다. 교수 · 학습 방법을 극대화하기 위해서는 영유아들에게 학습동기를 이끌어 내거나 보육과정의 목표를 성취할 수 있도록 교사는 영유아들에게 안내하는 중요한 역할을 해야 한다(박찬옥 외, 2017).

교수 · 학습 원리로서 영유아 및 놀이 중심은 교육의 주체인 영유아의 흥미와 놀이를 중심으로 학습경험을 제공하는 것으로서 의미 있는 학습이 되기 위해서는 교사의 적절한 개입과 사전 계획이 필요하다(문미옥, 2013). 즉, 영유아의 능동적인 선택과 탐구를 고려하면서 문제해결능력을 기를 수 있도록 자발성과 영유아의 개인차를 고려하여 교수 · 학습을 개별화하여야 한다. 과제나 교수방법, 교수 자료를 다양하게 제시하고 영유아에게 제공되는 다양한 활동들을 균형 있게 전개하여야 한다.

영유아는 친근한 내용과 연관된 학습을 할 때 더욱 효과가 커지므로 일상생활과 이전 경험이 서로 연관되게 활동할 수 있도록 학습하도록 한다. 그리고 영유아의 전인적 발달이 통합적으로 이루어지도록 계획해야 한다. 영유아가 자신의 활동을 선택하고 지속할 수 있도록 흥미 중심으로 교육하며, 주도적인 놀이 중심으로 교수 · 학습이 이루어지도록 해야 한다. 영유아의 일상생활 속의 주제와 경험을 소재로 하여 지식 및 바람직한 태도를 기르도록 해서 교사와 신뢰감도 형성하고 개별적인 활동 또한 이루어지도록 한다. 더 나아가 또래, 환경, 교사와의 능동적인 상호작용이 이루어지도록 하여 주제를 중심으로 활동들이 통합적으로 이루어지도록 하는 것이 중요하다(이영환 외, 2013).

보육과정에 있어 교수 · 학습 원리는 영유아의 전인적 성장과 발달을 돕기 위해서 보육 프로그램을 '무엇을 가르칠 것인가?'라는 보육목표를 설정하고 그 목표를 달성하기 위해서 '어떻게 가르쳐야 하는가?'의 학습경험을 하고 그 결과를 '어떻게 평가하여 활용하고 적용해 나가는가?'의 평가의 과정을 통해 교수 · 학습 경험을 체계적으로 구성할 수 있어야 한다(박찬옥 외, 2017).

(5) 보육과정의 평가

다음으로 평가에 대해 살펴보면 평가란 어떤 대상이나 행위에 대하여 가치를 판단하는 것을 말한다. 평가는 보육과정이나 수업 프로그램에 의해 보육목표가 어느 정도 실현되었는지를 밝히는 과정 속에서 사전에 계획했던 목표를 얼마나 달성하였는지를 알아보는 것이다(강현석, 주동범, 2012). 보육과정 평가에서 중요한 것은 올바르게 평가의 결과를 해석하고 활용하는 것이며, 평가결과를 본래 목적 이외의 다른 용도로 사용되지 않도록 주의해야 한다. 따라서 교사는 평가결과를 적절히 활용하고 정리 보관하도록 한다. 현재 우리나라 영유아보육의 평가는 국가수준의 기관 평가로 이루어져 있으며, 보건복지부 주관으로 현재 통합지표에 의해 이루어지고 있다. 평가의 의미는 보육과정을 계획하고 실천함에 있어서 보육목표가 올바르게 설정되었는지, 목표 실현을 위해 보육활동의 계획과 과정은 적절한지를 살펴보는 것이다. 따라서 평가는 궁극적으로는 보육의 목표가 제대로 성취되었는가를 확인하고 판단하는 일련의 과정을 말한다(정찬경, 2016).

보육평가는 보육평가의 대상에 따라 영유아 평가와 보육과정 평가로 구분할 수 있다. 먼저 영유아 평가는 영유아를 관찰하고 기록하는 일을 교사가 계획하고 실행하여 보육과정의 목표에 도달하였는지를 보는 것이다. 교사는 영유아의 성장과 발달의 변화를 이해하고 보육과정 계획과 운영에 반영하여 부모에게 자녀의 성장을 안내하기 위해서 개별 영유아의 행동을 잘 관찰하여 기록하고 평가해야 한다. 그리고 보육과정 평가는 보육과정을 구성하는 보육목표와 보육내용, 교수·학습방법 및 보육 평가에 대한 평가를 말한다. 평가 결과를 통해 교사의 역할과 교수방법들을 점검하여 교사의 전문성을 높이고, 교사 자질을 향상시키는 데 사용된다(박찬옥 외, 2017).

3. 보육과정의 운영

보육과정 운영이란 보육과정 계획과 보육과정 평가 사이에서 이루어지며 보육과정의 실제적 사용으로 이루어지고 있는지를 의미한다. 어린이집 보육과정을 운영할 때 보육계획(연간, 월간, 주간, 일일 계획)에 의거하여 운영하고, 다양하게 흥미 영역을 구성하면서 실내·외 환경을 제공해 준다. 영유아의 개별적인 능력과 장애 정도에 따라 조절하여 운영하며, 각 기관의 실정에 따라 부모교육 실시, 가정과의 협력, 지역사회와의 연계 활동을 운영한다. 또한 교사들의 재교육을 통해 표준보육과정의 운영을 개선해 나가도록 한다(보건복지부, 한국보육진흥원, 2016).

보육과정 운영계획 시 고려해야 할 기본원리를 살펴보면 첫째, 영유아의 발달 특성 및 개인적 특성에 기초하여 교사는 영유아의 발달과 관련된 정보와 지식을 풍부하게 가지고 있어 영유아의 개인적인 특성에 맞추어 운영한다. 둘째, 부모 및 가정 환경적 특성을 반영하여 영유아의 환경 특성인 가정양육환경을 고려하여 운영하도록 한다. 셋째, 기관 및 교사의 특성을 고려하여 어린이집 운영철학과 방침, 교수 방법 및 지도 전략을 세워 운영한다. 넷째, 영유아의 자발성과 선택권을 존중하여 영유아가 하루일과 안에서 자신의 흥미와 요구를 바탕으로 스스로 참여하고 적극적으로 활동할 수 있도록 보육과정 운영계획에서 중요하게 경험이 다루어질 수 있도록 한다. 다섯째, 어린이집의 인적 · 물적 환경요소와의 접점을 찾아 보육과정을 운영계획할 때 어린이집에서 실제로 적용이 가능한지 검토하도록 한다. 여섯째, 운영계획에 있어 융통성을 가지고 교사는 면밀하게 보육과정 운영계획이 이루어졌더라도 유아의 신체적 리듬, 보육내용에 대한 흥미 및 참여 정도, 또래 관계 등을 고려하여 운영계획을 수정 · 보완할 수 있도록 융통성이 필요하다(곽승주 외, 2016).

무엇보다 보육과정을 운영할 때 교사의 역할은 매우 중요하다. 따라서 교사가 보육과정을 운영할 때 어떤 점들을 고려해야 하는지 살펴보면 〈표 7-5〉와 같다(이동률, 2009).

표 7-5. 보육과정을 운영할 때 고려할 사항

- 교사는 영유아들에게 적합하고 효율적인 프로그램을 계획하고 운영하며, 보육목표를 설정하고 이에 기초한 보육계획을 수립하도록 한다.
- 보육계획을 수립할 때에 영유아의 발달적 적합성을 고려하여 발달의 전 영역을 균형 있게 다루도록 하며, 영유아의 개인차를 존중하고 발전시키기 위해 영유아들의 흥미와 요구들을 보육목표에 포함시키도록 한다.
- 보육계획을 융통성 있게 운영하고 상황에 따라 수정하고 변화를 주어 실시하도록 하며, 보육과정에 대한 운영을 효율적으로 실천하기 위해서는 교사의 보육방법에 대한 이해와 연구 개발이 필요하다.
- 보육과정을 근거한 보육계획을 시설이 갖고 있는 인적 · 물리적 환경을 고려하여 현재 수준에서 점진적으로 적용해 나가도록 한다.

보육과정을 운영함에 있어 기관마다 그 어린이집만의 보육과정 특성화를 지닌 곳도 있다. 예를 들어, 생태에 관심을 갖고 있는 기관이라면 보육과정 수립 시 생태의 특성을 살려 운영하기도 한다. 인성을 중요시 생각하는 기관은 인성 프로그램을 심도 있게 다루어 보육과정을 수립하고 운영하고 있다. 이와 같이 영유아의 다양한 교육적 요구를 만족시킴을 목적으로 특별활동 강사나 외부강사가 수업을 진행하는 프로그램 이외에도 특성화 프로그램을 보육과정 내에서 계획할 수 있다(박민정, 2017).

1) 어린이집 운영과 원장의 역할

어린이집은 교육대상이 영유아이며, 발달 특징에 따른 놀이 중심, 생활 중심으로 운영해야 하며, 원장과 교사는 전문성을 갖추어 체계적이고 합리적으로 운영해 나갈 필요가 있다(문혁준 외, 2015). 그에 따라 어린이집 운영이 합리적이고 일관성 있는 목적 달성을 위해 지켜져야 할 운영의 원리는 타당성의 원리, 민주성의 원리, 적용성의 원리, 효율성의 원리, 안정성의 원리를 통해 갈등해소를 위한 시도를 하게 된다(문혁준 외, 2015).

표 7-6. 어린이집 운영의 원리

구분	내용
타당성의 원리	운영 관리의 타당성의 원리란 보육목표 달성을 위한 올바른 보조 활동으로서 역할을 담당해야 한다.
민주적인 원리	운영 관리를 위한 민주적인 원리는 어린이집의 각 구성원의 주체적인 의의가 민주적으로 집약되어야 하며 운영자 개인의 독선적인 요소가 배제될 수 있어야 함을 의미한다.
적응성의 원리	어린이집을 운영 관리함에 있어서 준수해야 할 적응성의 원리란 현재 어린이집이 처해 있는 현실적인 상황을 충분히 고려하고 이를 합리적으로 수용해야 함을 의미한다.
효율성의 원리	운영 관리를 위한 효율성의 원리란 최소한의 노력과 경비로 최대한의 효과를 얻어야 하는 것을 의미한다. 이는 목적과 수단이 균형을 이루는 운영의 원리로서 어린이집에 주어진 물적 · 인적 환경의 모든 수단으로 최대의 목적을 달성할 수 있어야 한다.

구분	내용
안정성의 원리	어린이집 운영 관리에 있어서 안정성의 원리는 어린이집의 운영이 단기적인 차원에서 이루어지기보다는 교육 대계를 위한 장기적인 계획에 따라 기관을 운영하는 것이다. 이를 통해 어린이집에 위탁된 영유아의 신체적 · 정서적 보호 및 건강, 적기 교육을 위한 광범위한 영유아 양육 서비스를 제공할 수 있어야 함을 뜻한다.

합리적이고 효율적으로 어린이집이 운영되기 위해서는 다음과 같이 계획–조직–의사소통–실행–평가의 절차가 이루어져야 한다(문혁준 외, 2015). 첫째, 계획은 효과적으로 수행하기 위한 준비과정으로 목적과 행동을 구체화하는 준비과정이다. 둘째, 조직에서 어린이집 목표를 달성하기 위해 인적 · 물적 요소를 적절하게 배정하고 서로 유기적인 관계를 가지고 충분히 기능하도록 기관을 조직해 나간다. 셋째, 의사결정 및 바람직한 조직풍토를 형성하는 데 중요한 역할로 조직사회의 의사소통이 있다. 의사소통은 경청, 정보교환, 설명, 기술적인 정보사용으로 조직을 운영하는 원장은 필수적으로 발휘되어야 할 부분이다. 넷째, 계획을 실제로 수행하는 실행 단계로 조직, 재정, 인사, 시설, 사무, 교육활동 등이 교육목표에 달성되도록 최적의 상태로 조화시킨 후 실행하도록 한다. 목표를 달성하기 위해서는 교사들 간의 접촉을 통해 갈등을 해소하도록 하고 운영위원회 활동과 회의를 통해 최대한의 목표를 달성하도록 노력한다. 다섯째, 어린이집 운영 전반의 과정 및 수행결과에 대해 점검하는 평가의 단계이다. 원장은 구성원들과 질 높은 서비스를 제공하기 위해 최선을 다했는지 평가해야 하며, 다른 사람의 견해를 수용하고 문제와 현안을 객관적으로 평가해야 한다. 이를 통해 평가 결과는 반드시 다음 계획에 반영되도록 하여 평가결과를 잘 활용해 나갈 필요가 있다.

시설의 운영 관리자인 원장 역할의 중요성을 살펴보면 원장은 책임적 역할을 수행하는 사람으로서 보육과정의 기본적 운영방향을 설정한 뒤, 영유아들의 특성에 부합하는 고유한 보육과정을 운영 관리하는 능력이 요구된다. 이에 인적 자원 운영 관리를 위해 교사를 확보하고 배치하며 관리하는 능력이 필요함과 동시에 교사의 전문성 향상을 위해 행정지원 활동을 효율적으로 수행할 필요가 있다. 또한 물적 자원의 운영도 필요한데 실내·외 공간을 구성하고 영유아의 발달 수준과 주제에 적합한 교재·교구의 구비 및 제공도 이에 해당한다. 이처럼 기관 운영의 효율성과 효과성에 대한 부분에서 원장의 역할이 많은 영향을 미칠 수 있다(박찬옥 외, 2017).

2) 보육과정 운영과 교사의 역할

보육활동의 총체라고 하는 보육과정은 그 운영의 질이 직접 현장에서 보육과정을 적용하고 실천하는 보육교사의 손에 달려 있다고 할 수 있다. 보육교사의 역할은 보호와 양육, 보육과정의 운영 및 보육 프로그램 개발, 영유아의 평가 및 안내, 상담 및 정서적 지원, 촉진, 훈육 등과 같은 역할들이 요구되고 있다(Spodeck et al., 1993). 이러한 복합적 보육서비스를 제공해야 하는 보육교사의 역할을 크게 양육자로서의 역할, 촉진자로서의 역할, 관찰자로서의 역할 그리고 전문적인 지지자로서의 역할로 구분하고 있다(권민균 외, 2008).

「영유아보육법」에서는 보육교사의 역할을 영유아의 성장, 발달의 자연스런 과정에 있어 보호와 교육적 측면의 전문가로서 신체적·사회적·정서적·지적 발달을 균형 있게 격려할 수 있도록 교육방법을 연구하고 적용하며, 교실환경을 구성하고 영유아를 가르치는 교육자로서 영유아의 연령과 발달수준을 의식하여 적절한 자극을 제공하고, 나아가 부모들이 자녀 걱정없이 안심하고 사회·경제 활동을 할 수 있도록 부모와의 정보교환 교류자로서 원활한 의사소통을 통해 교사나 보육시설에 대한 신뢰감을 형성하도록 하는 역할을 담당한다고 규정하고 있다. 다양한 역할을 하는 보육교사가 보육과정을 얼마나 잘 이해하고 어떻게 실행하는가 하는 점은 보육목적을 실현하는데 있어 매우 중요한 과제가 된다(이성혜, 2011).

최영미(2006)의 연구에서와 같이 무엇보다 중요한 것은 정확한 이해를 바탕으로 자율적이며 창조적으로 연령에 맞게 보육과정을 계획하고 이끌어가는 것인데 그러기 위해서는 교사가 영유아 표준보육과정에 대한 정확한 이해와 이를 현장 교육에서 영아나 유아발달 개인 차이에 맞게 적절하게 통합하여 적용할 수 있어야 한다.

표준보육과정에 따라 각 보육시설에서 표준보육과정을 운영할 때 〈표 7-7〉과 같은 점들을 고려하도록 한다(이동률, 2009).

표 7-7. 표준보육과정 운영 시 보육교사의 역할

- 보육교사는 보육프로그램을 계획하고 운영한다. 보육교사가 수립하는 보육계획에는 연간계획, 월간계획, 주간계획 등이 있다. 이와 같은 계획들은 어떤 주제를 선정하는지, 주제에 어떤 개념과 내용들을 포함하는지, 언제 그리고 어떤 방법으로 영유아들에게 제시하고 보육하는지를 구체적으로 보여준다.
- 보육교사는 표준보육과정을 숙지하여 영유아들에게 적합하면서도 효율적인 프로그램을 계획하고 운영한다. 보육교사는 보육프로그램이 지향하는 보육목표를 설정하고, 이에 기초하여 보육계획을 수립한다. 그러기 위해서 보육교사는 「영유아보육법」상의 보육목적(1조) 및 보육이념(3조)과 표준보육과정에서 추구하는 보육과정의 목적 및 추구하는 인간상, 보육과정의 목표와 내용을 숙지하여 이를 근거로 프로그램의 보육목표를 설정하고, 이에 부합하는 보육계획을 세워야 한다.
- 보육교사는 영유아의 발달적 적합성을 고려하여 보육계획을 세운다. 보육계획과 운영은 반드시 영유아의 발달에 알맞아야 하며, 발달의 전 영역을 균형 있게 다루어야 한다. 영유아의 전인적 성장과 발달을 위하여 6개 보육영역의 보육목표를 균형 있게 설정하고, 영유아의 개인차를 존중하며 발전시키기 위해 각 영유아들의 흥미, 요구 등을 보육목표에 포함한다. 특히 이전에 했던 경험이나 지식, 기술을 좀 더 발전시킬 수 있도록 도와주어야 한다.
- 보육교사는 보육계획을 융통성 있게 운영한다. 보육계획을 수립한 후 이를 그대로 수행하려고 할 것이 아니라, 상황에 따라 융통성 있게 수정하고, 변화를 주어 실시하도록 한다. 보육교사는 계획대로 진행하는 가운데 스스로 평가함으로써 수정, 보완, 첨가해야 할 부분을 파악하고, 이를 보육계획에 반영시킬 수 있다.
- 표준보육과정에 근거한 보육계획은 각 보육시설이 갖고 있는 인적 · 물리적 환경에 따라 현 수준에서 점진적으로 적용하여 발전시켜 나간다.

Chapter

08

어린이집 표준보육과정의 구성과 내용

배울 내용

1. 2020 개정 표준보육과정의 이해
2. 표준보육과정의 영역별 목표 및 내용
3. 표준보육과정의 연령에 따른 내용

학습 목표

1. 2020 개정 표준보육과정의 배경, 구성방향 및 운영에 대해 안다.
2. 표준보육과정의 영역별 목표 및 내용을 숙지한다.
3. 표준보육과정의 연령에 따른 내용을 숙지한다.

영유아를 위한 국가 수준의 보육과 교육과정은 표준보육과정과 누리과정으로 구분할 수 있다. 먼저 국가 수준 표준보육과정은 어린이집의 0~2세 영유아들에게 제공하는 보편적이고 공통적인 보육의 목표와 내용을 제시한 것으로 0~1세 보육과정, 2세 보육과정으로 구성된다. 그리고 누리과정은 2019년에 개정되었는데 어린이집과 유치원의 3~5세 유아에게 적용되는 교육과정이다. 2020년에 개정된 국가 수준의 어린이집 표준보육과정은 영유아의 전인적 발달과 우리 문화에 적합한 내용을 일관성 있고 연계적으로 실천하며, 궁극적으로 사회에서 추구하는 인간상을 구현하고, 전국 어린이집의 질적 수준을 높이는 데 기여하는 것을 목적으로 한다.

1. 2020 개정 표준보육과정의 이해

1) 제4차 어린이집 표준보육과정 개정 배경

(1) 「2019 개정 누리과정」: 1단계 개정

「2019 개정 누리과정」의 개정 근거가 된 배경은 '교실혁명을 통한 유아 중심의 교육문화 조성' 과제 중 '유아가 중심이 되는 교육패러다임의 전환'이다. 따라서 「2019 개정 누리과정」은 국정의 방향을 충실히 반영하여 유아 중심, 놀이 중심, 교사의 자율성 강화를 기본방향으로 하여 개정되었다.

(2) 「제4차 어린이집 표준보육과정」(0~2세) 개정: 2단계 개정

2019년 말 현재, 어린이집에 다니는 0~5세 대상 보육과정 중 3~5세를 위한 보육과정(누리과정)은 이미 개정되었고, 0~2세는 어린이집에만 해당되므로 보건복지부 주관으로 0~5세 영유아의 연속적 경험과 연령 간 발달적 연계를 위해 누리과정 개정 방향 및 내용을 고려하여 「제3차 어린이집 표준보육과정」 중 0~1세 및 2세 보육과정의 개정이 요구되었다.

이러한 맥락에서 2020년 「제4차 어린이집 표준보육과정」(0~2세)을 개정[1)]하게 되었으며, 「제4차 어린이집 표준보육과정」 개정의 특성은 〈표 8-1〉과 같다.

표 8-1. 「제4차 어린이집 표준보육과정」 개정의 특성

- 총론은 누리과정 개정 방향과 취지를 수용하되, 보육의 정체성 유지, 영유아보육의 특성 반영
- 영역별 내용은 제3차 어린이집 표준보육과정을 토대로 영아보육의 특성 반영
- 기존의 연령 체계 유지: 0~1세 보육과정, 2세 보육과정
- 구성체계 조정: 영역, 내용범주, 내용 유지, 0~1세 4수준, 2세 2수준 세부내용 통합
- 기존의 6개 영역 유지 및 내용 간략화
- 영유아 중심, 놀이 중심 추구
- 영유아의 개별 기본권 보장 강조

1) 어린이집 표준보육과정 연혁
- 2004년: 영유아보육법 개정, 표준보육과정 개발·보급 법적 근거 마련
- 2007년: 여성가족부, 어린이집 「표준보육과정」 고시
- 2011년: 정부, 취학전 교육·보육 관련 국가 책임을 강화하는 「만5세 공통과정」 도입 발표
- 2012년: 복지부 어린이집 「제2차 표준보육과정」 고시
- 2012년: 이원화된 유치원 교육과정과 어린이집 표준보육과정을 「5세 누리과정」으로 통합하여 고시 제정 및 시행
- 2013년: 기존 5세 누리과정에 이어 "3-4세 누리과정 도입 계획" 발표('12.1.)로 표준보육과정 추가 개정, 「제3차 표준보육과정」 고시
- 2019년: 「2019 개정 누리과정」 고시 및 시행
- 2020년: 「제4차 표준보육과정」 고시 및 시행

「제4차 어린이집 표준보육과정」 개정의 특성은 누리과정 개정 방향을 고려하면서도 0~1세 보육과 2세 보육의 정체성 및 특성을 반영하고, 영유아의 개별 기본권을 보장하고, 영유아 중심과 놀이 중심으로 6개 영역을 통해 영유아의 건강한 발달을 도모하고자 하였다.

어린이집 표준보육과정(이하, '표준보육과정'이라 함)은 0~5세 영유아를 위한 국가 수준의 보육과정이며 0~1세 보육과정, 2세 보육과정, 3~5세 보육과정(누리과정)으로 구성되어 있다. 표준보육과정의 성격을 구체적으로 살펴보면 〈표 8-2〉와 같다.

표 8-2. 표준보육과정의 성격

제4차 어린이집 표준보육과정(2020)	누리과정(2019)
어린이집 표준보육과정(이하, '표준보육과정'이라 함)은 0~5세 영유아를 위한 국가 수준의 보육과정이며 0~1세 보육과정, 2세 보육과정, 3~5세 보육과정(누리과정)으로 구성한다. 가. 국가 수준의 공통성과 지역, 기관 및 개인 수준의 다양성을 동시에 추구한다. 나. 영유아의 전인적 발달과 행복을 추구한다. 다. 영유아 중심과 놀이 중심을 추구한다. 라. 영유아의 자율성과 창의성 신장을 추구한다. 마. 영유아, 교사, 원장, 부모 및 지역사회가 함께 실현해가는 것을 추구한다.	누리과정은 3~5세 유아를 위한 국가 수준의 공통 교육과정이다. 가. 국가 수준의 공통성과 지역, 기관 및 개인 수준의 다양성을 동시에 추구한다. 나. 유아의 전인적 발달과 행복을 추구한다. 다. 유아 중심과 놀이 중심을 추구한다. 라. 유아의 자율성과 창의성 신장을 추구한다. 마. 유아, 교사, 원장(감), 학부모 및 지역사회가 함께 실현해가는 것을 추구한다.

2) 표준보육과정의 구성방향

(1) 추구하는 인간상

우리나라의 「교육기본법」 제2조[2] 교육이념과 「영유아보육법」 제3조[3] 보육이념을

2) 「교육기본법」 제2조(교육이념)

바탕으로 표준보육과정이 추구하는 인간상은 〈표 8-3〉, [그림 8-1]과 같다. 구체적으로 표준보육과정에서 추구하는 인간상은 '건강한 사람, 자주적인 사람, 창의적인 사람, 감성이 풍부한 사람 및 더불어 사는 사람'이다.

표 8-3. 표준보육과정의 인간상

제4차 어린이집 표준보육과정(2020)	누리과정(2019)
표준보육과정이 추구하는 인간상은 다음과 같다. 가. 건강한 사람 나. 자주적인 사람 다. 창의적인 사람 라. 감성이 풍부한 사람 마. 더불어 사는 사람	누리과정이 추구하는 인간상은 다음과 같다. 가. 건강한 사람 나. 자주적인 사람 다. 창의적인 사람 라. 감성이 풍부한 사람 마. 더불어 사는 사람

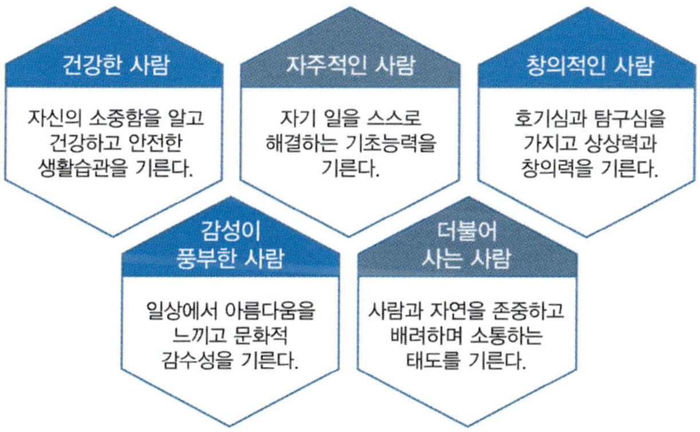

그림 8-1. 추구하는 인간상

교육은 홍익인간(弘益人間)의 이념 아래 모든 국민으로 하여금 인격을 도야(陶冶)하고 자주적 생활능력과 민주시민으로서 필요한 자질을 갖추게 함으로써 인간다운 삶을 영위하게 하고 민주국가의 발전과 인류공영(人類共榮)의 이상을 실현하는 데에 이바지하게 함을 목적으로 한다.

3) 「영유아보육법」 제3조(보육이념)
① 보육은 영유아의 이익을 최우선적으로 고려하여 제공되어야 한다.
② 보육은 영유아가 안전하고 쾌적한 환경에서 건강하게 성장할 수 있도록 하여야 한다.
③ 영유아는 자신이나 보호자의 성, 연령, 종교, 사회적 신분, 재산, 장애, 인종 및 출생지역 등에 따른 어떠한 종류의 차별도 받지 아니하고 보육되어야 한다.

(2) 표준보육과정의 목적과 목표

표준보육과정의 목적은 영유아가 놀이를 통해 심신의 건강과 조화로운 발달을 이루고 바른 인성과 민주 시민의 기초를 형성하는 데에 있다. 이를 실현하기 위한 목표로는 0~2세 보육과정 목표, 3~5세 보육과정 목표로 구분하여 제시하고 있는데, 구체적인 목적과 목표는 〈표 8-4〉와 같다.

표 8-4. 표준보육과정의 목적과 목표

제4차 어린이집 표준보육과정(2020)	누리과정(2019)
표준보육과정의 목적은 영유아가 놀이를 통해 심신의 건강과 조화로운 발달을 이루고 바른 인성과 민주 시민의 기초를 형성하는 데에 있다. 이를 실현하기 위한 목표는 다음과 같다. **[0~2세 보육과정 목표]** 가. 자신의 소중함을 알고 건강하고 안전한 환경에서 즐겁게 생활한다. 나. 자신의 일을 스스로 하고자 한다. 다. 호기심을 가지고 탐색하며 상상력을 기른다. 라. 일상에서 아름다움에 관심을 가지고 감성을 기른다. 마. 사람과 자연을 존중하고 소통하는 데 관심을 가진다. **[3~5세 보육과정 목표]** 가. 자신의 소중함을 알고, 건강하고 안전한 생활 습관을 기른다. 나. 자신의 일을 스스로 해결하는 기초능력을 기른다. 다. 호기심과 탐구심을 가지고 상상력과 창의력을 기른다.	누리과정의 목적은 유아가 놀이를 통해 심신의 건강과 조화로운 발달을 이루고 바른 인성과 민주 시민의 기초를 형성하는 데에 있다. 이를 실현하기 위한 목표는 다음과 같다. 가. 자신의 소중함을 알고, 건강하고 안전한 생활 습관을 기른다. 나. 자신의 일을 스스로 해결하는 기초능력을 기른다. 다. 호기심과 탐구심을 가지고 상상력과 창의력을 기른다. 라. 일상에서 아름다움을 느끼고 문화적 감수성을 기른다. 마. 사람과 자연을 존중하고 배려하며 소통하는 태도를 기른다.

제4차 어린이집 표준보육과정(2020)	누리과정(2019)
라. 일상에서 아름다움을 느끼고 문화적 감수성을 기른다. 마. 사람과 자연을 존중하고 배려하며 소통하는 태도를 기른다.	

(3) 표준보육과정 구성의 중점

표준보육과정 구성은 0~5세의 모든 영유아는 개별적인 특성을 지닌 고유한 존재로서 존중받아야 한다는 전제하에, 0~2세는 6개의 영역, 3~5세는 5개의 영역으로 지식, 기능, 태도 및 가치를 반영하여 구성함으로써 표준보육과정에서 추구하는 인간상을 구현하고자 하였으며, 초등학교 교육과정과의 연계성을 고려하여 구성되었다. 구체적인 표준보육과정 구성의 중점은 〈표 8-5〉와 같다.

표 8-5. 표준보육과정 구성의 중점

제4차 어린이집 표준보육과정(2020)	누리과정(2019)
표준보육과정 구성의 중점은 다음과 같다. 가. 영유아는 개별적인 특성을 지닌 고유한 존재임을 전제로 구성한다. 나. 0~5세 모든 영유아에게 적용할 수 있도록 구성한다. 다. 추구하는 인간상 구현을 위한 지식, 기능, 태도 및 가치를 반영하여 구성한다. 라. 표준 보육과정은 다음의 영역을 중심으로 구성한다. 1) 0~1세 보육과정과 2세 보육과정은 기본생활, 신체운동, 의사소통, 사회관계, 예술경험, 자연탐구의 6개 영역을 중심으로 구성한다.	누리과정 구성의 중점은 다음과 같다. 가. 3~5세 모든 유아에게 적용할 수 있도록 구성한다. 나. 추구하는 인간상 구현을 위한 지식, 기능, 태도 및 가치를 반영하여 구성한다. 다. 신체운동 · 건강, 의사소통, 사회관계, 예술경험, 자연탐구의 5개 영역을 중심으로 구성한다. 라. 3~5세 유아가 경험해야 할 내용으로 구성한다. 마. 0~2세 보육과정 및 초등학교 교육과정과의 연계성을 고려하여 구성한다.

제4차 어린이집 표준보육과정(2020)	누리과정(2019)
2) 3~5세 누리과정은 신체운동 · 건강, 의사소통, 사회관계, 예술경험, 자연탐구의 5개 영역을 중심으로 구성한다. 마. 0~5세 영유아가 경험해야 할 내용으로 구성한다. 바. 초등학교 교육과정과의 연계성을 고려하여 구성한다.	

3) 표준보육과정의 운영

(1) 표준보육과정의 편성 · 운영

표준보육과정의 편성 · 운영은 어린이집 운영시간에 맞추어 각 기관의 실정과 영유아의 발달 정도를 고려하여 계획을 세우고, 하루 일과에서 바깥 놀이를 포함하여 영유아의 놀이가 충분히 이루어지도록 운영해야 한다는 것을 강조한다. 또한 성, 신체적 특성, 장애, 종교, 가족 및 문화적 배경으로 인한 차별이 없어야 하며, 가정과 지역사회의 협력과 참여를 유도하여야 하며, 교사 연수를 통해 표준보육과정의 운영이 개선되도록 노력해야 한다. 구체적인 표준보육과정의 편성 · 운영은 〈표 8-6〉과 같다.

표 8-6. 표준보육과정의 편성 · 운영

제4차 어린이집 표준보육과정(2020)	누리과정(2019)
다음의 사항에 따라 표준보육과정을 편성 · 운영한다. 가. 어린이집의 운영시간에 맞추어 편성한다. 나. 표준보육과정을 바탕으로 각 기관의 실정에	다음의 사항에 따라 누리과정을 편성 · 운영한다. 가. 1일 4~5시간을 기준으로 편성한다. 나. 일과 운영에 따라 확장하여 편성할 수 있다. 다. 누리과정을 바탕으로 각 기관의 실정에 적합

제4차 어린이집 표준보육과정(2020)	누리과정(2019)
적합한 계획을 수립하여 운영한다.	한 계획을 수립하여 운영한다.
다. 하루 일과에서 바깥 놀이를 포함하여 영유아의 놀이가 충분히 이루어지도록 편성하여 운영한다.	라. 하루 일과에서 바깥 놀이를 포함하여 유아의 놀이가 충분히 이루어지도록 편성하여 운영한다.
라. 성, 신체적 특성, 장애, 종교, 가족 및 문화적 배경 등에 따른 차별이 없도록 편성하여 운영한다.	마. 성, 신체적 특성, 장애, 종교, 가족 및 문화적 배경 등으로 인한 차별이 없도록 편성하여 운영한다.
마. 영유아의 발달과 장애 정도에 따라 조정하여 운영한다.	바. 유아의 발달과 장애 정도에 따라 조정하여 운영한다.
바. 가정과 지역사회와의 협력과 참여에 기반하여 운영한다.	사. 가정과 지역사회와의 협력과 참여에 기반하여 운영한다.
사. 교사 연수를 통해 표준보육과정의 운영을 개선할 수 있도록 한다.	아. 교사 연수를 통해 누리과정의 운영이 개선되도록 한다.

(2) 표준보육과정의 교수 · 학습

표준보육과정의 교수 · 학습에서는 영유아의 개별 특성을 고려하여 놀이 중심으로 자유롭게 즐기도록 실내 · 외 환경을 구성하고, 영유아의 의사표현을 존중하고, 민감하게 반응하고, 영유아와 영유아, 영유아와 교사, 영유아와 환경 간에 능동적인 상호작용이 이루어지도록 해야 한다. 또한 각 영역의 내용이 통합적으로 영유아의 경험과 연계되도록 해야 하며, 개별 영유아의 요구에 따라 휴식과 일상생활이 원활히 이루어지도록 해야 한다. 구체적인 표준보육과정의 교수 · 학습의 내용은 〈표 8-7〉과 같다.

표 8-7. 표준보육과정의 교수 · 학습

제4차 어린이집 표준보육과정(2020)	누리과정(2019)
교사는 다음 사항에 따라 영유아를 지원한다. 가. 영유아의 의사표현을 존중하고 민감하게 반응한다. 나. 영유아가 흥미와 관심에 따라 놀이에 자유롭게 참여하고 즐기도록 한다. 다. 영유아가 놀이를 통해 배우도록 한다. 라. 영유아가 다양한 놀이와 활동을 경험할 수 있도록 실내 · 외 환경을 구성한다. 마. 영유아와 영유아, 영유아와 교사, 영유아와 환경 사이에 능동적인 상호작용이 이루어지도록 한다. 바. 각 영역의 내용이 통합적으로 영유아의 경험과 연계되도록 한다. 사. 개별 영유아의 요구에 따라 휴식과 일상생활이 원활히 이루어지도록 한다. 아. 영유아의 연령, 발달, 장애, 배경 등을 고려하여 개별 특성에 적합한 방식으로 배우도록 한다.	교사는 다음 사항에 따라 유아를 지원한다. 가. 유아가 흥미와 관심에 따라 놀이에 자유롭게 참여하고 즐기도록 한다. 나. 유아가 놀이를 통해 배우도록 한다. 다. 유아가 다양한 놀이와 활동을 경험할 수 있도록 실내 · 외 환경을 구성한다. 라. 유아와 유아, 유아와 교사, 유아와 환경 간에 능동적인 상호작용이 이루어지도록 한다. 마. 5개 영역의 내용이 통합적으로 유아의 경험과 연계되도록 한다. 바. 개별 유아의 요구에 따라 휴식과 일상생활이 원활히 이루어지도록 한다. 사. 유아의 연령, 발달, 장애, 배경 등을 고려하여 개별 특성에 적합한 방식으로 배우도록 한다.

(3) 표준보육과정의 평가

표준보육과정의 평가는 평가의 목적에 따라 적합한 방법을 사용하여 영유아의 특성과 변화 정도 및 표준보육과정의 운영을 평가하게 된다. 평가의 목적은 표준보육과정 운영의 질을 진단하고 개선하기 위해서이며, 평가결과의 활용은 영유아에 대해 이해하고 표준보육과정 운영 개선을 위한 자료로 활용하게 된다. 구체적인 표준보육과정의 평가내용은 〈표 8-8〉과 같다.

표 8-8. 표준보육과정의 평가

제4차 어린이집 표준보육과정(2020)	누리과정(2019)
평가는 다음 사항에 중점을 두고 실시한다. 가. 표준보육과정 운영의 질을 진단하고 개선하기 위해 평가를 계획하고 실시한다. 나. 영유아의 특성 및 변화 정도와 표준보육과정의 운영을 평가한다. 다. 평가의 목적에 따라 적합한 방법을 사용하여 평가한다. 라. 평가의 결과는 영유아에 대한 이해와 표준보육과정 운영 개선을 위한 자료로 활용할 수 있다.	평가는 다음 사항에 중점을 두고 실시한다. 가. 누리과정 운영의 질을 진단하고 개선하기 위해 평가를 계획하고 실시한다. 나. 유아의 특성 및 변화 정도와 누리과정의 운영을 평가한다. 다. 평가의 목적에 따라 적합한 방법을 사용하여 평가한다. 라. 평가의 결과는 유아에 대한 이해와 누리과정 운영 개선을 위한 자료로 활용할 수 있다.

2. 표준보육과정의 영역별 목표 및 내용

표준교육과정의 0~1세와 2세 보육과정은 기본생활, 신체운동, 의사소통, 사회관계, 예술경험 및 자연탐구의 6개 영역을 중심으로 구성되어 있다. 그리고 2019년도에 개정된 국가 수준 누리과정은 3~5세 유아를 대상으로 적용되는 공통 교육과정으로의 성격이 명확해졌으며, 또한 유아교육현장의 자율성을 기반으로 창의성 · 감성 · 사회성 향상에 초점을 맞추고 있으며, 신체운동 · 건강, 의사소통, 사회관계, 예술경험 및 자연탐구 5개 영역으로 구성되어 있다. 표준보육과정과 누리과정에서 제시하고 있는 영역별 목표 및 내용을 구체적으로 살펴보면 다음과 같다.

1) 0~1세 표준보육과정의 영역별 목표 및 내용

국가 수준 표준교육과정의 0~1세 영역별 목표 및 내용은 기본생활, 신체운동, 의사소통, 사회관계, 예술경험 및 자연탐구의 6개 영역을 중심으로 구성되어 있다.

(1) 기본생활

① 목표

0~1세 영아를 위한 표준보육과정의 기본생활 목표는 '건강하고 안전한 일상생활을 경험한다'이다. 이를 달성하기 위한 구체적인 하위 목표는 〈표 8-9〉와 같다.

표 8-9. 0~1세 표준보육과정 기본생활의 하위 목표

- 건강한 일상생활을 경험한다.
- 안전한 일상생활을 경험한다.

② 내용

0~1세 영아를 위한 표준보육과정 기본생활의 내용범주는 '건강하게 생활하기'와 '안전하게 생활하기'의 두 가지 범주로 구성되어 있으며, '건강하게 생활하기'에는 '도움을 받아 몸을 깨끗이 한다', '음식을 즐겁게 먹는다', '하루 일과를 편안하게 경험한다', '배변의사를 표현한다'로, '안전하게 생활하기'에는 '안전한 상황에서 놀이하고 생활한다', '안전한 상황에서 교통수단을 이용해 본다', '위험하다는 말에 주의한다'로 구성되어 있다. 0~1세 영아를 위한 표준보육과정의 기본생활 내용범주와 구체적인 내용은 〈표 8-10〉과 같다.

표 8-10. 0~1세 표준보육과정 기본생활 내용범주와 내용

내용범주	내용
건강하게 생활하기	• 도움을 받아 몸을 깨끗이 한다. • 음식을 즐겁게 먹는다. • 하루 일과를 편안하게 경험한다. • 배변의사를 표현한다.
안전하게 생활하기	• 안전한 상황에서 놀이하고 생활한다. • 안전한 상황에서 교통수단을 이용해 본다. • 위험하다는 말에 주의한다.

(2) 신체운동

① 목표

0~1세 영아를 위한 표준보육과정의 신체운동 목표는 '감각으로 탐색하고 신체활동을 즐긴다'이다. 이를 달성하기 위한 구체적인 하위 목표는 〈표 8-11〉과 같다.

표 8-11. 0~1세 표준보육과정 신체운동의 하위 목표

• 감각 탐색을 즐긴다. • 신체활동을 즐겁게 경험한다.

② 내용

0~1세 영아를 위한 표준보육과정 신체운동 내용범주는 '감각과 신체 인식하기'와 '신체활동 즐기기'의 두 가지 범주로 구성되어 있으며, '감각과 신체 인식하기'에는 '감각적 자극에 반응한다', '감각으로 주변을 탐색한다', '신체를 탐색한다'로, '신체활동 즐기기'에는 '대 · 소근육을 조절한다', '기본운동을 시도한다', '실내 · 외 신체활동을 즐긴다'로 구성되어 있다. 0~1세 영아를 위한 표준보육과정 신체운동의 내용범주와 구체

적인 내용은 〈표 8-12〉와 같다.

표 8-12. 0~1세 표준보육과정 신체운동의 내용범주와 내용

내용범주	내용
감각과 신체 인식하기	• 감각적 자극에 반응한다. • 감각으로 주변을 탐색한다. • 신체를 탐색한다.
신체활동 즐기기	• 대 · 소근육을 조절한다. • 기본운동을 시도한다. • 실내 · 외 신체활동을 즐긴다.

(3) 의사소통

① 목표

0~1세 영아를 위한 표준보육과정 의사소통의 목표는 '의사소통능력의 기초를 마련한다'이다. 이를 달성하기 위한 구체적인 하위 목표는 〈표 8-13〉과 같다.

표 8-13. 0~1세 표준보육과정 의사소통의 하위 목표

• 일상생활에서 듣고 말하기를 즐긴다.
• 읽기와 쓰기에 관련된 관심을 가진다.
• 책과 이야기에 관심을 가진다.

② 내용

0~1세 영아를 위한 표준보육과정 의사소통의 내용범주는 '듣기와 말하기', '읽기와 쓰기에 관심 가지기' 및 '책과 이야기 즐기기'의 세 가지 범주로 구성되어 있으며, '듣기와 말하기'에는 '표정, 몸짓, 말과 주변의 소리에 관심을 갖고 듣는다', '상대방의 이야

기를 들으면서 말소리를 낸다', '표정, 몸짓, 말소리로 의사를 표현한다'로, '읽기와 쓰기에 관심 가지기'에는 '주변의 그림과 상징에 관심을 가진다', '끼적이기에 관심을 가진다'로, '책과 이야기 즐기기'에는 '책에 관심을 가진다', '이야기에 관심을 가진다'로 구성되어 있다. 0~1세 영아를 위한 표준보육과정 의사소통의 내용범주와 구체적인 내용은 〈표 8-14〉와 같다.

표 8-14. 0~1세 표준보육과정 의사소통의 내용범주와 내용

내용범주	내용
듣기와 말하기	• 표정, 몸짓, 말과 주변의 소리에 관심을 갖고 듣는다. • 상대방의 이야기를 들으면서 말소리를 낸다. • 표정, 몸짓, 말소리로 의사를 표현한다.
읽기와 쓰기에 관심 가지기	• 주변의 그림과 상징에 관심을 가진다. • 끼적이기에 관심을 가진다.
책과 이야기 즐기기	• 책에 관심을 가진다. • 이야기에 관심을 가진다.

(4) 사회관계

① 목표

0~1세 영아를 위한 표준보육과정 사회관계의 목표는 '나를 인식하고 친숙한 사람과 관계를 맺는다'이다. 이를 달성하기 위한 구체적인 하위 목표는 〈표 8-15〉와 같다.

표 8-15. 0~1세 표준보육과정 사회관계의 하위 목표

• 나를 고유한 존재로 안다. • 안정적인 애착을 형성하고 또래, 교사와 함께 지낸다.

② 내용

0~1세 영아를 위한 표준보육과정 사회관계의 내용범주는 '나를 알고 존중하기'와 '더불어 생활하기'의 두 가지 범주로 구성되어 있으며, '나를 알고 존중하기'에는 '나를 인식한다', '나의 욕구와 감정을 나타낸다', '나와 친숙한 것을 안다'로, '더불어 생활하기'에는 '안정적인 애착을 형성한다', '또래에게 관심을 가진다', '다른 사람의 감정과 행동에 관심을 가진다', '반에서 편안하게 지낸다'로 구성되어 있다. 0~1세 영아를 위한 표준보육과정 사회관계의 내용범주와 구체적인 내용은 〈표 8-16〉과 같다.

표 8-16. 0~1세 표준보육과정 사회관계의 내용범주와 내용

내용범주	내용
나를 알고 존중하기	• 나를 인식한다. • 나의 욕구와 감정을 나타낸다. • 나와 친숙한 것을 안다.
더불어 생활하기	• 안정적인 애착을 형성한다. • 또래에게 관심을 가진다. • 다른 사람의 감정과 행동에 관심을 가진다. • 반에서 편안하게 지낸다.

(5) 예술경험

① 목표

0~1세 영아를 위한 표준보육과정 예술경험의 목표는 '아름다움을 느끼고 경험한다'이다. 이를 달성하기 위한 구체적인 하위 목표는 〈표 8-17〉과 같다.

표 8-17. 0~1세 표준보육과정 예술경험의 하위 목표

• 자연과 생활에서 아름다움에 관심을 가진다. • 예술적 경험을 표현한다.

② 내용

0~1세 영아를 위한 표준보육과정 예술경험의 내용범주는 '아름다움을 찾아보기'와 '창의적으로 표현하기'의 두 가지 범주로 구성되어 있으며, '아름다움을 찾아보기'에는 '자연과 생활에서 아름다움을 느낀다', '아름다움에 관심을 가진다'로, '창의적으로 표현하기'에는 '소리와 리듬, 노래로 표현한다', '감각을 통해 미술을 경험한다', '모방행동을 즐긴다'로 구성되어 있다. 0~1세 영아를 위한 표준보육과정 예술경험의 내용범주와 구체적인 내용은 〈표 8-18〉과 같다.

표 8-18. 0~1세 표준보육과정 예술경험의 내용범주와 내용

내용범주	내용
아름다움을 찾아보기	• 자연과 생활에서 아름다움을 느낀다. • 아름다움에 관심을 가진다.
창의적으로 표현하기	• 소리와 리듬, 노래로 표현한다. • 감각을 통해 미술을 경험한다. • 모방행동을 즐긴다.

(6) 자연탐구

① 목표

0~1세 영아를 위한 표준보육과정 자연탐구의 목표는 '주변 환경과 자연에 관심을 가진다'이다. 이를 달성하기 위한 구체적인 하위 목표는 〈표 8-19〉와 같다.

표 8-19. 0~1세 표준보육과정 자연탐구의 하위 목표

• 일상에서 탐색을 즐긴다. • 주변 환경을 탐색한다 • 생명과 자연에 관심을 가진다.

② 내용

0~1세 영아를 위한 표준보육과정 자연탐구의 내용범주는 '탐구과정 즐기기', '생활 속에서 탐구하기', '자연과 더불어 살기'의 세 가지 범주로 구성되어 있으며, '탐구과정 즐기기'에는 '주변 세계와 자연에 대해 호기심을 가진다', '사물과 자연을 탐색하기를 즐긴다'로, '생활 속에서 탐구하기'에는 '친숙한 물체를 감각으로 탐색한다', '물체의 수량에 관심을 가진다', '주변 공간과 모양을 탐색한다', '규칙성을 경험한다'로, '자연과 더불어 살기'에는 '주변의 동 · 식물에 관심을 가진다', '날씨의 변화를 감각으로 느낀다'로 구성되어 있다. 0~1세 영아를 위한 표준보육과정 자연탐구의 내용범주와 구체적인 내용은 〈표 8-20〉과 같다.

표 8-20. 0~1세 표준보육과정 자연탐구의 내용범주와 내용

내용범주	내용
탐구과정 즐기기	• 주변 세계와 자연에 대해 호기심을 가진다. • 사물과 자연을 탐색하기를 즐긴다.
생활 속에서 탐구하기	• 친숙한 물체를 감각으로 탐색한다. • 물체의 수량에 관심을 가진다. • 주변 공간과 모양을 탐색한다. • 규칙성을 경험한다.
자연과 더불어 살기	• 주변의 동 · 식물에 관심을 가진다. • 날씨의 변화를 감각으로 느낀다.

2) 2세 표준보육과정의 영역별 목표 및 내용

국가 수준 표준교육과정의 2세 영역별 목표 및 내용은 기본생활, 신체운동, 의사소통, 사회관계, 예술경험 및 자연탐구의 6개 영역을 중심으로 구성되어 있다.

(1) 기본생활

① 목표

2세 영아를 위한 표준보육과정의 기본생활 목표는 '건강하고 안전한 생활습관의 기초를 형성한다'이다. 이를 달성하기 위한 구체적인 하위 목표는 〈표 8-21〉과 같다.

표 8-21. 2세 표준보육과정 기본생활의 하위 목표

• 건강한 생활습관의 기초를 형성한다. • 안전한 생활습관의 기초를 형성한다.

② 내용

2세 영아를 위한 표준보육과정 기본생활의 내용범주는 '건강하게 생활하기'와 '안전하게 생활하기'의 두 가지 범주로 구성되어 있으며, '건강하게 생활하기'에는 '자신의 몸을 깨끗이 해 본다', '음식에 관심을 가지고 즐겁게 먹는다', '하루 일과를 즐겁게 경험한다', '건강한 배변습관을 갖는다'로, '안전하게 생활하기'에는 '일상에서 안전하게 놀이하고 생활한다', '교통수단을 안전하게 이용해 본다', '위험한 상황에 대처하는 방법을 경험한다'로 구성되어 있다. 2세 영아를 위한 표준보육과정의 기본생활 내용범주와 구체적인 내용은 〈표 8-22〉와 같다.

표 8-22. 2세 표준보육과정 기본생활의 내용범주와 내용

내용범주	내용
건강하게 생활하기	• 자신의 몸을 깨끗이 해 본다. • 음식에 관심을 가지고 즐겁게 먹는다. • 하루 일과를 즐겁게 경험한다. • 건강한 배변습관을 갖는다.
안전하게 생활하기	• 일상에서 안전하게 놀이하고 생활한다. • 교통수단을 안전하게 이용해 본다. • 위험한 상황에 대처하는 방법을 경험한다.

(2) 신체운동

① 목표

2세 영아를 위한 표준보육과정의 신체운동 목표는 '감각을 활용하고, 신체활동을 즐긴다'이다. 이를 달성하기 위한 구체적인 하위 목표는 〈표 8-23〉과 같다.

표 8-23. 2세 표준보육과정 신체운동의 하위 목표

• 감각을 활용하고 신체를 인식한다. • 신체활동을 즐긴다.

② 내용

2세 영아를 위한 표준보육과정 신체운동의 내용범주는 '감각과 신체 인식하기'와 '신체활동 즐기기'의 두 가지 범주로 구성되어 있으며, '감각과 신체 인식하기'에는 '감각능력을 활용한다', '신체를 인식하고 움직인다'로, '신체활동 즐기기'에는 '대 · 소근육을 조절한다', '기본운동을 즐긴다', '실내 · 외 신체활동을 즐긴다'로 구성되어 있다. 2세

영아를 위한 표준보육과정 신체운동의 내용범주와 구체적인 내용은 〈표 8-24〉와 같다.

표 8-24. 2세 표준보육과정 신체운동의 내용범주와 내용

내용범주	내용
감각과 신체 인식하기	• 감각 능력을 활용한다. • 신체를 인식하고 움직인다.
신체활동 즐기기	• 대 · 소근육을 조절한다. • 기본운동을 즐긴다. • 실내 · 외 신체활동을 즐긴다.

(3) 의사소통

① 목표

2세 영아를 위한 표준보육과정 의사소통의 목표는 '의사소통능력과 상상력의 기초를 형성한다'이다. 이를 달성하기 위한 구체적인 하위 목표는 〈표 8-25〉와 같다.

표 8-25. 2세 표준보육과정 의사소통의 하위 목표

• 일상생활에서 듣기와 말하기를 즐긴다. • 읽기와 쓰기에 관심을 가진다. • 책과 이야기에 재미를 느낀다.

② 내용

2세 영아를 위한 표준보육과정 의사소통의 내용범주는 '듣기와 말하기', '읽기와 쓰기에 관심 가지기' 및 '책과 이야기 즐기기'의 세 가지 범주로 구성되어 있으며, '듣기와 말하기'에는 '표정, 몸짓, 말에 관심을 갖고 듣는다', '상대방의 이야기를 듣고 말한다',

'표정, 몸짓, 단어로 의사를 표현한다', '자신의 요구와 느낌을 말한다'로, '읽기와 쓰기에 관심 가지기'에는 '주변의 그림과 상징, 글자에 관심을 가진다', '끼적이며 표현하기를 즐긴다'로, '책과 이야기 즐기기'에는 '책에 관심을 가지고 상상한다', '말놀이와 이야기에 재미를 느낀다'로 구성되어 있다. 2세 영아를 위한 표준보육과정 의사소통의 내용범주와 구체적인 내용은 〈표 8-26〉과 같다.

표 8-26. 2세 표준보육과정 의사소통의 내용범주와 내용

내용범주	내용
듣기와 말하기	• 표정, 몸짓, 말에 관심을 갖고 듣는다. • 상대방의 이야기를 듣고 말한다. • 표정, 몸짓, 단어로 의사를 표현한다. • 자신의 요구와 느낌을 말한다.
읽기와 쓰기에 관심 가지기	• 주변의 그림과 상징, 글자에 관심을 가진다. • 끼적이며 표현하기를 즐긴다.
책과 이야기 즐기기	• 책에 관심을 가지고 상상한다. • 말놀이와 이야기에 재미를 느낀다.

(4) 사회관계

① 목표

2세 영아를 위한 표준보육과정 사회관계의 목표는 '나를 알고 다른 사람과 더불어 생활하는 경험을 한다'이다. 이를 달성하기 위한 구체적인 하위 목표는 〈표 8-27〉과 같다.

표 8-27. 2세 표준보육과정 사회관계의 하위 목표

• 나를 알고 긍정적으로 여긴다. • 다른 사람과 즐겁게 지내기 위한 태도를 기른다.

② 내용

2세 영아를 위한 표준보육과정 사회관계의 내용범주는 '나를 알고 존중하기'와 '더불어 생활하기'의 두 가지 범주로 구성되어 있으며, '나를 알고 존중하기'에는 '나와 다른 사람을 구별한다', '나의 감정을 표현한다', '내가 좋아하는 것을 한다'로, '더불어 생활하기'에는 '가족에게 관심을 가진다', '또래와 함께 놀이한다', '다른 사람의 감정과 행동에 반응한다', '반에서의 규칙과 약속을 알고 지킨다'로 구성되어 있다. 2세 영아를 위한 표준보육과정 사회관계의 내용범주와 구체적인 내용은 〈표 8-28〉과 같다.

표 8-28. 2세 표준보육과정 사회관계의 내용범주와 내용

내용범주	내용
나를 알고 존중하기	• 나와 다른 사람을 구별한다. • 나의 감정을 표현한다. • 내가 좋아하는 것을 한다.
더불어 생활하기	• 가족에게 관심을 가진다. • 또래와 함께 놀이한다. • 다른 사람의 감정과 행동에 반응한다. • 반에서의 규칙과 약속을 알고 지킨다.

(5) 예술경험

① 목표

2세 영아를 위한 표준보육과정 예술경험의 목표는 '아름다움을 느끼고 즐긴다'이다. 이를 달성하기 위한 구체적인 하위 목표는 〈표 8-29〉와 같다.

표 8-29. 2세 표준보육과정 예술경험의 하위 목표

• 자연과 생활에서 아름다움을 느끼고 관심을 가진다. • 예술을 통해 자유롭게 표현한다.

② 내용

2세 영아를 위한 표준보육과정 예술경험의 내용범주는 '아름다움을 찾아보기'와 '창의적으로 표현하기'의 두 가지 범주로 구성되어 있으며, '아름다움을 찾아보기'에는 '자연과 생활에서 아름다움을 느끼고 즐긴다', '아름다움에 관심을 갖고 찾아본다'로, '창의적으로 표현하기'에는 '익숙한 노래와 리듬을 표현한다', '움직임과 춤으로 자유롭게 표현한다', '미술 재료와 도구로 표현해 본다', '일상생활 경험을 상상놀이로 표현한다'로 구성되어 있다. 2세 영아를 위한 표준보육과정 예술경험의 내용범주와 구체적인 내용은 〈표 8-30〉과 같다.

표 8-30. 2세 표준보육과정 예술경험의 내용범주와 내용

내용범주	내용
아름다움을 찾아보기	• 자연과 생활에서 아름다움을 느끼고 즐긴다. • 아름다움에 관심을 갖고 찾아본다.
창의적으로 표현하기	• 익숙한 노래와 리듬을 표현한다. • 움직임과 춤으로 자유롭게 표현한다. • 미술 재료와 도구로 표현해 본다. • 일상생활 경험을 상상놀이로 표현한다.

(6) 자연탐구

① 목표

2세 영아를 위한 표준보육과정 자연탐구의 목표는 '주변 환경과 자연을 탐색하는

과정을 즐긴다'이다. 이를 달성하기 위한 구체적인 하위 목표는 〈표 8-31〉과 같다.

표 8-31. 2세 표준보육과정 자연탐구의 하위 목표

• 일상에서 탐색하는 과정을 즐긴다. • 주변 환경에 관심을 가지고 탐색한다. • 생명과 자연에 관심을 가진다.

② 내용

2세 영아를 위한 표준보육과정 자연탐구의 내용범주는 '탐구과정 즐기기', '생활 속에서 탐구하기', '자연과 더불어 살기'의 세 가지 범주로 구성되어 있으며, '탐구과정 즐기기'에는 '주변 세계와 자연에 대해 호기심을 가진다', '사물과 자연을 반복하여 탐색하기를 즐긴다'로, '생활 속에서 탐구하기'에는 '친숙한 물체의 특성과 변화를 감각으로 탐색한다', '물체의 수량에 관심을 가진다', '주변 공간에 모양을 탐색한다', '규칙성에 관심을 가진다', '주변 사물을 같고 다름에 따라 구분한다', '생활도구에 관심을 가진다'로, '자연과 더불어 살기'에는 '주변의 동·식물에 관심을 가진다', '날씨와 계절의 변화를 감각으로 느낀다'로 구성되어 있다. 2세 영아를 위한 표준보육과정 자연탐구의 내용범주와 구체적인 내용은 〈표 8-32〉와 같다.

표 8-32. 2세 표준보육과정 자연탐구의 내용범주와 내용

내용범주	내용
탐구과정 즐기기	• 주변 세계와 자연에 대해 호기심을 가진다. • 사물과 자연을 반복하여 탐색하기를 즐긴다.
생활 속에서 탐구하기	• 친숙한 물체의 특성과 변화를 감각으로 탐색한다. • 물체의 수량에 관심을 가진다. • 주변 공간에 모양을 탐색한다. • 규칙성에 관심을 가진다.

내용범주	내용
	• 주변 사물을 같고 다름에 따라 구분한다. • 생활도구에 관심을 가진다.
자연과 더불어 살기	• 주변의 동 · 식물에 관심을 가진다. • 날씨와 계절의 변화를 감각으로 느낀다.

3) 3~5세 누리과정의 영역별 목표 및 내용

국가 수준 누리과정의 3~5세 영역별 목표 및 내용은 신체운동 · 건강, 의사소통, 사회관계, 예술경험 및 자연탐구의 5개 영역을 중심으로 구성되어 있다.

(1) 신체운동 · 건강

① 목표

3~5세 유아를 위한 누리과정의 신체운동 · 건강 목표는 '실내 · 외 신체활동을 즐기고, 건강하고 안전한 생활을 한다'이다. 이를 달성하기 위한 구체적인 하위 목표는 〈표 8-33〉과 같다.

표 8-33. 3~5세 누리과정 신체운동 · 건강의 하위 목표

• 신체활동에 즐겁게 참여한다. • 건강한 생활습관을 기른다. • 안전한 생활습관을 기른다.

② 내용

3~5세 유아를 위한 누리과정 신체운동 · 건강의 내용범주는 '신체활동 즐기기', '건강

하게 생활하기', '안전하게 생활하기'의 세 가지 범주로 구성되어 있으며, '신체활동 즐기기'에는 '신체를 인식하고 움직인다', '신체 움직임을 조절한다', '기초적인 이동운동, 제자리 운동, 도구를 이용한 운동을 한다', '실내 · 외 신체활동에 자발적으로 참여한다'로, '건강하게 생활하기'에는 '자신의 몸과 주변을 깨끗이 한다', '몸에 좋은 음식에 관심을 가지고 바른 태도로 즐겁게 먹는다', '하루 일과에서 적당한 휴식을 취한다', '질병을 예방하는 방법을 알고 실천한다'로, '안전하게 생활하기'에는 '일상에서 안전하게 놀이하고 생활한다', 'TV, 컴퓨터, 스마트폰 등을 바르게 사용한다', '교통안전 규칙을 지킨다', '안전사고, 화재, 재난, 학대, 유괴 등에 대처하는 방법을 경험한다'로 구성되어 있다. 3~5세 유아를 위한 누리과정 신체운동 · 건강의 내용범주와 구체적인 내용은 〈표 8-34〉와 같다.

표 8-34. 3~5세 누리과정 신체운동 · 건강의 내용범주와 내용

내용범주	내용
신체활동 즐기기	• 신체를 인식하고 움직인다. • 신체 움직임을 조절한다. • 기초적인 이동운동, 제자리 운동, 도구를 이용한 운동을 한다. • 실내 · 외 신체활동에 자발적으로 참여한다.
건강하게 생활하기	• 자신의 몸과 주변을 깨끗이 한다. • 몸에 좋은 음식에 관심을 가지고 바른 태도로 즐겁게 먹는다. • 하루 일과에서 적당한 휴식을 취한다. • 질병을 예방하는 방법을 알고 실천한다.
안전하게 생활하기	• 일상에서 안전하게 놀이하고 생활한다. • TV, 컴퓨터, 스마트폰 등을 바르게 사용한다. • 교통안전 규칙을 지킨다. • 안전사고, 화재, 재난, 학대, 유괴 등에 대처하는 방법을 경험한다.

(2) 의사소통

① 목표

3~5세 유아를 위한 누리과정의 의사소통 목표는 '일상생활에 필요한 의사소통능력과 상상력을 기른다'이다. 이를 달성하기 위한 구체적인 하위 목표는 〈표 8-35〉와 같다.

표 8-35. 3~5세 누리과정 의사소통의 하위 목표

- 일상생활에서 듣고 말하기를 즐긴다.
- 읽기와 쓰기에 관심을 가진다.
- 책이나 이야기를 통해 상상하기를 즐긴다.

② 내용

3~5세 유아를 위한 누리과정의 의사소통 내용범주는 '듣기와 말하기', '읽기와 쓰기에 관심 가지기', '책과 이야기 즐기기'의 세 가지 범주로 구성되어 있으며, '듣기와 말하기'에는 '말이나 이야기를 관심 있게 듣는다', '자신의 경험, 느낌, 생각을 말한다', '상황에 적합한 단어를 사용하여 말한다', '상대방이 하는 이야기를 듣고 관련해서 말한다', '바른 태도로 듣고 말한다', '고운 말을 사용한다'로, '읽기와 쓰기에 관심 가지기'에는 '말과 글의 관계에 관심을 가진다', '주변의 상징, 글자 등의 읽기에 관심을 가진다', '자신의 생각을 글자와 비슷한 형태로 표현한다'로, '책과 이야기 즐기기'에는 '책에 관심을 가지고 상상하기를 즐긴다', '동화, 동시에서 말의 재미를 느낀다', '말놀이와 이야기 짓기를 즐긴다'로 구성되어 있다. 3~5세 유아를 위한 누리과정 의사소통의 내용범주와 구체적인 내용은 〈표 8-36〉과 같다.

표 8-36. 3~5세 누리과정 의사소통의 내용범주와 내용

내용범주	내용
듣기와 말하기	• 말이나 이야기를 관심 있게 듣는다. • 자신의 경험, 느낌, 생각을 말한다. • 상황에 적합한 단어를 사용하여 말한다. • 상대방이 하는 이야기를 듣고 관련해서 말한다. • 바른 태도로 듣고 말한다. • 고운 말을 사용한다.
읽기와 쓰기에 관심 가지기	• 말과 글의 관계에 관심을 가진다. • 주변의 상징, 글자 등의 읽기에 관심을 가진다. • 자신의 생각을 글자와 비슷한 형태로 표현한다.
책과 이야기 즐기기	• 책에 관심을 가지고 상상하기를 즐긴다. • 동화, 동시에서 말의 재미를 느낀다. • 말놀이와 이야기 짓기를 즐긴다.

(3) 사회관계

① 목표

3~5세 유아를 위한 누리과정 사회관계의 목표는 '자신을 존중하고 더불어 생활하는 태도를 가진다'이다. 이를 달성하기 위한 구체적인 하위 목표는 〈표 8-37〉과 같다.

표 8-37. 3~5세 누리과정 사회관계의 하위 목표

• 자신을 이해하고 존중한다. • 다른 사람과 사이좋게 지낸다. • 우리가 사는 사회와 다양한 문화에 관심을 가진다.

② 내용

3~5세 유아를 위한 누리과정 사회관계의 내용범주는 '나를 알고 존중하기', '더불어 생활하기' 및 '사회에 관심 가지기'의 세 가지 범주로 구성되어 있으며, '나를 알고 존중하기'에는 '나를 알고 소중히 여긴다', '나의 감정을 알고 상황에 맞게 표현한다', '내가 할 수 있는 것을 스스로 한다'로, '더불어 생활하기'에는 '가족의 의미를 알고 화목하게 지낸다', '친구와 서로 도우며 사이좋게 지낸다', '친구와의 갈등을 긍정적인 방법으로 해결한다', '서로 다른 감정, 생각, 행동을 존중한다', '친구와 어른께 예의바르게 행동한다', '약속과 규칙의 필요성을 알고 지킨다'로, '사회에 관심 가지기'에는 '내가 살고 있는 곳에 대해 궁금한 것을 알아본다', '우리나라에 대해 자부심을 가진다', '다양한 문화에 관심을 가진다'로 구성되어 있다. 3~5세 유아를 위한 누리과정 사회관계의 내용범주와 구체적인 내용은 〈표 8-38〉과 같다.

표 8-38. 3~5세 누리과정 사회관계의 내용범주와 내용

내용범주	내용
나를 알고 존중하기	• 나를 알고 소중히 여긴다. • 나의 감정을 알고 상황에 맞게 표현한다. • 내가 할 수 있는 것을 스스로 한다.
더불어 생활하기	• 가족의 의미를 알고 화목하게 지낸다. • 친구와 서로 도우며 사이좋게 지낸다. • 친구와의 갈등을 긍정적인 방법으로 해결한다. • 서로 다른 감정, 생각, 행동을 존중한다. • 친구와 어른께 예의바르게 행동한다. • 약속과 규칙의 필요성을 알고 지킨다.
사회에 관심 가지기	• 내가 살고 있는 곳에 대해 궁금한 것을 알아본다. • 우리나라에 대해 자부심을 가진다. • 다양한 문화에 관심을 가진다.

(4) 예술경험

① 목표

3~5세 유아를 위한 누리과정 예술경험의 목표는 '아름다움과 예술에 관심을 가지고 창의적 표현을 한다'이다. 이를 달성하기 위한 구체적인 하위 목표는 〈표 8-39〉와 같다.

표 8-39. 3~5세 누리과정 예술경험의 하위 목표

• 자연과 생활 및 예술에서 아름다움을 느낀다. • 예술을 통해 창의적이고 표현하는 과정을 즐긴다. • 다양한 예술 표현을 존중한다.

② 내용

3~5세 유아를 위한 누리과정 예술경험의 내용범주는 '아름다움 찾아보기', '창의적으로 표현하기' 및 '예술 감상하기'의 세 가지 범주로 구성되어 있으며, '아름다움 찾아보기'에는 '자연과 생활에서 아름다움을 느끼고 즐긴다', '예술적 요소에 관심을 갖고 찾아본다'로, '창의적으로 표현하기'에는 '노래를 즐겨 부른다', '신체, 사물, 악기로 간단한 소리와 리듬을 만들어 본다', '신체나 도구를 활용하여 움직임과 춤으로 자유롭게 표현한다', '다양한 미술 재료와 도구로 자신의 생각과 느낌을 표현한다', '극놀이로 경험이나 이야기를 표현한다'로, '예술 감상하기'에는 '다양한 예술을 감상하며 상상하기를 즐긴다', '서로 다른 예술 표현을 존중한다', '우리나라 전통 예술에 관심을 갖고 친숙해진다'로 구성되어 있다. 3~5세 유아를 위한 누리과정 예술경험의 내용범주와 구체적인 내용은 〈표 8-40〉과 같다.

표 8-40. 3~5세 누리과정 예술경험의 내용범주와 내용

내용범주	내용
아름다움 찾아보기	• 자연과 생활에서 아름다움을 느끼고 즐긴다. • 예술적 요소에 관심을 갖고 찾아본다.
창의적으로 표현하기	• 노래를 즐겨 부른다. • 신체, 사물, 악기로 간단한 소리와 리듬을 만들어 본다. • 신체나 도구를 활용하여 움직임과 춤으로 자유롭게 표현한다. • 다양한 미술 재료와 도구로 자신의 생각과 느낌을 표현한다. • 극놀이로 경험이나 이야기를 표현한다.
예술 감상하기	• 다양한 예술을 감상하며 상상하기를 즐긴다. • 서로 다른 예술 표현을 존중한다. • 우리나라 전통 예술에 관심을 갖고 친숙해진다.

(5) 자연탐구

① 목표

3~5세 유아를 위한 누리과정 자연탐구의 목표는 '탐구하는 과정을 즐기고, 자연과 더불어 살아가는 태도를 가진다'이다. 이를 달성하기 위한 구체적인 하위 목표는 〈표 8-41〉과 같다.

표 8-41. 3~5세 누리과정 자연탐구의 하위 목표

• 일상에서 호기심을 가지고 탐구하는 과정을 즐긴다.
• 생활 속의 문제를 수학적, 과학적으로 탐구한다.
• 생명과 자연을 존중한다.

② 내용

3~5세 유아를 위한 누리과정 자연탐구의 내용범주는 '탐구과정 즐기기', '생활 속에

서 탐구하기' 및 '자연과 더불어 살기'의 세 가지 범주로 구성되어 있으며, '탐구과정 즐기기'에는 '주변 세계와 자연에 대해 지속적으로 호기심을 가진다', '궁금한 것을 탐구하는 과정에 즐겁게 참여한다', '탐구과정에서 서로 다른 생각에 관심을 가진다'로, '생활 속에서 탐구하기'에는 '물체의 특성과 변화를 여러 가지 방법으로 탐색한다', '물체를 세어 수량을 알아본다', '물체의 위치와 방향, 모양을 알고 구별한다', '일상에서 길이, 무게 등의 속성을 비교한다', '주변에서 반복되는 규칙을 찾는다', '일상에서 모은 자료를 기준에 따라 분류한다', '도구와 기계에 대해 관심을 가진다'로, '자연과 더불어 살기'에는 '주변의 동·식물에 관심을 가진다', '생명과 자연환경을 소중히 여긴다', '날씨와 계절의 변화를 생활과 관련짓는다'로 구성되어 있다. 3~5세 유아를 위한 누리과정 자연탐구의 내용범주와 구체적인 내용은 〈표 8-42〉와 같다.

표 8-42. 3~5세 누리과정 자연탐구의 내용범주와 내용

내용범주	내용
탐구과정 즐기기	• 주변 세계와 자연에 대해 지속적으로 호기심을 가진다. • 궁금한 것을 탐구하는 과정에 즐겁게 참여한다. • 탐구과정에서 서로 다른 생각에 관심을 가진다.
생활 속에서 탐구하기	• 물체의 특성과 변화를 여러 가지 방법으로 탐색한다. • 물체를 세어 수량을 알아본다. • 물체의 위치와 방향, 모양을 알고 구별한다. • 일상에서 길이, 무게 등의 속성을 비교한다. • 주변에서 반복되는 규칙을 찾는다. • 일상에서 모은 자료를 기준에 따라 분류한다. • 도구와 기계에 대해 관심을 가진다.
자연과 더불어 살기	• 주변의 동·식물에 관심을 가진다. • 생명과 자연환경을 소중히 여긴다. • 날씨와 계절의 변화를 생활과 관련짓는다.

3. 표준보육과정의 연령에 따른 내용

표준보육과정의 0~1세 보육과정과 2세 보육과정은 기본생활, 신체운동, 의사소통, 사회관계, 예술경험 및 자연탐구의 6개 영역을 중심으로 구성되어 있으며, 3~5세 누리과정은 신체운동·건강, 의사소통, 사회관계, 예술경험, 자연탐구의 5개 영역을 중심으로 구성되어 있다. 영역별로 표준보육과정과 누리과정을 비교해서 살펴보면 다음과 같다.

1) 기본생활

기본생활 영역에서는 건강과 안전에 대한 지식, 기술, 태도를 배우고 익히며 올바른 습관을 길러 자신의 건강과 안전을 자기 스스로 보호하고 타인을 존중하며 즐겁게 생활하도록 하는 영역이다. 그리고 청결과 위생, 수면과 휴식, 바른 식생활, 의생활 및 심신의 건강을 바탕으로 발달을 촉진시키고, 위험 요인과 상황에 대해 알고 안전하게 대처하는 능력을 길러서 자신과 타인을 보호하도록 하는 영역이다. 표준보육과정과 누리과정 기본생활 영역의 연령과 내용에 따른 구체적인 내용은 〈표 8-43〉과 같다.

표 8-43. 기본생활 영역의 내용범주와 내용

제4차 어린이집 표준보육과정(2020)				누리과정(2019)	
0~1세		2세		3~5세	
내용범주	내용	내용범주	내용	내용범주	내용
건강하게 생활하기 (4)	① 도움을 받아 몸을 깨끗이 한다.	건강하게 생활하기 (4)	① 자신의 몸을 깨끗이 해 본다.	건강하게 생활하기 (4)	① 자신의 몸과 주변을 깨끗이 한다.
	② 음식을 즐겁게 먹는다.		② 음식에 관심을 가지고 즐겁게 먹는다.		② 몸에 좋은 음식에 관심을 가지고 바른 태도로 즐겁게 먹는다.
	③ 하루 일과를 편안하게 경험한다.		③ 하루 일과를 즐겁게 경험한다.		③ 하루 일과에서 적당한 휴식을 취한다.
	④ 배변의사를 표현한다.		④ 건강한 배변습관을 갖는다.		④ 질병을 예방하는 방법을 알고 실천한다.
안전하게 생활하기 (3)	⑤ 안전한 상황에서 놀이하고 생활한다.	안전하게 생활하기 (3)	⑤ 일상에서 안전하게 놀이하고 생활한다.	안전하게 생활하기 (4)	⑤ 일상에서 안전하게 놀이하고 생활한다.
	⑥ 안전한 상황에서 교통수단을 이용해 본다.		⑥ 교통수단을 안전하게 이용해 본다.		⑥ TV, 컴퓨터, 스마트폰 등을 바르게 사용한다.
	⑦ 위험하다는 말에 주의한다.		⑦ 위험한 상황에 대처하는 방법을 경험한다.		⑦ 교통안전 규칙을 지킨다.
					⑧ 안전사고, 화재, 재난, 학대, 유괴 등에 대처하는 방법을 경험한다.

2) 신체운동

신체운동 영역에서는 영유아 자신의 신체를 긍정적으로 인식하고, 즐겁게 신체활동에 참여함으로써 영유아기에 필요한 기본운동능력을 기르도록 하는 것이다. 즉, 기본적인 감각능력을 키우고, 자신의 신체를 긍정적으로 인식하며, 신체를 조절하고, 기본운동능력을 기르고, 신체활동에 즐겁게 참여하도록 하는 것이다. 표준보육과정과 누리과정 신체운동 영역의 연령과 내용에 따른 구체적인 내용은 〈표 8-44〉와 같다.

표 8-44. 신체운동 영역의 내용범주와 내용

<table>
<tr><th colspan="4">제4차 어린이집 표준보육과정(2020)</th><th colspan="2">누리과정(2019)</th></tr>
<tr><th colspan="2">0~1세</th><th colspan="2">2세</th><th colspan="2">3~5세</th></tr>
<tr><th>내용범주</th><th>내용</th><th>내용범주</th><th>내용</th><th>내용범주</th><th>내용</th></tr>
<tr><td rowspan="3">감각과 신체 인식 하기 (3)</td><td>① 감각적 자극에 반응한다.</td><td rowspan="3">감각과 신체 인식 하기 (2)</td><td>① 감각 능력을 활용한다.</td><td rowspan="6">신체 활동 즐기기 (4)</td><td>① 신체를 인식하고 움직인다.</td></tr>
<tr><td>② 감각으로 주변을 탐색한다.</td><td>② 신체를 인식하고 움직인다.</td><td>② 신체 움직임을 조절한다.</td></tr>
<tr><td>③ 신체를 탐색한다.</td><td></td><td></td></tr>
<tr><td rowspan="3">신체 활동 하기 (3)</td><td>④ 대 · 소근육을 조절한다.</td><td rowspan="3">신체 활동 하기 (3)</td><td>③ 대 · 소근육을 조절한다.</td><td>③ 기초적인 이동운동, 제자리 운동, 도구를 이용한 운동을 한다.</td></tr>
<tr><td>⑤ 기본 운동을 시도한다.</td><td>④ 기본 운동을 즐긴다.</td><td>④ 실내 · 외 신체활동에 자발적으로 참여한다.</td></tr>
<tr><td>⑥ 실내 · 외 신체활동을 즐긴다.</td><td>⑤ 실내 · 외 신체활동을 즐긴다.</td><td></td></tr>
</table>

3) 의사소통

의사소통 영역에서는 영유아가 듣고 말하는 것을 즐기며, 상황에 맞은 언어를 익혀 바른 언어생활을 하도록 하고 일상생활에서 필요한 의사소통능력과 기초적인 문해능력을 기르도록 하는 데 초점을 두고 있다. 이를 위해 다른 사람의 이야기를 주의 깊게 듣는 태도와 이해력을 기르고, 바르게 말하는 태도와 정확한 발음으로 자신의 느낌, 생각, 경험을 말로 표현하고, 주위의 사람들과 대화하고 여럿이 함께 토론하며 서로의 의견을 나누는 경험을 하고, 글과 글자에 친숙해지는 경험을 통해 읽기와 쓰기에 흥미를 갖도록 하는 것이다. 표준보육과정과 누리과정 의사소통 영역의 연령과 내용에 따른 구체적인 내용은 〈표 8-45〉와 같다.

표 8-45. 의사소통 영역의 내용범주와 내용

제4차 어린이집 표준보육과정(2020)				누리과정(2019)	
0~1세		2세		3~5세	
내용범주	내용	내용범주	내용	내용범주	내용
듣기와 말하기 (3)	① 표정, 몸짓, 말과 주변의 소리에 관심을 갖고 듣는다.	듣기와 말하기 (4)	① 표정, 몸짓, 말에 관심을 갖고 듣는다.	듣기와 말하기 (6)	① 말이나 이야기를 관심 있게 듣는다.
	② 상대방의 이야기를 들으면서 말소리를 낸다.		② 상대방의 이야기를 듣고 말한다.		② 상대방이 하는 이야기를 듣고 관련해서 말한다.
	③ 표정, 몸짓, 말소리로 의사를 표현한다.		③ 표정, 몸짓, 단어로 의사를 표현한다.		③ 자신의 경험, 느낌, 생각을 말한다.
			④ 자신의 요구와 느낌을 말한다.		④ 상황에 적절한 단어를 사용하여 말한다.
					⑤ 바른 태도로 듣고 말한다.
					⑥ 고운 말을 사용한다.
읽기와 쓰기에 관심가지기 (2)	④ 주변의 그림과 상징에 관심을 가진다.	읽기와 쓰기에 관심 가지기 (2)	⑤ 주변의 그림과 상징, 글자에 관심을 가진다.	읽기와 쓰기에 관심 가지기 (3)	⑦ 말과 글의 관계에 관심을 가진다.
	⑤ 끼적이기에 관심을 가진다.		⑥ 끼적이며 표현하기를 즐긴다.		⑧ 주변의 상징, 글자 등의 읽기에 관심을 가진다.
					⑨ 자신의 생각을 글자와 비슷한 형태로 표현한다.
책과 이야기 즐기기 (2)	⑥ 책에 관심을 가진다.	책과 이야기 즐기기 (2)	⑦ 책에 관심을 가지고 상상한다.	책과 이야기 즐기기 (3)	⑩ 책에 관심을 가지고 상상하기를 즐긴다.
	⑦ 이야기에 관심을 가진다.		⑧ 말놀이와 이야기에 재미를 느낀다.		⑪ 동화, 동시에서 말의 재미를 느낀다.
					⑫ 말놀이와 이야기 짓기를 즐긴다.

4) 사회관계

사회관계 영역에서는 영유아 자신에 대한 존중감을 키우고, 자신과 다른 사람의 정서를 인식하고, 이를 사회적 관계에서 적절히 조절하여 활용할 수 있도록 하며, 가족, 또래, 지역사회와 긍정적인 관계를 형성하고, 유능한 사회구성원으로 기능하게 하기 위해서 필요한 사회적 지식을 획득하도록 한다. 그리고 자신의 독특한 자아에 대해 인식하고 자신감과 독립심을 기르고, 자신과 다른 사람의 정서를 이해하고 표현하며, 자신의 정서를 조절하고 활용하도록 한다. 또한 예의바른 행동과 약속의 중요성을 알며, 우리나라와 다양한 문화에 대해 관심을 가져 더불어 살아가는 능력을 기르는 영역이다. 표준보육과정과 누리과정 사회관계 영역의 연령과 내용에 따른 구체적인 내용은 〈표 8-46〉과 같다.

표 8-46. 사회관계 영역의 내용범주와 내용

제4차 어린이집 표준보육과정(2020)				누리과정(2019)	
0~1세		2세		3~5세	
내용범주	내용	내용범주	내용	내용범주	내용
나를 알고 존중하기 (3)	① 나를 인식한다.	나를 알고 존중하기 (3)	① 나와 다른 사람을 구별한다.	나를 알고 존중하기 (3)	① 나를 알고 소중히 여긴다.
	② 나의 욕구와 감정을 나타낸다.		② 나의 감정을 표현한다.		② 나의 감정을 알고 상황에 맞게 표현한다.
	③ 나와 친숙한 것을 안다.		③ 내가 좋아하는 것을 한다.		③ 내가 할 수 있는 것을 스스로 한다.
더불어 생활하기 (4)	④ 안정적인 애착을 형성한다.	더불어 생활하기 (4)	④ 가족에게 관심을 가진다.	더불어 생활하기 (6)	④ 가족의 의미를 알고 화목하게 지낸다.
	⑤ 또래에게 관심을 가진다.		⑤ 또래와 함께 놀이한다.		⑤ 친구와 서로 도우며 사이좋게 지낸다.
	⑥ 다른 사람의 감정과 행동에 관심을 가진다.		⑥ 다른 사람의 감정과 행동에 반응한다.		⑥ 친구와의 갈등을 긍정적인 방법으로 해결한다.
	⑦ 반에서 편안하게 지낸다.		⑦ 반에서의 규칙과 약속을 알고 지킨다.		⑦ 서로 다른 감정, 생각, 행동을 존중한다.
					⑧ 친구와 어른께 예의 바르게 행동한다.
					⑨ 약속과 규칙의 필요성을 알고 지킨다.
				사회에 관심 가지기 (3)	⑩ 내가 살고 있는 곳에 대해 궁금한 것을 알아본다.
					⑪ 우리나라에 대해 자부심을 가진다.
					⑫ 다양한 문화에 관심을 가진다.

5) 예술경험

예술경험 영역에서는 주변의 친근한 환경과 생활에서 예술적 요소에 관심을 보이고 흥미롭게 경험하고 즐김으로써 창의성과 감성을 기르고자 한다. 주변 생활에서 발견한 단순한 예술적 요소로부터 점차 다양한 요소까지 아름다움에 관심을 보이고 탐색하며, 자신의 생각과 느낌을 음악, 움직임과 춤, 극놀이, 미술 활동으로 표현하는 것을 즐기며 점차 다양하고 창의적으로 표현하며, 생활에서 자연, 사물, 예술 작품들을 보고 즐기도록 하는 활동으로 구성되어 있다. 표준보육과정과 누리과정 예술경험 영역의 연령과 내용에 따른 구체적인 내용은 〈표 8-47〉과 같다.

표 8-47. 예술경험 영역의 내용범주와 내용

제4차 어린이집 표준보육과정(2020)				개정 누리과정(2019)	
0~1세		2세		3~5세	
내용범주	내용	내용범주	내용	내용범주	내용
아름다움 찾아보기 (2)	① 자연과 생활에서 아름다움을 느낀다.	아름다움 찾아보기 (2)	① 자연과 생활에서 아름다움을 느끼고 즐긴다.	아름다움 찾아보기 (2)	① 자연과 생활에서 아름다움을 느끼고 즐긴다.
	② 아름다움에 관심을 가진다.		② 아름다움에 관심을 갖고 찾아본다.		② 예술적 요소에 관심을 갖고 찾아본다.
창의적으로 표현하기 (3)	③ 소리와 리듬, 노래로 표현한다.	창의적으로 표현하기 (4)	③ 익숙한 노래와 리듬을 표현한다.	창의적으로 표현하기 (5)	③ 노래를 즐겨 부른다.
	④ 감각을 통해 미술을 경험한다.		④ 움직임과 춤으로 자유롭게 표현한다.		④ 신체, 사물, 악기로 간단한 소리와 리듬을 만들어 본다.
	⑤ 모방행동을 즐긴다.		⑤ 미술 재료와 도구로 표현해 본다.		⑤ 신체나 도구를 활용하여 움직임과 춤으로 자유롭게 표현한다.
			⑥ 일상생활 경험을 상상놀이로 표현한다.		⑥ 다양한 미술 재료와 도구로 자신의 생각과 느낌을 표현한다.
					⑦ 극놀이로 경험이나 이야기를 표현한다.
				예술감상하기 (3)	⑧ 다양한 예술을 감상하며 상상하기를 즐긴다.
					⑨ 서로 다른 예술 표현을 존중한다.
					⑩ 우리나라 전통 예술에 관심을 갖고 친숙해진다.

6) 자연탐구

자연탐구 영역에서는 주변의 사물과 자연현상을 지각하고 호기심을 가지며, 지속적으로 탐구하는 태도를 가지며 문제해결을 위한 기초능력을 기르고, 자연을 사랑하는 마음을 가지도록 한다. 또한 일상생활의 여러 상황과 문제를 수학적으로 이해하고 해결하기 위해서 기초능력을 기르고, 주변 사물과 자연현상에 대한 기초 지식을 쌓고 자연을 사랑하는 마음을 가지도록 한다. 표준보육과정과 누리과정 자연탐구 영역의 연령과 내용에 따른 구체적인 내용은 〈표 8-48〉과 같다.

표 8-48. 자연탐구 영역의 내용범주와 내용

제4차 어린이집 표준보육과정(2020)				누리과정(2019)	
0~1세		2세		3~5세	
내용범주	내용	내용범주	내용	내용범주	내용
탐구과정 즐기기 (2)	① 주변 세계와 자연에 대해 호기심을 가진다.	탐구과정 즐기기 (2)	① 주변 세계와 자연에 대해 호기심을 가진다.	탐구과정 즐기기 (3)	① 주변 세계와 자연에 대해 지속적으로 호기심을 가진다.
	② 사물과 자연을 탐색하기를 즐긴다.		② 사물과 자연을 반복하여 탐색하기를 즐긴다.		② 궁금한 것을 탐구하는 과정에 즐겁게 참여한다.
					③ 탐구과정에서 서로 다른 생각에 관심을 가진다.
생활 속에서 탐구하기 (4)	③ 친숙한 물체를 감각으로 탐색한다.	생활 속에서 탐구하기 (6)	③ 친숙한 물체의 특성과 변화를 감각으로 탐색한다.	생활 속에서 탐구하기 (7)	④ 물체의 특성과 변화를 여러 가지 방법으로 탐색한다.
	④ 물체의 수량에 관심을 가진다.		④ 물체의 수량에 관심을 가진다.		⑤ 물체를 세어 수량을 알아본다.
	⑤ 주변 공간과 모양을 탐색한다.		⑤ 주변 공간과 모양을 탐색한다.		⑥ 물체의 위치와 방향, 모양을 알고 구별한다.
	⑥ 규칙성을 경험한다.		⑥ 규칙성에 관심을 가진다.		⑦ 일상에서 길이, 무게 등의 속성을 비교한다.
			⑦ 주변 사물을 같고 다름에 따라 구분한다.		⑧ 주변에서 반복되는 규칙을 찾는다.
			⑧ 생활도구에 관심을 가진다.		⑨ 일상에서 모은 자료를 기준에 따라 분류한다.
					⑩ 도구와 기계에 대해 관심을 가진다.
자연과 더불어 살기 (2)	⑦ 주변의 동·식물에 관심을 가진다.	자연과 더불어 살기 (2)	⑨ 주변의 동·식물에 관심을 가진다.	자연과 더불어 살기 (3)	⑪ 주변의 동·식물에 관심을 가진다.
	⑧ 날씨의 변화를 감각으로 느낀다.		⑩ 날씨와 계절의 변화를 감각으로 느낀다.		⑫ 날씨와 계절의 변화를 생활과 관련짓는다.
					⑬ 생명과 자연환경을 소중히 여긴다.

Chapter

09

외국의 영유아 보육프로그램

Chapter

09

외국의 영유아 보육프로그램

배울 내용

1. 몬테소리 프로그램
2. 프로젝트 접근법
3. 발도르프 프로그램
4. 레지오 에밀리아 접근법

학습 목표

1. 몬테소리 프로그램의 배경, 목표, 보육과정 및 교사의 역할을 익힌다.
2. 프로젝트 접근법의 배경, 목표, 보육과정 및 교사의 역할을 익힌다.
3. 발도르프 프로그램의 배경, 목표, 보육과정 및 교사의 역할을 익힌다.
4. 레지오 에밀리아 접근법의 배경, 목표, 보육과정 및 교사의 역할을 익힌다.

1. 몬테소리 프로그램

이탈리아의 의사였던 마리아 몬테소리(Maria Montessori)는 정신병원에 수용된 지적장애 영유아를 위한 교육방법을 개발하였으며, 아동은 사물을 만지거나 느끼는 과정에서 가장 잘 학습한다는 원리에 근거하여 개발된 프로그램이 몬테소리이다.

마리아 몬테소리
(Maria Montessori)

1) 몬테소리 프로그램의 배경

몬테소리는 영유아가 활동을 직접 경험하면서 스스로 배우는 것이 최상의 교육방법이라 하였으며, 몬테소리 프로그램을 민감기 · 흡수정신 · 자동교육 · 정상화 이론 · 준비된 환경으로 기본개념을 설명하고 있다.

민감기는 만0~만6세 영유아기에 적극적으로 환경과 접촉하여 환경에 적응함으로써 형성되며, 결정적 시기와 유사한 개념이다. 민감기는 영유아가 특정행동에 대한 감수성이 예민해져서 그 행동에 대하여 더 영향을 받기 쉽고, 특정한 기술을 보다 쉽게 배울 수 있는 시기를 의미한다.

흡수정신은 영유아가 어떤 환경 속에서 그 환경을 무의식적으로 흡수하여 지식을 알게 되는 능력을 의미한다. 흡수정신은 만6세까지 지속되며 만0~만3세까지의 무의식 단계와 만3~만6세까지의 의식의 단계를 거친다. 무의식 단계 동안 영유아는 모든 사물을 무의식적으로 흡수하며, 보기 · 듣기 · 맛보기 · 냄새 맡기 · 만지기 등을 위한 감각이 발달된다. 의식단계 동안 영유아는 무의식적 흡수정신에서 이루어진 기본 능력을 통합시키고 좀 더 정교하게 하기 위하여, 다양한 자극에 계획적으로 상호작용하고 · 직접 경험하며 · 지식을 획득한다.

자동교육은 영유아가 준비된 환경에서 활동을 자유롭게 선택하고, 능동적으로 참여함으로써 학습이 자연스럽게 이루어져 스스로 학습하는 것을 의미한다. 자동교육에서는 자기 수정적 교구를 통하여 영유아가 스스로 자신의 실수 또는 오류를 발견하는 것이 중요하다.

정상화 이론은 영유아가 준비된 환경 속에서 스스로 선택한 활동에 흥미를 갖고, 집중하며 반복적으로 하는 동안 즐겁고, 행복하고, 만족하게 되어 정상화되는 것이다. 몬테소리는 교육목적을 영유아가 전인적인 성장을 하도록 도와주고, 자신의 주변 환경에 적응할 수 있게 하며, 인간적인 관계 속에서 사회적 욕구를 받아들이고, 더 나아가 '정상화' 되는 데 두었다(이기숙, 2006).

준비된 환경은 교사가 관찰에 의하여 영유아의 발달단계에 적절한 교구를 준비해주는 교육환경을 의미한다. 영유아는 준비된 환경에서 몬테소리가 개발한 교구를 중심으로 활동할 때에 학습이 가장 잘 이루어진다. 또한 몬테소리 교수방법은 각 영유아가 스스로 자신에게 맞는 교구를 선택하여 자신의 속도에 맞추어 학습을 진행시키고, 자신에게 적합한 활동과 교구의 선택을 통하여 자기 스스로 문제를 해결하도록 한다. 잘 준비된 환경 속에서 몬테소리 교육방법에 따라 교구와 개인적으로 상호작용한다는 것은 결국 영유아에게 자유를 허용하되, 제한된 자유를 제공한다는 것을 의미한다.

2) 몬테소리 프로그램의 목표

몬테소리 프로그램의 목표는 지식의 전수가 아니며, 각 영유아의 민감기에 맞추어 학습 욕구를 충족시켜주는 환경을 조성하여 줌으로써 영유아가 교구를 완전히 습득해 정상적인 상태에 도달하게 하는 데 있다. 즉, 영유아의 육체적 · 정신적 에너지가 상호 작용하여 내면적인 안정을 갖추는 조화로운 상태를 만드는 것을 목표로 한다.

3) 몬테소리 프로그램의 보육과정

몬테소리 프로그램에는 일상생활교육, 감각교육, 언어교육, 수학교육, 문화교육 영역의 다섯 가지 영역으로 구성되어 있다(이기숙, 2006).

(1) 일상생활교육

아동은 일상생활도구를 사용하면서 집중력과 독립성을 기르며 문화적으로 요구되는 예절을 배운다. 예절은 수업이 아니라 모방을 통해 자연스럽게 배우게 된다.

(2) 감각교육

감각교구는 추상적인 개념이 구체적인 형태로 전달되도록 고안되어 있다. 그리고 교구의 정확성은 정확성을 추구하는 인간의 근본 성향에 부합하는 것이며, 인간의 기술이 근거하고 있는 현실을 경험하게 한다. 모든 감각교구들은 손을 사용하도록 되어 있으며 손과 두뇌의 협응에 의한 활동은 추상적인 개념과 그 개념을 구체적으로 표현한 것을 연결시킨다.

(3) 언어교육

몬테소리 교육에서는 자유로운 대화를 통해 언어발달이 촉진된다. 어휘력은 다양한 방식으로 길러지는데, 환경에 있는 모든 사물을 정확한 명칭으로 부르며 음악가, 도구,

가구, 음식, 주택, 교통기관, 동물, 식물, 도형 등 다양한 사물 그림카드 맞추기와 같이 어휘력을 확장하기 위한 게임도 한다.

(4) 수학교육

아동은 교구를 사용한 활동에서 십진법을 이해하는 데 필요한 기초를 형성하여 0의 기능과 일 단위부터 백만 단위까지의 위계를 이해한다. 또한 가감승제 개념의 기초를 습득하고 다양한 모양의 교구를 감각적으로 탐색하면서 기하에 관한 기초를 다진다.

(5) 문화교육

문화교육에서는 지리, 역사, 과학, 미술, 음악 등에 관한 내용이 포함된다. 문화교육을 통해 영유아는 사회 속에서 받아들여지는 양식, 습관, 예술, 문학, 삶의 형태를 받아들일 수 있는 태도와 능력을 기른다.

4) 몬테소리 프로그램의 교사 역할

(1) 준비된 환경제공자

교사는 영유아의 발달단계와 흥미에 맞게 준비된 환경을 제공하는 것이다. 이때 영유아가 학습의 중심이 되어 스스로 환경과의 상호작용이 이루어지도록 교사는 도와주어야 한다.

(2) 관찰자의 역할

교사는 영유아의 교구 선택이나 집중 정도, 사용방법 등에 대하여 세심하게 관찰하고 영유아의 민감기를 포착하여 학습효과를 올릴 수 있도록 적절한 배려를 해 주어야 한다.

(3) 안내자의 역할

교사는 영유아와 교구 간의 상호작용을 촉진하기 위하여 영유아가 선택한 교구에 대하여 정확한 시범을 보인다. 그러나 영유아가 환경과의 교류가 이루어져 교구에 적극적으로 몰입하게 되면 개입을 최소화하여야 한다.

(4) 환경준비자

교사는 최적의 시기에 최적의 준비된 환경을 만들어 제공해야 하고, 영유아와 환경 사이를 연결해 주는 역할을 하여야 한다. 교사가 교구와 영유아 사이의 연결 역할을 하기 위해서는 교구를 확실히 알아야 하며, 영유아와 개개인의 현재의 정신적 발달단계를 구체적으로 이해하고 깊이 파악하고 있어야 한다.

(5) 영유아에 대한 존중의 역할

영유아가 스스로 선택한 활동에 몰입함으로써 내적인 만족과 즐거움을 느끼며 스스로 학습할 동기를 얻게 될 수 있도록 존중해 주어야 한다. 또한 작업 중에 영유아를 방해하거나 중단시키지 않으며, 영유아가 범한 오류를 직접적으로 정정하지 않고 영유아 스스로 시행착오를 통해 깨닫게 해 준다.

2. 프로젝트 접근법

프로젝트 접근법은 영유아의 능동적 참여, 구체적인 경험에 의한 학습, 교사·또래·부모와의 상호작용을 통한 협력 학습 등을 주요한 특징으로 강조한다.

1) 프로젝트 접근법의 배경

프로젝트 접근법은 듀이(Dewey)의 진보주의 교육철학의 이론적 바탕을 기본으로 하여, 킬패트릭(Kilpatrick)이 체계화한 '프로젝트 법'을 캐츠(Katz)와 차드(Chard)가 오늘날 유아교육의 현실에 맞게 프로젝트 접근법이라는 용어로 재조직한 것이다(지옥정, 2000).

2) 프로젝트 접근법의 목표

프로젝트 접근법은 유아의 새로운 경험에 대한 이해를 통한 지식획득, 신체적·인지적·사회적·의사소통능력 발달에 필요한 기술습득, 다양한 상황에서 겪는 경험에 대해 비교적 지속적으로 나타나는 반응양식이나 행동유형을 의미하는 성향의 계발, 주관적 감정 상태로서의 다양한 느낌의 발달을 주요 목표로 한다.

3) 프로젝트 접근법의 보육과정

프로젝트 접근법은 프로젝트를 시행하기 위하여 프로젝트 준비 단계, 프로젝트 시작 단계(도입), 프로젝트 전개 단계(전개), 프로젝트 마무리 단계(마무리)의 과정이 요구된다(지옥정, 2000). 준비 단계에서는 영유아의 관심이나 흥미에 따라 탐구할 주제를 선정하고 아동의 사전경험과 교사의 지식을 기초로 예비 주제망을 구성한다. 도입 단계는 경험 나누기 및 표현하기, 교사와 유아의 공동주제망 완성하기, 질문목록 구성하기로 이루어진다. 전개 단계에서는 주제에 대한 의문점들을 해결하기 위한 활동들이 이루어진다. 중심활동은 현장견학활동이나 전문가와의 면담을 통해 주제와 관련된 지식을 조사·탐구하고 경험을 표현하는 활동이다. 마무리단계에서는 프로젝트 활동결과를 전시하고 발표하는 경험을 통해 프로젝트 수행과정에서 얻은 다양한 정보들을 내면화하고 다른 사람과 정보를 상호공유하는 데 의미가 있다. 이 단계에서는 마무리 행사 준비와 전시회 및 발표회 활동이 이루어진다.

4) 프로젝트 접근법에서의 교사 역할

프로젝트 접근법에서의 교사는 유아의 다양한 생각들을 격려하고, 유아의 활동을 안내하고 대안을 제시하며, 관찰하고·듣고·질문하여 유아의 아이디어가 생산되어질 수 있도록 돕는다. 또한 부모의 적극적인 참여를 유도하고 긴밀한 협조관계를 유지하기 위해 노력해야 한다. 이러한 과정에서 교사는 유아가 또래유아 및 교사와의 대화·공동 활동·지식의 공동 건설을 자극하고 촉진하는 것을 통해 발견의 기회를 제공하고, 교사의 전문성과 끊임없는 자기 성찰을 위해 노력해야 한다.

3. 발도르프 프로그램

1) 발도르프 프로그램의 배경

루돌프 슈타이너
(Rudolf Steiner)

발도르프 프로그램(Waldolf Program)은 19세기 중엽 유럽의 자유학교 운동의 흐름 속에서 슈타이너(Rudolf Steiner, 1861~1925)의 인지학적 인간학에 기초하여 시작되었다. 발도르프에서의 교육은 전인적인 인간을 기르기 위하여 영유아 내부의 잠재성을 발견하는 것으로 생활 속에서의 리듬을 찾도록 공간, 시간, 영혼의 질서를 알려주어 영유아가 본보기와 모방의 원리를 체득하고 예술적 교육을 경험하게 한다(양승희 외, 2007). 1919년에 최초의 발도르프 학교가 생긴 이후부터 21세기의 오늘날에 이르기까지 개혁교육 또는 대안교육의 모델이 되어 왔다.

2) 발도르프 프로그램의 목표

발도르프 프로그램에서는 질서와 모방을 교육원리로 삼고 있다. 영유아가 안정감을 느낄 수 있도록 하기 위한 목적으로서의 질서와 공간적인 환경으로서의 질서, 시간적 질서를 강조하는데, 이것은 영유아의 체험과 삶 속에서 생활의 틀을 제공한다. 0~7세의 영유아에게 있어 가장 중요한 학습의 기본 형태는 모방이다. 영유아는 직접적인 감각 체험을 통해 얻어진 것을 모방해 봄으로써 배우게 된다고 보며, 영유아의 모방능력은 내면의 자유의 표현으로 인식한다(곽노의, 1998).

3) 발도르프 프로그램의 보육과정

(1) 자유놀이

자유놀이의 가치는 영유아 스스로 자신을 세상 안으로 내재화시켜 나가게 할 수 있으며, 세상을 능동적으로 만들어 갈 수 있게 하는 데 있다. 이것은 미래 삶을 준비하는 중요한 의지의 자세를 반전시키게 되므로 각 개별 영유아 특성에 따라 제공되는 놀잇감, 놀이형태, 놀이방법, 성인의 역할이 모두 달라진다(김숙자 외, 2001). 놀이는 활동 그 자체에 목적을 두며 영유아의 자연스러운 본성을 거스르지 않고 타고난 개성에 따라 순응적으로 교육해 가기 위해 자연물, 나무블록, 나무그릇, 천연염료로 염색한 천 등을 주로 사용한다. 구조화된 놀잇감, 비디오와 같은 영상매체 시청 등의 영유아의 상상력을 제한하고 집중력을 떨어뜨리는 활동보다는 놀이를 제한하지 않는 특성이 있는 자연물을 이용한 진흙놀이, 설거지, 빨래 같은 활동은 놀이를 촉진할 수 있고, 세상에 대한 현실적인 관계를 형성하도록 도울 수 있다.

(2) 동화 모임

조용한 노래로 시작하는 동화 모임은 내면 안에서 귀 기울여 들을 수 있고, 삶의 깊은 문제에 대해 형상화한 단순한 줄거리로 동화 속의 도덕 법칙이 영유아의 긍정적 발전을 위해서 중요하며 이야기하는 사람과 듣는 사람 사이의 상호작용에 기초한다. 2~4주간 같은 시간에 같은 동화를 들려주는데, 이때 상상력을 제한하지 않도록 그림 없이 이야기만 들려주며, 이야기가 끝난 후에도 교육적 목적에 의한 교훈을 주입하지 않는다. 인형극에 사용되는 인형들도 등장인물의 성격묘사를 위하여 과장된 모습으로 표현하지 않으며, 되도록 간단하게 표현하여 영유아들이 스스로 상상할 수 있도록 한다.

(3) 오이뤼트미

오이뤼트미는 슈타이너가 만든 동작예술로 팔과 손을 통해 인간 존재의 심층에 있는 것들을 나타낸다. 강약의 신체적 힘이 작용하는 체조와 비교해서 소리와 동작을 결합시켜 지적 · 청각적 · 시각적인 세 가지 수준을 제공한다. 즉, 몸을 통하여 소리를 보여주는 움직임의 예술이다.

(4) 손놀림의 노작교육(예술작업)

영유아의 손놀림은 음악, 미술, 뜨개질, 바느질 활동에서 이루어지는 것으로 영혼, 육체, 정신을 일치시켜 주는 정신교육의 과정이며, 물질적 세계에서 정신적 세계로 이끄는 교육적 활동이다. 손과 발을 통해 외부세계의 사물과 상호작용하는 영유아에게 노작교육은 삶의 다양한 측면과 친숙해지며 기술적인 능력과 정신능력의 계발이 이루어지도록 돕는다.

4) 발도르프 프로그램의 교사 역할

교사는 영유아에게 특정 행동방식을 요구하지 않으며 영유아의 적절한 경험을 위해 주변 환경을 선택해 주고 안정되고 자연스러운 환경을 제공한다. 교사는 이야기할 때, 자신의 생각이나 느낌을 표현할 때, 그것이 영유아의 영혼에 영향을 준다는 것을 생각하고 항상 생기 있고 신선한 영혼의 기분을 유지하는 태도로 인간적 모범을 보이며, 보육과정 구성을 통해 영유아 내부의 모방행동과 모방학습을 자극하면서 영유아의 개성을 존중한다.

4. 레지오 에밀리아 접근법

1) 레지오 에밀리아 접근법의 배경

로리스 말라구찌
(Loris Malaguzzi)

레지오 에밀리아 접근법(Reggio Emilia Approach)은 이탈리아 북부의 에밀리아 로마냐 지역에 위치한 레지오 에밀리아 시립유치원에서 시작하여 지금까지 실시해 오고 있는 프로젝트의 한 유형이다. 상징적 표상에 체계적인 초점을 맞춤으로써 상징적 기술과 창의력을 길러주는 보육프로그램이다(양승희 외, 2007). 제2차 세계대전 직후 부모와 교사들에 의해 시작된 레지오 에밀리아 접근법은 아동은 어려운 상황을 잘 극복할 수 있고 강하며 유능하다는 아동관을 기초로 한다. 아동은 단지 요구가 아닌 권리를 가지는 고유한 개인으로, 잠재력 있고 유연성 있으며 개방적이고 성장하고자 하는 욕구가 있고 호기심이 있으며 다른 사람들과 관계를 맺고 의사소통하고자 하는 욕구가 있다. 또한 아동은 상호성에 대해 개방적이며 사랑을 받을 뿐 아니라 사랑을 주고 싶어 하는 특성을 가지고 있다. 이에 따라 레지오 에밀리아 접근법에서는 유아의 교육에서 환경과 관계, 기록의 중요성을 강조한다.

2) 레지오 에밀리아 접근법의 교육목표

레지오 에밀리아 접근법은 교육과정의 목표를 설정해 놓고 있지 않다는 점에서 다른 일반적인 교육과정과 구분된다. 레지오 에밀리아 교육 관련자들은 아동이 잠재력,

유연성, 개방성, 성장욕구, 호기심, 다른 사람들과 관계를 맺고 의사소통하려는 욕구가 있다는 믿음을 갖고 있으므로 교사는 미리 교육목표를 세부적으로 수립하고 학습을 이끌어가기보다는 아동의 관심에 의해 시작된 프로젝트가 진행되는 과정에서 아동이 원할 때 언제든지 필요한 지원을 제공하는 역할을 한다.

3) 레지오 에밀리아 접근법의 보육과정

(1) 놀이기록

교사는 영유아의 놀이활동을 사진 찍거나 녹화하고, 영유아의 대화를 주의 깊게 관찰한다. 대화 속에서 영유아의 사고과정, 영유아가 느끼는 감정, 이해하는 단계, 활동에 대한 애정을 파악하여 다른 교사나 부모와 정보를 공유하여 프로젝트가 시작될 때 도움을 주는데, 이러한 기록은 성공적인 프로젝트 운영의 첫 번째 요건이 된다. 놀이활동 진행 중의 기록작업은 영유아의 활동에 관한 모든 것을 기록으로 남기는 과정과 결과로서 나온 작품 모두를 기록하는 것으로 나눌 수 있다. 이 기록 작업은 프로젝트의 모든 진행과정에서 이루어지며, 영유아들은 자신의 작품을 보고 자신의 감정과 아이디어를 의미 있는 것으로 인식하여 경험의 재발견을 통해 지식을 재구성하기 위한 새로운 출발점으로 삼는다.

(2) 프로젝트

레지오 에밀리아에서 프로젝트는 사물이나 사회에 대한 호기심, 실제적인 제안, 철학적 질문에서부터 시작된다. 교사는 문제를 제기하거나 새로운 가능성을 제시할 수 있고, 다양한 주제 중에서 아동들이 몰입할 수 있고, 지적인 자극이 되며, 다양한 해석과 탐색이 가능하여 연구할 만한 가치가 있는 것을 선택하는 데 중요한 역할을 한다.

레지오 에밀리아의 프로젝트는 미국의 프로젝트 접근법이나 발현적 교육과정과 다음과 같은 점에서 구분된다. 첫째, 레지오 에밀리아의 교육과정은 '아동은 백 가지 언어'로 표현되는 언어 이외에 다양한 의사소통방식을 통한 표현을 강조한다. 창의력과 지적 능력의 관계에 대한 이러한 믿음은 학교마다 아뜰리에리스타라는 미술전담교사를 두어 아동의 상징적 언어발달 증진을 도모하고 있다. 둘째, 레지오 에밀리아 교사들은 아동의 호기심과 질문에 기초하여 교육목표를 수립한다. 아동에 대한 세심한 관찰과 기록을 통해 아동의 관심과 흥미에 대해 가장 잘 파악할 수 있으며, 이를 근거로 하여 프로젝트에 대한 틀이 구체화된다. 셋째, 기록은 학습과정이며 학습의 결과물이다. 레지오 에밀리아 학교의 벽에는 아동의 다양한 결과물이 전시되며 이러한 전시물을 통해 부모는 아동의 지식구성과정에 대한 교사의 설명을 듣고 학교환경에서 아동발달이 지원되는 것을 알게 되며, 이것은 학교프로그램을 지지하는 역할을 한다. 교사들 간의 협력작업에 의한 기록판넬 제작은 프로젝트 활동에서 아동들이 다른 아동과의 협력을 통해 문제를 해결하고 새로운 지식을 구성하는 것과 같은 경험을 교사들이 할 수 있는 기회가 된다.

(3) 학부모 참여와 지역사회 중심 운영

레지오 에밀리아에서 일반학교는 학교로서의 의미보다는 지역사회 공동체의 한 부분이다. 따라서 영유아는 다른 사람과의 관계를 형성하고 유지하며 프로젝트 과정에서 참여하는 많은 지역사회의 전문가, 자원봉사자, 지역사회의 자원, 교육가, 부모 등과의 긴밀한 관계를 맺으며 공동체에 참여하는 것을 배우게 된다. 부모는 교사와 파트너라는 개념으로 학교 정책의 수립, 영유아발달, 교육과정의 계획과 평가에 참여한다.

4) 레지오 에밀리아 접근법의 교사 역할

레지오 에밀리아 접근법에서는 한 교실당 두 명의 교사가 협력교사 체제로 교육한다. 교육조정자로서의 페다고지스타는 영유아를 위한 문화적 · 사회적 성장을 촉진시키는 복잡하고도 다양한 임무를 수행한다. 또한 미술전문 교사인 아뜰리에리스타는 미술을 가르치며 한 기관에 한 명씩 배치되어 있다(김영호, 1999).

(1) 교사의 역할

교사는 교육과정 계획, 전문가로서의 교육, 교사 발달을 위하여 매일 프로젝트에서 실시되는 활동에 대해 연구한다. 즉, 교사는 관찰자, 기록자, 연구자, 지원자, 지식 대여자로 영유아를 주의 깊게 관찰하고 기록한 것을 바탕으로 활동을 계획하고 진행한다. 또한 학습을 나선형 과정으로 보고 영유아가 경험한 내용을 발견하고 재방문할 기회를 가지도록 제안하는 학습과정의 파트너 역할을 한다. 레지오 교사는 영유아와 지내는 시간 외에도 영유아의 활동을 기록 · 전시하는 시간, 그리고 1주일에 6시간 이상을 다른 교사와 협의, 준비, 학부모와 협의하거나 자신의 재교육을 위해 사용하며 3년 간 같은 반 영유아와 함께 생활하며 친밀성을 유지하고 최적의 전문성과 끊임없는 자기 성찰을 한다.

(2) 페타고지스타의 역할

교육조정자인 페타고지스타는 학교체제의 가장 본질적인 부분을 담당하는 영유아 보육 담당 산하의 직원을 말한다. 페타고지스타는 프로그램의 질적 수준을 유지하고 교육 시스템을 운영하며 교사들의 철학적 해석을 돕고, 부모와 행정가를 연결해 주며, 교직원의 스케줄 짜기, 임무 배정하기, 일의 양과 시간 조정하기 등과 같은 기존 조직과 관련된 일을 한다. 또한 교사가 영유아를 관찰하고 말을 듣는 기술, 프로젝트를 기록하는 기술, 자신의 연구를 진행하는 기술을 향상시키도록 도우며, 프로젝트 활동을 진행하는 모든 기관과 담당자들 간의 조정과 협력을 돕는다.

(3) 아뜰리에리스타의 역할

미술가인 아뜰리에리스타는 주제에 대한 가설과 연구문제를 추론하여 관계를 찾는 활동 속에서 영유아의 표상활동에 대한 해석을 하고 표상방법과 기술을 제공한다. 또한 주제에 관련된 자료들을 찾고 다양한 매체의 활용과 유용한 도구들을 연구, 지원하고 활동과정을 관찰, 체크하여 분석하고, 기록 자료들의 활용방안을 찾으며 아뜰리에를 관리하고, 활동과정들을 전시, 구성한다.

(4) 요리사와 청소부의 역할

요리사와 청소부는 교사와 같은 지위를 가지며 교육적 경험의 한 부분으로 학교의 모든 사람과 밀접한 정서적 유대를 유지하며 학교의 인상을 결정하는 역할을 한다. 영유아들의 주변 세계에 대한 이해를 증진시키고 계속 학습하고자 하는 성향을 키워주는 프로젝트 접근법과 표현적·의사소통적 언어를 통합하여 스스로 하고자 하는 힘을 구성해 갈 수 있도록 재통합한다.

PART 4

어린이집 환경구성과 운영원리

Chapter

10

어린이집 환경구성

배울 내용

1. 어린이집 환경의 중요성
2. 어린이집 환경의 구성원리
3. 0~2세를 위한 실내 · 외 환경구성
4. 3~5세를 위한 실내 · 외 환경구성
5. 영유아를 위한 실내 환경의 개방된 공간

학습 목표

1. 어린이집 환경의 중요성을 이해한다.
2. 어린이집 환경의 구성원리를 익힌다.
3. 0~2세를 위한 실내 · 외 환경구성을 익힌다.
4. 3~5세를 위한 실내 · 외 환경구성을 익힌다.
5. 영유아를 위한 실내 환경의 개방된 공간을 이해한다.

1. 어린이집 환경의 중요성

영유아가 오랜 시간을 보내는 어린이집의 보육환경은 영유아 자신의 가정처럼 편안하고 안전해야 하며, 발달에 적합한 교육과 연결될 수 있는 환경으로 구성되어야 한다. 영유아의 발달과 물리적 환경의 중요성은 유아교육 사상가들(페스탈로치, 프뢰벨, 피아제 등)도 강조하였다. 잘 준비된 물리적 환경은 영유아의 발달과 학습을 촉진하여 교사를 돕는 보조의 기능을 할 수 있다.

피아제(Piaget)에 의하면, 물리적 환경은 인지발달에 중요한 역할을 한다고 한다. 유아에게 있어서 물리적 환경은 지식을 구성하기 위한 도구로써 중요할 뿐 아니라 획득된 지식을 견고하게 하고 익숙하게 사용하기 위해 필요한 반복적 경험과 연습을 제공하는 수단으로 활용되기도 하며, 지식을 활용하고 창의적으로 적용하기 위한 매체로서도 필요한 것이다. 또한 잘 마련된 물리적 환경은 영유아의 탐색이나 놀이를 촉진시킬 뿐 아니라 유아의 행동을 조절하는 기능을 하기도 한다. 이것은 환경의 배치에 따라 영유아들이 집단에서 허용되는 행동 또는 해야 할 행동의 목표에 대한 단서를 제공하기 때문이다. 예를 들어, 언어 영역에 책꽂이를 두고 편하게 기대어서 볼 수 있는 큰 쿠션이나 안락의자를 배치해 두었다면 영유아들은 동화책이나 그림책을 볼 때 쿠션이나 안락의자를 이용하여 책을 볼 수 있을 것이다. 이와 같이 각 영역별로 주어진 교재나 교구에 따라 영유아들의 학습이나 놀이 행동이 달라지므로 물리적 환경과 영유아의 행동과는 밀접한 관계가 있다고 할 수 있다.

어린이집의 물리적 환경은 영유아와 성인(교사)과의 상호작용에도 영향을 주기 때문에 바람직한 보육을 위해서는 영유아들의 발달에 적합한 물리적 환경이 구성되어야 한다. 또한 어린이집의 물리적 환경은 운영자의 교육철학과 보육의 목표를 달성할 수 있는 중요한 보육 수단이 될 수 있으므로 보육환경은 영유아의 발달을 도와주고 그들의 생활 경험을 풍부하게 하는 조직적이고 합리적인 환경이 마련되어야 한다.

2. 어린이집 환경의 구성원리

잘 계획된 보육·교육환경은 안전하고 건강한 환경이며, 영유아와 성인의 요구를 충족시키고, 반관리를 용이하게 한다. 또한 놀이를 통한 학습과정을 향상시키고, 프로그램의 목적 및 목표를 원활하게 이루어지도록 해 준다(Catron & Allen, 1999). 즉, 잘 구성된 물리적 환경은 영유아 활동의 성공 여부에 중요한 요인이 된다. 영유아의 발달에 적합하고 최적의 환경을 구성하기 위하여 발달에 적합한 환경 구성원리를 살펴보면 다음과 같다(권용은, 이한영, 2004; Kostelnik, 1997).

1) 안전성(Security)을 고려한 환경

영유아는 안전한 환경에서 자유롭게 움직이고, 탐색하며, 새로운 도전을 하게 된다. 안전성을 고려한 환경은 교사가 안심하고 영유아를 보육·교육할 수 있고, 함께 놀이를 즐길 수 있게 한다. 안전은 가장 기본적인 개념임에도 불구하고 '안전에 대한 요구'와 '도전하고 발달할 수 있는 환경'은 서로 반대적인 입장을 가지고 있다. 따라서 도전적인 환경과 안전한 환경은 적절한 수준에서 절충되고 구성되어져야 한다(Greenman, 1988).

표 10-1. 안전성을 고려한 환경구성

- 벽, 천장, 바닥 점검하기
  - 지나치게 밝은 색과 많은 색 피하기
  - 리놀륨 바닥, 타일 바닥 미끄럼 방지하기
  - 벗겨진 페인트 점검하기
- 가구나 물건들의 날카로운 면 감싸기
- 전기제품 커버 씌우기
- 청소가 쉽고 털이 길지 않은 카펫 사용하기

2) 건강(Health)을 고려한 환경

건강을 고려한 환경은 영유아가 질병이 생기거나 감염될 가능성을 줄이는 환경을 말한다. 건강을 고려한 환경구성은 위생 설비의 영역을 고려하여야 한다. 즉, 기저귀 갈이 영역, 화장실 위생, 식품 위생, 세탁, 영유아의 손 씻기와 목욕을 위한 공간 및 설비 등이 항상 계획되어야 한다(이인숙, 1997).

표 10-2. 건강을 고려한 환경구성

- 채광 조절하기: 자연광과 조명, 부분 조명 사용하기, 전등갓 씌우기
- 세탁이 용이한 물건 사용하기
- 신선한 공기: 창문 열기, 불쾌한 냄새 제거
- 기저귀 갈이와 음식 먹는 영역 분리하기
- 교사와 영유아의 규칙적인 손 씻기
- 알레르기 반응을 일으키지 않는 재료 사용하기

3) 안락함(Comfortability)을 고려한 환경

영유아는 물리적 공간 환경이 안락하고 쾌적하다고 느낄 때, 놀잇감과 놀이에 반응을 보인다. 따라서 안락하고 쾌적한 환경을 조성하는 것이 영유아의 주의력 · 기억력 · 성취력의 발달을 적극적으로 지원하며, 영유아들이 휴식하고 재충전할 수 있도록 하는 기초가 된다(Olds, 1989).

영유아교육기관은 따뜻하고 부드럽고, 심미적이고 즐거우며, 편안하고 가정과 같은 공간으로 제공되어야 한다. 안락한 환경의 제공은 영유아가 안전하다고 느끼게 함으로써 주변을 탐색하고 자유롭게 활동하도록 지원하며, 영유아가 재충전할 수 있는 기회를 제공한다. 또한 안락한 환경은 영유아뿐만 아니라 교사도 휴식을 취하고 재충전하며 스트레스를 완화시킬 수 있다.

교사가 관찰할 수 있으면서 영아의 프라이버시와 소음에 대한 노출을 감소시킬 수 있는 낮은 경계물의 설치, 영유아 개인의 영역을 형성할 수 있는 공간 배치, 의자 및 책상, 침대 및 작고 낮은 안락한 공간, 집에서 가져온 놀잇감의 전시를 통한 개인화된 공간, 영유아 작품의 전시 공간, 한 명의 영유아만 사용할 수 있는 작은 소파 등의 공간이 영유아의 프라이버시 조절을 위한 공간 디자인에 이용될 수 있다(이인숙, 1997).

표 10-3. 안락함을 고려한 환경구성

- 부드러운 중간색(예: 파스텔톤 색)의 벽과 천장 제공하기
- 적절한 채광 조절하기
- 신선한 공기의 유입, 가습기로 적절한 습도 유지하기
- 눈높이에 맞게 놀잇감 배치하기
- 쿠션, 양탄자, 베개 등으로 편안한 공간 제공하기
- 자연환경 접하기

4) 편리함(Convention)을 고려한 환경

영유아 자신이 하고자 하는 활동과 그 활동을 수행하는 능력 간에는 차이가 있으며, 이러한 차이가 커질 경우 영유아는 좌절감을 경험하게 된다. 따라서 영유아가 하고자 하는 활동이 보다 편리하도록 환경을 구성함으로써 영유아를 둘러싼 환경과의 교류에서 성공적인 상호작용 경험을 갖도록 하는 것이 영유아의 자신감 형성에 필요하다(이연숙, 1997, 재인용; Olds, 1989; Weinstein, 1987). 영유아가 활동하기에 편리한 환경은 교사의 욕구도 충족시키고 활동하기에 편리하다. 불편한 환경은 영유아를 좌절하게 할 뿐 아니라 교사 또한 피로하게 하고 긴장하게 한다.

표 10-4. 편리함을 고려한 환경구성

• 영유아 스스로 놀잇감을 쉽게 꺼낼 수 있게 비치하기 • 공간구성 시 움직이기 편리하고, 활동 영역이 영유아 눈에 잘 띄게 구성하기 • 놀이에 서로 방해받지 않게 활동 영역 구성하기 • 바닥을 활동 영역에 맞게 다르게 제공하기 • 교사의 물건은 영유아의 손이 닿지 않게 두며, 교사가 꺼내기 쉽게 수납하기

5) 영유아의 신체 크기(Child-Size)를 고려한 환경

영유아의 신체 크기를 고려한 환경은 영유아가 주변 환경에 대한 친밀감을 느끼고, 영유아 스스로 운동능력을 발휘하여 도전해 보고 이를 통해 자신감과 성취감을 갖게 한다. 영유아의 발달은 영유아뿐만 아니라 교사의 활동을 지원하는 물리적 환경이 조성될 때 최적으로 이루어진다.

표 10-5. 영유아의 신체 크기를 고려한 환경구성

• 손잡이나 안전 난간이 제공된 다양한 높이를 가진 바닥 제공하기 • 영유아가 스스로 물건을 꺼낼 수 있는 낮은 선반 사용하기 • 거울, 이젤, 그림 등을 눈높이에 맞게 붙이기 • 성인 크기의 가구와 영유아 크기의 가구를 섞어서 비치하기 • 변기, 세면대, 책 · 걸상, 진열 공간, 개인 수납장 등의 가구, 설비를 영유아 신체 크기로 제공하기

6) 융통성(Flexibility)을 고려한 환경

영유아가 발달함에 따라 필요로 하는 요구사항이 변화한다. 교사는 영유아의 활동이나 관심이 변화할 때마다 놀이 환경을 변화시켜 줌으로써 융통성 있는 환경을 만들어 주어야 한다. 영유아는 연령 · 소속 집단에 따라 구조적 요구나 공간에 대한 요구가 지속적으로 변화하며, 이와 같은 변화를 수용하기 위하여 교사는 프로그램 수정과 개선에 쉽게 반영할 수 있는 물리적인 공간계획이 필요하다. 시설 및 설비의 관점에서 활동은 때로는 좁고 때로는 넓은 공간을 필요로 하므로 그에 맞춰 공간을 조절할 수 있는 융통성이 고려되어야 한다.

표 10-6. 융통성을 고려한 환경구성

• 교실 가운데를 비워 두어 변화 주기 • 움직임의 욕구를 고려하여 다양한 놀이기구와 비품 제공하기 • 놀이 영역을 다양하게 활용하기 • 다양한 놀잇감과 자료, 비품들을 편리하게 수납하기

7) 이동성(Movement)을 고려한 환경

영유아는 환경 내에서 이동하는 방법을 배우고 이동을 하면서 환경을 탐색함으로써 스스로 학습을 한다. 즉, 영유아는 환경을 이용하면서 대근육 활동을 함으로써 신체와 사물의 조절능력을 증진시키며, 더불어 신체적 기술을 익히고, 사고능력을 발달시킴으로써 영유아의 성장에 필수적인 요소로 작용한다.

표 10-7. 이동성을 고려한 환경구성

- 미끄러움을 방지한 안전한 바닥 제공하기
- 기어 올라갈 계단이나 사다리 제공하기
- 기어 다닐 수 있는 통로 제공하기
- 터널, 미끄럼, 매트리스, 움직이는 놀잇감 제공하기
- 다양한 질감을 가진 바닥과 다양한 놀이의 바닥 제공하기

8) 선택(Choice)을 고려한 환경

여러 가지 다양한 질감 · 활동 · 놀잇감을 갖춘 환경은 영유아에게 학습과 발달을 도와주는 적합한 선택을 하도록 하며, 이러한 환경에서 영유아는 스스로 선택하며 많은 학습을 한다. 또한 이러한 환경은 예측 가능하고, 흥미 있고, 도전해 볼 만한 것을 영유아 스스로 찾아서 선택할 풍부한 기회를 준다.

표 10-8. 선택을 고려한 환경구성

- 명확하게 영역을 구성하기
- 교재 · 교구(놀잇감)를 다양하게 제공하기
- 때로 혼자 있게 편한한 장소를 만들어 주기

3. 0~2세를 위한 실내 · 외 환경구성

1) 0~2세를 위한 실내 환경구성

0~2세 영아를 위한 실내 환경을 구성하기 위해서는 영아로 하여금 따뜻하고 집과 같이 편안함을 느낄 수 있도록 하는 정서적이며, 사회적 욕구에 부응할 수 있는 환경을 구성해 주어야 한다. 이를 위해서는 영아의 연령, 발달특성, 활동실(교실)의 크기 등을 고려해 구성해야 한다.

0~2세 영아를 위한 실내 환경은 놀이 공간, 식사, 수면, 그리고 기저귀 갈이 영역으로 구성한다. 움직일 수 있는 영아들은 안전하게 기고, 스스로 몸을 일으키고 기어오를 수 있는 장소가 필요하다. 탐색하기에 시각적으로 흥미로운 것들은 영아들이 기거나 걷는 활동들을 자극한다. 이를 위해 교사들은 지속적으로 깨끗하고 위생적인 놀잇감을 제공해야 한다. 0~2세 영아를 위한 실내 환경구성의 원리는 〈표 10-9〉와 같다.

표 10-9. 0~2세 영아를 위한 실내 환경구성의 원리

- 기저귀 갈이 · 잠자기 · 식사하기 · 놀이하기 등의 영역을 각각 분리하여 공간구성을 하고 조용한 휴식 영역이 있어야 한다.
- 환경에 부드럽고, 딱딱한 요소가 포함되어야 한다.
- 환한 색을 주로 사용하며 색깔에 대조가 있는 흥미 있는 패턴을 사용하여 내부를 설계한다.
- 영아는 각 개인별 침대, 식사 도구, 옷, 기저귀와 촉감 공 등의 영아용 놀잇감을 준비한다.
- 영아가 자신을 관찰할 수 있도록 바닥에 붙은 벽이나 기저귀 갈이 영역 옆에 거울을 놓는다.
- 모든 자료 그림은 영아의 눈높이에 위치하게 한다. 예를 들어, 그림책의 경우 표지가 보이도록 바닥에 두는 것과 바닥에 세워 두는 두 가지 방법을 사용할 수 있다.

0~2세를 위한 실내 환경구성은 0~6개월 영아를 위한 실내 환경구성, 7~12개월 영아를 위한 실내 환경구성, 1세 영아를 위한 실내 환경구성, 2세 영아를 위한 실내 환경구성으로 구분된다. 영아를 위한 실내 환경구성은 〈표 10-10〉과 같다.

표 10-10. 영아반 실내 환경구성

구분	0~6개월	7~12개월	1세	2세
일상생활 및 양육을 위한 환경	• 수유 영역 • 잠자기 영역 • 기저귀 갈이 영역	• 수유 및 이유 영역	• 낮잠 및 휴식 영역 • 기저귀갈이 · 배변활동 영역	
보육 · 교육 및 놀이를 위한 환경	• 언어 영역 • 감각 · 탐색 영역 • 신체 영역	• 언어 영역 • 감각 · 탐색 영역 • 신체 영역	• 언어 영역 • 감각 · 탐색 영역 • 신체 영역 • 미술 영역 • 음률 영역 • 역할 · 쌓기(놀이) 영역	• 언어 영역 • 감각 · 탐색 영역 • 신체 영역 • 미술 영역 • 음률 영역 • 역할(놀이) 영역 • 쌓기(놀이) 영역

(1) 0~6개월 영아를 위한 실내 환경구성

0~6개월 영아는 하루의 대부분을 누워서 보내게 됨으로써 걸음마를 시작하는 7~12개월 영아와 실내 환경구성이 같을 수 없다. 0~6개월 영아에게 있어 환경은 가정과 같은 편안함과 안락함을 주어야만 하며, 실내 환경은 영아의 수유 · 잠자기 · 기저귀 갈이 등의 기본적 욕구를 만족할 수 있는 장소라는 신뢰감을 느낄 수 있는 공간이어야 한다. 보육 · 교육 및 놀이를 위한 실내 환경구성으로는 언어 영역, 감각 · 탐색 영역, 신체 영역으로 나뉜다.

(2) 7~12개월 영아를 위한 실내 환경구성

7~12개월 이유기에 있는 영아는 청결하고 안전한 환경 속에서 자신의 생리적 리듬에 따라 먹고, 자고 배변하는 일이 편안하게 이루어져야 한다. 또한 기어 다니거나 걸음마를 시작하는 시기로 마음대로 움직이고자 하므로, 안전하게 영아의 움직임을 고려한 환경 및 그에 따른 적절한 놀잇감이 제공되어야 한다. 이때 교실의 면적 크기, 천장 높이, 벽지 색, 창문 크기와 수, 문턱, 서랍장 등의 구조적인 측면과 온도, 채광, 습도, 전등 밝기, 청결 위생 등의 내부적인 측면이 함께 고려되어야 한다. 7~12개월 영아를 위한 실내 환경구성은 수유 및 이유 영역, 잠자기 영역, 기저귀 갈이 영역, 언어 영역, 감각·탐색 영역, 신체 영역으로 나뉜다.

(3) 1세 영아를 위한 환경구성

1세 영아는 스스로 걷기 시작하면서 신체적 움직임에 대한 욕구가 커지며 주변의 환경을 탐색하고, 이제까지 성인에게 의존하던 것을 혼자서 하려는 의지가 강하게 나타나게 된다. 따라서 영아가 자발적인 움직임과 탐색 활동을 할 수 있도록 안전한 물리적·사회적 환경을 구성해 주어야 한다. 또한 영아는 교실 내 놀잇감을 영역 구분 없이 섞어 쓰거나 놀잇감을 가지고 이동해 다른 공간에서 놀이하며, 영역을 뚜렷이 인식하지 않기 때문에 유아반과 같이 흥미 영역에 따른 영역을 명확히 구분하기보다는 영역 간에는 개방성을 지니는 것이 좋다. 1세 영아를 위한 실내 환경구성으로는 낮잠 및 휴식 영역, 기저귀 갈이·배변활동 영역, 언어 영역, 감각·탐색 영역, 신체 영역, 미술 영역, 음률 영역, 역할·쌓기(놀이) 영역으로 나뉜다.

(4) 2세 영아를 위한 환경구성

2세 영아는 어휘력이 폭발적으로 증가하는 시기로 문장 구사 능력이 높아지며, 배변 훈련이 거의 완성되는 시기에 해당된다. 또한 놀이에 있어도 실제 사물을 다른 어떤 것으로 표상하는 가상놀이가 이루어지게 된다. 2세 영아를 위한 실내 환경구성으로는 낮잠 및 휴식 영역, 언어 영역, 감각 · 탐색 영역, 신체 영역, 미술 영역, 음률 영역, 쌓기(놀이) 영역, 역할(놀이) 영역으로 나뉘며, 낮잠 및 휴식 영역의 경우 1세 영아와 크게 다르지 않다. 또한 역할(놀이) 영역과 쌓기(놀이) 영역의 경우 통합하여 역할 · 쌓기(놀이) 영역으로 구성하기도 한다.

(5) 영역별 실내 환경구성

0~6개월, 7~12개월, 1세, 2세 영아를 위한 실내 환경을 영역별로 살펴보면 다음과 같다.

① 잠자기 영역, 낮잠 및 휴식 영역

0~6개월, 7~12개월 영아의 잠자기 영역은 각 개인별 아기침대가 필요하며, 대낮의 빛 조절을 위해 강한 차단성이 있는 커튼을 쳐야 한다. 잠자기 영역은 교실의 놀이 공간과 분리하여 소음을 차단함으로써 어린 영아가 편안하게 잠을 취할 수 있도록 한다. 잠자기 영역의 경우 별도의 장소가 없을 경우는 교실 내에 마련할 수 있다. 1세, 2세 영아의 낮잠 및 휴식 영역은 교실과 분리되어 있어야 하지만, 별도의 장소가 없을 경우에는 교실 내에 마련할 수 있다. 교실 내의 낮잠 영역은 별도의 영역 구성이 이루어지는 것이 아니라 하루 일과 중 낮잠 시간에만 기존의 놀이 영역을 넓혀 공간을 마련한다. 낮잠 영역의 침구와 베개는 장 안에 보관하고, 정기적인 세탁을 통해 위생 상태를 청결하게 한다. 영아용 침구에는 개별 사진과 이름을 붙여 영아 개별 침구를

사용하도록 한다. 또한 하루 종일 영유아 교육기관에서 생활하는 영아를 위해 놀이 중간에 휴식을 취할 수 있도록 배려해 주어야 하며, 휴식 영역은 언어 영역과 함께 사용할 수 있다.

표 10-11. 잠자기, 낮잠 및 휴식 영역의 자료 및 구성의 예

구분	자료
잠자기 영역(0~12개월)	• 영아용 침대와 침구, 모빌, 잡아당길 수 있는 놀잇감, 인형 녹음기 및 음악 테이프, 그림이나 사진(가족사진, 친근한 동물 사진)
낮잠 영역(1세, 2세)	• 베개, 이불, 개별 요
휴식 영역(1세, 2세)	• 깔개, 쿠션, 소파, 녹음기 및 음악 테이프

② 수유 및 이유 영역

수유 및 이유 영역은 잠자기 영역 내 또는 잠자기 영역 가까이에 위치하여 항상 청결을 유지하여야 한다. 또한 교사의 편리한 수유를 위하여 소파를 준비해 준다. 가정에서 가지고 온 우유 및 이유식은 영아 개별 이름을 써서 냉장고에 보관한다. 또한 영아의 수유 양, 이유식 종류 및 양을 체크할 수 있는 일일 보고서를 준비해 부모에게 정보를 제공해 준다.

표 10-12. 수유 및 이유 영역의 자료 및 구성의 예

구분	자료	
수유 영역 (0~6개월)	• 싱크대, 냉장고, 휴지, 뚜껑 달린 휴지통, 손 소독액	• 젖병 소독기, 보온 전기포트, 끓인 물, 개인용 우윳병과 분유, 소파
수유 및 이유 영역 (7~12개월)		• 숟가락, 접시, 컵, 쟁반

③ 기저귀 갈이 영역 및 배변활동 영역

기저귀 갈이 영역은 영아가 매일 경험하는 일상생활 중 하나이며, 동시에 교사와 영아가 개별적인 상호작용을 나눌 수 있는 시간이 된다. 기저귀 갈이 영역은 위생을 고려하여 놀이 영역, 수유 및 이유 영역과 분리하여 배치하고 바로 씻기와 닦기가 가능한 싱크대 또는 세면대에 인접해서 배치한다. 교사가 기저귀를 갈아줄 때 휴지통을 손으로 밀지 않고 발로 페달을 밟으면 열리는 것을 설치하는 것이 좋다. 1세 영아의 대소변 가리기는 중요한 발달과업이므로, 교사는 영아가 스스로 대소변을 가릴 수 있도록 지도해 주어야 한다. 영아에게 화장실 사용법을 가르쳐 주어야 하므로 교실 옆에 화장실이 있거나, 교실 한 영역에 이동식 변기가 있어야 한다. 화장실의 경우 환기 시설이 잘 되어야 하며, 위생적으로 쾌적해야 하고 냉·온수가 나오는 세면대와 더불어 실수한 영아의 몸을 씻을 수 있는 샤워기 등의 목욕 시설이 갖추어져야 한다.

표 10-13. 기저귀 갈이 영역 및 배변활동 영역의 자료 및 구성의 예

구분	자료
기저귀 갈이 영역 (0~12개월)	• 여벌의 기저귀, 방수 깔개, 폭신한 쿠션, 모빌, 안전거울, 물휴지, 휴지, 뚜껑 달린 휴지통, 손 소독제
기저귀 갈이·배변활동 영역 (1세)	• 여벌의 기저귀, 방수 깔개, 폭신한 쿠션, 모빌, 안전거울, 물휴지, 손 소독제, 뚜껑 달린 휴지통 • 이동식 변기(화장실)

④ 감각·탐색 영역

0~6개월 영아의 감각·탐색 영역은 영아의 감각발달을 돕는 탐색 놀잇감과 배밀이 및 기어 다니기 시작하는 영아의 움직임 공간에 인접하여 배치한다. 7~12개월 영아의 감각·탐색 영역은 영아가 보고, 듣고, 만지고, 맛보는 등의 오감을 사용하여 주변을 탐색하고, 주변 세계에 대한 호기심을 충족시킨다. 감각·탐색 영역에 제시되는 놀잇감은 영아가 삼킬 수 있어 적당한 크기(3.5cm 이상)이어야 하며, 인체에 무해하고 영아가

던져도 쉽게 손상되지 않도록 안전성과 견고성을 갖추어야 한다. 1세 영아는 사물을 가지고 끊임없이 탐색하므로, 감각·탐색 영역에 다양한 놀잇감을 제공해 주어 즐거움과 성취감을 느끼게 해 주어야 한다. 2세 영아는 사물을 가지고 끊임없이 탐색하고 조작하므로, 다양한 조작 놀잇감을 제공해 주어야 한다. 감각·탐색 영역은 2세 영아의 감각과 소근육 발달을 위해 소리를 듣고, 사물을 만지고 조작하는 놀잇감을 낮은 교구장에 배치한다.

표 10-14. 감각·탐색 영역의 자료 및 구성의 예

구분	자료
0~6개월	• 뻗고, 돌고, 기고, 밀고에 적합한 세트 • 모빌: 나비, 다람쥐, 물고기 등의 동물이나 비행기 형태 • 딸랑이: 잡고 흔들면 소리가 나거나 구슬이 움직임 • 침대걸이 놀잇감: 잡기, 두드리기, 흔들기 • 헝겊 공: 가볍고 영아가 잡기 쉬운 크기 • 음악상자: 테이프를 감으면 음악 소리가 나는 음악상자
7~12개월	• 다양한 딸랑이, 모빌, 누르면 튀어 나오는 소리 나는 놀잇감 • 2~3조각 퍼즐, 쌓을 수 있는 컵 블록, 끼우는 고리 • 치아 발육기, 놀이용 젖꼭지, 오뚝이, 방울
1세	• 실물 보관상자, 뚜껑이 달린 플라스틱 어항, 자연에 관한 그림이나 사진 • 촉감자료, 뚜껑이 있는 병, 모양 상자 • 누르면 튀어나오는 놀잇감, 끼워 넣기 놀잇감, 소리 나는 놀잇감, 2~3조각 퍼즐, 포개어 끼우는 상자, 각종 소형 자동차
2세	• 나무 못과 말판 나무 구슬 꿰기, 뚜껑이 있는 병, 큰 단추 모양 분류 상자, 조각이 큰 퍼즐이나 꼭지가 달인 퍼즐, 그림 끼우기 • 감각 놀이대, 감각 놀이판, 헝겊이나 나무 등의 재질로 된 촉감 놀이 도구 • 냄새 맡을 수 있는 자료, 자연에 관한 그림 또는 사진, 실물보관 상자, 화분, 뚜껑이 달린 플라스틱 어항

⑤ 언어 영역

0~6개월, 7~12개월 영아의 언어 영역은 영아가 조용히 놀거나 편안히 안정을 취할 수 있는 공간으로 안전거울, 푹신한 매트와 쿠션, 헝겊 책 등을 마련해 주어 교사 및 주변 환경과의 지속적인 상호작용을 통해 친숙한 사회관계를 형성하도록 한다. 1세 영아를 위한 언어 영역은 안락한 쿠션과 방석을 두어 교사가 영아와 개별적으로 책을 읽고 이야기를 나누게 된다. 영아는 그림책을 보고 · 듣기를 좋아하며, 어휘력이 급속히 발달하기 시작하는 시기이다. 또한 영아는 새로운 단어 및 말을 배우고, 생각을 문장으로 나타내 봄으로써 발음이 보다 명확해지고 의사소통기술이 촉진된다. 따라서 헝겊 책 등 다양한 그림책, 손 인형, 막대 인형 등의 놀잇감으로 환경구성을 한다. 언어가 빠르게 발달하는 2세 영아를 위해서는 책 전면이 보이는 낮은 책꽂이를 배치하며, 긴 소파 · 쿠션, 낮은 책상, 방석 등을 두어 안정되고 편안하게 놀이할 수 있게 만들어 준다. 또한 바닥이나 벽에 큰 종이를 붙여 끼적거리기를 할 수 있도록 매직 등 쓰기 도구와 함께 제공한다. 언어 영역은 휴식을 취하고 싶은 영아를 위한 쉴 공간으로도 활용된다.

표 10-15. 언어 영역의 자료 및 구성의 예

구분	자료
0~6개월	• 안전거울 • 헝겊 책 • 푹신한 매트와 쿠션
7~12개월	• 안전거울, 기대고 앉을 수 있는 쿠션과 폭신한 매트 • 가족사진, 천으로 된 책꽂이, 봉제 인형, 헝겊 책, 감각 책
1세	• 안락한 쿠션이나 방석, 매트 • 보드 북, 헝겊 책, 사물 그림책 등 다양한 그림책 • 손인형, 막대인형 • 모형전화기나 카세트 • 쓰기(끼적거리기) 도구: 크레용, 전기, 여러 가지 색도화지, 모양 종이
2세	• 낮은 소파와 쿠션, 푹신한 매트, 봉제 인형, 손 인형, 융판 • 녹음기, 마이크, 카세트 • 낮은 책꽂이, 내용이 단순한 그림책, 다양한 촉감의 헝겊 책, 그림자료 • 쓰기(끼적거리기) 도구: 매직, 크레용, 색연필, 전지, 여러 가지 색 도화지, 모양 종이

⑥ 신체 영역

신체발달이 빠르게 일어나는 영아의 대근육 발달을 돕기 위해서는 넓고 안전한 공간이 확보되어야 한다. 0~6개월, 7~12개월 영아의 신체 영역은 영아의 안전사고를 예방하고 떨어지거나 넘어졌을 때의 충격을 완화하기 위한 충격 흡수용 카펫, 매트리스, 고무, 스펀지 등을 설치한다. 1세, 2세 영아는 신체적 움직임이 활발한 시기이므로 기기 · 기어오르기 · 걷기 · 뛰기 · 던지기 등의 대근육 발달, 물건을 들거나 끼우기 등의 소근육 발달과 신체 협응력을 도울 수 있는 놀잇감이 제공되어야 한다. 신체 영역 구성 시에는 놀잇감의 종류, 높이, 바닥 재질(카펫 마련), 모서리 등을 점검하여 안전한 환경을 마련해 준다.

표 10-16. 신체 영역의 자료 및 구성의 예

구분	자료
0~6개월	• 두툼한 바닥깔개 • 기어오르는 계단: 경사로, 영아용 그네 • 영아용 침대에서 사용 가능한 놀이기구(손이나 발동작으로 효과를 나타낼 수 있는 것), 영아용 자동차, 공
7~12개월	• 두툼한 바닥깔개 • 포장용 종이상자, 영아용 자동차, 큰 공(천이나 플라스틱) • 기어오르는 계단: 경사로, 영아용 그네, 벽 따라 설치된 봉, 스펀지 블록
1, 2세	• 탈것: 밀고 당기는 놀잇감, 타는 놀잇감, 끌차, 흔들말, 붕붕카, 영아용 불도저 • 다양한 재질의 공 • 큰 종이 상자, 미끄럼틀, 점핑바운서

⑦ 미술 영역

1세, 2세 영아는 손이나 손가락을 이용해 그림을 그리거나 스티커를 붙였다 떼며, 밀가루 점토를 주무르는 등의 탐색 활동을 통해 미술 활동을 즐긴다. 따라서 다양한 감각의 자료 및 매직, 무독성의 크레용 등의 놀잇감을 제시해 주어 영아가 탐색하고 자유롭게 표현해 보도록 한다.

표 10-17. 미술 영역의 자료 및 구성의 예

구분	자료
1, 2세	• 무독성 크레용, 여러 가지 색의 종이, 스케치북, 전지, 붓, 이젤, 점토와 여러 가지 모양의 찍기 도구

⑧ 음률 영역

1세, 2세 영아는 리듬악기를 손으로 흔들거나 두드려 봄으로써 소리를 탐색하고, 친숙한 노래를 반복해 들음으로써 리듬감과 창의적인 표현 및 의사소통의 발달이 일어난다. 1세, 2세 영아는 음률 활동을 통해 즐거움을 느끼므로, 편안하며 자유롭게 표현하고 움직일 수 있는 충분한 공간과 다양한 악기를 제공한다.

표 10-18. 음률 영역의 자료 및 구성의 예

구분	자료
1, 2세	• 리듬악기: 탬버린, 트라이앵글, 심벌즈 • 친숙한 노래 테이프와 카세트 • 실로폰, 제공된 소리 나는 악기 • 스카프나 리본 막대 등

⑨ 역할(놀이) 영역

역할(놀이) 영역은 1세, 2세 영아의 모방과 상징놀이가 나타나는 장소이므로, 영아의 표상 능력을 길러줄 수 있는 놀잇감이 제공되어야 한다.

표 10-19. 역할(놀이) 영역의 자료 및 구성의 예

구분	자료
1세	• 소꿉놀이 소품: 가방, 모자, 옷, 인형, 침대, 동물 인형, 음식모형, 주방용품, 구두, 스카프, 화장품 통, 전화기, 자동차 • 영아용 가구류: 소꿉놀이장, 탁자, 화장대, 냉장고
2세	• 소꿉놀이장, 소파, 탁자, 화장대, 부분 카펫, 냉장고 등의 가구류, 음식모형, 주방용품 • 모자, 옷, 구두, 스카프, 화장품 통, 전화기, 인형, 침대, 동물 인형, 자동차 등의 소품

⑩ 쌓기(놀이) 영역

쌓기(놀이) 영역에는 여러 가지 블록과 다양한 소품 관련 놀잇감이 제공되며, 역할(놀이) 영역과 놀이가 통합할 수 있도록 가깝게 배치한다. 소음이 많이 나는 활동적인 영역이므로 바닥에 카펫을 깔아 소음을 방지해 주고 블록을 정리하기 쉽도록 교구장에 바구니를 마련해 정리할 수 있도록 한다.

표 10-20. 쌓기(놀이) 영역의 자료 및 구성의 예

구분	자료
1세	• 다양한 블록: 종이 벽돌블록, 우레탄 블록, 플라스틱 블록
2세	• 종이 벽돌블록, 우레탄 블록, 와플 블록, 자동차, 놀이집 • 동물모형, 공룡모형, 자동차 모형 등 소품류

2) 0~2세를 위한 실외 환경구성

0~2세를 위한 실외 환경은 유아를 위한 공간과 분리하는 것이 바람직하며, 영아는 마음껏 움직이며 탐색이 활발히 이루어지므로 다양한 실외놀이 도구를 제공해 주어야 한다. 대근육 활동을 위하여 터널 · 안전그네 · 탈 수 있는 바퀴 달린 자동차 등과 탐색 활동을 위한 땅바닥 · 잔디밭 · 모래 · 물 등을 준비하여 다양한 감각적 경험을 할 수 있도록 다양한 실외놀이 교구를 제공해 주어야 한다. 즉, 안전망이 있는 그네 · 작은 터널 · 공 · 낮은 미끄럼틀 · 낮은 오름틀 등의 대근육 발달을 돕는 교구, 삽 · 깔때기 · 채 · 소꿉놀이용 그릇 · 물뿌리개 · 주전자 · 물통 등의 물 · 모래놀이 용품, 이젤 · 낮은 책상 등 미술 활동을 위한 교구, 나무 · 꽃 · 동물 등의 탐색 활동을 위한 탐색 활동을

위한 자료를 준비해 준다. 0~2세 영아를 위한 실외 환경구성의 원리는 다음과 같다 (Frost, 1992).

표 10-21. 0~2세 영아를 위한 실외 환경구성의 원리

구분	내용
움직임이 큰 활동을 제공한다	실내 환경은 조용히 기어 다니고, 부딪치지 않게 조심하고, 조용히 사물을 탐색하는 공간이다. 그러나 실외 환경은 앉기, 기기, 잡아당기기, 서기, 걷기, 균형 잡기 능력 등 신체 운동이 활발히 이루어질 수 있도록 지원하는 공간이다. 예를 들어, 앉아 있는 영아는 손이 닿는 높이에 위치한 울타리나 건물의 가로막대를 잡고 다님으로써 균형감각을 익히게 된다. 영아를 위한 실외 환경은 안전을 고려하여 실외의 단단한 표면에 폐타이어, 충격 완화 장치인 탄성 바닥재 블록을 깐다.
감각을 자극한다	자연이 주는 여러 가지 현상, 즉 바람에 흔들리며 소리 내는 풍경, 나무 사이로 새어 나오는 햇빛, 다양한 질감의 물건들(잔디, 모래, 물, 나뭇잎, 나무껍질, 바위돌 등)을 영아에게 제공하여 감각을 통해 느껴보게 한다. 그러나 영아가 실외에서 자연을 접하는 것이 어려우면, 창문 밖에서 들려오는 부드러운 소리를 듣게 하고 다양한 디지털 매체를 통해 음악을 접하게 할 수 있다.
새로움, 다양함, 도전을 제공한다	영아는 익숙하고 편안한 사물과 함께 새로운 사물, 새로운 경험과 다양한 소리를 통하여 새로운 도전을 받고 성취해야 한다. 그러나 영아의 발달단계에 비하여 새로운 경험을 너무 빨리, 너무 많이 제공하거나, 지나치게 어려운 경험의 제공은 역효과가 나타날 수 있다. 영아에게 새로움, 다양함, 도전을 제공하기 위해서는 풍부한 경험을 가진 교사의 관찰과 연구에 의하여 제공되어져야 한다.
안전과 편안함을 제공한다	안전은 영아를 보육 · 교육하는 데 있어서 가장 중요한 과제이다. 실외 환경구성은 영아의 안전을 위하여 유아와 분리된 영역에 영아용 실외놀이 기구를 설치하여야 한다. 왜냐하면 영아들은 배나 등을 대고 눕기 · 걷기 · 기어오르기를 하는 반면에 유아들은 달리기 · 뛰기 · 차기를 하기 때문이다. 따라서 실외 환경을 구성할 때 영아와 유아용 실외놀이 장소를 구분하는 것이 필요하다. 서로 들여다볼 수 있도록 경계를 구분 지은 낮은 울타리는 영아와 유아가 서로 관찰할 수 있고 이야기를 나눌 수 있는 기회를 제공해 줄 수 있으므로 바람직하다.

(1) 0세 영아를 위한 실외 환경구성

0세 영아는 스스로의 힘으로 장소 이동을 하기 어려우므로, 실외놀이 시 특별한 사전 준비가 필요하다. 교사는 영아를 눕히거나 앉기에 적절한 실외 환경을 구상하여야 하며, 영아가 편안하게 놀이할 수 있는 놀잇감을 준비해야 한다. 0세 영아는 감각운동기 단계이므로 주변 세계를 느끼기 · 듣기 · 보기 등의 감각을 이용하여 사물을 배운다. 교사는 실외 환경구성 시 직사광선, 곤충, 위험물, 질식의 위험, 뿌리는 살충제에 대해 주의하여 구성하여야 한다.

① 느끼기(feeling)

실외놀이 시 얇은 천(매트)을 잔디나 조용한 공간 위에 깔고 영아를 놓으면 영아는 불어오는 바람 느끼기(부드럽고 상쾌한 미풍 등), 따뜻한 햇볕 느끼기, 그늘의 시원함 느끼기 등 자연이 주는 수많은 감각을 경험하게 된다. 이러한 경험은 영아의 감각 중 촉각을 발달시키게 된다. 또한 교사는 실외에서 영아와 놀이 시 영아를 쓰다듬고, 어루만지고, 안아주며, 흔들어주는 활동을 통해 영아에게 새로운 정서적 안정감을 주도록 한다. 바닥에서 앞뒤로 흔들어주는 활동도 영아에게 있어서는 새로운 감각 경험이 된다.

② 듣기(listening)

영아는 소리에 민감하고 즐거워하기 때문에 바깥에서 들리는 자연의 소리, 인공의 소리를 들을 수 있도록 배려해야 한다. 실외에서 들리는 모든 소리, 즉 새들의 노랫소리, 개 짖는 소리, 곤충의 윙윙 소리, 나무 흔들리는 소리, 자동차 소리, 아이들이 노는 소리 등을 듣도록 한다. 교사는 영아에게 들은 소리를 음성으로 표현해 보도록 한다. 영유아교육기관의 실내놀이에서는 시끄럽고 큰 목소리를 내는 것이 제한되므로, 실외놀이 시 마음껏 소리를 내 볼 수 있다. 딸랑이 · 알루미늄 캔 · 다양한 재료가 들어있는 250mL 플라스틱 병은 다양한 소리를 내는 데 적합한 놀잇감이므로 영아에게 주고 다양한 소리를 만들어 볼 수 있다. 영아는 이러한 놀잇감을 두드리고, 만지고, 입에 넣을 수 있으므로 교사는 사용하기 전에 위생적이며 안전한가를 확인하여야 한다.

③ 보기(looking)

제한된 공간에서 움직일 수밖에 없는 영아에게 바깥 풍경은 눈으로 탐구할 수 있는 새로운 세계이다. 담요에 눕거나 의자에 앉거나를 반복하는 영아에게 바깥 풍경은 세상에 대한 인식을 넓혀준다. 즉, 움직임이 제한된 영아는 밖에서 바람에 흔들리는 나무, 실외놀이터에서 뛰어노는 형이나 언니, 햇빛 아래에서 보는 교사의 얼굴, 시각을 자극하는 모빌 등을 쳐다봄으로써 지식을 구축하게 된다.

(2) 1세 영아를 위한 실외 환경구성

1세 영아는 움직일 수 있는 영역이 0세 영아보다 넓어지므로 균형감각, 힘, 민첩함이 점점 발달한다. 1세 영아를 위한 실외 환경은 영아의 발달수준에 맞게 제공되어야 한다. 1세 영아는 한 장소에서 다른 장소로 이동하는 데 구르기, 기기 또는 갑자기 뛰기(scooting)를 사용한다. 바깥 공간에 있는 퀼트나 담요로 모서리를 감싼 커다란 플라스틱 수영풀은 영아에게 안전하면서도 신체적, 시각적 경험을 제공한다(Wittmer, 1996). 수영풀 안에는 고무공, 두꺼운 종이책, 부드러운 소품을 놓아주며, 2~3명의 영아들이 놀이를 할 수 있다. 휴식 영역(예: 잔디)에 담요 · 얇은 천 · 매트를 깔고 영아를 눕히거나, 아기방 · 유모차 옥외용 아기 그네에 앉혀 놓을 수 있다.

영아가 수영풀을 넘어서 나오거나 담요 위를 천천히 걸으면 발달의 다음 단계, 즉 잡기 · 살살 걷기(고정되어 있는 시설물 잡고 걷기) · 기어오르기 · 한 계단 오르기를 준비해 준다. 프로스트(Frost, 1992)는 시설물이나 건물 가장자리에 손잡이를 설치하라고 권한다. 이것은 잘 걷지 못하는 영아에게 계단을 오르내릴 때 '잡기'를 경험하도록 훈련시키는 것이다.

(3) 2세 영아를 위한 실외 환경구성

2세 영아는 걷기에 자신이 있고, 계단 오르기, 낮은 높이에서 점프하기, 뛰어오르기, 달리기를 배우는 중이다. 그러므로 2세 영아에게 대근육 운동을 발달시켜 주기 위해 발달에 적합한 환경을 제공해야 한다. 로맨과 루드맨(Lowman & Ruthmann, 1998)은 실내 환경 영역을 네 가지 영역으로 분류해 제시하고 있는데, 이것은 실외 환경에서도 마찬가지로 적용된다. 2세 영아를 위한 실외 환경 영역은 운동놀이 영역, 물 · 모래놀이 영역, 자연탐구 및 관찰 영역, 기타 실외놀이 영역(역할놀이 영역, 복합놀이 영역, 조용한 영역)으로 나뉜다.

① 운동놀이 영역

2세 영아를 위한 운동놀이 영역의 주된 놀이기구는 튼튼하게 설계된 구조물이다. 2세 영아에게는 계단을 통하여 미끄럼틀 꼭대기에 올라 미끄럼을 타도록 한다. 또는 자동차 타이어를 이용해 완만한 경사틀을 만들어 기어오를 수 있도록 한다. 움직임을 장려하는 운동놀이 영역에서 사용할 수 있는 시설로는 미끄럼틀, 놀이집, 농구대를 들 수 있다. 그 밖에 밀고 당기는 장난감, 발로 미는 자동차(붕붕카), 훌라후프, 공, 놀이용 탈것 등이 움직임을 장려하는 운동 놀이기구이다(Cundiff-Stith, 1995).

또한 자연환경은 좋은 운동놀이 영역이다. 반쯤 땅에 박혀 있어 고정된 나무토막은 균형감각을 훈련 시키는 일시적 도구로 사용할 수 있다. 자갈, 나뭇잎, 솔방울 등 자연 소재는 끌차에 담아 싣고 가서 쏟아놓을 수 있다.

② 물 · 모래놀이 영역

가. 물놀이용 테이블(water table)

영아는 작은 통에서 물놀이하는 것을 매우 좋아한다. 각각의 통과 장난감을 가지고 나란히 서서 놀이를 한다. '나누기'가 가능해지면 영아에게 조금 큰 통을 주고 두 명을 한도로 하여 놀이할 수 있게 한다. 컵, 작은 양동이, 물통, 스펀지, 뜨고 가라앉는 물건들을 함께 제공하여 탐구력을 북돋아 준다.

나. 모래놀이용 테이블 또는 모래 상자(send table or sendbox)

모래놀이는 쏟고 담을 수 있는 다양한 크기의 모래놀이 상자를 이용하는 것이 효과적이다. 안전한 덮개를 가진 모래놀이 상자는 비나 나뭇잎, 풀, 쓰레기가 들어가거나 동물들이 헤집어 놓는 것을 막아 통 안의 모래를 깨끗하게 유지시킨다. 실외놀이용으로 고안된 2, 3개의 덮개 있는 모래놀이 상자를 이용해 영아는 모래를 파고, 담고, 쏟고, 쌓아본다. 좀 더 큰 크기의 모래놀이 상자를 여러 명의 영아가 함께 사용하여 나누는 경험도 할 수 있다. 모래는 반드시 정기적으로 점검하여 위생적으로 관리하고 모래의 양은 약 20cm 높이로 조절해 준다.

③ 자연탐구 및 관찰 영역

자연탐구 및 관찰 영역은 식물의 성장 과정을 관찰할 수 있는 영역으로 햇빛이 잘 비추고 영아들의 눈에 잘 띄는 위치에 둔다. 봄에 나오는 새싹과 꽃의 피고 지는 모습, 열매 관찰하기 등을 통해 주변 자연환경의 변화를 자연스럽게 느끼도록 한다.

④ 기타 실외놀이 영역

가. 역할놀이 영역

역할놀이 영역을 위한 도구나 놀잇감은 2세 영아의 사회 · 언어발달을 촉진시키는 중요한 역할을 한다. 가상놀이(pretend play) 초기에 2세 영아들은 친근한 성인, 친근한 상황(자신의 집 상황)을 모방 재현하는 것을 좋아한다. 놀이 집(playhouse)은 극 놀이를 촉진시킨다. 놀이 소품은 2세 영아들의 상상력을 자극하여 극 놀이를 할 수 있도록 이끈다. 실내놀이에서 사용되어 왔던 인형, 유모차, 쇼핑카와 함께 영아용 플라스틱 삽, 갈퀴, 괭이, 양동이, 망치와 그 외의 연장들, 수레, 발로 미는 탈것(바퀴 달린 자동차)은 2세 영아에게 일상생활을 재현할 수 있게 한다.

2세 영아는 한 가지 주제를 가지고 역할을 나누기보다 여러 명이 같은 역할을 해보도록 하는 것이 중요하다. 한 명의 영아가 "나는 아빠야" 하고 차를 타면, 여러 명의 다른 영아들도 똑같이 '아빠'를 하고 싶어한다. 이러한 경우 놀이를 지속시키기 위하여 '양보하기'와 '순서 지키기'보다는 다툼이나 충돌을 최소화시키기 위해서 반드시 같은 색, 같은 모양의 여러 대의 차를 제공한다.

나. 복합놀이 영역

실외놀이 영역은 2세 영아들이 마음껏 에너지를 발산할 수 있는 장소이다. 물놀이, 모래놀이, 물감놀이, 밀가루 반죽놀이 등은 청결에 조금만 신경 쓰면 되는 놀이 장소이다. 날씨 변화에 견딜 수 있는 테이블은 이러한 영역에 적합하다. 대부분 2세 영아들은 서서 놀이하는 것을 좋아하므로 의자가 달린 소풍 테이블은 서서 움직이려는 2세 영아들에게 적절하지 않다.

- 물감놀이(painting)

물감을 고정시켜 사용할 수 있는 이젤은 영아를 위한 좋은 물감놀이 도구이다. 이것은 물감을 통제할 능력이 적어 어려움을 겪는 2세 영아에게 적합하다. 2세 영아는 무엇인가 만들어내는 것보다 만드는 과정을 훨씬 더 좋아한다. 작업복을 입고 테이블이나 바닥에 비닐을 깔고 핑거페인팅 활동을 할 수 있다. 또한 작은 솔, 면 걸레, 막대기로 여기 저기 다니면서 물감놀이를 하는 데 유용하다.

- 밀가루 반죽놀이(modeling dough)

밀가루 반죽은 물 · 모래 · 물감과 더불어 개방된 놀잇감이다. 실외에서 밀가루 반죽놀이를 하는 경우 마음껏 활용할 수 있으며, 어질러져도 쉽게 청소할 수 있다. 밀가루 반죽놀이에 사용하는 책상은 사용 후 젖은 걸레로 손쉽게 닦아놓아 다음 활동에 쓸 수 있도록 정리한다.

다. 조용한 영역

실외놀이에서 조용한 영역은 생략되기 쉬우나 2세 영아에게 있어서는 의도적이고 계획된 조용한 영역 활동이 필요하다. 왜냐하면 실외에서 대근육 활동, 모래놀이, 복합놀이 등을 함으로써 2세 영아들은 신체적으로 쉽게 지치게 된다. 그러므로 앉아서 조용하게 휴식을 할 수 있는 장소가 제공되어야 한다. 또한 실외에서 정적인 놀이를 하고자 하는 영아를 위해서 선택 활동으로 제공되어야 한다. 조용한 영역은 포근하고, 편안하며, 사적인 장소이다. 큰 타월이나 돗자리를 나무 그늘 아래 깔며, 그 위에 베개,

속을 채운 동물 인형, 여러 가지 책, 블록이나 퍼즐 같은 작은 조작물을 제공하여 동적인 활동과 정적인 활동이 균형 있게 이루어지도록 한다.

4. 3~5세를 위한 실내 · 외 환경구성

1) 3~5세를 위한 실내 환경구성

3~5세 유아를 위한 실내 환경과 공간은 유아의 발달수준과 행동특성, 유아의 흥미 등을 반영하여 유아가 안전하고 즐겁게 놀이를 할 수 있고, 개별 유아와의 상호작용을 지지 · 격려할 수 있도록 각 공간의 기능을 충분히 고려하여 구성한다.

(1) 실내 환경구성의 원리

흥미 영역별 활동실의 공간구성은 움직일 수 있는 시설인 기구를 어떻게 배치하느냐에 따라 달라질 수 있다. 교실에서의 물리적 환경 변화를 용이하게 하는 가구들은 칸막이, 이동식 교구 정리장, 책꽂이, 책상, 의자 등이다. 잘 계획된 환경은 특별한 형태의 활동을 가능하게 하는 다양한 영역을 포함한다. 이러한 영역에 제공되는 특별한 활동 및 자료들은 유아의 연령, 유아의 수, 그리고 프로그램의 목적에 따라 다르지만 공간구성과 활동영역의 선택은 프로그램의 강조점을 반영한다.

프로스트(Frost)에 의하면, 교실 내부의 실내 환경구성은 주로 [그림 10-1]과 같이 건조하고 조용한 곳, 활동적이고 건조한 곳, 조용하고 물이 있는 곳, 활동적이고 물이 있는 곳의 네 가지 공간구성으로 할 수 있다. 물이 요구되는 활동은 될 수 있는 대로 건조한 활동과 분리되도록 하며, 활동적인 영역은 되도록 조용한 영역에서 멀리 떨어져 설치하도록 한다.

제 1지역과 제 2지역은 건조한 영역으로 주로 유아들이 실내에 앉아서 활동을 하게 되므로 소음을 줄이기 위하여 부분 카펫 등을 깔아주어야 하며, 제 3지역과 제 4지역은 물이 필요로 하는 영역으로 바닥이 젖지 않도록 바닥에 깔개를 해 주는 것이 좋다.

제 1지역(조용한 곳-건조한 곳)	제 2지역(활동적인 곳-건조한 곳)
언어 영역, 수 영역, 이야기 나누기, 조작 영역, 컴퓨터 영역	대근육 활동 영역, 쌓기(놀이) 영역, 역할(놀이) 영역, 음률 영역, 목공놀이 영역
제 3지역(조용한 곳-물이 있는 곳)	**제 4지역(활동적인 곳-물이 있는 곳)**
과학 영역, 요리 영역, 간식 영역, 미술 영역	물놀이 영역, 모래놀이 영역 물감 그림 그리기, 물을 사용하는 과학실험

그림 10-1. 실내 공간구성 계획 기준표

(2) 실내 환경의 배치 기준

유아 실내 환경에서 공간구성은 매우 다양하게 이루어질 수 있다. 대부분의 유아교육기관은 흥미 영역, 학습 영역 또는 활동 영역에 의해 공간이 구성된다. 흥미 영역은 분리대나 기타의 방법으로 경계를 표시해 주도록 설비함으로써 명확히 구분지어 유아들이 여러 가지 활동을 할 수 있도록 기능적으로 분리된 영역을 말한다. 이들 각 영역들은 각각에 맞는 창의적인 놀이를 조장해 줄 수 있는 교구와 장비들을 비치하고 있으며, 신체적으로 조용한 놀이, 활동적인 놀이, 혼자 놀이, 집단놀이 사이의 균형을 제공하게 된다. 흥미 영역의 설치는 우선 유아들을 자발적으로 놀이 활동에 참여하도록 유도해 준다는 데 의의가 있다. 이런 점에서 흥미 영역을 통해서 얻게 되는 교육적 가치는 곧 놀이 활동을 통해 얻을 수 있는 교육적 가치라고도 할 수 있다.

일반적으로 3~5세 유아를 위한 실내 환경에 포함될 수 있는 흥미 영역은 언어 영역, 역할(놀이) 영역, 쌓기(놀이) 영역, 미술 영역, 조작 영역, 음률 영역, 수 영역, 과학 영역, 컴퓨터 영역, 물놀이 영역, 모래놀이 영역 등이 있다. 실내 환경의 흥미 영역 위치는 고정적이지 않으며 주제에 따라 융통적으로 변화된다.

유아를 위한 실내 환경을 구성할 때 교사는 심미감, 놀이 영역의 위치, 유아의 동선, 의자·선반 등의 크기 비율, 소음 등을 고려해서 배치해야 한다.

(3) 실내 환경의 영역별 배치 및 자료

3~5세 유아의 놀이 활동을 위해 실내 환경을 영역별로 구분하여 구성하고 자료를 적절하게 운영하고 배치한다.

① 계획 영역

계획 영역은 유아가 등원한 후 자유놀이 활동을 시작하기 전에 유아 자신이 어떤 활동을 할 것인지 생각해 보고 개별적으로 계획을 하는 영역으로, 교실 전체를 쉽게 둘러볼 수 있으면서 출입구 옆으로 위치를 정하는 것이 좋다. 교사는 계획판을 사용하여 자유놀이 활동 영역을 나타내는 그림이나 사진, 영역 이름, 활동할 수 있는 인원수에 대한 표시를 하여 유아가 교실에서 어떤 활동을 할 수 있는지 한눈에 알아볼 수 있도록 계획판을 구성하고 새로 첨가되는 영역이나 활동도 그림카드를 만들어 붙인다. 계획판 앞에는 책상, 계획 용지, 계획장과 보관통, 필기도구를 제공하고 달력, 여러 가지 도우미 표 등을 계획판 가까이에 비치하여 유아가 계획하는 데 도움이 될 수 있도록 한다.

표 10-22. 계획 영역의 자료

• 계획판(영역 안내판), 달력, 놀이할 때 사용하는 이름표와 판, 계획 용지, 계획장과 보관통, 필기도구(연필, 지우개, 숫자와 요일 도장, 스템프) • 여러 가지 당번표와 붙일 수 있는 판

② 쌓기 영역

쌓기 영역은 공간 블록과 우레탄 블록, 벽돌 블록 등으로 구성하여 입체 구성물을 구성하는 큰 블록 영역과 유니트 블록을 이용해서 놀이하는 작은 블록 영역으로 구분할 수 있다. 쌓기 영역은 3세반과 4세반의 유아를 위하여 큰 블록 영역과 작은 블록 영역을 한 공간에 배치하여 하나의 큰 블록 영역으로 통합할 수 있는 반면에, 5세반은 큰 블록 영역과 작은 블록 영역을 각각 위치에 배치하여 유아들이 작은 블록 영역에서 좀 더 세밀한 구성을 할 수 있도록 배려한다. 큰 블록 영역은 역할놀이 영역과 인접하여 배치하도록 한다. 큰 블록 영역과 작은 블록 영역을 따로 구분할 때는 작은 블록 영역을 조용한 놀이 영역과 인접하여 배치할 수 있다.

쌓기 영역의 바닥에는 털이 짧고, 조밀한 큰 카펫을 깔아 블록을 옮기거나 쌓으면서 발생하게 되는 소음을 방지하도록 한다. 쌓기 영역에서 사용하는 선반이나 교구장은 튼튼하고 견고한 것을 선택하고 블록의 크기와 모양을 표시하여 유아들이 쉽게 꺼내고 정리할 수 있도록 배려한다. 또한 쌓기 영역에 큰 블록과 작은 블록 외에 주제에 따른 다양한 소품을 제시하여 유아들이 더욱 확장된 놀이를 할 수 있도록 배려한다.

표 10-23. 쌓기 영역의 자료 및 구성의 예

- 카펫
- 각종 블록: 스펀지 블록, 우레탄 블록, 큰 종이 벽돌 블록, 공간 블록, 단위 블록, 코코 블록
- 소품류: 나무로 된 자동차 류, 가족구성원, 동물모형, 직업인 모형, 교통 신호판

③ 역할놀이 영역

역할놀이 영역은 가작화 놀이, 상상놀이, 역할놀이에 필수적인 곳으로, 움직임이 많고 활동이 다양하므로 동적 놀이 영역과 인접하여 배치하여야 한다. 또한 유아의 놀이를 확장시켜 주기 위하여 쌓기 영역과 인접하여 배치하도록 한다. 역할놀이 영역은 낮은 선반이나 옷장, 싱크대 등을 이용하여 다른 영역과 경계를 구분하여, 다양한 직업과 사회구성원의 역할을 해 볼 수 있도록 여러 종류의 옷과 다양한 소품들을 제공한다.

표 10-24. 역할놀이 영역의 자료 및 구성의 예

- 소꿉놀이 자료: 모형 씽크대, 모형 냉장고, 가스레인지, 도마, 플라스틱 칼, 수저, 포크, 국자, 뒤집개, 주전자, 냄비, 프라이팬, 모형음식, 과일, 채소, 밀대와 찍기틀, 밀가루 점토
- 다양한 의상: 엄마 옷, 아빠 옷, 드레스, 한복
- 액세서리류: 모자, 넥타이, 스카프, 구두, 렌즈 없는 안경
- 다양한 극놀이 자료: 병원 놀이, 가게 놀이, 미용실 놀이, 결혼식 놀이, 소방서 놀이

④ 언어 영역

언어 영역은 밝고 조용하고 안락한 분위기에서 방해받지 않고 책 읽기나 쓰기 활동을 할 수 있는 정적 놀이 영역이므로 통로, 출입구와는 가급적 멀리 배치한다. 언어 영역은 듣기, 말하기, 읽기, 쓰기의 영역들로 세분화하여 구성하며 읽기 영역 내에는 편안하게 앉을 수 있는 의자나 방석 등을 준비해 주는 것이 좋다. 책은 유아가 다루기 쉽도록 가벼워야 하고, 책의 앞면이 보이도록 비치하여 유아가 쉽게 선택할 수 있도록 한다. 쓰기 영역 내에는 다양한 필기도구와 함께 종이, 모양 종이 등을 마련해 주고, 녹음 가능한 미디어 기기를 사용할 수 있도록 전기 콘센트와 가까운 곳에 듣기 영역을 배치한다.

표 10-25. 언어 영역의 자료 및 구성의 예

- 듣기-말하기 자료: 녹음기능 가능한 미디어(핸드폰, 컴퓨터), 마이크, 이야기 꾸미기 자료, 각종 인형 그림동화, 작은 융판, 그림카드
- 읽기 자료: 각종 글자-그림카드, 여러 가지 주제의 책, 여러 가지 상표, 동시집, 어린이용 잡지나 카탈로그, 글자 모양과 글자 퍼즐
- 쓰기 자료: 필기도구, 화이트보드와 마커 펜, 각종 종이, 글자 바느질, 단어카드, 자-모음 카드, 장판 글씨, 베껴내기 도구

⑤ 미술 영역

미술 영역은 평면 및 입체들을 구성할 수 있도록 자료의 사용이 용이하고 색깔을 선명하게 분별할 수 있도록 밝은 곳으로 위치를 정하여 배치한다. 미술 영역의 바닥 표면은 물이나 물감이 흘렀을 때 유아가 쉽게 닦을 수 있도록 타일이나 모노륨과 같은 재료로 설비하거나 미술 영역의 바닥에 부분적으로 비닐 장판을 깔아주어서 물감이 떨어지거나 물을 엎질렀을 때 쉽게 닦을 수 있도록 배려한다. 찰흙이나 밀가루 반죽하기, 손가락 그림 그리기 활동을 할 경우, 교사는 책상의 표면을 보호하는 동시에 유아들이 원활하게 활동할 수 있도록 도와주기 위해서 책상 전체에 비닐 커버를 씌운다. 이때 사용하는 비닐 커버는 무늬가 없는 흰색이나 미색 계열을 제공하여 유아들의 작업에 혼란을 주지 않도록 하고, 특히 손가락 그림 그리기를 할 때 유아들이 사용

하고 있는 자료의 색이나 팔, 손의 움직임에 따른 무늬를 선명하게 볼 수 있도록 배려한다.

미술 영역의 자료나 비품은 쟁반, 접시 투명한 통 등에 각각 담고, 비슷한 유형의 자료는 같은 위치에 비치한다. 미술 영역은 특히 종이의 낭비가 많은 영역이므로 쓰다 남은 종이를 모으는 상자를 마련하여 재활용할 수 있도록 한다. 또한 자료를 놓아두는 위치에 그림과 글씨로 자리를 표시하여 유아가 스스로 자료를 꺼내 쓰고, 제자리에 정돈할 수 있게 배려하여 유아들이 활동하는 과정에서 자연스럽게 정리정돈 습관을 형성하고 분류능력이 증진될 수 있도록 한다.

표 10-26. 미술 영역의 자료 및 구성의 예

- 풀, 가위, 크레용, 사인펜, 파스넷, 물감, 붓, 파스텔, 스테이플러, 투명테이프, 펀치
- 여러 종류의 도화지, 색종이
- 여러 종류의 점토(밀가루 점토, 찰흙, 플레이 도우)와 도구
- 각종 재활용품(다양한 크기의 빈 상자(화장품 케이스, 택배 박스, 빈 플라스틱 통, 우유 팩, 신문 혹은 광고 전단지)
- 작업 앞치마, 화판, 작품 건조대, 닦을 수 있는 도구(휴지, 마른수건)

⑥ 수 영역

수 영역에서는 유아의 기초적 수 개념 발달을 도와줄 수 있는 수학 관련 다양한 자료를 준비하며, 조용한 장소에서 활동이 이루어지도록 배치한다. 수 영역은 게임판이나 교구를 바닥에 놓고 사용하거나 앉아서 활동할 수 있도록 책상과 의자를 배치한다. 또한 작업결과나 도표, 견본, 구성물 등의 전시를 위한 게시판과 구슬, 단추 등의 준비된 사물을 분류 및 보관할 수 있도록 교구장 내 공간을 배려한다.

표 10-27. 수 영역의 자료 및 구성의 예

- 수 활동을 위한 자료: 구슬, 솔방울, 모래, 동전, 막대
- 정형저울, 온도계, 시계, 체중계
- 달력, 게임판, 여러 모양의 패턴블록과 패턴카드
- 다양한 모양의 기하학적 도형들, 숫자퍼즐, 카드게임, 수학도서 및 화보

⑦ 과학 영역

과학 영역은 동·식물 기르기를 비롯해 실험, 기계분해 및 조립 등 여러 가지 과학 활동이 이루어지므로 조용하고 안정된 영역에서 유아가 개별 또는 소집단으로 활동할 수 있도록 구성한다. 또한 동·식물의 성장을 잘 관찰할 수 있도록 햇볕과 조명을 고려하고, 전기배선과 물의 공급을 쉽게 받을 수 있는 장소에 관찰대나 정리장 및 선반을 배치한다.

표 10-28. 과학 영역의 자료 및 구성의 예

- 일반적 도구: 거울, 자석, 확대경, 돋보기, 프리즘
- 측정 도구: 자, 저울
- 기계류: 너트와 볼트, 고장 난 시계, 열쇠와 자물쇠
- 자연물: 조개껍데기, 돌맹이, 솔방울, 도토리, 낙엽, 열매
- 동·식물 기르기: 식물 싹 틔우기, 금붕어 기르기
- 과학도서 및 화보

⑧ 음률 영역

음률 영역은 유아가 악기를 다루고 소리를 탐색하며, 음악을 감상 · 창작하기도 하고 악기나 음악소리에 맞추어 신체를 움직여 볼 수 있는 활동 영역으로 3~4명의 유아가 몸을 움직여 표현할 수 있을 만큼의 공간을 확보한다. 음률 영역에서 발생하는 소리나 움직임이 다른 영역에 방해가 되지 않도록 정적 놀이 영역과 멀리 떨어뜨려 배치하고, 바닥에 카펫을 깔아 소음을 줄이고, 바닥에 앉아 활동할 수 있도록 한다. 악기장이나 책상 위에는 각각의 악기 모양을 표시해 두어 유아들이 악기를 꺼내고 정리할 수 있도록 배려하고, 악보 그리기, 물 컵 연주, 게임 등의 활동을 위해 한쪽에 책상을 준비한다.

표 10-29. 음률 영역의 자료 및 구성의 예

- 리듬악기: 탬버린, 캐스터네츠, 종, 방울, 마라카스, 북, 트라이앵글, 장구, 징
- 동작을 위한 소품: 리본 테이프, 리듬막대, 스카프, 고무줄
- 피아노 또는 키보드, 실로폰
- 노랫말 판, 여러 가지 악기사진 또는 그림

⑨ 컴퓨터 영역

컴퓨터 영역은 정적 놀이 영역과 인접하며, 가까이 전기 콘센트가 있고 직사광선을 직접 받지 않은 곳으로 배치한다. 실내 공간이 좁아서 컴퓨터 영역을 따로 배치하기 어려운 경우는 언어 영역, 수 영역, 과학 영역과 연합하여 배치한다. 영유아교육기관의 사정에 따라 컴퓨터가 한 대인 경우는 의자 두 개를 준비하여 유아들끼리 화면을 보면서 서로 의견이나 생각을 주고 받을 수 있도록 한다. 컴퓨터를 두 대 설치한 경우 교사는 두 대의 컴퓨터 사이에 앉아서 컴퓨터 조작하는 유아들끼리 서로 화면을 보면서 상호작용하고 양쪽의 유아들 모두에게 도움을 줄 수 있도록 배려한다.

프린터는 숫자나 글자뿐만 아니라 사진이나 그림까지 인쇄하기에 적합한 컬러프린터를 설치하고, 유아들이 프린터에 나온 결과물을 이용하여 활동을 할 수 있도록 책상을 따로 마련하여 준다. 교사는 유아와 의논하여 모래시계 또는 자동타이머를 두어 활동시간을 조절하고, 다른 유아들이 순서를 너무 오랫동안 기다리지 않도록 규칙을 의논하고 순서를 정하도록 한다.

표 10-30. 컴퓨터 영역의 자료

- 컴퓨터, 프린터, 컴퓨터 사용 안내책, 규칙판, 모래시계
- 다양한 교육용 소프트웨어: 멀티미디어 동화, 학습용 게임, 음악 CD, 멀티미디어 백과

⑩ 목공놀이 영역

목공놀이 영역은 실제 연장을 사용하고 나무를 통한 다양한 경험을 제공하는 구성활동 영역으로 복도나 실외놀이 공간 중 테라스나 그늘진 장소 등 유아의 왕래가 적고 독립적인 조용한 장소에 배치하고 인접한 곳에서 완성된 작품을 장식할 수 있도록 한다.

목공놀이에 필요한 연장과 도구, 목공 놀이대, 목공놀이장 등은 유아의 안전을 고려하여 유아의 신체에 적합한 것을 제공하고, 유아의 신체 크기에 맞는 보안경, 장갑, 앞치마를 착용한 후 교사의 감독 하에 개별적으로 활동이 이루어지도록 한다. 목공놀이용 연장들은 이름을 알 수 있도록 연장에 이름을 표시하고, 목공 놀이장에는 연장의 윤곽을 그려 붙여 놓아 이용 후 제자리에 쉽게 정리할 수 있도록 한다.

표 10-31. 목공놀이 영역의 자료

- 목공 놀이장
- 연장과 도구: 망치, 스패너, 드라이버, 바이스, 톱, 드릴, 팬치, 대패
- 목공놀이 소품: 여러 종류의 나무, 여러 모양의 두꺼운 우레탄 블록, 나사, 볼트와 너트, 모래종이, 코르크판
- 기타 자료: 나무용 본드, 자, 연필, 붓, 물감, 작업복, 장갑, 보안경, 경첩

⑪ 조작 영역

조작 영역은 유아들의 소근육 조절 및 손의 협응력을 발달시키기 위한 영역으로 유아의 감각 및 조작능력을 기르는 놀잇감을 제공하는 영역이다. 조작 영역의 바닥에는 카펫을 깔아주어 유아가 편안히 앉아서 활동하고, 놀이가 진행될 때 발생하는 소음을 방지할 수 있도록 한다. 조작 놀잇감은 분리된 상자나 쟁반에 넣어 개방된 교구장이나 놀이하는 책상에 비치하고 자료의 모양과 이름을 표시하여 유아가 자유롭게 선택하여 놀이하고 정리할 수 있도록 한다.

표 10-32. 조작 영역의 자료 및 구성의 예

- 3세: 퍼즐(3~19개의 조각), 손잡이가 달려 있는 그림 맞추기, 듀플로 블록, 꽃 블록, 소형(10cm) 와플블록, 팅커토이, 페그보드, 지오보드판과 색, 고무줄, 큰 구슬과 끈 소품, 일상생활 훈련(끈 끼우기, 단추 끼우기, 지퍼 올리기)
- 4, 5세: 퍼즐(4세 10~20조각, 5세 15~30조각), 레고 블록, 띠 블록, 작은 구슬과 끈 소품, 바늘, 바느질용 종이, 헝겊, 실

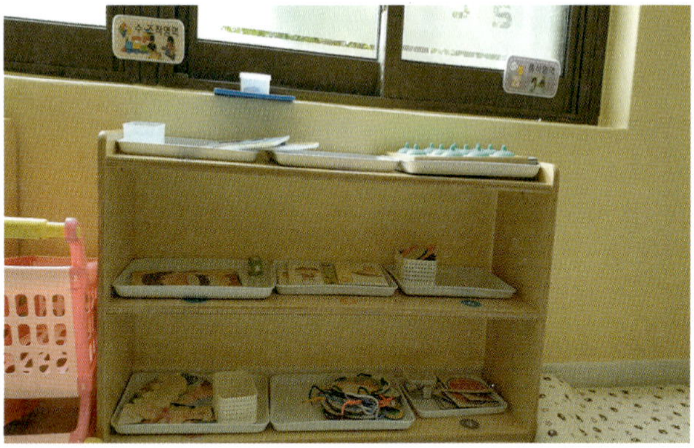

2) 3~5세를 위한 실외 환경구성

실외놀이를 위한 활동공간은 활발한 신체운동만 이루어지는 제한된 기능을 갖는 공간이 아니고, 유아들이 다양한 운동능력의 증진뿐만 아니라 긴장감을 해소하고 실내 활동을 연장하거나 확장할 수 있는 영역이다. 교사는 실외놀이터에서 유아 스스로 환경을 탐색하고 풍부한 감각경험을 통해 새로운 것을 창조, 발견하며 다양한 사회적 관계를 맺음으로써 유아의 전인적인 성장 발달을 촉진시킬 수 있는 장소가 되도록 구성한다.

(1) 실외 환경 구성원리

실외놀이터는 건물의 남쪽에 비치하여 햇볕이 골고루 드는 쾌적한 곳에 조성하는 것이 좋다. 실외놀이터의 면적은 영유아교육기관 유아의 연령, 유아 수, 보육·교육 프로그램의 특성, 건물의 크기 및 주변 환경을 고려하여 결정해야 하므로 일반적인 기준 면적을 제시하기 어렵다. 실외놀이터의 지면은 유아의 활동과 안전에 직접적인 영향을 미치는 중요한 조건으로 단일 지면보다는 잔디, 흙, 모래, 콘크리트 등 다양한 감각경험을 할 수 있는 여러 형태의 지면으로 구성하는 것이 좋다. 실외 환경은 실내 놀이터의 연장일 뿐 아니라 자연과 더불어 경험을 폭넓게 확대시켜 줄 수 있는 공간으로 구성하여야 한다. 교육적인 실외놀이터에 제공되는 놀이기구 및 시설물의 조건들을 살펴보면 〈표 10-33〉과 같다.

표 10-33. 실외놀이기구 및 시설물의 조건 및 구성의 예

- 실외놀이터의 놀이기구 및 시설물은 안전해야 한다.
- 실외놀이터의 놀이기구 및 시설물은 유아의 발달수준에 적합하여야 한다.
- 실외놀이터의 놀이기구 및 시설물은 다양성을 갖추어야 한다.
- 실외놀이터의 놀이기구 및 시설물은 다양하게 조작되고 변화가 가능하여야 한다.
- 실외놀이터의 실외기구 및 시설물은 미적이며 예술적이어야 한다.

(2) 실외놀이 영역의 배치 기준

실외놀이 환경도 실내놀이 환경과 마찬가지로 흥미 영역으로 구성할 수 있으며, 유아가 실외 놀이터에서 즐겁고 신나는 놀이를 하기 위해서 〈표 10-34〉와 같은 사항을 고려하여 구성함으로써, 보다 다양하고 질적인 놀이가 이루어질 수 있도록 한다 (Wellhousen, 2002).

표 10-34. 실외놀이 구성 시 고려사항

- 영아들을 위한 놀이 영역은 유아들의 놀이 영역과 구별된 공간에 마련해 주지만 두 집단의 영유아들이 서로 볼 수 있고 이야기를 주고받을 수 있도록 하는 것이 좋다.
- 고정된 복합시설들은 눈에 잘 보이는 공간에 배치되어 있고, 대근육을 사용하는 놀이를 위한 다양한 기회를 제공한다.
- 극화놀이를 위하여 사용할 수 있는 기구의 소품을 준비하며, 이러한 기구들은 같은 공간에 비치한다.
- 그네는 복합 기구에 붙어 있지 않으며, 유아들이 자주 이동하는 공간으로부터 멀리 떨어져 있도록 한다.
- 자전거 길은 재미있는 형태로 이루어져 있으며 창고 쪽으로 향한다. 자전거 길 위에는 교통 표지판들을 준비해서 유아들이 상징체계에 대하여 학습할 수 있도록 한다.
- 페인트용 이젤, 물놀이 영역, 모래상자 등의 활동영역은 놀이터 가장자리에 배치한다.
- 조용한 휴식공간을 위해서 나무 그늘 아래 벤치를 놓고, 천막 아래에 테이블을 놓아 준다.
- 유아들이 자유로운 놀이를 할 수 있는 빈 공간이 있도록 한다.
- 나무를 주변으로 풀밭을 만들어 놀이터의 미적 수준을 높인다.

(3) 실외놀이 영역 배치 및 놀이기구

실외놀이 영역도 흥미 영역으로 구성하여 유아의 실외 활동의 효율적으로 진행되도록 한다. 실외놀이 영역별로 효율적인 영역의 배치, 놀이기구, 자료들을 살펴보면 다음과 같다.

① 운동놀이 영역

운동놀이 영역은 복합놀이, 자전거 타기, 그네타기, 미끄럼 타기, 오르기, 달리기 등의 대근육을 사용하는 놀이가 이루어지는 영역이다. 따라서 넓은 공간을 확보하여 각각 독립적인 영역으로 구성한다.

가. 복합놀이 영역

복합놀이 영역에서의 복합놀이 기구는 유아들이 오르기(계단으로 올라가기, 밧줄 잡고 올라가기 등), 내리기, 미끄럼 타기, 외줄 잡고 걷기 등 다양한 운동을 경험할 수 있도록 제작된 놀이시설이다. 따라서 복합놀이 기구는 공간을 많이 차지하게 되므로 다른 영역 놀이 시설과의 조화를 고려하고, 조용한 영역과 거리를 두어 배치한다. 3세 유아를 위한 복합놀이 기구는 별도로 제공할 수 있으며, 4~5세 유아를 위한 복합놀이 기구와 분리하여 상호 놀이에 방해되지 않도록 배치한다. 3세 유아를 위해 별도로 복합놀이 기구를 마련할 수 없을 경우 복합놀이대의 높이를 약간 조정하여 제작할 필요가 있다. 3세경의 유아에게는 1m 20cm 높이가 적절하다.

나. 미끄럼 타기 영역

실외놀이터의 복합놀이 기구가 설치되어 있는 경우 미끄럼 타기 영역은 따로 마련할 필요는 없다. 그러나 어린 연령의 유아를 위해서 미끄럼틀의 높이가 낮고 경사가 완만한 것을 설치할 필요가 있다(미끄럼의 경사는 39도 기울기보다 낮아야 한다). 또한 이들을 위한 미끄럼틀의 올라가는 곳은 난간이 있는 계단 형태가 바람직하며, 미끄럼틀 위에는 적어도 60cm 높이의 난간을 세로로 만들어서 유아가 밑으로 떨어지지 않도록 하고, 미끄럼틀 밑의 바닥에는 완충효과가 있도록 모래나 우레탄, 고무판 등을 깐다.

다. 그네 영역

그네 영역은 달리기, 공차기를 하는 개방 영역이나 유아들의 왕래가 잦은 곳과 거리를 두어 배치하고, 그네의 진폭을 고려하여 전 · 후방에 다른 놀이기구와 충분한 거리 및 통로를 두어야 하며 그네 사이의 공간도 최소한 70cm의 간격을 두도록 한다. 그네는 타이어로 된 회전 그네, 안장 그네가 적절하며, 유아의 연령에 따른 체중 및 신장을 고려하여 그네의 높이와 그넷줄의 길이가 조절되어야 한다. 3세의 유아를 위한 어린 연령의 유아용 그네는 줄이 짧고 안전 고리가 있는 그네가 적합하다. 그네의 줄은 8mm 이하인 것을 선택한다.

라. 자전거 영역

자전거 영역에서는 자전거뿐만 아니라 손수레를 타거나 끌고 다니는 활동이 이루어지므로 시멘트나 아스팔트로 길을 구성하여 바퀴가 잘 굴러가도록 하고 다른 영역과의 경계를 뚜렷하게 구분한다. 자전거 길은 일자형보다는 커브길, 8자형, 십자교차로 등으로 구성하며, 폭은 자전거 두 대가 동시에 지나갈 수 있을 정도로 구성한다. 길의 중앙에는 흰색 또는 노란색 페인트로 통행 방향을 점선으로 표시하여 서로 부딪치는 일이 없도록 하며, 다른 지역으로 이동하는 유아를 위해서 건널목을 표시하여 안전하게 건널 수 있도록 한다.

마. 기타 대근육 놀이 및 개방 영역

시소나 흔들 말 영역은 다른 대근육 놀이보다는 움직임이 적게 일어나는 곳이므로 유아의 왕래가 적은 영역에 구성하고, 안전을 위하여 바닥에 모래나 고무를 깔고, 손잡이, 의자, 발걸이 등이 유아의 신체에 적합하도록 구성한다. 개방 영역은 고정놀이 시설이 설치되지 않은 영역으로 음률활동, 공놀이, 신체게임 등이 이루어지는 농구

골대, 축구 골대, 등의 이동 시설을 설치하여 사용할 수 있는 영역으로 놀이의 주제나 계절에 따라 융통성 있게 다양한 자료와 기구를 첨가하면서 활동한다.

② 물 · 모래놀이 영역

물 · 모래놀이 영역은 물, 모래, 흙, 나무 등의 자연물을 사용하여 놀이하는 비구조적인 실외놀이 영역으로 유아에게 충분한 공간과 자연물을 제공하여 자유롭게 놀이하도록 구성한다.

가. 물놀이 영역

물놀이 영역은 배수가 잘되고 수도 시설과 가까운 곳이나 연결된 장소로 모래놀이터에 인접하여 배치한다. 물놀이대의 높이는 15cm 정도가 적당하며, 물놀이대 여러 개를 높이가 다르게 연결하여 제공할 수 있다. 물놀이를 위한 다양한 크기의 용기, 빨대, 깔때기, 계량컵, 양동이, 호스, 구멍이 다양한 통 등의 물놀이 도구는 유형별로 분류하여 그림과 글씨로 표시한 통에 넣어 유아들이 사용하고 난 후 쉽게 정리할 수 있도록 한다.

나. 모래놀이 영역

모래놀이 영역은 물놀이 영역과 마찬가지로 실내나 실외에 배치할 수 있다. 실외에 모래놀이 영역을 구성할 때는 배수가 잘되고 양지바른 곳에 위치하게 하고 직사광선을 막을 수 있는 천막을 설치하거나 나무를 심어 그늘을 부분적으로 만들어 준다. 모래놀이 영역에는 평지보다는 낮게, 깊이 20~25cm 이상의 모래를 깔고 1년에 최소 한 번씩은 모래를 갈아주거나 소독하여 사용한다. 모래놀이에 물놀이대와 물놀이 도구를 함께 사용하면 젖은 모래와 마른 모래로 형체 만들기, 찍기, 담기 등의 다양한 모래놀이가 확장될 수 있다. 다양한 크기의 용기, 채, 삽, 흙손 등의 모래놀이 도구는 유형별로 분류하여 그림과 글씨로 표시한 통에 넣어 유아들이 사용하고 난 후 쉽게 정리할 수 있도록 한다.

③ 자연탐구 및 관찰 영역

자연탐구 및 관찰 영역은 유아가 동물과 사물의 자연생태를 경험하는 영역으로 실외 영역의 햇볕이 잘 들고 통풍이 잘되는 장소에 배치한다.

가. 동물 기르기 영역

동물 기르기 영역은 동물을 길러 보는 경험을 통해 유아가 동물의 특성과 성장과정을 관찰하고 이해할 수 있는 영역으로 햇볕이 잘 들고 바람이 통하며 배수가 잘되는 곳에 배치한다. 유아가 동물을 관찰할 수 있도록 망을 설치하고 작은 문을 만들어 먹이와 물을 줄 수 있도록 한다. 동물 선택 시, 주변 이웃에 방해되지 않으며 영유아에게 위험하거나 병균을 옮기는 동물은 피한다.

나. 식물 기르기 영역

식물 기르기 영역은 유아들이 직접 채소, 꽃 등을 기를 수 있도록 배수가 잘되고 햇볕이 잘 드는 영역에 배치한다. 식물 기르기 영역은 각 반별로 구역을 나누어 배추나 무, 토마토 등과 같은 채소의 씨나 꽃을 심고, 재배하여 수확하는 과정을 통해 식물의 성장주기를 관찰하고 이해하는 경험을 가질 수 있도록 한다.

④ 기타 실외놀이 영역

기타 실외놀이 영역으로는 역할놀이, 미술 활동, 신체표현 활동을 하거나 책을 읽을 수 있도록 전체 실외놀이 공간의 1/3 정도를 차지하도록 구성한다. 정적놀이와 활동을 할 수 있는 공간을 따로 배치할 수도 있지만 공간이 협소한 경우 미술 활동, 신체표현

활동, 책 읽기는 정자와 같은 독립되고 조용한 공간에서 계획성 있고 균형 있게 이루어지도록 한다.

가. 역할놀이 영역

역할놀이 영역은 조용한 활동이 이루어지도록 그늘진 장소에 작은 놀이집, 테이블과 의자를 배치한다. 역할놀이 영역은 물, 모래놀이 영역과 인접하게 배치하여 모래 및 물놀이와 연결된 역할놀이 등이 이루어지도록 구성한다. 또한 큰 공간 블록, 큰 플라스틱 블록을 제공하여 유아가 집이나 활동공간을 구성하여 역할놀이가 확장되어 이루어지도록 다양한 소품을 제공한다.

나. 미술 영역

미술 영역은 실외 공간에서 이젤 페인팅, 핑거 페인팅, 큰 그림 그리기 등 정적인 활동이 이루어지는 영역으로 나무 그늘이나 테라스 등에 이젤, 책상과 의자를 배치하여 조용하고 독립된 영역으로 구성한다. 교사는 실내의 미술 및 구성활동이 연장되고 확장될 수 있도록 미술 활동 등 자료를 제공하고 그림을 말릴 수 있는 공간을 마련한다.

다. 신체표현 활동 영역

교사는 유아의 움직임을 고려하여 실내보다 실외의 공간에서 자유롭게 신체표현을 할 수 있는 영역을 배치한다. 정자나 그늘진 영역에 실내 활동실에서 하기 어려운 움직임이 큰 신체표현 활동이나 게임을 할 수 있는 영역을 구성하고 카세트와 테이프, 끈이나 리본 막대, 훌라후프 등의 자료도 제시한다.

라. 휴식 및 조용한 활동 영역

휴식 및 조용한 활동 영역은 유아들이 실외에서 조용하게 이야기를 나누거나 조작놀이를 하거나 그림책을 보거나 휴식을 취할 수 있는 영역으로 실외의 테라스나 그늘진 장소의 정자 등에 돗자리를 깔거나 책상과 의자, 방석 등을 놓아주어 조용하고 안락한 독립된 영역으로 구성한다.

⑤ 창고

창고는 놀이기구 및 놀잇감을 효과적으로 운반하고 정리할 수 있도록 실외놀이터와 인접한 곳에 설치해야 한다. 놀이기구 및 놀잇감은 창고에 보관함으로써 정리 · 보관이 쉽고 놀이기구를 효과적으로 제공할 수 있고, 놀이기구 및 놀잇감을 보호하여 수명을 연장시킨다. 창고에 놀이기구 및 놀잇감을 정리 · 보관할 때도 유아의 눈높이를 고려하여 글씨나 그림으로 표시하여 붙여 줌으로써 유아가 스스로 놀이를 선택하고 정리하는 데 도움을 줄 수 있다.

5. 영유아를 위한 실내 환경의 개방된 공간

실내에는 다용도로 사용할 수 있는 개방된 공간이 필요하다. 영유아교육기관에는 영유아가 사용하는 교실 이외에도 세면대와 목욕실 및 화장실, 양호실, 현관, 부모공간, 교재 교구실, 식당 등이 있다.

1) 세면대, 목욕실 및 화장실

화장실은 교실 내 또는 교실과 인접해 있고, 배변에 관한 긍정적인 느낌을 가질 수 있도록 채광이 밝은 곳에 위치하는 것이 좋다. 화장실 바닥은 미끄럽지 않은 타일이나 나무로 된 발판을 깐다. 변기와 세면대는 영유아의 신체 크기에 맞은 것을 선택하여 영유아가 사용하기에 편리하고 일상생활습관을 기르고 자신감과 독립심을 가질 수 있도록 한다. 화장실 내 용변을 보는 곳의 문은 교사가 화장실 안에 있는 영유아를 살펴볼 수 있도록 문 높이를 낮게 하고, 잠금장치를 없애 영유아가 쉽게 열고 닫을 수 있으며 폐쇄된 공간에서 영유아가 불안해하거나 공포감을 갖지 않도록 한다.

출입문 쪽에는 화장실용 신발을 따로 마련하고 세면대에는 진흙이나 모래 등을 거르기 위한 배수시설을 설비해야 한다. 또한 영유아가 점심식사 후 이를 닦을 수 있도록 세면대 가까이에는 개인용 칫솔과 컵을 놓아두고, 옷을 버리거나 물놀이 후 영유아의 몸을 씻기 위해 화장실에 냉·온수 샤워 시설을 갖추어야 한다.

그림 10-2. 화장실 및 세면대 구성의 예

2) 양호실

양호실은 몸이 아픈 영유아가 쉴 수 있도록 교실과 떨어진 조용한 장소로 성인의 관리가 가능한 곳에 위치하는 것이 좋다. 양호실에는 응급처치를 할 수 있는 구급함과 인형, 책 등을 놓아두고 양호실 침대의 침대보, 베개, 커튼은 밝은 색을 선택하여 영유아가 안락하고 편안한 느낌을 가질 수 있도록 한다.

3) 현관

영유아교육기관에 들어오고 나가는 입구로서 현관은 영유아에게 있어서 부모와의 헤어짐과 만남을 경험하는 공간으로 넓은 면적이 필요하다. 처음 부모와 함께 기관에 들어서는 영유아는 다소 긴장되고 두려움을 가질 수 있으므로 무엇보다 편안하고 즐거우며 환영받는 장소로서 공간이 구성되어야 한다. 이를 위한 현관 입구에 영유아 도서와 영유아용 의자를 둘 수 있으며, 벽면에는 게시판을 두어 반별 계획안 또는 월별 행사 운영 등을 안내할 수 있다. 또한 비 오는 날씨 또는 강한 햇볕, 바람으로부터 영유아를 보호하기 위한 주차공간이나 영유아교육기관 진입으로부터의 이동이 쉬워야 하며, 이를 위해 기관에 들어갈 때까지 지붕을 설치하여 노출로부터 보호할 수 있도록 해야 한다. 더불어 현관은 외부 방문객의 출입이 수시로 감독될 수 있도록 사무실과 인접하여 배치한다.

그림 10-3. 현관 구성의 예

4) 부모공간

부모공간은 영유아교육기관에 오가는 부모 또는 방문객이 영유아를 기다리거나 잠시 머물게 되는 공간으로 다른 영유아의 부모 또는 교사와의 만남의 장소가 되기도 한다. 보통 영유아보육기관의 입구 또는 복도 등의 연결통로에 배치하며, 모든 부모들이 이용하기 쉽도록 개방되는 공간이 된다. 부모공간에는 안락한 소파의 영유아 및 부모용 도서와 부모용 소책자를 둔 도서대 또는 책장을 두어 등·하원 시 부모와 영유아가 함께 책을 읽거나, 영유아를 기다리며 책을 읽을 수 있는 공간이 되도록 한다. 현관과 가까이 위치하는 경우 현관 위 게시판 또는 반별 교육·보육계획안 및 월별 행사안내문을 게시하여 부모가 기관과 관련된 정보를 쉽게 알 수 있도록 한다.

그림 10-4. 부모공간 구성의 예

5) 교재 · 교구실

교재 · 교구실은 영유아용 교재, 교구나 학습 자료를 보관하고 진열, 게시하는 장소로 주제나 내용별, 재료별, 연령별, 계절별 등 체계적으로 분류 및 진열하고 목록파일을 작성, 구비하도록 하여 수시로 교사들이 효율적으로 꺼내 사용할 수 있도록 한다. 이를 통해 교사는 자료가 분산 배치되어 찾지 못하거나, 자료의 중복 구입 또는 보조자료를 사용하지 못하는 문제를 해결할 수 있다. 교재 · 교구 목록파일은 일 년에 3~4회 정기적으로 점검하여 교구의 상태를 파악하고 손상 또는 분실된 교구를 확인하여 이를 바탕으로 보수 또는 새로 구매목록을 작성할 수 있도록 관리해야 한다.

그림 10-5. 교재 · 교구실 구성의 예

6) 식당

영유아교육기관에서 식당은 식품 및 조리기구의 수납이 이루어지는 조리실 공간과 영유아에게 식사와 간식을 제공해 주는 식사공간으로 나뉜다. 식사공간의 경우 별도로 공간이 제공될 수도 있고 교실의 일부 공간을 활용하여 배식할 수도 있다. 영유아의 식사를 위해서는 손 씻는 개수대가 가까이 배치되어 식사 전에 편리하게 이용하도록 한다. 또한 식사 후에는 영유아 스스로 잔반 처리와 식기 분류가 위생적으로 이루어지도록 처리 영역을 마련하고 급수시설을 제공한다. 조리실 공간의 경우 불을 사용하므로 영유아들의 식사공간과는 확실히 구분되도록 하며, 교사의 감독 없이 쉽게 접근하지 못하도록 배치되어야 한다. 위생과 청결을 위하여 급·간식 시설은 엄격한 기준에 맞춰 구비되어야 하며 세면대, 세척기나 세척대 등의 수세시설을 통해 조리사와 영양사는 항상 청결을 유지하도록 한다.

Chapter

11

어린이집 운영관리

배울 내용

1. 어린이집 운영관리의 개념과 영역
2. 어린이집 운영관리의 원리
3. 어린이집 질관리 체계

학습 목표

1. 어린이집 운영관리의 개념과 영역을 익힌다.
2. 어린이집 운영관리의 원리를 숙지한다.
3. 어린이집 질관리 체계를 이해하고 구체적인 방법을 숙지한다.

1. 어린이집 운영관리의 개념과 영역

1) 어린이집 운영관리의 개념

운영 또는 경영이라는 개념은 어떤 조직에서든지 일반적으로 사용되고 있는 개념 중의 하나이다. 이에 대해 허쉬와 블랜차드(Hersey & Blanchard, 1982)는 운영을 '조직의 목적을 달성하기 위하여 개인 및 집단을 통하여 일하는 것'이라고 정의하고 있으며, 이러한 운영의 개념을 어린이집이라는 조직으로 한정시켜 보면 어린이집 운영관리가 될 수 있다.

어린이집 운영관리에 대한 개념을 파악하기 전에 어린이집 운영조직의 목적, 구성, 행정구조 등에서 다른 사회조직과 구별되는 나름대로의 독자성과 특수성이 있음을 이해하는 것이 필요하다. 즉, 어린이집은 일반적인 조직과는 다르게 무형적이고 장기적인 목적을 가지며, 성인과 유아로 구성된다는 특징을 지니고 있다. 그리고 단위어린이집(어린이집, 학급)과 행정구조(시 · 도 및 시 · 군 · 구청, 보건복지부)의 중층구조로 이루어져 있다는 특징을 지닌다(국지윤, 2016).

이와 같은 특징을 지닌 어린이집의 운영관리를 어떤 관점에서 강조하느냐에 따라 그 정의를 크게 세 가지로 분류할 수 있다. 첫 번째 관점은 활동의 목표를 효과적으로 달성해나가는 일련의 과정으로서 어린이집 운영관리를 이해하려는 관점이다. 이러한 관점에서는 어린이집 운영관리를 '어린이집의 시설이나 설비를 이용해 영유아를 교육하는 모든 활동' 혹은 '인적(man), 물적(material), 재정적(money) 자원 및 운영 방법(management)을 조정하고 운영하는 일'로 정의를 내리고 있다(양옥승 외, 2001; 이경화, 김정원, 2012). 즉, 어린이집 운영의 능률적인 면에 초점을 두고 기관의 목적을 달성하기 위해 주어진 인적 · 물적 자원을 동원하여 최대한 효율적으로 기관 운영과 관련된 모든 것을 계획하고, 조직하고, 실행하고, 평가하고 재검토하는 일련의 과정으로 정의를 내리는 것이다.

두 번째 관점은 어린이집이 성인과 유아로 구성되었다는 점에서 어린이집 운영관리(학교경영)의 봉사적 · 수단적 성격 혹은 협동 행위적 성격을 더불어 강조하는 관점이다. 즉, 학교경영을 '계획된 절차에 따른 인간행동의 변화를 보다 효율적으로 달성하기 위해 교육적 활동과 관계 있는 모든 조직의 역할과 권위 관계가 학습 장면의 제 조건을 마련해 주는 봉사적 활동의 방향으로 그 기능이 발휘되도록 하는 협동적 행동'으로 바라보는 것이다. 예를 들어, '단위학교에서 교장의 자율적 · 창의적 관점하에 교육목표를 설정하고 그 목표 달성을 위한 제반 조건을 정비 확립하고, 목표달성을 위한 지도 · 감독하는 일련의 봉사활동'으로 이해하는 것이다(교육행정학전서, 1995).

마지막으로 단위어린이집(어린이집, 학급)과 행정구조(시 · 도 및 시 · 군 · 구청, 보건복지부)의 중층구조를 이루었다는 점에서 어린이집 운영관리(학교경영)를 교육정책의 수행 여부에 대한 관리적 차원으로 이해하는 것이다. 이러한 관점에서 어린이집 운영관리에 대해 보람(Bolam, 1995)은 정책의 형성과 정책에 적합한 조직적 변형에 관한 책임을 경영의 핵심으로 보고 학교경영을 정책을 이행하기 위한 실행적인 기능으로 정의하고 있으며, 글래터(Glatter, 1979)는 학교운영을 교육기관의 내부적 작동 및 외부와의 관계, 즉 기관이 위치한 지역사회와 공식적으로 책무를 다해야 하는 상부기관과의 관계를 고려해야 한다는 것을 강조하였다.

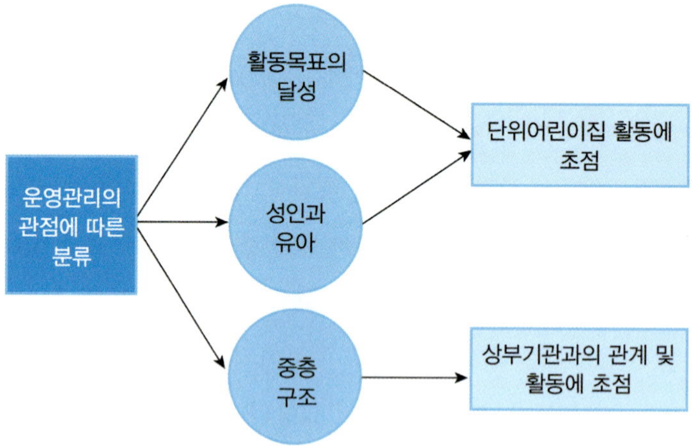

그림 11-1. 어린이집 운영의 관점에 따른 분류

지금까지 살펴본 어린이집 운영관리에 관한 세 가지 관점에 대해서 비교를 해 보면, [그림 11-1]과 같이 첫 번째와 두 번째 관점은 어린이집 운영관리를 단위어린이집 활동에 주목하고 있으며, 세 번째 관점은 어린이집 운영관리에 대한 상부기관과의 관계 및 관련 활동에 초점을 두고 있다는 특징을 지닌다.

2) 어린이집 운영관리의 영역

일반적으로 어린이집 운영관리란 인적 · 물적 · 재정적 조건을 갖추고 교육의 목적, 목표를 달성하도록 인사, 시설, 재정, 교육과정, 학급, 기타 필요한 업무를 계획하고 수행하며 평가하는 과정(강문희 외, 2007)으로, 보육환경, 행정관리, 보육과정, 건강 및 영양, 안전, 가정 및 지역사회관계를 그 영역으로 구분하고 있다. 따라서 어린이집 운영관리 영역이란 어린이집 운영관리의 과업 또는 활동내용, 대상, 범위, 한계 등을 포괄적으로 나타내는 것이다. 사실 어린이집 운영관리와 관련된 활동들은 상호 간에 긴밀한 관련이 있어 그 사이를 명확히 구분하기는 쉽지 않다. 그러나 어린이집 운영관리를 위한 권한, 업무의 분담, 문제의 소재를 파악하기 위해서는 어린이집 운영관리 내용을 영역별로 구분하는 것이 필요하다.

여러 학자들이 제시하고 있는 기관 운영관리 영역을 살펴보면, 강문희 등(2007)은 원아관리, 종사자관리, 교육활동과 보육활동의 운영관리, 시설 · 설비관리, 교재 · 교구관리, 재정관리, 사무관리, 부모와의 관계, 지역사회와의 교류 등을 제시하였고, 황윤세 등(2011)은 영유아 교육 및 보육과정, 시설 및 설비, 교재 · 교구, 원아 및 학급 인적관리, 건강 · 영양 · 안전, 재정, 사무, 가정 및 지역사회와의 협력, 평가를 주요 영역으로 구분하고 있으며, 이영자와 신동주(2013)는 프로그램 서비스, 행정적 측면, 교직원 · 원아관리, 건강 및 안전, 재정, 문서, 학부모, 공보영역을, 김혜정(2013)은 프로그램 서비스, 행정, 교직원 인사, 영유아관리, 건강관리, 재정, 평가기록, 부모, 대외정책 등으로, 데커와 데커(Decker & Decker, 2013)는 프로그램 서비스, 행정적 측면, 교직원 관리, 원아관리, 건강 및 안전, 재정관리, 문서관리, 학부모관리, 공보활동 영역으로 구분하고 있다.

지금까지 살펴본 어린이집 운영관리 영역은 학자별로 강조점에 따라 용어 및 범주에서 다소 차이를 보이고 있지만 〈표 11-1〉과 같이 크게 보육환경 영역, 행정관리 영역, 보육과정 영역, 건강 및 영양 영역, 안전 영역, 가정 및 지역사회 관계 영역 등으로 구분할 수 있으며, 보건복지부(2020)에서는 〈표 11-2〉와 같이 어린이집 운영관리를 제시하고 있다.

표 11-1. 어린이집 운영관리 영역

구분	내용
보육환경 영역	영유아의 보육활동 및 기본적인 생활공간에 대한 영역으로 보육활동 자료, 보육활동 공간, 실내 · 외 공간 등을 포함한다.
행정관리 영역	영유아의 보육활동에 필요한 기본적인 교육조건을 마련하는 것으로 운영프로그램 관리, 인사관리, 재무관리 등을 포함한다.

구분	내용
보육과정 영역	보육목표 달성을 위해 영유아의 교육적 경험들을 계획적으로 관리하는 것으로 여기에는 시간계획, 보육활동계획, 생활지도 등이 포함된다.
건강 및 영양 영역	영유아의 건강유지를 위한 영역으로 기관에 입학하기 전에 실시하는 검사, 일일 건강검진, 아픈 영유아에 대한 조치 및 약물투여 여부, 영양 및 음식물 취급, 건강 및 영양에 대한 교육 등과 이에 관련된 정책 등을 포함한다.
안전 영역	영유아가 일과 전반에 걸쳐 안전하게 지낼 수 있도록 영유아가 생활하는 물리적 환경뿐 아니라 또래와 안전하게 놀이하고, 연계되는 모든 과정, 위험 상황에 적절하게 대처하는 방법과 지식, 태도를 기르는 내용을 포함한다.
가정 및 지역사회 관계 영역	학부모, 지역사회, 행정당국과의 관계를 말하며, 운영위원회의 구성 및 위원의 선정, 부모회의 구성 등과 관련된 정책 등이 주요한 관심 대상이다.

표 11-2. 어린이집 운영관리의 구체적인 내용(보육사업안내)

구분	내용
어린이집 운영 일반원칙	• 어린이집 운영규정 • 어린이집의 반편성 기준 • 입소 및 퇴소 • 어린이집 운영 및 보육 시간 • 어린이집 운영계획 수립 • 보험가입 • 어린이집의 통학차량 운행 • 장부 등의 비치
어린이집의 수입 · 지출 원칙	• 수입 · 지출 기본원칙
보육료의 결정 및 수납	• 보육료 수납액의 결정 • 보육료 수납액의 지도 · 감독 • 어린이집의 보육료 결정 및 수납 • 행정조치
필요경비 결정 및 수납	• 필요경비 세부내역 • 필요경비 수납한도액 결정 및 수납 • 필요경비 수납액 결정 • 필요경비 집행 및 정산 • 행정조치
어린이집 특별활동 운영	• 특별활동 운영규정
사용자 부담금 보조기준	• 국민건강보험료 및 장기요양보험료 부담금(국민건강보험법) • 국민연금 부담금(국민연금법) • 산재보험 • 고용보험
보육교직원 보수기준	• 보수의 지급 • 퇴직급여제도
어린이집의 건강 · 급식 · 위생관리	• 건강관리 • 급식관리 • 위생관리
어린이집의 안전관리	• 안전관리 원칙 • 분야별 안전관리 • 안전교육 • 안전사고 예방대책
어린이집 아동학대 예방 및 조치요령	• 아동학대 신고 • 아동학대금지행위 위반 시 어린이집의 원장 또는 보육교사의 자격취소 • 아동학대 등 금지행위가 발생한 시설에 대한 조치사항

구분	내용
어린이집 지도 · 점검	• 지도 · 점검 및 감독의 근거 • 지도 · 점검 실시 • 지도 · 점검에 따른 조치 • 비용 및 국고보조금 지원 기준 위반 시 조치사항 • 공익제보자 신고포상금 지급 • 명단 공표
어린이집운영위원회	• 설치 및 운영 • 기능
부모모니터링단 운영	• 운영목적 및 기능 • 구성 및 운영
열린어린이집 활성화 지원	• 목적 및 기능 • 선정 요건 • 선정 · 운영 • 관리방안 • 활성화 지원
보호자의 어린이집 참관	• 참관 목적 • 참관 자격 • 참관 시기 및 방법
보육사업 홍보 및 지방보육정책위원회의 운영	• 보육사업 홍보 • 지방보육정책위원회의 운영
어린이집 정보공시	• 사업 목적 • 정보공시 주요 내용 • 정보공시 범위 등 • 사후 관리

〈표 11-2〉의 내용을 구체적으로 살펴보면, 어린이집 운영 일반원칙에서는 「영유아보육법」 제24조[1]와 「영유아보육법 시행규칙」 제23조에 근거한 것으로 세부적으로는 어린이집 운영규정, 어린이집의 반편성 기준, 입소 및 퇴소, 어린이집 운영 및 보육시간, 어린이집 운영계획 수립, 보험가입, 어린이집의 통학차량 운행, 장부 등의 비치

1) 「영유아보육법」 제24조(어린이집의 운영기준 등)
① 어린이집을 설치 · 운영하는 자는 보건복지부령으로 정하는 운영기준에 따라 어린이집을 운영하여야 한다. [개정 2008.2.29 제8852호(정부조직법), 2010.1.18 제9932호(정부조직법), 2011.6.7] [[시행일 2011.12.8]]
② 국가나 지방자치단체는 제12조에 따라 설치된 국공립어린이집을 법인 · 단체 또는 개인에게 위탁하여 운영할 수 있다. 이 경우 최초 위탁은 보건복지부령으로 정하는 국공립어린이집 위탁체 선정관리 기준에 따라 심의하며, 다음 각 호의 어느 하나에 해당하는 자에게 위탁하는 경우를 제외하고는 공개경쟁의 방법에 따른다. [개정 2008.1.17, 2011.6.7, 2011.8.4, 2018.12.11] [[시행일 2019.6.12]]
1. 민간어린이집을 국가 또는 지방자치단체에 기부채납하여 국공립어린이집으로 전환하는 경우 기부채납 전에 그 어린이집을 설치 · 운영한 자
2. 국공립어린이집 설치 시 해당 부지 또는 건물을 국가 또는 지방자치단체에 기부채납하거나 무상으로 사용하게 한 자
3. 「주택법」에 따라 설치된 민간어린이집을 국공립어린이집으로 전환하는 경우 전환하기 전에 그 어린이집을 설치 · 운영한 자
③ 제14조에 따라 직장어린이집을 설치한 사업주는 이를 법인 · 단체 또는 개인에게 위탁하여 운영할 수 있다. [개정 2011.6.7] [[시행일 2011.12.8]]
④ 제2항과 제3항에 따른 어린이집 위탁 및 위탁 취소 등에 필요한 사항은 보건복지부령으로 정한다. [개정 2008.2.29 제8852호(정부조직법), 2010.1.18 제9932호(정부조직법), 2011.6.7, 2011.8.4] [[시행일 2012.2.5]] [전문개정 2007.10.17] [본조제목개정 2011.6.7] [[시행일 2011.12.8]]

에 관한 내용을 제시하고 있으며, 어린이집의 수입 · 지출 원칙에서 어린이집의 재무회계에 관한 사항은 「사회복지법인 및 사회복지시설 재무 · 회계규칙」에 따라 실시해야 하며, 주요 항목별 기준 등을 준수해야 함을 강조하고 있다.

보육료의 결정 및 수납에서는 「영유아보육법」 제38조[2]에 근거하여 보육료 수납액의 결정, 보육료 수납의 지도 · 감독, 어린이집의 보육료 결정 및 수납 및 행정조치에 대한 내용을 제시하고 있으며, 필요경비 결정 및 수납에서는 「영유아보육법」 제38조에 근거하여 필요경비 세부내역, 필요경비 수납한도액 결정 및 수납, 필요경비 수납액 결정, 필요경비 집행 및 정산 및 행정조치를 제시하고 있다.

어린이집 특별활동 운영에서는 보육과정 외에 진행되는 활동프로그램으로 어린이집 원장 · 보육교사 등 보육교직원이 아닌 외부 강사에 의해 어린이집 내 · 외에서 이루어지는 프로그램으로 「영유아보육법」 제29조[3] 및 「영유아보육법 시행규칙」 제30조의2에 의해 운영해야 하며, 사용자 부담금 보조기준에서는 국민건강보험료 및 장기요양보험료 부담금(「국민건강보험법」), 국민연금 부담금(「국민연금법」), 산재보험 및 고용보험에 대한 내용을 제시하고 있다.

보육교직원 보수기준에서는 보육교직원의 자체 보수기준 작성 시 교직원의 이해를

2) 「영유아보육법」 제38조(보육료 등의 수납)
어린이집을 설치 · 운영하는 자는 그 어린이집의 소재지를 관할하는 시 · 도지사가 정하는 범위에서 그 어린이집을 이용하는 자로부터 보육료와 그 밖의 필요경비 등을 받을 수 있다. 다만, 시 · 도지사는 필요시 어린이집 유형과 지역적 여건을 고려하여 그 기준을 다르게 정할 수 있다.

3) 「영유아보육법」 제29조(보육과정)
① 보육과정은 영유아의 신체 · 정서 · 언어 · 사회성 및 인지적 발달을 도모할 수 있는 내용을 포함하여야 한다.
② 보건복지부장관은 표준보육과정을 개발 · 보급하여야 하며 필요하면 그 내용을 검토하여 수정 · 보완하여야 한다. [개정 2008.2.29 제8852호(정부조직법), 2010.1.18 제9932호(정부조직법)] [[시행일 2010.3.19]]
③ 어린이집의 원장은 제2항의 표준보육과정에 따라 영유아를 보육하도록 노력하여야 한다. [개정 2011.6.7] [[시행일 2011.12.8]]
④ 어린이집의 원장은 보호자의 동의를 받아 일정 연령 이상의 영유아에게 보건복지부령으로 정하는 특정한 시간대에 한정하여 보육과정 외에 어린이집 내외에서 이루어지는 특별활동프로그램(이하 "특별활동"이라 한다)을 실시할 수 있다. 이 경우 어린이집의 원장은 특별활동에 참여하지 아니하는 영유아를 위하여 특별활동을 대체할 수 있는 프로그램을 함께 마련하여야 한다. [신설 2013.8.13] [[시행일 2014.2.14]]
⑤ 제1항에 따른 보육과정, 제4항에 따른 특별활동 대상 영유아의 연령 및 특별활동의 내용 등에 필요한 사항은 보건복지부령으로 정한다. [개정 2008.2.29 제8852호(정부조직법), 2010.1.18 제9932호(정부조직법), 2013.8.13] [[시행일 2014.2.14]] [전문개정 2007.10.17]

돕기 위한 자료로 이용되며, 보육교직원의 보수 관련 일반적인 사항은 근로 관계 법령(「근로기준법」, 「근로자퇴직급여보장법」 등)을 기본으로 하고 있으며, 어린이집의 건강 · 급식 · 위생관리에서는 건강관리(「영유아보육법」 제31조~제32조[4], 「영유아보육법 시행규칙」 제33조), 급식관리(「영유아보육법」 제33조[5], 「영유아보육법 시행규칙」 제34조), 위생관리(「영유아보육법 시행규칙」 제23조)를 제시하고 있다.

어린이집 안전관리(「영유아보육법 시행규칙」 제23조)는 안전관리 원칙, 분야별 안전관리, 안전교육 및 안전사고 예방대책을 제시하고 있으며, 어린이집 아동학대 예방 및 조치요령에서는 아동학대 신고, 아동학대금지행위 위반 시 어린이집의 원장 또는 보육교사의 자격취소, 아동학대 등 금지행위가 발생한 시설에 대한 조치사항에 대해 제시하고 있다.

4) 「영유아보육법」 제31조(건강관리 및 응급조치)

① 어린이집의 원장은 영유아와 보육교직원에 대하여 정기적으로 건강진단을 실시하고, 영유아의 건강진단 실시여부를 제29조의2에 따른 어린이집 생활기록부에 기록하여 관리하는 등 건강관리를 하여야 한다. 다만, 보호자가 별도로 건강검진을 실시하고 그 검진결과 통보서를 제출한 영유아에 대해서는 건강진단을 생략할 수 있다. [개정 2011.6.7, 2017.3.14] [[시행일 2017.9.15]]

② 어린이집의 원장은 영유아에게 질병 · 사고 또는 재해 등으로 인하여 위급 상태가 발생한 경우 즉시 응급의료기관에 이송하여야 한다. [개정 2011.6.7] [[시행일 2011.12.8]]

③ 제1항에 따른 건강진단의 구체적인 기준과 내용 등 필요한 사항은 보건복지부령으로 정한다. [개정 2008.2.29 제8852호(정부조직법), 2010.1.18 제9932호(정부조직법), 2017.3.14] [[시행일 2017.9.15]] [전문개정 2007.10.17.]

제32조(치료 및 예방조치)

① 어린이집의 원장은 제31조에 따른 건강진단 결과 질병에 감염되었거나 감염될 우려가 있는 영유아에 대하여 그 보호자와 협의하여 질병의 치료와 예방에 필요한 조치를 하여야 한다. [개정 2011.6.7] [[시행일 2011.12.8]]

② 어린이집의 원장은 제31조에 따른 건강진단의 결과나 그 밖에 의사의 진단 결과 감염병에 감염 또는 감염된 것으로 의심되거나 감염될 우려가 있는 영유아, 어린이집 거주자 및 보육교직원을 보건복지부령으로 정하는 바에 따라 어린이집으로부터 격리시키는 등 필요한 조치를 할 수 있다. [신설 2011.8.4] [[시행일 2012.2.5]]

③ 어린이집의 원장은 제1항의 조치를 위하여 필요하면「지역보건법」 제10조와 제13조에 따른 보건소 및 보건지소, 「의료법」 제3조에 따른 의료기관에 협조를 구할 수 있다. [개정 2011.6.7, 2011.8.4, 2015.5.18 제13323호(지역보건법)] [[시행일 2015.11.19]]

④ 제2항에 따라 협조를 요청받은 보건소 · 보건지소 및 의료기관의 장은 적절한 조치를 취하여야 한다. [개정 2011.8.4] [[시행일 2012.2.5]]

⑤ 어린이집의 원장은 간호사(간호조무사를 포함한다)로 하여금 영유아가 의사의 처방, 지시에 따라 투약행위를 할 때 이를 보조하게 할 수 있다. 이 경우 어린이집의 원장은 보호자의 동의를 받아야 한다. [신설 2016.2.3] [[시행일 2016.8.4]] [전문개정 2007.10.17]

5) 「영유아보육법」 제33조(급식 관리)

어린이집의 원장은 영유아에게 보건복지부령으로 정하는 바에 따라 균형 있고 위생적이며 안전한 급식을 하여야 한다. [개정 2008.2.29 제8852호(정부조직법), 2010.1.18 제9932호(정부조직법), 2011.6.7] [[시행일 2011.12.8]] [전문개정 2007.10.17]

어린이집 지도 · 점검에서는 「영유아보육법」 제41조~제42조[6]에 근거하여 지도 · 점검 실시, 지도 · 점검에 따른 조치, 비용 및 국고보조금 지원 기준 위반 시 조치사항, 공익제보자 신고포상금 지급 및 명단 공표에 대한 내용을 제시하고 있으며, 어린이집 운영위원회는 「영유아보육법」 제25조[7], 「영유아보육법 시행령」 제21조의2, 「영유아보육법 시행규칙」 제26조에 근거하여 어린이집운영위원의 설치 및 운영, 기능에 대해

6) 「영유아보육법」 제41조(지도와 명령)
보건복지부장관, 시 · 도지사 및 시장 · 군수 · 구청장은 보육사업의 원활한 수행을 위하여 어린이집 설치 · 운영자 및 보육교직원에 대하여 필요한 지도와 명령을 할 수 있다. [개정 2008.2.29 제8852호(정부조직법), 2010.1.18 제9932호(정부조직법), 2011.6.7] [[시행일 2011.12.8]] [전문개정 2007.10.17]
「영유아보육법」 제42조(보고와 검사)
① 보건복지부장관, 시 · 도지사 또는 시장 · 군수 · 구청장은 어린이집을 설치 · 운영하는 자로 하여금 그 어린이집에 관하여 필요한 보고를 하게 하거나 관계 공무원으로 하여금 그 어린이집의 운영 상황을 조사하게 하거나 장부와 그 밖의 서류를 검사하게 할 수 있다. [개정 2008.2.29 제8852호(정부조직법), 2010.1.18 제9932호(정부조직법), 2011.6.7] [[시행일 2011.12.8]]
② 제1항에 따라 관계 공무원이 그 직무를 수행할 때에는 그 권한을 표시하는 증표를 지니고 이를 관계인에게 내보여야 한다. [전문개정 2007.10.17]

7) 「영유아보육법」 제25조(어린이집운영위원회)
① 어린이집의 원장은 어린이집 운영의 자율성과 투명성을 높이고 지역사회와의 연계를 강화하여 지역 실정과 특성에 맞는 보육을 실시하기 위하여 어린이집에 어린이집운영위원회를 설치 · 운영할 수 있다. 다만, 제26조에 따른 취약보육(脆弱保育)을 우선적으로 실시하여야 하는 어린이집과 대통령령으로 정하는 어린이집은 어린이집운영위원회를 설치 · 운영하여야 한다. [개정 2011.6.7] [[시행일 2011.12.8]]
② 어린이집운영위원회는 그 어린이집의 원장, 보육교사 대표, 학부모 대표 및 지역사회 인사(직장어린이집의 경우에는 그 직장의 어린이집 업무 담당자로 한다)로 구성한다. 이 경우 학부모 대표가 2분의 1 이상이 되도록 구성하여야 한다. [개정 2011.6.7, 2015.5.18] [[시행일 2015.9.19]]
③ 어린이집의 원장은 어린이집운영위원회의 위원 정수를 5명 이상 10명 이내의 범위에서 어린이집의 규모 등을 고려하여 정할 수 있다. [개정 2011.6.7] [[시행일 2011.12.8]]
④ 어린이집운영위원회는 다음 각 호의 사항을 심의한다. [개정 2011.6.7, 2011.8.4, 2013.8.13, 2015.5.18] [[시행일 2015.9.19]]
1. 어린이집 운영 규정의 제정이나 개정에 관한 사항
2. 어린이집 예산 및 결산의 보고에 관한 사항
3. 영유아의 건강 · 영양 및 안전에 관한 사항
3의2. 아동학대 예방에 관한 사항
4. 보육 시간, 보육과정의 운영 방법 등 어린이집의 운영에 관한 사항
5. 보육교직원의 근무환경 개선에 관한 사항
6. 영유아의 보육환경 개선에 관한 사항
7. 어린이집과 지역사회의 협력에 관한 사항
8. 보육료 외의 필요경비를 받는 경우 제38조에 따른 범위에서 그 수납액 결정에 관한 사항
9. 그 밖에 어린이집 운영에 대한 제안 및 건의사항
⑤ 어린이집운영위원회는 연간 4회 이상 개최하여야 한다. [신설 2015.5.18] [[시행일 2015.9.19]]
⑥ 그 밖에 어린이집운영위원회의 설치 · 운영에 필요한 사항은 보건복지부령으로 정한다. [개정 2008.2.29 제8852호(정부조직법), 2010.1.18 제9932호(정부조직법), 2011.6.7, 2015.5.18] [[시행일 2015.9.19]] [전문개정 2007.10.17] [본조제목개정 2011.6.7] [[시행일 2011.12.8]]

제시하고 있다.

부모모니터링단 운영은 부모와 보육 · 보건 전문가가 직접 어린이집의 급식, 위생, 건강 및 안전관리 등 운영 상황을 모니터링하여 수요자인 부모의 어린이집 운영 참여를 도모할 수 있도록 운영목적 및 기능, 구성 및 운영에 대해 제시하고 있으며, 열린어린이집 활성화 지원은 어린이집의 물리적 구조 · 프로그램 운영에서 개방적이고 부모의 일상적 참여가 이루어지는 열린어린이집을 지정 · 확산하여 어린이집을 이용하는 부모에게 믿고 맡길 수 있는 보육환경 조성을 위해 목적 및 기능, 선정 요건, 선정 · 운영, 관리방안, 활성화 지원에 대해 제시하고 있다.

보호자의 어린이집 참관은 「영유아보육법」 제25조의3[8], 「영유아보육법 시행규칙」 제27조의2에 근거하여 보호자가 보육환경, 보육내용 등의 확인을 위해 원하는 경우 직접 어린이집을 참관하도록 하여, 어린이집 운영의 투명성을 제고하고 어린이집과 부모의 이해 증진 강화를 위해 참관 목적, 참관 자격, 참관 시기 및 방법을 제시하고 있다. 보육사업 홍보 및 지방보육정책위원회의 운영은 보건복지부 장관, 시 · 도지사 및 시장 · 군수 · 구청장은 방송, 신문, 반상회 등을 통하여 보육사업의 내용 및 정부지원의 내용을 적극 홍보함으로써 주민의 보육시설 이용제고와 보육사업의 효율적인 추진을 도모하기 위해 보육사업 홍보 및 지방보육정책위원회의 운영을 제시하고 있다. 어린이집 정보공시는 어린이집 전반의 주요 정보를 객관적이고 투명하게 공개하는 제도로, 부모들이 보다 쉽고 편리하게 어린이집 정보를 이용할 수 있도록 하기 위해 정보공시 주요 내용, 정보공시 범위 등과 사후 관리에 대해 제시하고 있다.

---

8) 「영유아보육법」 제25조의3(보호자의 어린이집 참관)

① 보호자는 영유아의 보육환경 · 보육내용 등 어린이집의 운영실태를 확인하기 위하여 어린이집 원장에게 어린이집 참관을 요구할 수 있다. 이 경우 어린이집 원장은 특별한 사유가 없으면 이에 따라야 한다.

② 제1항에 따른 참관 기준 및 방법 등에 필요한 사항은 보건복지부령으로 정한다. [본조신설 2015.5.18] [[시행일 2015.9.19]]

2. 어린이집 운영관리의 원리

운영(경영)은 어디까지나 합리적인 기준을 바탕으로 실천되어야 한다. 기관을 경영하는 데 있어 적용되어야 할 이러한 당위의 기준을 '기관 운영의 원리'라고 하는데, 이러한 운영의 원리는 기관의 유형적 특성을 바탕으로 제시되는 것이 일반적이다. 데커와 데커(Decker & Decker, 2013)는 어린이집 운영관리의 원리를 민주성의 원리, 효율성의 원리, 타당성의 원리, 적응성의 원리, 안정성의 원리를 제시하였고, 어린이집 운영관리 문헌 및 연구(강문희 외, 2007; 이순례 외, 2012; 이영자, 권영례, 1997; 임재택, 2001) 또한 데커와 데커(2013)의 원리와 맥을 같이한다. 어린이집 운영관리 원리를 구체적으로 살펴보면 [그림 11-2]와 같다(국지윤, 2016).

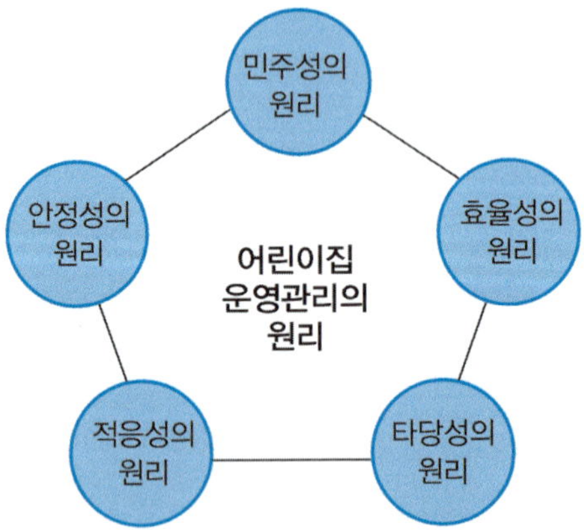

그림 11-2. 어린이집 운영관리의 원리

첫째, 민주성의 원리이다. 이 원리는 어린이집은 구성원 간의 관계와 그 운영과정이 민주적일 때 창의적이고 바람직한 운영관리가 이루어질 수 있다는 것이다. 이와 같은 민주성의 원리는 어린이집 운영과정에서 모든 구성원의 광범위한 참여를 통하여 구성원의 의사를 반영하고, 어린이집 구성원의 참여를 통해 결정된 내용을 실행하는 것을 의미한다.

둘째, 효율성의 원리이다. 효율성이란 최소한의 노력과 경비로 최대한의 효과를 얻어야 한다는 경제적인 원리이다. 이러한 맥락에서 효율적인 어린이집 운영이란 어린이집의 최소한의 인적·물적 자원과 시간, 정보 등을 투입하여 최대한의 효과를 얻는 것으로 주로 능률적인 측면에 중점을 둔다.

셋째, 타당성의 원리이다. 이 원리는 어린이집 운영은 보육목적에 비추어 타당한 활동이 되어야 한다는 것을 의미한다. 민주성과 효율성이 어린이집 운영을 추동하는 힘이라면, 타당성은 어린이집 운영관리가 지향하는 방향이다. 어린이집이 「영유아보육법」 제2조에 의해 설립된 법적기관이라는 점에서 어린이집의 타당성은 「영유아보육법」, 「주택법」, 「다중이용시설의 실내공기질 관리법」, 「건축법」, 「소방시설 설치유지 및 안전관리에 관한 법률」, 「도로교통법」, 「식품위생법」 등 법적 규정에서 찾을 수 있다.

넷째, 적응성의 원리이다. 어린이집이 소재한 지역사회 환경은 어린이집 운영에 크게 영향을 미친다. 따라서 어린이집은 지역사회의 여러 가지 특징, 예를 들어 교육의 효과를 높이기 위해 지리, 경제, 자원, 인구, 문화, 정치적 구조 등을 기관 운영에 반영하고 활용해야 한다.

다섯째, 안정성의 원리이다. 이 원리는 어린이집이 보육활동의 안정성을 유지하기 위해 전통을 계승하고 유지, 보존해 나가는 것이 필요하다는 것이다. 어린이집은 변화를 수용하여 현재에 적응해 나가는 한편, 어린이집의 전통적인 가치나 철학 등을 고수하여 긴 안목으로 장기적인 계획을 수립해야 한다. 이는 어린이집 운영관리가 지향해야 하는 방향이라는 점에서 타당성의 원리와 그 맥을 같이할 수 있지만 타당성의 원리가 보다 국가적 차원에서의 방향성이라면 안정성의 원리는 어린이집 차원에서의 방향성이라는 점에서 구분될 수 있다.

어린이집 운영관리의 원리는 어린이집 운영과정에서 그 효과성과 효율성을 높일 수 있는 운영상의 기준이다. 어린이집 운영관리가 추구하고자 하는 방향과 내용을 바탕으로 실행상의 원리를 구현한다면 보다 완성도 높은 어린이집 운영관리를 실천할 수 있을 것이다.

3. 어린이집 질관리 체계

'질관리'는 1980년대 일반 경영분야에서 소비자들의 욕구 충족을 위한 혁신전략의 하나로 대두된 개념 중의 하나이다. 질관리 전략은 기업분야에서 먼저 주도되었지만, 행정서비스에 대한 국민들의 요구가 확대, 다양화되면서 공공분야로 확산되어 나가고 있다. 따라서 일반 행정, 국방, 복지행정뿐 아니라 교육 분야에서도 그 적용이 확대되어 가고 있는 추세이다. 21세기 들어서면서 OECD 국가들은 유아교육기관의 중요성을 재인식함에 따라 교육개혁에서 유아교육기관의 역할을 강조(UK Department of Education, 2005; UK Secetary of States for Education and Skill, 2004)하고 있으며, 일반적으로 다양한 규제를 통해 유아교육의 질을 관리하고 있다(OECD, 2001).

일반적으로 어린이집 질관리 체계 내용으로는 지도점검, 어린이집 평가제 및 부모모니터링이 대표적이다. 어린이집 평가제에 대한 내용은 13장(어린이집 평가제도)에 제시되어 있으므로 지도점검과 부모모니터링 활동에 대해 구체적으로 살펴보면 다음과 같다.

1) 지도점검

지도점검은 어린이집 운영관리의 실태를 파악하여 모든 단계가 적절히 운영되는지 여부와 위배사항 등을 분석 평가하고 그에 대한 문제점을 시정하거나 개선방안을 마련하려는 제도이다. 어린이집 지도점검은「영유아보육법」과「영유아보육법 시행령」및「영유아보육법 시행규칙」의 규정에 의하여 어린이집 운영의 적절성 등 영유아 보육사업 전반을 관리 감독하고 부적정 시 시정명령이나 운영정지 등의 행정처분으로 지도감독의 실효성을 확보하는 것을 목적으로 한다(보건복지부, 2020). 구체적으로 어린이집 정기점검의 경우는 시 · 도 및 시 · 군 · 구청장이 실시하고, 특별점검이나 수시점검의 경우에는 시 · 도 및 시 · 군 · 구청장뿐만 아니라 보건복지부에서 직접 실시하기도 한다. 점검은「영유아보육법」제41조 및 제42조에 따라 어린이집 설치 · 운영자와 보육교직원이 그 대상이 되며,「행정조사기본법」제19조[9]에 따라 보육비용을 지원 받은 자와 그 외 불법부당행위 관련자 또한 지도점검 대상에 포함된다. 어린이집 지도점검은 일반적으로 운영일반, 재무회계, 아동 · 보육교직원 관리, 건강 · 영양 · 안전 영역에 대해 점검을 실시하게 된다. 구체적으로 보육료 상한선 준수, 국고보조금 지원기준 준수여부, 회계처리의 적정성, 교직원 자격 · 급여 · 4대 보험 등 적정 여부, 정원 및 반편성 기준 준수 여부, 운영시간 및 입소 순위 준수 여부, 급 · 간식 운영 및 건강 · 위생관리 실태, 어린이집 안전관리 실태 등을 중점으로 점검한다. 어린이집 지도점검의 영역별

9)「행정조사기본법」제19조(제3자에 대한 보충조사)

① 행정기관의 장은 조사대상자에 대한 조사만으로는 당해 행정조사의 목적을 달성할 수 없거나 조사대상이 되는 행위에 대한 사실 여부 등을 입증하는 데 과도한 비용 등이 소요되는 경우로서 다음 각 호의 어느 하나에 해당하는 경우에는 제3자에 대하여 보충조사를 할 수 있다.

1. 다른 법률에서 제3자에 대한 조사를 허용하고 있는 경우
2. 제3자의 동의가 있는 경우

② 행정기관의 장은 제1항에 따라 제3자에 대한 보충조사를 실시하는 경우에는 조사개시 7일 전까지 보충조사의 일시 · 장소 및 보충조사의 취지 등을 제3자에게 서면으로 통지하여야 한다.

③ 행정기관의 장은 제3자에 대한 보충조사를 하기 전에 그 사실을 원래의 조사대상자에게 통지하여야 한다. 다만, 제3자에 대한 보충조사를 사전에 통지하여서는 조사목적을 달성할 수 없거나 조사목적의 달성이 현저히 곤란한 경우에는 제3자에 대한 조사결과를 확정하기 전에 그 사실을 통지하여야 한다.

④ 원래의 조사대상자는 제3항에 따른 통지에 대하여 의견을 제출할 수 있다. [[시행일 2007.8.18]]

예는 〈표 11-3〉과 같다.

표 11-3. 어린이집 지도점검의 영역별 예

구분	내용
운영일반	• 어린이집 평가증 등 게시 확인 • 보육교사/보육아동 사진 게시 확인 • 반편성 현황 및 현원 확인 • 출석부 확인 • 보육통합정보시스템 등록 아동 확인 • 어린이집 운영기준시간 확인 • 특별활동 프로그램 운영현황 확인 • 취약보육 운영현황 확인 • 취약보육 실시 확인 • 장부비치 여부 확인 • 어린이집 운영위원회 운영 여부 확인 • 어린이집 정보공시 확인
재무회계	• 총계정원장 • 세입 · 세출 예산서 및 세입 · 세출 결산서 • 필요경비 사용한도 • 현금출납부 • 수입 · 지출 결의서 • 비품대장 • 보육교직원 인건비 적정 지급 여부 확인 • 어린이집 명의 계좌를 통한 입출금 • 보육아동 및 보육교직원 급 · 간식비 적정 집행
아동 · 보육 교직원관리	• 보육아동 명단 확인 • 보육교직원 명단별 구비서류 확인 • 근로계약서 체결 여부 확인 • 보육교직원 퇴직급여 적립 및 지급 • 원장 전임(상근) 근무 • 보육교직원 임면보고 시기 준수 및 관련 구비서류 비치 • 보수교육 이수 • 이용신청자 서류 비치

구분	내용
건강 · 영양 및 안전	• 비상재해 대비시설 확인 및 적정성 여부 • 비상 대피로 확인 • 놀이터 및 놀이시설 안전점검 및 서류 확인 • 안전교육 실시 여부 등 확인 • 소화용 기구 비치 여부 • 비상연락 체계 구축 여부 • 자체 안전점검 실시 여부와 서류 확인 • 정기소독 실시 여부 • 실내 공기질 관리 여부 • 집단급식소 신고 서류 확인 • 급식재료 관리상태 및 원산지 표시 여부 • 조리사, 영양사 면허증 확인 • 식단표 확인 • 어린이 통학버스 신고 여부 확인 • 안전용 보호장구 장착 및 작동 여부 • 영유아 건강검진 실시 여부 • 차량 운행 관련 구비서류 • 차량 안전관리 확인 • 보험가입

2) 부모모니터링

어린이집 부모모니터링은 부모의 불안감 해소를 위해 공무원 중심의 어린이집 지도 점검과 달리 수요자인 부모가 직접 참여하는 제도로서 영유아의 건강과 안전, 질 높은 보육환경을 위하여 모니터링과 개선을 위한 모니터링단 운영을 통해 어린이집을 지원하는 제도이다. 어린이집 부모모니터링은 2013년 「영유아보육법」 개정에 따라 법적 근거를 마련하게 되었다. 이에 따라 「영유아보육법」 제25조의2[10]에 근거하여 시 · 도

10) 「영유아보육법」 제25조의2(부모모니터링단)
① 시 · 도지사 또는 시장 · 군수 · 구청장은 어린이집 보육환경을 모니터링하고 개선을 위한 컨설팅을 하기 위하여 부

지사 또는 시·군·구청장은 어린이집 보육환경을 모니터링하고 개선을 위한 컨설팅을 하기 위하여 부모, 보육·보건 전문가로 점검단(부모모니터링단)을 구성·운영할 수 있다고 규정하고 있다. 어린이집 부모모니터링은 어린이집을 이용하는 부모들이 믿고 맡길 수 있는 보육환경 조성 및 수요자 중심의 보육정책을 실현하는 데에 그 목적이 있다(보건복지부, 한국보육진흥원, 2019).

어린이집 부모모니터링은 시·도지사가 지역 특성을 고려하여 직접 구성하여 운영하거나 또는 시·군·구청장이 운영하되 부모모니터링단 교육, 컨설팅 등 사업의 일부는 관할시·도 단위로 시행이 가능하며, 부모모니터링단 운영사업의 전부 또는 일부를 육아종합지원센터 등에 위탁하여 실시하기도 한다. 모니터링은 관할 지역 내 모든 어린이집을 모니터링 대상으로 하되 모니터링 신청이 있거나, 최근 1년간 모니터링을 실시하지 않은 어린이집, 최근 1년간 정기지도·점검을 받지 않은 어린이집, 전년도 모니터링 실시 어린이집 중 컨설팅 대상 어린이집(컨설팅 사후조치 확인 등), 어린이집 품질관리 사각지대 해소를 위해 평가 미인증 어린이집, 최근 1년 내 대표자 또는 원장 변경, 최근 1년 내 신규 인가 어린이집, 최근 3년 이내 지도·점검에서 1회 이상 급·

모, 보육·보건 전문가로 점검단(이하 이 조에서 "부모모니터링단"이라 한다)을 구성·운영할 수 있다.

② 부모모니터링단은 다음 각 호의 직무를 수행한다.
  1. 어린이집 급식, 위생, 건강 및 안전관리 등 운영상황 모니터링
  2. 어린이집 보육환경 개선을 위한 컨설팅
  3. 그 밖에 보육 관련 사항으로서 보건복지부령으로 정하는 사항

③ 부모모니터링단은 10명 이내로 구성하며 시·도지사 또는 시장·군수·구청장이 위촉한다.

④ 시·도지사 및 시장·군수·구청장은 부모모니터링단으로 위촉된 사람에게 직무 수행에 필요한 교육을 실시할 수 있다.

⑤ 국가와 지방자치단체는 부모모니터링단의 구성·운영 및 교육 등에 필요한 비용의 전부 또는 일부를 예산의 범위에서 지원할 수 있다.

⑥ 부모모니터링단은 제2항 각 호의 직무를 수행하기 위하여 어린이집에 출입할 수 있으며, 이 경우 미리 시·도지사 또는 시장·군수·구청장의 승인을 받아야 한다.

⑦ 부모모니터링단이 제6항에 따른 승인을 받아 어린이집에 출입하는 경우에는 승인서와 신분을 표시하는 증표를 어린이집의 원장 등 관계자에게 내보여야 한다.

⑧ 부모모니터링단은 공무원이 제42조에 따라 어린이집 운영 상황을 조사하기 위하여 어린이집에 출입하는 경우에는 공무원과 함께 어린이집에 출입할 수 있다. 이 경우 시·도지사 또는 시장·군수·구청장의 승인을 생략할 수 있다.

⑨ 제1항부터 제8항까지에 따른 부모모니터링단의 구성·운영, 교육, 비용 지원 및 직무 수행 등에 필요한 세부사항은 보건복지부령으로 정한다. [본조신설 2013.6.4.] [[시행일 2013.12.5]]

간식 및 안전관리 등 부적정 사유로 지적되거나 행정처분을 받은 어린이집 등을 대상으로 실시하게 된다. 부모모니터링단의 구체적인 역할은 〈표 11-4〉와 같다.

표 11-4. 부모모니터링단의 역할

구분	내용
어린이집의 건강, 안전, 급식, 위생관리 영역 모니터링	부모모니터링은 어린이집 운영 전반에 대한 모니터링이 아닌 영유아가 건강하고 안전한 환경에서 생활할 수 있도록 부모와 전문가의 입장에서 '건강, 안전, 급식, 위생관리' 영역에 대한 모니터링을 진행한다.
모니터링 지표를 바탕으로 현장개선 지도	영유아의 건강과 안전을 위협하는 요소를 제거하고, 더 나은 보육환경을 제공할 수 있도록 모니터링 현장에서 개선사항을 지도하되, 현장개선 지도 시에는 보육·보건전문가가 의견을 전달한다.
모니터링 이후 컨설팅을 통해 전문적인 지원	모니터링 이후라도 어린이집이 보다 심도 깊은 컨설팅을 원하거나, 모니터링 결과 '개선필요' 등급인 어린이집은 '부모모니터링 전문 컨설턴트'가 방문하여 '건강, 안전, 급식, 위생관리' 영역에 대한 컨설팅을 지원한다.

부모모니터링 지표인 〈표 11-5〉는 건강관리, 안전관리, 급식관리 및 위생관리 4영역 20개 지표로 구성되어 있다. 구체적으로 건강관리는 감염병 예방·관리, 응급조치 체계, 비상약품 구비 및 투약의뢰 절차로, 안전관리 영역에는 실내·외 시설 관리, 화재 등 비상상황 대비, 등·하원 인계과정, 차량 안전관리, 아동학대예방 교육 및 아동권리 존중 실천 및 아동학대예방 안내로, 급식관리 영역은 식단 및 영양관리, 식품 알레르기 관리, 조리과정 위생, 식자재 보관규정 및 식자재 보관장소 관리로, 위생관리 영역은 조리실 및 조리도구 청결, 조리직원 복장 위생, 급·배식 도구 및 과정 위생, 식수 및 우유 등 관리, 실내공간 및 놀잇감 청결, 개별침구, 칫솔 등 청결, 환기 및 온도관리로 구성되어 있다. 부모모니터링 등급평정 방식은 각 영역의 지표별 충족 여부에 따라 '충족(Y)' 또는 '미충족(N)'에 체크한 후 각 영역별 '충족(Y)' 지표 개수에 따라 3개 등급(우

수, 양호, 개선필요) 중 1개를 부여하며, 어린이집의 최종 모니터링 등급은 영역별 등급 종류(우수, 양호, 개선필요)수에 따라 3개 등급(우수, 양호, 개선필요) 중 1개 등급을 부여하게 된다.

표 11-5. 부모모니터링 지표

건강관리	안전관리	급식관리	위생관리
1. 감염병 예방 · 관리 2. 응급조치 체계 3. 비상약품 구비 4. 투약의뢰절차	1. 실내 · 외 시설 관리 2. 화재 등 비상상황 대비 3. 등 · 하원 인계과정 4. 차량 안전관리 5. 아동학대예방 교육 및 아동권리존중 실천 6. 아동학대예방 안내	1. 식단 및 영양관리 2. 식품 알레르기 관리 3. 조리과정 위생 4. 식자재 보관규정 5. 식자재 보관장소 관리	1. 조리실 및 조리도구 청결, 조리직원 복장 위생 2. 급 · 배식도구 및 과정 위생, 식수 및 우유 등 관리 3. 실내공간 및 놀잇감 청결 4. 개별침구, 칫솔 등 청결 5. 환기 및 온도관리

PART 5

보육평가

Chapter

12

보육평가의 목적과 방법

배울 내용

1. 보육평가의 목적과 중요성
2. 보육평가의 대상과 방법

학습 목표

1. 보육평가의 목적과 중요성을 이해한다.
2. 보육평가의 대상과 방법에 따른 평가기술을 숙지한다.

교육평가의 사전적 의미는 “교육과정의 계획 · 실천에 있어서 교육목표는 올바르게 설정되었는지, 목표실현을 위한 교육활동의 계획과 과정은 적절한지, 그리고 궁극적으로는 교육의 목표가 제대로 성취되었는지를 확인 · 판단하는 일련의 과정”을 의미하며(한국정신문화연구원, 2016), 보육평가란 표준보육과정의 목표와 내용에 근거하여 어린이집에서 계획한 교육내용이 적절하게 편성 · 운영되었는지를 평가하는 작업으로 보육의 효과성을 결정하는 주요 요인으로 인식되고 있다. 따라서 본 장에서는 보육평가의 목적과 중요성, 보육평가의 대상과 방법에 대해 살펴보고자 한다.

1. 보육평가의 목적과 필요성

영유아보육이란 영유아의 보호뿐만 아니라 양질의 교육이 함께 제공되는 것을 의미하며, 양질의 교육이 영유아에게 실시되기 위해서는 반드시 교육에 대한 평가가 이루어져야 한다. 교육이란 인간의 행동 특성을 변화시켜 조화로운 인간으로 만드는 목적이 있는 의도적인 과정이기 때문에 교육이 행동의 변화를 가져왔느냐를 확인하고 판단하는 행위인 평가는 매우 중요한 과정이라고 할 수 있다. 즉, 보육평가는 교육과정의 전 과정을 통해서 소정의 교육목표가 교육 실제에 있어, 어느 정도로 달성되었는지를 결정하는 과정이라고 할 수 있다(심성경 외, 2017).

오늘날에는 평가가 교육과정의 마지막 단계라기보다는 교육과정 전반에 걸쳐 이루어지는 교육과정과 관련된 모든 것을 평가의 대상으로 포함시키는 계속적이고 종합적인 과정으로 이해되고 있다(양옥승 외, 2015). 왜냐하면 유아교육과정을 세부적으로 계획하고 운영하는 것도 중요하지만 유아교육과정을 실행하면서 반성과 통찰을 위한 평가가 중요하고, 평가를 통해 영유아에게 보다 적합하고 효과적인 내용과 방법으로 보육과정이 수정 · 보완되어 보육의 질이 높아질 수 있기 때문이다.

최근 보육의 질적 개선이란 목표 아래 유아교육기관에 대한 평가가 전국적으로 실시되면서 그동안 관심을 받지 못했던 평가영역이 중요한 화두로 떠오르고 있다. 보육평가는 결과에 기초한 능력 위주의 평가가 아니라 과정에 기초한 질적 평가방법을 통해 유아의 발달을 도와줄 수 있는 평가이어야 한다. 유아교육현장에서의 평가의 중요성은 〈표 12-1〉과 같다(임미혜 외, 2017).

표 12-1. 유아교육현장에서의 평가의 중요성

- 유아평가는 유아 개개인의 전인적 성장 · 발달을 도와주는 데 그 의미가 있다. 즉, 유아들에게 점수나 등급을 매겨 우수한 유아와 열등한 유아를 구분 · 선발하는 데 있는 것이 아니다.
- 유아교육의 목표가 제대로 성취되었는지의 여부를 밝혀 유아교육활동의 전반적인 과정을 개선하는 데 그 의미가 있다. 유아교육활동이 전개된 후 설정된 목표에 실제로 어느 정도 도달하였는지, 만약 제대로 달성하지 않았다면 그 요인은 무엇이며, 어떻게 수정 · 보완해야 할 것인지에 대한 합리적 근거를 찾기 위해 평가가 필요하다.
- 유아교육기관에 자녀를 보내고 있는 부모들은 자신들의 투자와 노력에 대한 효과를 알고 싶어한다. 유아교육기관에서는 유아교육의 효과에 대한 실증적이고 과학적인 증거를 수집 · 정리하여 그 결과를 부모들에게 알려줄 필요성이 있으므로 평가가 필요하다.

2. 보육평가의 대상과 방법

영유아보육을 위한 교육과정은 평가대상에 따라 영유아에 대한 평가, 교사에 대한 평가, 부모에 대한 평가 및 유아교육 프로그램에 대한 평가로 나눌 수 있다.

1) 영유아에 대한 평가

영유아교육과정의 평가는 일반교육과정의 평가와는 다른 평가방식을 사용한다. 즉, 영유아교육기관에서는 교과의 구분 없이 통합적인 교육이 이루어지기 때문에 영유아에 대한 평가 역시 영유아의 능력을 포괄적으로 평가하기 위한 다면적이고 종합적인 평가가 지속적으로 이루어져야 한다(문미옥, 2013). 영유아평가는 영유아의 발달 정도, 특정 영유아교육 프로그램과 영유아와의 상호작용의 효과, 영유아 개개인의 능력과 특성 및 잠재력에서의 개인차 등을 평가하여 교육에 반영함으로써 영유아 개개인의 전인적 성장·발달을 도와주는 데 그 의의가 있다. 영유아발달과 관련된 평가영역 및 절차는 〈표 12-2〉, 〈표 12-3〉과 같다(임재택, 1997).

표 12-2. 영유아발달에 따른 평가영역

구분	내용
신체발달	지각·감각발달, 신장과 체중, 치아 등 신체조건, 대·소근육 협응능력, 신체적 장애와 질병 등 건강상태, 운동기능 등
인지발달	지능, 학습준비도, 학습습관, 인지양식 및 인지발달 수준, 논리·수학적 개념, 자연현상에 대한 개념, 사회현상에 대한 개념 등

구분	내용
언어발달	소리 변별, 발음, 어휘발달 정도, 문법, 의사소통능력 등
정서발달	자아개념, 성취동기, 흥미, 태도, 성격, 창의력, 유아그림 분석 등
사회성발달	교우관계, 성역할, 놀이 유형 및 놀이발달수준, 사회성숙도, 일상생활습관 등

표 12-3. 영유아평가의 절차

단계	구분	내용
1단계	부모로부터 영유아에 대한 정보수집	교사는 취원 전·후의 부모면담, 전화, 등·하원 시의 짧은 대화, 부모모임 등을 통해 정보를 수집한다.
2단계	영유아의 일상적 활동에 대한 관찰기록	일화기록, 시간표집이나 평정척도·체크리스트를 통해 영유아를 이해할 수 있는 기초자료를 수집한다.
3단계	영유아에 대한 종합적인 평가체제 개발	교사의 관찰, 작품 수집, 각종 검사도구의 결과, 부모의 면담자료 등을 종합해 영유아의 평가체제를 구성한다.
4단계	평가자료를 보육과정의 계획과 실행에 적용	영유아에 관한 각종 자료(흥미, 능력, 습관, 선호도 등)를 영유아의 개인차를 고려하여 보육활동계획에 활용한다.

영유아를 평가하는 방법으로는 관찰법, 검사법, 면담법, 포트폴리오 평가 등이 있다. 관찰법에는 사건이나 행동을 시간 순서대로 기록하는 일화기록법과 관찰하고자 하는 내용을 행동목록으로 만들어 체크하는 행동목록법, 그리고 영유아의 특성이나 정도를 단계로 나누어 평정하는 평정척도법 등이 있다. 검사법은 표준화된 검사 도구를 가지고 영유아의 발달 정도와 특성을 객관적으로 평가하는 방법이다. 면담법은 면접과 대화를 통해 영유아나 부모로부터 필요한 정보를 얻는 방법이다. 마지막으로 영유아교육과정에서의 포트폴리오 평가는 영유아교육기관에서 영유아들이 수행한 결과들을 모은 자료집이나 영유아에 관해 기록한 모든 결과물 등이 포함된다. 포트폴리오 평가는 영유아의 변화에 초점을 맞춘 평가로 개별화된 교육과정에 영향을 주고 교사

에게도 스스로의 수업을 평가하고 개선하는 자료로 활용될 수 있다. 영유아를 평가하는 방법인 관찰법, 검사법, 면담법 및 포트폴리오 평가에 대해 살펴보면 다음과 같다.

(1) 관찰법

관찰법은 일상생활 속에서 유아가 자연스럽게 활동하는 모습을 관찰자가 본대로 기록하는 것으로 교사가 유아의 발달특성을 올바르게 판단하여 유아의 발달에 적합하도록 교육과정을 구성하는 데 중요한 자료를 제공한다. 또한 부모에게 유아에 대한 정보를 제공하기에 용이하다. 관찰법에는 일화기록법, 행동목록법 및 평정척도법이 주로 사용된다.

① 일화기록법

일화기록법(anecdotal record)은 한 가지 행동이나 상황에 초점을 맞추어 관찰하고 간결한 형태로 기록하는 관찰기법이다(황해익 외, 2014). 즉, 일화기록법은 유아의 행동을 직접 관찰하여 이를 객관적으로 기술하는 관찰방법으로, 상황을 있는 그대로 기술하기 때문에 교사가 특정 유아 및 특정 행동에 관심을 가지고 초점화하여 기록할 수 있다. 일화기록법을 통해 부모나 교사가 알아야 할 유아의 발달 상황을 전달할 수 있으며, 유아의 특별한 행동을 설명해 주는 자료로 활용할 수 있다. 일화기록법은 유아가 특정 상황에서 어떤 행동을 어떻게 나타내는지 이해하고자 하는 경우에 유용하다.

일화기록법은 정해진 양식이 없지만 관찰대상, 관찰일시, 관찰장소, 관찰장면, 관찰행동 등 특정 유아의 행동을 초점화하는 데 도움을 줄 수 있는 정보를 기록해 두는 것이 좋다. 일화기록법을 활용할 때의 유의점(전남련 외, 2014)을 살펴보면 〈표 12-4〉, 일화기록법의 예는 〈표 12-5〉와 같다.

표 12-4. 일화기록법 활용 시 유의할 점

- 관찰자는 특정 사건이 발생한 즉시 기록한다. 이를 위해 관찰자는 즉시 기록할 수 있도록 필기구와 관찰지 또는 메모노트 등을 가까이에 준비해 둔다.
- 관찰기록 시 대상의 말과 행동을 구분하여 기록한다. 즉, 관찰대상의 발화는 인용부호(" ")를 사용하여 문장을 그대로 기록하고, 서술형 문장으로 해당 상황을 부연 설명한다.
- 관찰기록 시 관찰대상이 특정 유아일 경우, 이름과 생년월일, 성별을 정확히 기록한다. 또한 관찰일시, 관찰장소, 관찰장면, 관찰행동, 관찰자 등 상황적 자료를 포함하여 기록한다.
- 관찰대상 유아의 언어와 행동을 기록함과 동시에 관련 유아의 반응 및 교사의 반응도 빠짐없이 기록한다.
- 관찰대상 유아의 행동을 기술할 때 동일한 용어로 일관성 있게 기술한다.
- 일화는 반드시 일어난 순서 그대로 기록한다.
- 관찰자의 주관적 관점이나 편견을 배제하여 객관적이고 사실적으로 기록한다.

표 12-5. 일화기록법의 예

관찰대상	박민준(남)	생년월일	2014.03.06.
관찰시간	자유선택활동 시간 (10:00~10:10)	관 찰 일	2019.09.23.
관찰행동	놀이 시 갈등상황	관 찰 자	이슬비
관찰내용	민준이는 캠코더와 빔프로젝터를 연결하여 자신의 모습을 큰 화면으로 볼 수 있게 되자 3~4명의 유아들이 자신의 몸으로 화면을 가리는 일에 재미를 느끼게 되었다. 하지만 화면을 보면서 노래를 부르며 악기 연주를 하던 동민이는 "저리 비켜! 선생님! 민준이와 친구들의 자꾸 화면을 가려요."라고 하며 불편해했다. "민준이와 친구들 다른 친구를 방해하는 행동은 좋지 않은 행동이에요."라고 말을 했지만 그런 말에는 관심이 없다는 듯 화면에 나오는 자신의 모습을 보면서 동민이에게 "이 놀이 정말로 재미있는데 같이 하자!"라고 하였지만 동민이는 "싫어 난 지금 악기 연주를 하는 것이 더 재미있어."라고 하면서 민준이와 친구들이 화면을 가리지 말라고 소리를 질렀다.		
분석 및 해석	민준이는 자신이 재미있어 하는 놀이에 대해서는 상황과 타인의 감정을 고려하지 못하는 것 같이 행동한다. 하지만 민준이를 비롯해 다른 친구들이 몸으로 그림자를 만들어 화면을 가리는 행동을 방해하는 행동이 아니라 즐거운 놀이를 하고 있는 행동처럼 보였다.		

② 행동목록법

행동목록법(behavior checklist)은 체크리스트라고도 불리며, 관찰하고자 하는 행동의 목록을 사전에 작성한 뒤 해당 행동의 출현 여부를 관찰하여 기록하는 기법이다. 일반적으로 행동목록은 학습목표 혹은 발달지표를 기준으로 만들어지며, 그 결과를 요약하여 교육계획 및 유아의 행동평가, 기록, 부모상담 등에 활용할 수 있다. 특히 부모상담 시 유아들이 학습하는 내용과 유아의 발달 현황을 설명할 수 있는 기초 자료로 이용할 수 있다.

행동목록법은 관찰하고자 하는 행동의 목록을 구체화하여 일정한 양식에 담아야 한다. 행동목록법에 담는 내용은 크게 두 부분으로 첫째, 관찰대상의 성별과 연령, 생년월일과 같은 개인 정보, 관찰일시 및 관찰장면 등 상황에 대한 기록을 포함한다. 둘째, 관찰하고자 하는 영역과 구체적인 행동목록의 세부 내용을 담는다. 이때 관찰자는 특정 시점에서 관찰하고자 하는 행동의 출현 여부를 파악할 것인지 혹은 시기에 따른 변화를 알아보기 위한 것인지의 관찰목적에 따라 행동목록의 양식을 다르게 설정할 수 있다.

행동목록법의 장점은 명료하고 조작적으로 구성한 행동목록을 통해 유아를 측정할 수 있기 때문에 편리할 뿐만 아니라 효율적이며 객관적이라는 것이다. 반면 단점은 행동의 유무만을 측정하기 때문에 관찰된 행동의 세부상황과 맥락 및 측정하고자 하는 행동의 빈도나 지속 시간은 알 수 없으므로 이를 보완할 수 있는 다른 관찰방법과 병행해서 사용할 필요가 있다는 것이다. 행동목록법의 예시는 〈표 12-6〉과 같다.

표 12-6. 특정 시점의 관찰행동 출현 여부에 따른 행동목록법의 예시

관찰대상	(남 / 여)	관찰일시	
생년월일		관 찰 자	

〈관찰지침〉
다음의 행동이 관찰되면 '관찰됨', 관찰되지 않으면 '관찰 안 됨'에 ∨ 표시를 하시오.

사회적 행동	관찰됨	관찰 안 됨
1. 차례를 지켜 줄을 선다.		
2. 쓰레기를 아무 곳에 버리지 않는다.		
3. 자신의 감정을 조절하여 표현한다.		
4. 물건을 소중히 다룬다.		
5. 놀이 시 규칙을 잘 지킨다.		
6. 친구들과 사이좋게 지낸다.		
7. 동 · 식물의 소중함을 알고 대한다.		
8. 스스로 할 수 있는 일은 혼자 하려고 한다.		
9. 웃어른께 예의바르게 행동한다.		
10. 정직하여 거짓말을 하지 않는다.		

요약	
총평 및 교육계획	

③ 평정척도법

평정척도법(rating scales)은 평정(rate)과 척도(scale)라는 용어가 합성된 것으로, 어떤 것을 평가하여 결정한다는 의미를 지닌다. 즉, 사물이나 현상 및 행동에 어떠한 가치나 특성을 할당한다는 의미이다(황해익 외, 2014). 평정척도법은 어떤 행동의 특성이나 특질에 대해 미리 정한 범주에 따라 평가하는 관찰법이다. 형식상 행동목록법과 유사한 특성을 가지지만 평정척도법은 질적인 면을 측정할 수 있다는 점에서 차이가 있다. 평정척도법은 연속성 있는 단계로 수량화된 점수 혹은 가치가 부여된 기록지에 평정한다. 이는 행동의 빈도 및 정도를 평가하는 것으로, 평가하려는 행동의 정도가 가장 낮을 때와 가장 높을 때를 연속선상에 표시하여 질적 수준까지 평가할 수 있다. 평정척도법은 평정척도의 유형에 따라 기술평정척도, 숫자평정척도, 도식평정척도로 구분할 수 있으며, 각 유형을 비교해 보면 〈표 12-7〉, 행동목록법으로 관찰할 수 없는 유아행동의 질적인 특성을 평가하는 평정척도법의 활용은 〈표 12-8〉과 같다.

표 12-7. 평정척도법의 유형에 따른 문항 비교

구분	정의	예
기술평정척도 (category rating scale)	기술평정척도는 행동의 특징을 질적인 차이가 있는 몇 개의 연속성 있는 단계로 나누어 간단한 단어와 문장으로 기술하고 관찰대상의 행동에 가장 근접한 내용을 관찰자가 선택하는 방법	친구와 협동하며 놀이하기 (　) 친구와 협동하는 놀이를 전혀 하지 않는다. (　) 친구와 협동하는 놀이를 하지 않는다. (　) 친구와 협동하는 놀이를 한다. (　) 친구와 협동하면서 놀이하기를 즐긴다. (　) 친구와 협동하면서 놀이하기를 매우 즐긴다.
숫자평정척도 (numerical rating scale)	숫자평정척도는 평가하려는 행동 특성을 기술한 척도치에 그 정도에 따라 점수로 환산할 수 있는 숫자를 부여하여 결과의 수량화와 통계적인 분석을 가능하게 하는 방법	다른 사람에게 양보하기 전혀 그렇지 않다: 1 / 그렇지 않다: 2 / 보통이다: 3 / 그렇다: 4 / 매우 그렇다: 5
도식평정척도 (graphic rating scale)	도식평정척도는 기술된 유목에 관찰자의 용이한 평정을 위해 시각적인 도식을 제공하는 방법	규칙을 이해하고 매우 잘 지킨다. ├─┼─┼─┼─┤ 규칙을 거의 지키지 않는 편이다. 교실 내 규칙을 잘 지키는가? ├──┼──┼──┼──┤ 전혀 그렇지 않다 / 별로 그렇지 않다 / 보통이다 / 대체로 그렇다 / 항상 그렇다

표 12-8. 3세 누리과정 유아관찰척도: 관찰기록지

기관명		관 찰 자	
학급명		관찰기간	~
유아명(성별)	(남 / 여)	생년월일	년 월 일

※ 해당하는 칸에 V 표시 하세요.

영역	문항	수준 1	2	3	4
신체운동·건강	1. 신체를 인식하고 움직이기				
	2. 소근육 조절하기				
	3. 신체활동에 참여하기				
	4. 공을 이용하여 신체활동 하기				
	5. 주변을 깨끗이 하기				
	6. 바른태도로 식사하기				
	7. 하루 일과에 참여하기				
	8. 안전하게 놀이하기				
의사소통	9. 낱말과 문장 듣고 이해 하기				
	10. 이야기 듣고 이해하기				
	11. 바른 태도로 듣기				
	12. 느낌, 생각, 경험 말하기				
	13. 상황에 맞게 바른 태도로 말하기				
	14. 글자읽기에 흥미 가지기				
	15. 책에 관심 가지기				
	16. 쓰기에 관심 가지기				
사회관계	17. 나에 대해 관심가지기				
	18. 나의 일 스스로 하기				
	19. 나의 감정 알기				
	20. 가족구성원에 대해 알기				

영역	문항	수준 1	2	3	4
사회관계	21. 친구와 함께 놀이하기				
	22. 약속과 규칙지키기				
	23. 지역사회 관심 갖고 이해하기				
	24. 우리나라 관심 갖고 이해하기				
예술경험	25. 음악적 요소 탐색하기				
	26. 다양한 미술 재료와 도구 사용하기				
	27. 노래로 표현하기				
	28. 움직임과 춤으로 표현하기				
	29. 극놀이로 표현하기				
	30. 다양한 예술 감상하기				
자연탐구	31. 탐구하는 태도 기르기				
	32. 수량 비교하기				
	33. 공간의 기초개념 형성하기				
	34. 기초적인 측정하기				
	35. 사물을 분류하기				
	36. 친숙한 물체와 물질의 특성 알아보기				
	37. 동물이나 식물 탐구하기				
	38. 자연현상 탐구하기				

출처: 서울특별시유아교육진흥원(2013). 연령별 누리과정 평가도구.

(2) 검사법

① 표준화검사

표준화검사(standardized tests)는 누가 사용하더라도 검사의 목적, 내용, 대상, 실시 절차 및 조건, 채점, 결과의 해석이 동일하도록 모든 절차와 방법을 일정한 기준에 맞추어 만들어 놓은 검사로, 결과에 대한 신뢰도와 타당도가 높은 평가방법 중 하나이다. 표준화검사는 개인이 지니고 있는 신체적 · 심리적 특성의 양과 질을 측정할 목적으로 일정한 조건하에 특정한 문제나 작업을 부과하여 피검사자가 나타내는 반응을 체계적으로 관찰하는 절차이다(황해익 외, 2004).

진단평가를 통해 정확한 평가가 이루어지기 위해서는 평가도구들에 대한 이론적인 가정, 측정내용들과 함께 심리적 특성을 변별해 줄 수 있는 진단검사 도구들의 기능을 파악하는 것이 중요하다. 또한 검사를 통해 얻어진 결과가 신뢰롭기 위해서는 검사가 표준화되어 있어야 한다. 표준화(standardization)란 검사의 실시와 채점, 해석의 방법이 일정하게 정해져 있어 누가 검사를 사용하더라도 동일한 절차에 따라 진행하도록 하는 것이다. 이렇게 표준화된 절차에 따라 검사가 진행될 때 그 검사의 신뢰성이 높아지게 된다(김이영 외, 2019).

영역별 진단도구 검사는 매우 다양하게 보고되고 있는데, 그 중 발달 검사, 인지영역 검사, 정의 영역 검사 및 신경심리 검사를 중심으로 살펴보면 〈표 12-9〉와 같다(전헌선 외, 2012).

표 12-9. 발달 영역별 표준화된 진단 검사

구분	검사도구
발달 검사	한국 베일리 영아 발달 검사(K-BSID II), 한국형 덴버 발달 검사 II(K-DDST-II), 한국 영유아 발달선별 검사, 한국판 아동 행동척도(K-CBCL), K-SIB-R 한국판 적응행동 검사
인지 영역 검사	한국 웩슬러 아동지능 검사(K-WISC-III), 한국 유아용 웩슬러 지능 검사(K-WPPSI), 카우프만 아동용 지능 검사(K-ABC), 한국판 종합학습능력진단 검사, 한국판 기초학습능력 검사, 유아용 종합 창의성 검사(K-CCTYC)
정의 영역 검사	유아성격 검사, 한국아동인성 검사(KPI-C), 아동용 주제통각 검사(CAT), HTP 그림 검사, 동작성 가족화 검사, 벤더 게슈탈트 시지각 검사(BGT), 한국판 사회성숙도 검사
신경심리 검사	연속수행 검사(CPT), TOVA, 위스콘신 카드분류 검사

그러나 표준화검사의 결과가 개인의 능력이나 특징을 모두 대변해 주는 것은 아니므로, 그 사용과 해석에 있어 신중을 기해야 한다. 표준화검사의 결과를 해당 개인을 이해하려는 하나의 참고 자료임을 명심해야 하고, 한 가지 검사만으로 의사결정을 하기보다는 다양한 측정 도구를 사용하는 것이 바람직하다(신명희 외, 2016).

② 교사제작검사

교사제작검사(teacher-made tests)는 말 그대로 평가의 목적에 따라 교사가 제작하는 검사를 말한다. 유아의 내재된 속성은 직접 측정이 불가능하기 때문에 간접 측정을 하기 위해 고안된 검사로 파악할 수 있다. 그 중 교사제작검사는 유아의 특정한 발달속성을 측정할 수 있는 검사도구가 개발되어 있지 않은 경우, 교사가 교수적 · 진단적 · 평가적 목적으로 직접 제작하여 사용하는 검사이다. 교사제작검사의 목적은 유아의 발달 현황을 정확히 판단하여 교육의 적절성과 효율성을 높이고, 또 문제가 있는 발달영역에 대한 조기진단 및 판단을 통해 이후에 일어날 수 있는 여러 가지 문제 상황을 조기에 점검하여 수정하는 데 있다(황해익 외, 2014). 교사는 이러한 검사의 목적에 기초하여 유아의 발달현황과 특정 활동, 프로그램의 효과 등에 대한 내용을 질문지 형식 또는 기호나 그림 형식으로 제작할 수 있다.

교사제작검사법 중 유아교육현장에서 질문지 형식 이외에 기호나 그림 형식으로 활용되고 있는 대표적인 예로 도시법(graphic method)을 들 수 있다. 도시법은 관찰의 결과를 문장이나 수량으로 기록하지 않고 교사가 특정한 기호나 그림으로 표시하는 방법이다(한국교육평가학회, 2004). 즉, 도시법에 쓰이는 기호나 그림은 교사가 고안하여 사용할 수 있으며, 다른 평가의 보조 자료로 활용되기도 한다. 도시법은 활동 중 종이와 연필만 있으면 간단하고 빠르게 수행할 수 있으며, 행동의 빈도를 양적으로 측정할 수 있다는 장점이 있다. 반면 전후 상황이 고려되지 않아 분석과 해석에 유의해야 한다. 일반적으로 도시법에 많이 쓰이는 기호와 예(권성민 외, 2019)는 [그림 12-1], 유의해야 할 점(황해익 외, 2009)은 〈표 12-10〉과 같다.

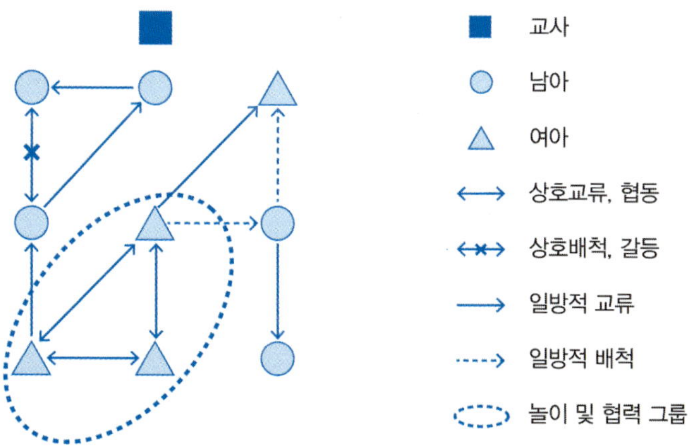

그림 12-1. 어린이집에서의 또래관계 도시법의 예

표 12-10. 교사제작검사를 실시할 경우 유의해야 할 사항

• 검사점수를 절대시하지 말아야 한다. 한 가지의 검사결과에 의존하여 유아의 발달상황을 단정적으로 평가해서는 안 되며, 검사결과는 교사, 부모, 전문가의 의견을 보충해 주는 객관적인 자료로만 사용해야 한다.
• 기술적 목적의 검사는 일반적으로 교사가 실시할 수 있지만, 장애 등 특수한 진단 및 평가는 검사의 실시와 해석에 대한 전문적 지식을 가진 전문가와 협력하여 실시하는 것이 바람직하다.
• 교사는 유아의 검사결과를 부모에게 설명하고 함께 논의해야 한다. 검사에 대한 일반적인 정보와 함께 장점 및 한계를 설명하여 검사의 목적과 내용에 오해가 없도록 해야 한다.
• 유아를 잘 지도하기 위하여 얻은 정보를 어떻게 활용할 것인지에 대해 사전에 검토해 두어야 한다. 즉, 검사결과 점수의 높고 낮음에 따라 어떻게 지원할 것인지 고려해야 한다.

③ 정신생리학적 방법

최근의 발달학자들은 아이들의 지각, 인지 그리고 정서반응의 생물학적 기초를 조사하기 위하여 생리적 반응과 행동 사이의 관계를 측정하는 정신생리학적 방법(psychophysiological method)을 사용하여 왔다([그림 12-2] 참고). 정신생리학적 방법은 사건을 언어적으로 보고할 수 없거나 걸음마기 영유아의 정신적 · 정서적 경험을 해석하는 데 유용하다. 예를 들어, 주의집중하는 동안에는 심장박동이 느려진다든가 괴로운 경험일 때는 심장박동이 증가한다든가 등 특정의 정서표현을 연구하기 위해 사용된다. 그리고 뇌의 전기적 활동을 기록하는 뇌파기록장치(electroencephalogram, EEG)를 이용하여 개인의 각성 상태에 따라 뇌파의 움직임이 달라지는 것을 알 수 있다. 또한 뇌 활동의 3차원 그림을 제공하는 기능적 자기공명영상(functional magnetic resonance imaging, fMRI)를 통해 대뇌의 어떤 영역이 기억과 관련되어 있는지를 파악할 수 있다.

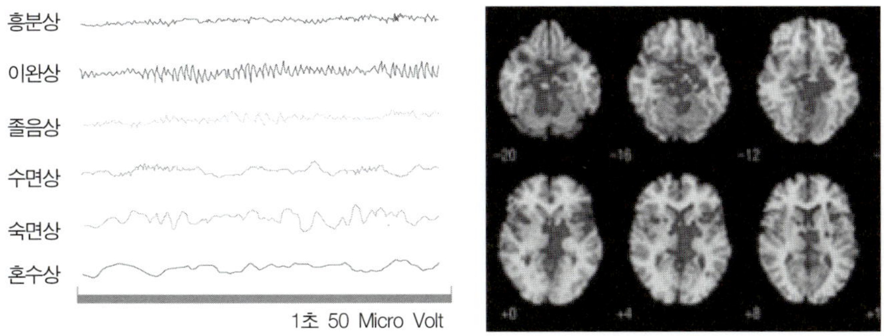

그림 12-2. 뇌파활동과 기능성자기공명 영상기법(fMRI)

출처: 김이영 외(2018). 인간이해를 위한 심리학. 양성원.

정신생리적 반응은 영유아의 발달을 이해하는 데 매우 유용하지만 심리적 상태를 완전히 설명하지는 못한다는 제한점을 지니고 있다. 비록 영아의 심장박동률이나 뇌파활동이 그 아이가 자극에 주목하고 있다는 것을 알려줄지라도 자극의 어떤 측면(모양, 색 등)이 주의를 끌었는지를 결정하기 어렵다. 또한 생리적 반응의 변화는 종종 유아들의 자극에 대한 주의집중이나 혹은 그것에 대한 정서적인 변화를 나타내기보다는 오히려 기분변화, 피곤함, 배고픔, 심지어는 생리기록장치에 대한 부정적 반응을 나타낼 수 있다는 것이다.

(3) 면담법

면담법(interview)은 특정한 목적을 가지고 특정한 내용에 대해 면담자와 피면담자가 일정한 시간에 언어를 매개로 하여 정보를 얻거나 의사나 감정을 전달하는 방식을 의미한다. 면담법은 관찰법과 달리 심층적이고 직접적인 상호작용을 통해 자료를 수집하는 조사기법으로, 대상과 일대일 혹은 포커스 그룹의 형태로 대화를 나누며 정보를 수집한다. 그 외 전화 인터뷰나 대상자로부터 직접 응답을 받아 녹취 및 기록하여 정보를 수집할 수도 있다. 면접법의 가장 대표적인 특징은 면담자, 즉 교사가 피면담자인 유아 또는 부모의 발화뿐 아니라 표정, 몸짓, 태도, 어투 같은 비언어적인 표현까지도 수집이 가능하다는 점이다.

면담법의 장·단점은 다음과 같다. 장점은 이해가 가능한 구어로 다양한 방식의 설명을 주고받을 수 있기 때문에 유아를 대상으로 실시할 수 있다는 것이다. 유아가 질문을 이해하지 못했거나 면담에 집중하지 못할 경우 추가 설명이나 도구들을 사용하여 설명하면 보다 정확한 응답을 얻을 수 있다. 단점은 면담자에게 고도의 기술과 훈련이 요구되며, 결과를 통계적으로 처리하여 해석하기가 어렵다는 것이다.

일반적으로 면담법을 사용할 때 면담자와 피면담자 간의 심리적 친밀감(rapport)이 형성되어야 하고, 상대방에게 책임을 돌리거나 비난하지 말아야 하며, 피면담자의 말을 끝까지 들어주어야 한다. 또한 면담 후에는 요점을 기록하거나 정리해 두어야 하며, 면담 중에 알게 된 개인적 비밀은 반드시 지켜주어야 한다.

(4) 영유아 작품분석

영유아의 작품을 분석하는 것은 영유아의 행동특성과 발달수준을 평가할 수 있는 중요한 방법이다. 영유아의 작품으로는 영유아의 말을 받아 적은 글, 노래나 언어 녹음자료, 영유아의 그림, 영유아의 작품 사진, 영유아 작품의 표본 등이 포함된다. 이를 위해 정기적으로 수집해야 하며, 수집된 작품에는 날짜, 작품에 대한 영유아의 설명, 영유아의 태도 등을 기록해 두어야 한다.

(5) 포트폴리오 평가

최근 유아교육현장에서는 기존의 구조화된 검사도구를 통한 평가를 지향하고 비형식적이며 대안적인 평가의 방식을 고민하면서 포트폴리오 평가의 가능성에 대해 관심이 모아지고 있다. 포트폴리오 평가를 제대로 시행하기 위해서는 포트폴리오와 포트폴리오 평가의 차이점에 대해 구분할 수 있어야 한다.

포트폴리오(portfolio)는 자료수집철, 자료묶음 등을 뜻하는 것으로, 자신의 실력을 보여 줄 수 있는 작품이나 수행의 결과들을 모아 놓은 작품집 또는 자료모음집을 말한다. 포트폴리오 평가는 이렇게 수집된 포트폴리오의 내용물을 근거로 교사가 유아의 학습과 발달상태를 평가하고, 이후 교육과정 수정 및 개발하는 데 적극적으로 활용하는 평가방법이라 할 수 있다. 즉, 시간의 흐름에 따라 나타나는 유아의 성장과 발달, 학습과정과 결과 등을 나타내는 다양한 활동결과물을 체계적으로 수집하고 조직하여, 이를 기초로 유아의 지식, 기능, 태도 등을 판단하는 평가방법이다(교육과학기술부, 보건복지부, 2013).

포트폴리오 평가는 기존의 결과 중심적이고, 심리측정적인 표준화된 검사방식의 평가와 달리 유아의 성장과 발달에 대한 다양한 차원의 정보를 장기간에 걸쳐 수집하고 분석하는 것으로 과정 중심적인 평가라고 할 수 있다. 이러한 포트폴리오 평가의 특징을 살펴보면 〈표 12-11〉과 같다.

표 12-11. 포트폴리오 평가의 특징

- 포트폴리오 평가는 계획, 실행, 활용에 있어 유동적이고 적응적이다. 평가과정 중에 포트폴리오에 포함되는 내용, 조직 및 활용방법 등이 유아의 연령과 발달적 수준, 현재 교사가 중점을 두고 있는 문제나 발달영역, 기관의 목적, 그 밖의 다른 요소들에 따라 언제든지 변경할 수 있다.
- 포트폴리오는 유아들의 발달과 학습에 대한 다양한 자료를 수집할 수 있다. 포트폴리오에 포함되는 내용에는 유아의 그림, 언어활동 결과물, 활동장면의 사진이나 녹화영상, 선호하는 도서의 목록, 교사의 관찰기록 등의 다양한 자료를 통해 유아의 발달과 학습에 대한 정보를 얻을 수 있다.
- 유아들이 포트폴리오 평가에 능동적으로 참여할 수 있다. 평가과정에서 유아가 활동결과물의 수집 및 선정에 직접 참여하기 때문에 내적 동기를 유발하고, 긍정적인 자존감을 증진시킨다.
- 포트폴리오 평가는 상대적인 비교 평가가 아닌 개별적인 평가이다. 포트폴리오 평가는 유아 개개인의 성과물이 일상생활에서 지속적이고 장기적으로 수집되기 때문에 유아의 연령, 발달수준, 능력에 따른 개별화된 교육과정의 계획 및 적용이 가능하다.

• 포트폴리오 평가는 유아에 대한 다면적 평가가 가능하다. 포트폴리오 평가는 오랜 기간 동안 시간의 흐름에 따라 일어나는 자기반성과 성장 및 변화내용에 대한 결과물과 기록물들을 지속적이고 체계적으로 수집하기 때문에 정해진 준거에 따라 결과와 과정까지 종합적으로 판단할 수 있다.
• 포트폴리오 평가는 의사소통을 하는 도구가 된다. 즉, 교사의 일방적인 전달이 아닌 평가과정에 교사, 유아, 부모가 함께 참여하여 포트폴리오를 구성하기 때문에 유아의 활동결과 및 생각, 변화 등을 공유할 수 있다.

2) 교사에 대한 평가

교사에 대한 평가는 교사의 사기 및 동기유발과 관련이 있으며, 유아 및 유아교육기관에 미치는 영향이 크다. 따라서 교수·학습과정에서 교사는 수업을 위한 준비와 교수행동에 대한 평가를 반드시 해야 한다. 교육행위를 수행하는 교사의 평가는 교사 책임의 수행성, 전문성, 인사관리의 판단기준을 목적으로 이루어진다. 그 방법으로는 크게 두 가지로 나눌 수 있다. 하나는 본인 스스로를 평가하는 자기평가척도를 사용한 평가와 다른 하나는 교사 평가도구를 활용한 동료평가나 원내 자율 장학을 통한 수업분석의 방법이 있다(문미옥, 2013). 그러나 최근 영유아교육기관 평가가 정착되면서 교사의 질적 수준 제고를 위한 수업과 상호작용에 대한 평가가 다양한 방법으로 이루어지고 있다. 유아교육기관의 교사를 평가할 때 교사평가의 내용은 〈표 12-12〉, 보육교사의 인성 정도를 파악할 수 있는 자기평가 체크리스트의 예는 〈표 12-13〉과 같다.

표 12-12. 교사평가의 내용

구분	내용
신체	신체적 건강상태, 활동성 정도, 예의 바른 태도, 바른 자세 등
인성	적극성, 정서적 안정성, 자제력, 협동심, 융통성, 성실성, 사려성, 긍정적인 인간관, 공정성, 부모 및 동료교사와의 원만한 관계, 자신에 대한 긍지 등
교양 및 지적 능력	다방면에 걸친 풍부한 지적 능력, 순발력, 언어사용능력, 창의력 등

구분	내용
교직에 대한 태도	사명감, 열의, 전문성 신장을 위한 노력, 책임감, 수용적 태도, 적합성, 신념 및 직업윤리 등
유아교육기술	보육과정의 재구성 능력, 실천능력, 평가능력, 교재·교구 제작 및 활용능력, 적절한 자극 및 개입 정도, 융통성 있는 활동 운영능력 등
전문적 지식	소속기관의 유아교육철학에 대한 이해, 유아교육과정에 대한 지식, 생활지도 및 상담지식, 다양한 교수방법에 대한 지식, 평가에 대한 지식 등

표 12-13. 보육교사 인성 척도

다음은 보육교사의 인성 정도를 파악할 수 있는 체크리스트입니다. 본인의 평소 행동을 잘 생각해 보고, 행동과 일치하는 곳에 체크를 하면 됩니다.

	내 용	1	2	3	4	5
		전혀 그렇지 않다	약간 그렇지 않다	보통이다	약간 그렇다	매우 그렇다
인간애	1. 길에서 어려운 사람을 보면 주저없이 도움을 준다.	①	②	③	④	⑤
	2. 조금 손해 보더라도 남의 일을 돕는 편이다.	①	②	③	④	⑤
	3. 다른 사람이 상처를 주거나 피해를 입힌 경우 사과하면 잘 수용한다.	①	②	③	④	⑤
	4. 다른 사람의 잘못에 너그러운 편이다.	①	②	③	④	⑤
긍정적 자아개념	5. 좋은 교사로 인정받고 싶다.	①	②	③	④	⑤
	6. 일단 주어진 일에 대해서는 적극적으로 임한다.	①	②	③	④	⑤
	7. 창의적인 아이디어로 새로운 일을 계획한다.	①	②	③	④	⑤
	8. 감정 조절을 잘한다.	①	②	③	④	⑤
사회관계	9. 주변 사람들에게 호의를 베푸는 것이 즐겁다.	①	②	③	④	⑤
	10. 다른 사람의 말을 주의 깊게 경청한다.	①	②	③	④	⑤
	11. 부정적 표현보다 긍정적 표현을 더 자주 사용한다.	①	②	③	④	⑤
	12. 다른 사람들이 편안하게 이야기할 수 있도록 분위기를 맞춘다.	①	②	③	④	⑤

직무수행	13. 일과가 시작되기 전에 오늘의 활동을 점검한다.	①	②	③	④	⑤
	14. 지각이나 결근을 절대 하지 않는다.	①	②	③	④	⑤
	15. 어떤 역할에도 최선을 다한다.	①	②	③	④	⑤
	16. 뚜렷한 교육관과 신념을 가지고 있다.	①	②	③	④	⑤
창의 · 인성	17. 유머 감각이 있다는 말을 듣는다.	①	②	③	④	⑤
	18. 어떤 구성원들과도 조화롭게 지낸다.	①	②	③	④	⑤
	19. 생각이 달라도 기꺼이 수용한다.	①	②	③	④	⑤
	20. 어린이집 교사는 여자에게 더 적합하다.	①	②	③	④	⑤

출처: 전재선(2011)이 개발한 교사 인성 자기평가도구를 최미곤(2016)이 수정, 보완한 측정도구임.

3) 부모에 대한 평가

유아교육기관과 가정과의 연계성이 강조되는 유아교육현장에서는 부모교육 및 부모참여가 매우 중요하다. 부모평가는 부모가 참여하는 참여수준에 따라 평가방법이 달라지지만 일반적으로 부모가 습득한 지식이나 태도를 측정하게 된다. 부모가 습득한 지식이나 태도 평가의 내용은 〈표 12-14〉, 자녀양육에 대한 부모의 양육효능감과 양육스트레스에 대한 평가는 〈표 12-15〉, 〈표 12-16〉, 어머니의 과보호 양육태도에 대한 평가는 〈표 12-17〉과 같다.

표 12-14. 부모가 습득한 지식이나 태도 평가의 내용

- 부모를 면접하거나 설문지를 통해 부모가 습득한 새로운 지식이나 태도에 대한 자료를 수집할 수도 있고, 관찰방법을 통해 부모가 자녀에게 제공하는 자극, 경험, 양육기술 등에 대해 보다 구체적으로 자료가 수집되기도 한다. 이때 양육태도 및 행동에 관한 기존의 다양한 검사들이 활용될 수 있다.
- 비반응적 측정자료의 수집도 효과적이다. 가정통신문의 지시에 의한 부모의 반응, 부모회의 출석률, 자원봉사 실행 횟수, 부모 요청에 의한 교사와의 면담 등의 기록이 참고자료가 된다.
- 유아의 수행, 즉 유아들이 나타내는 발달적 또는 행동적 변화를 측정할 수도 있다. 이는 부모교육의 효과로 볼 수도 있으며, 다른 요인의 작용에 의한 것일 수도 있다.

표 12-15. 부모의 자녀 양육효능감 평가

다음은 자녀 양육에 대한 부모님의 느낌 정도에 관한 내용입니다. 부모님이 평소에 느끼신 것과 가장 가까운 곳에 표시해 주시기 바랍니다.

내 용	1 전혀 그렇지 않다	2 그렇지 않다	3 보통이다	4 그렇다	5 매우 그렇다
1. 아이를 돌보는 것이 육체적으로 너무 힘들다.	①	②	③	④	⑤
2. 아이를 돌보는 것이 너무 힘들어서 내 개인적인 시간을 가질 수 없다.	①	②	③	④	⑤
3. 아이를 돌보느라 다른 집안일을 할 수가 없다.	①	②	③	④	⑤
4. 아이 때문에 항상 마음에 여유가 없다.	①	②	③	④	⑤
5. 시간에 맞춰 외출하기 위해 아이를 챙기는 일이 어렵다.	①	②	③	④	⑤
6. 아이를 돌보기 위해 내 계획을 변경하는 경우가 많다.	①	②	③	④	⑤
7. 아이와 함께 외출했을 때 아이를 다루기가 어렵다.	①	②	③	④	⑤
8. 아이가 집을 너무 어지럽힌다.	①	②	③	④	⑤
9. 아이를 매일 다른 사람에게 맡기고 출근하기가 어렵다.	①	②	③	④	⑤
10. 아이가 태어난 이후로 잠자는 시간이 불규칙적이다.	①	②	③	④	⑤

표 12-16. 부모의 자녀 양육스트레스 평가

다음은 부모 역할에 대한 보호자들의 생각을 묻는 내용입니다. 부모님이 평소에 느끼신 것과 가장 가까운 곳에 표시해 주시기 바랍니다.

내 용	1 전혀 그렇지 않다	2 그렇지 않다	3 보통이다	4 그렇다	5 매우 그렇다
1. 부모 노릇을 잘 하고 있다고 생각한다.	①	②	③	④	⑤
2. 부모 노릇은 내가 이전에 생각한 것보다 어렵지 않다.	①	②	③	④	⑤
3. 부모 노릇은 나를 지치고 진빠지게 한다.	①	②	③	④	⑤
4. 좋은 부모가 되는 데 필요한 지식을 잘 알고 있다.	①	②	③	④	⑤
5. 가끔 내가 어떻게 해야 할지 모르는 때가 많아서, 아이 기르기에 대한 책을 더 읽었어야 한다는 생각이 든다.	①	②	③	④	⑤
6. 다른 아이를 키우더라도 내가 지금 아이를 키우는 방식으로 키울 것이다.	①	②	③	④	⑤
7. 종종 아이를 실망시킬까 봐 걱정한다.	①	②	③	④	⑤
8. 부모로서 올바른 행동을 하지 못하는 것이 아닌가 걱정된다.	①	②	③	④	⑤
9. 내가 아무리 열심히 노력하더라도 결코 좋은 부모가 될 것 같지 않다.	①	②	③	④	⑤
10. 때로 아이를 소홀히하는 데 대해 죄책감을 느낀다.	①	②	③	④	⑤

표 12-17. 어머니의 과보호 양육태도

다음은 자녀에게 어머니께서 평상시에 대하는 행동에 관한 것입니다. 각 문항을 읽으신 후, 어머님의 행동과 가장 비슷하다고 생각되는 곳에 V표를 해 주십시오.

내 용	1 전혀 그렇지 않다	2 조금 그렇지 않다	3 조금 그렇다	4 매우 그렇다
1. 아이가 어려서 어떤 일을 스스로 할 수 없기 때문에 가까이서 돌보아 준다.	①	②	③	④
2. 아이가 혼자 힘으로 할 수 있는 것도 도와주는 편이다.	①	②	③	④
3. 아이가 옷 입는 것을 도와줄 때가 많다.	①	②	③	④
4. 아이가 목욕하는 것을 도와줄 때가 많다.	①	②	③	④
5. 아이가 음식 먹는 것을 도와줄 때가 많다.	①	②	③	④
6. 실내가 더 안전하다고 생각하기 때문에 아이를 실외보다는 실내에서 놀도록 한다.	①	②	③	④
7. 아이가 보이지 않으면 혹시 다칠까 봐 걱정이 된다.	①	②	③	④
8. 아이가 밖에 있으면 안심할 수가 없다.	①	②	③	④
9. 아이에게 다칠지도 모르는 과격한 운동을 하지 못하게 한다.	①	②	③	④
10. 아이가 어질러 놓은 것을 치워준다.	①	②	③	④
11. 아이가 어린이집에 있을 때를 제외하고는 거의 함께 있는다.	①	②	③	④
12. 아이의 힘으로 꺼내 먹을 수 있는 음식물로 가져다 줄 때가 많다.	①	②	③	④

출처: 변수민(2020). 어머니의 과보호 양육태도가 유아의 사회적 미성숙과 또래놀이 상호작용에 미치는 영향. 충북대학교 대학원 석사학위논문.

4) 유아교육 프로그램에 대한 평가

유아교육 프로그램의 평가란 프로그램의 질적 수준과 효과를 평가하는 것을 의미하는데, 유아교육 프로그램에 대한 평가를 정기적으로 실시하여, 그 결과를 다음 유아교육활동 계획수립에 활용하여 유아교육과정의 질을 개선하고 유아교육 프로그램의 효율성을 높이는 데 그 목적이 있다. 구체적인 평가대상으로는 유아에 대한 평가와 기관에 대한 평가로 구분할 수 있다.

(1) 유아에 대한 평가

유아에 대한 평가는 유아의 성취도를 측정하는 것으로 유아의 발달수준 평가와 학습목표 성취평가로 나뉘며, 유아교육의 결과와 관련되는 총괄평가와 유아 교육계획 및 프로그램의 수정 및 보완을 위한 진단 및 형성평가가 실시된다.

(2) 기관에 대한 평가

영유아교육기관의 평가는 넓은 의미로 교육과정의 내용적 측면뿐만 아니라 물질적 측면을 포함하여 교육과정 전반에 걸친 평가를 의미한다. 이는 영유아교육기관에서 이루어지는 교육과정의 운영이 원활한지에 대한 기관의 질적인 평가를 말한다. 이러한 교육과정평가의 기본 목적은 교육과정의 목적과 목표가 제대로 수행되었는지의 여부를 판단하고 결정하는 것으로 교육과정이 제대로 계획되고, 그 계획에 따라 제대로 운영되었는지를 확인하기 위해 반드시 필요하다.

Chapter

13

어린이집 평가제도

배울 내용

1. 어린이집 평가제도의 이해
2. 어린이집 평가제

학습 목표

1. 어린이집 평가제도에 대한 이해를 바탕으로 평가제도의 변화과정을 설명한다.
2. 어린이집 평가제의 목적, 특징, 운영체계 및 구체적인 평가지표를 숙지한다.

최근 영유아교육의 중요성이 강조되면서 여러 나라에서는 교육기관의 질적 수준을 강화하기 위하여 재정적 지원을 확충하고, 국가의 책무성을 높이기 위한 수단으로 유아교육기관에 대한 평가제를 실시하고 있다. 예를 들어, 미국에서는 민간전문단체인 NAEYC(National Association for the Educational Young Children)가 학회 차원의 영유아교육기관 평가인증제도를 개발하여 1986년부터 시행하고 있고, 이를 참고로 하여 호주에서는 1994년부터 국가의 위탁을 받은 NCAC(National Childcare Accreditation Association)가 평가인증제도를 시행하고 있으며, 영국에서는 1992년에 국가기관으로 설립된 OFSTED(Office for Standards, in Education)가 영유아교육기관을 대상으로 평가를 시행하고 있다(강진실, 2020). 우리나라에서도 2005년부터 어린이집 평가인증제도가 도입되어 시행되어 왔으며, 2019년 6월부터 어린이집 평가제를 시행하고 있다. 따라서 본 장에서는 2019년부터 시행되고 있는 어린이집 평가제에 대해 자세하게 살펴보고자 한다.

1. 어린이집 평가제도의 이해

1) 어린이집 평가인증제도의 목적과 중요성

어린이집에 대한 평가의 궁극적인 목적은 보육 시설의 질적 수준의 평가를 통해 질적 수준을 향상시키는 데 있다. 즉, 질적 수준의 향상이 평가제의 진정한 목적이라는 것은 평가의 결과나 인증 여부의 결과가 보육 시설 평가제의 목적이 아닌 평가의 과정이 이 제도의 목적 자체임을 의미한다.

이와 같은 목적으로 우리나라의 경우, 2005년부터 어린이집 평가인증제도를 도입하였는데, 이 제도는 어린이집이 지향해야 하는 바람직한 보육서비스의 실제를 제시하고 질적 수준을 공정하게 평가할 뿐만 아니라 수요자인 부모에게 합리적인 어린이집 선택 기준을 제공하고 정부의 효율적인 지원 및 관리체계를 위한 질 관리 기제로 작동하여 왔다. 어린이집 평가인증제도의 목적과 의의를 살펴보면 〈표 13-1〉과 같다.

표 13-1. 어린이집 평가인증제도의 목적과 의의

구분	내용
목적	• 안전한 보육환경에서 영유아가 건강하게 양육될 권리를 보장받고, 보육서비스의 질적 수준을 향상시킨다. • 원장과 보육교사의 전문성이 증진되어 보육의 질적 수준도 점진적으로 향상시킨다. • 부모들이 합리적으로 어린이집을 선택할 수 있도록 보육서비스의 질적 수준에 대한 정보를 제공한다. • 정부가 어린이집 보육환경을 효율적으로 지원하고 관리할 수 있는 체계를 확립한다.
의의	• 보육서비스의 질적 수준 향상을 통해 영유아들의 무한한 잠재능력의 개발, 안전하고 쾌적한 환경을 제공할 수 있다. • 평가인증 후 자체점검을 통한 보육서비스의 질적 수준 향상 및 원장과 보육교사들의 전문성과 자긍심을 향상시킬 수 있다. • 학부모들의 다양한 욕구 충족 및 합리적이고 바람직한 선택 기준을 제공할 수 있다. • 정부는 어린이집을 효과적으로 관리될 수 있도록 적극적인 지원체제를 강화할 수 있다.

출처: 한국보육진흥원(2012). 보육시설 평가인증 지침서.

〈표 13-1〉에서 보는 것과 같이, 어린이집 평가인증제도는 전문가로 이루어진 집단에 의해 정해진 일정 수준의 지표에 따라서 각 어린이집들이 자체적으로 평가인증제 지표에 맞도록 운영수준을 평가·진단해 보고, 그 결과에 따라 부족한 부분들을 정비·보완하여 어린이집 시설운영을 개선 점검해나가며, 이를 수정·보완하는 과정의 결과물을 평가자가 현장 관찰을 통해 정해진 기준에 도달하였는지를 확인하고 인증을 부여해주는 제도라고 할 수 있다. 이러한 과정을 통해서 영유아들은 질적으로 향상된 보육서비스를 제공받고, 어린이집을 이용하는 부모들은 어린이집의 환경, 인력, 프로

그램 등의 질적 수준에 대한 정보를 제공받아 어린이집을 합리적으로 선택할 수 있도록 하는 것이 어린이집 평가인증제도의 궁극적인 목표이다.

2) 어린이집 평가제도의 추진 경과

어린이집 평가인증제도의 도입 배경으로서는 우리나라 여성의 사회, 경제적 활동의 증대 및 저출산 문제가 대두됨에 따라 영유아보육 및 교육에 대한 사회적 관심이 증가하게 되었고, 또한 보육서비스 수준의 중요성이 부각되면서 과거 양적 확충 위주의 국가보육정책이 보육서비스 질적 수준의 제고와 유지 방안으로 관심이 전환하게 되었고, 이에 정부에서도 보육서비스의 질적 수준 향상이라는 사회적 요구를 충족시키기 위해 2003년 '어린이집 평가인증제 모형' 개발, 2005년도 시범운영을 거쳐 2006년도부터 어린이집 평가인증제도를 본격적으로 확대 · 시행하게 되었다.

2005년부터 2009년까지 제1차 시행을 마치고, 2010년부터는 지표개정을 통해 제2차 평가인증이 시행되었으며, 2014년에는 제3차 지표개발 및 시범적용을 거쳐, 2017년 11월부터 2019년 6월까지는 유보통합을 적용한 제3차 평가인증이 시행되었다. 구체적인 시행 경과는 〈표 13-2〉와 같다.

표 13-2. 어린이집 평가인증제도의 시행 경과

구분	시기	내용
도입	2003. 4.~12 2004. 1	보육시설 평가인증제도 실시모형 개발 관련 연구용역 실시 보육시설 평가인증제도 도입 근거 마련(「영유아보육법」 제30조[1])
시범운영	2005	보육시설 평가인증 시범운영 실시
1차 시행	2006~2009	제1차 어린이집 평가인증 시행

1) 「영유아보육법」 제30조(어린이집 평가)

구분	시기	내용
2차 시행	2010~2017.10 2013. 9. 2014. 11 2016. 6	제2차 어린이집 평가인증 시행 어린이집 평가인증 결과공표 시행 3차 시범지표 적용 유치원 · 어린이집 평가체계 통합방안 발표 (국무조정실 영유아 교육보육통합추진단)
3차 시행	2017. 11.~ 2019. 6.	제3차 어린이집 평가인증 시행(통합지표 적용)

출처: 한국보육진흥원(2022). 2022 어린이집 평가 매뉴얼(어린이집용). p.4.

2005년부터 시행되어 온 어린이집 평가인증제도는 제1차 평가인증, 2차 지표와 3차 시범지표를 적용한 제2차 평가인증, 통합지표를 적용한 제3차 평가인증을 거치면서, 변화하는 현장의 수준을 반영하여 지표를 개정함으로써 어린이집에서 지향해야 할 보육서비스의 바람직한 실제를 지속적으로 제시해 왔다.

어린이집 평가제도의 도입 이전에는 지자체의 지도점검 외에는 보육서비스의 질관리 기제가 없었다. 하지만 어린이집 평가인증제도가 도입되고, 어린이집 평가인증제

① 보건복지부장관은 영유아의 안전과 보육서비스의 질 향상을 위하여 어린이집의 보육환경, 보육과정 운영, 보육인력의 전문성 및 이용자 만족도 등에 대하여 정기적으로 평가를 실시하여야 한다.
② 보건복지부장관은 제1항에 따른 평가 결과에 따라 어린이집 보육서비스의 관리, 보육사업에 대한 재정적 · 행정적 지원 등 필요한 조치를 할 수 있다.
③ 보건복지부장관은 제1항에 따른 어린이집 평가등급 등 평가 결과를 공표하여야 한다.
④ 보건복지부장관은 제1항에 따라 평가를 받은 어린이집에 다음 각 호의 어느 하나에 해당하는 사유가 발생한 경우에는 그 평가등급을 최하위등급으로 조정하여야 한다.
  1. 거짓이나 그 밖의 부정한 방법으로 평가를 받은 경우
  2. 어린이집의 설치 · 운영자가 이 법을 위반하여 금고 이상의 형을 선고받고 그 형이 확정된 경우
  3. 제40조제2호 또는 제3호에 따라 보조금의 반환명령을 받았거나 제45조, 제45조의2 또는 제46조부터 제48조까지의 규정에 따른 행정처분을 받은 경우로서 보건복지부령으로 정하는 경우
  4. 어린이집의 대표자 또는 보육교직원이 「아동복지법」 제17조를 위반하거나 「아동 · 청소년의 성보호에 관한 법률」 제2조제2호의 아동 · 청소년대상 성범죄를 저지른 경우
⑤ 보건복지부장관은 제1항에 따라 평가를 받은 어린이집의 보육서비스의 질 관리를 위하여 필요한 경우 확인점검을 실시하여 제1항의 평가등급을 조정할 수 있다.
⑥ 제1항, 제3항 및 제5항에 따른 평가시기 및 방법, 확인점검의 대상 및 방법, 그에 따른 평가등급 결정 · 조정, 평가결과 공표의 내용 및 방법 등 필요한 사항은 보건복지부령으로 정한다.

도에 대한 어린이집의 참여율이 점차 높아지기 시작하면서 보육의 질적 수준이 전반적으로 향상되었다. 먼저 어린이집의 물리적 환경이 변하면서 영유아가 생활하기에 청결하고 안전한 환경, 영유아의 놀이에 필요한 놀잇감이 충분하고 다양하게 갖추어졌다. 또한 인증 준비 과정에서 보육환경과 보육과정, 영유아와의 상호작용, 어린이집 운영관리 등에 대해 지표에서 제시하는 바람직한 실제를 이해하고 적용해 나가면서 교직원들의 전문성 향상에 영향을 주었다(한국보육진흥원, 2019).

2006년 본격 시행 이후 해마다 평가인증에 참여하여 인증에 통과한 어린이집은 지속적으로 증가한 것으로 나타났다(〈표 13-3〉 참고). 또한 2010년부터 인증유효기간이 만료되어 재인증으로 진입한 어린이집의 인증통과율은 신규인증 어린이집의 인증통과율에 비해 높게 나타났다(〈표 13-4〉 참고). 이와 같은 결과는 1차 평가인증에 참여하는 과정을 통해 질적 수준이 향상된 것을 보여주는 결과라고 할 수 있다.

표 13-3. 연도별 평가인증 참여 및 인증현황 (단위: 개소, %)

구분	2006	2007	2008	2009	2010	2012	2014	2016	2017	2018	2019.10.
참여확정 (A)	3,525	4,956	6,605	8,446	8,847	13,328	13,036	11,682	11,747	11,210	6,285
인증통과 (B)	2,804	4,181	5,464	7,303	6,899	11,506	12,618	11,152	11,362	10,813	5,780
통과율 (B/A)	79.5	84.4	82.7	86.5	78.0	86.3	96.8	95.5	96.7	96.5	92.0

주: 2019년 10월 말 기준으로 산출함.
출처: 보건복지부, 한국보육진흥원(2022). 2022 어린이집 평가 매뉴얼(어린이집용). p.5.

표 13-4. 참여유형별 평가인증 참여 및 인증현황 (단위: 개소, %)

구분		2010	2011	2012	2013	2014	2015	2016	2017	2018	2019.10.
신규인증	참여확정(C)	8,344	6,976	7,813	7,102	4,957	4,053	3,199	3,086	3,302	2,171
	인증통과(D)	6,426	5,667	6,304	6,781	4,746	3,866	3,071	2,954	3,108	1,912
	통과율(D/C)	77.0	81.2	80.7	95.5	95.7	95.4	96.0	95.7	94.1	88.1
재인증	참여확정(E)	503	5,923	5,515	6,306	8,079	7,768	8,483	8,661	7,908	4,114
	인증통과(F)	473	5,664	5,202	5,965	7,872	7,456	8,081	8,408	7,705	3,868
	통과율(F/E)	94.0	95.6	94.3	94.6	97.4	96.0	95.3	97.1	97.4	94.0

주: 2019년 10월 말 기준으로 산출함.
출처: 보건복지부, 한국보육진흥원(2022). 2022 어린이집 평가 매뉴얼(어린이집용). p.5.

3) 어린이집 평가제로의 전환

어린이집 평가인증제도가 도입된 2005년 이후 현재까지 저출산 및 양육부담에 대한 사회적 책임강화로 보육서비스에 투입되는 재정 규모가 크게 증가하였고, 영유아시기의 중요성 및 아동권리에 대한 부모의 관심과 사회적인 인식이 높아졌다. 그리고 보육서비스의 질 관리와 유지를 위해 도입된 평가인증제도는 어린이집의 물리적 환경뿐만 아니라 보육과정 및 상호작용과 같은 과정적 질 관리가 이루어짐에 따라 보육서비스의 전반적인 질적 수준을 향상시켰다. 또한 보육교직원의 역량 강화 및 전반적인 보육현장의 전문성을 제고하는 데 기여하였으며, 부모의 합리적인 선택권 보장과 중앙 및 지방 정부의 효율적 보육재정 집행에도 기여한 것으로 나타났다.

하지만 어린이집 평가인증제도가 어린이집의 자발적 신청에 의해 운영됨에 따라 미인증 어린이집으로 인한 질 관리의 사각지대 문제가 발생하였으며, 최근 아동권리 보호, 아동학대 예방, 안전관리 강화에 대한 사회적 요구 증가로 전체 어린이집 질 관리에 대한 필요성이 제기되었다. 이에 2018년 12월 「영유아보육법」 개정을 통해 '보육 · 양육에 대한 사회적 책임 강화' 실현과 영유아의 건강한 성장 및 발달을 위해 모든 어린이집을 대상으로 하는 의무평가제의 법적 근거가 마련되었으며, 2019년 6월 12일부터 어린이집 평가제를 시행하게 되었다.

어린이집 평가제는 전체 어린이집의 질 관리를 위하여 평가 자체에 목적을 두기보다는 정기적인 평가를 통해 어린이집이 지속적으로 보육의 질적 수준을 향상시키고 유지하게 함으로써 영유아의 안전과 건강, 조화로운 성장과 발달을 도모하여 부모가 믿고 맡길 수 있는 안심 보육환경 조성에 기여하고자 하는 목적을 가지고 있다(보건복지부, 한국보육진흥원, 2020). 어린이집 평가제로의 구체적인 개정방향은 〈표 13-5〉와 같다.

표 13-5. 어린이집 평가제로의 개정방향

- 국가는 모든 어린이집의 상시적인 보육서비스 질 확보를 위해 국가 수준의 기준을 제공하고 주기적으로 평가하여 지속적으로 관리한다.
- 영유아가 자유롭게 놀이를 즐기고 일과를 통해 존중받도록 하며, 급 · 간식 및 안전관리를 통해 안심 보육환경을 조성한다.
- 보육교사의 평가업무 부담 경감 및 근무환경 개선, 직무역량 강화 등을 통해 영유아보육에 온전히 집중할 수 있는 여건을 마련한다.
- 2020년 어린이집 평가지표는 2019년 개정 누리과정, 2020년 보육지원체계 개편 내용을 반영한다.

2. 어린이집 평가제

1) 어린이집 평가제의 목적과 특징

언제 어디서든 일정 수준이 확보된 보육서비스의 이용은 모든 아동에게 동등하게 보장되어야 할 기본적인 권리이다(이정원, 2015). 하지만 2019년 1월 말 기준으로 39,219개소의 어린이집 중 7,521개소(19.2%)가 어린이집 평가인증제도에 참여하지 않는 것으로 나타났다. 즉, 어린이집이 정부지원금으로 운영되고 있으면서도 어떤 수준으로 어린이집을 운영하고 있는지를 검증할 수 없는, 즉 관리의 사각지대에 놓여 있는 어린이집이 여전히 존재하여 왔다. 따라서 이전의 어린이집 평가인증제도는 어린이집의 자발적 신청에 의한 평가였지만 어린이집 평가제는 의무적으로 실시되는 평가제로의 변환을 통해 이런 문제점을 해결하고자 하는 제도이다. 이와 같은 어린이집 평가제의 구체적인 시행 목적은 〈표 13-6〉과 같다.

표 13-6. 어린이집 평가제의 시행 목적

- 상시적인 보육서비스 질 관리를 위해 주요핵심지표를 중심으로 질 관리 표준을 제시하고 어린이집 스스로 질적 수준을 제고하도록 한다.
- 전체 어린이집에 대한 주기적인 평가를 통하여 보육서비스 품질관리의 사각지대를 해소하고 전반적인 보육서비스 수준을 지속적으로 관리하여 국가의 책무성을 강화하고자 한다.
- 궁극적으로 평가제를 통해 보육서비스의 질 향상을 제고함으로써 영유아의 안전과 건강, 조화로운 성장과 발달을 도모하고자 한다. 이를 위해 영유아의 인권과 놀 권리를 보장하고 영유아가 건강하고 행복하게 성장할 수 있는 안심 보육환경을 조성하며, 보육교직원이 영유아보육에 집중할 수 있는 여건을 조성한다.

어린이집 평가제는 전체 어린이집에 대하여 평가를 주기적으로 진행하고, 결과 등급에 따라 관리하도록 설계되었다. 어린이집에는 평가의무가 부여되므로 「영유아보육법」 제44조 제4의6호에 따라 평가를 거부, 방해 또는 기피하거나 거짓, 그 밖의 부정한 방법으로 평가를 받은 경우 그에 따른 시정명령 및 행정처분을 받을 수 있다. 어린이집 평가제의 특징을 평가인증제와 비교해서 살펴보면 〈표 13-7〉과 같다.

표 13-7. 평가인증제 및 평가제 특징 비교

구분	평가인증제	평가제
평가대상	• 평가인증 신청 어린이집	• 전체 어린이집
평가절차	• 어린이집 신청 → 기본사항 확인 → 자체점검 → 현장평가 → 종합평가(총 4개월) 신청 (어린이집) ⇨ 기본사항 확인 (지자체) ⇨ 자체점검 보고서 제출 (어린이집) ⇨ 현장평가 (현장 평가자) ⇨ 종합평가, 결과통보 (종합평가 위원회)	• 평가대상 통보 → 기본사항 확인 및 자체점검 → 현장평가 → 종합평가(총 3개월) 대상통보 (한국보육 진흥원) ⇨ 기본사항 확인 및 자체점검보고서 제출 (지자체, 어린이집) ⇨ 현장평가 (현장 평가자) ⇨ 종합평가, 결과통보 (종합평가 위원회)
	• 참여수수료 어린이집 납부	• 참여수수료 전액 국가 부담
	• 기본사항: 필수항목 9개, 기본항목 - 필수항목 미준수는 참여 제외, 기본항목 미준수는 차하위 등급 부여	• 기본사항: 사전점검사항 5개, 위반이력사항 - 사전점검사항 미준수는 D등급 부여, 위반이력사항 발생 시 차하위 등급 부여
	• 소위원회와 종합평가위원회에서 심의, 등급 결정	• 소위원회와 종합평가위원회에서 심의, 등급 결정 * 필수지표 및 요소 미충족 시 A등급 불가
	• 재참여, 재평가 과정 운영	• 재참여, 재평가 과정 폐지
평가결과	• 4등급(A, B, C, D), D등급 불인증	• 4등급(A, B, C, D)
평가주기	• (유효기간) 3년(A등급 1년 연장 가능)	• A, B등급 3년 / C, D등급 2년
결과공표	• 평가받은 어린이집의 결과 공시 - 평가인증 결과, 인증이력 등 공개	• 전체 어린이집의 결과 공시 - 평가결과, 평가이력 등 공개

구분	평가인증제	평가제
사후관리 및 등급조정	• 인증 어린이집 사후관리 - 연차별 자체점검보고서 제출 - 확인점검(무작위, 월 단위 시기 안내) - 확인방문(배우자 및 직계존비속 또는 1년 이상 재직교사로 대표자 변경, 주소변경) - 인증유효기간 종료 • 법 위반 및 행정처분 발생 시 인증취소	• 평가 등급별 사후관리 - 연차별 자체점검보고서 제출(A, B등급) - 사후방문지원(C, D등급 의무 실시) - 확인점검(평가 관련 민원발생, 법 위반 및 행정처분, 정보공시 부실어린이집 등에 대하여 불시점검) • 평가등급 조정 및 관리 - 법 위반 및 행정처분 발생 시 최하위 등급 조정
결과활용	• 인증어린이집에 대한 행·재정적 지원	• 평가 등급별 행·재정적 지원 등 • 지도점검 연계(2회 연속 D등급 어린이집)

출처: 보건복지부, 한국보육진흥원(2022). 2022 어린이집 평가 매뉴얼(어린이집용). p.10.

2) 운영체계

어린이집의 평가시기는 평가주기(기존 인증제의 인증유지 어린이집은 인증유효기간과 연계하여 평가시기를 맞추어 대상통보 함)와 연계하여 결정되며, 정해진 평가주기 외 신규개원, 대표자 변경, 행정처분 등의 사유 발생 시에는 별도로 정해진 평가시기에 맞추어 통보가 이루어진다. 또한 어린이집 평가제 시행 이후에는 평가 참여 수수료를 국가가 전액 부담한다. 어린이집 평가제 운영체계를 구체적으로 살펴보면 [그림 13-1]과 같다.

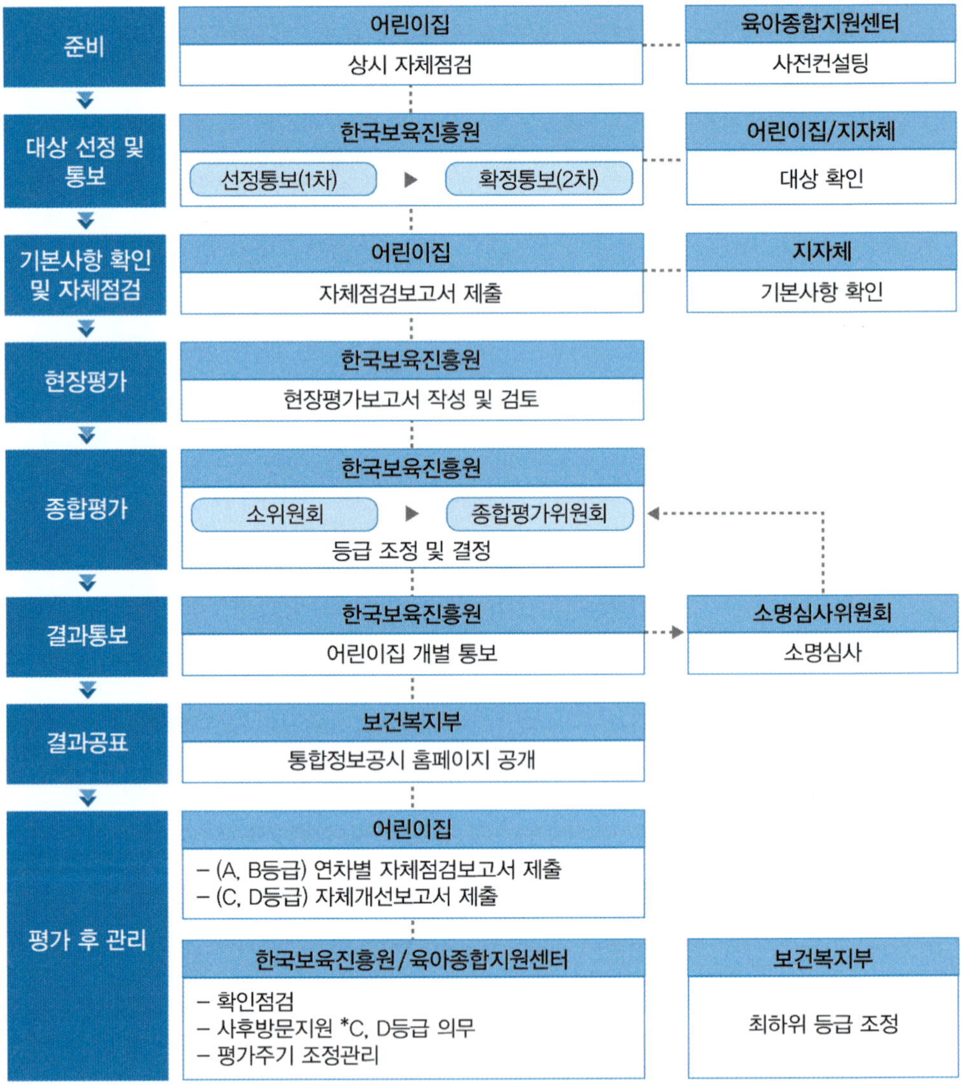

그림 13-1. 어린이집 평가제 운영체계

출처: 보건복지부, 한국보육진흥원(2022). 2022 어린이집 평가 매뉴얼(어린이집용). p.18.

어린이집 평가제의 평가대상은 「영유아보육법」에 따라 설치한 모든 종일제 어린이집(방과후 전담 어린이집 제외)으로 하며, 어린이집 평가제의 전반적인 진행과정은 [그림 13-2]와 같다.

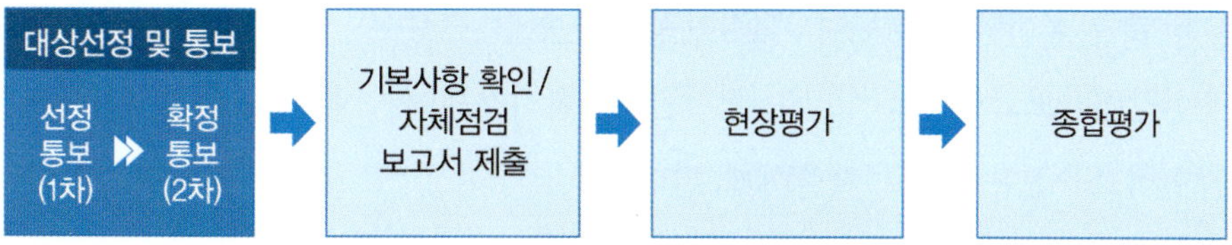

그림 13-2. 어린이집 평가제 진행과정

출처: 보건복지부, 한국보육진흥원(2022). 2022 어린이집 평가 매뉴얼(어린이집용). p.19.

[그림 13-2]와 같이 어린이집 평가제의 진행과정은 전반적으로, 대상선정 및 통보, 기본사항 확인 및 자체점검보고서 제출, 현장평가 및 종합평가 순으로 이루어지게 된다. 구체적으로 먼저 1단계는 대상선정 및 통보이다. 즉, 어린이집 평가과정은 평가대상 선정 및 통보로부터 시작된다. 대상통보는 총2회에 걸쳐 진행되는데, 선정통보(1차)는 현장평가 6개월 이전에, 확정통보(2차)는 현장평가 2개월 전에 통보된다. 확정통보를 받은 어린이집에 대해서는 통보 익월부터 기본사항 확인 및 자체점검, 현장평가 및 종합평가 등의 과정이 3개월 동안 진행된다.

2단계인 기본사항 확인 및 자체점검보고서 제출 단계에서는 지자체(시 · 군 · 구)가 평가대상 확정 통보된 어린이집에 대해 기본 점검 사항인 '기본사항 5항목[2]과 위반이력사항'을 확인하고 어린이집은 자체점검보고서를 제출하게 된다.

2) 1. 영유아 및 보육교직원 관련 보험가입
2. 어린이집의 설치기준
3. 보육실의 설치기준
4. 보육교직원 배치기준
5. 비상재해 대비시설 설치

3단계인 현장평가 단계에서는 기본사항 확인 및 자체점검보고서를 완료한 어린이집을 대상으로 이루어진다. 어린이집에서는 현장평가 주간을 현장평가월 1주일 전에 어린이집 지원시스템(CIS)에서 확인할 수 있다. 현장평가는 현장관찰자 자격을 갖춘 현장관찰자로부터 평가지표에 따라서 하루 일과 전반에 대한 관찰, 기록(문서) 검토, 면담 등의 방법을 통하여 진행된다. 현장관찰자는 현장 관찰 후 어린이집의 질적 수준에 대한 현장평가보고서를 작성하여 평가관리통합시스템에 입력하고, 현장평가 관련 자료를 한국보육진흥원으로 제출하게 된다.

4단계인 종합평가 단계에서는 현장평가를 완료한 어린이집을 대상으로 기본사항확인서, 자체점검보고서, 현장평가보고서 등을 토대로 종합평가가 진행된다. 종합평가는 소위원회와 학계전문가, 현장전문가, 보육담당공무원으로 구성된 종합평가위원회에서 진행한다. 검토한 결과를 토대로 해당 어린이집의 질적 개선방향을 평가결과서에 제시하게 된다.

[그림 13-2]와 같은 절차로 평가가 완료되고 나면 평가결과를 발표하게 된다. 어린이집에서는 평과결과를 매월 15일 전 · 후로 어린이집 지원시스템 업무연락 등을 통하여 통보받을 수 있다. 또한 평가결과인 어린이집 등급 및 영역별 등급을 어린이집 지원시스템 내 어린이집 평가 메뉴를 통하여 확인할 수 있으며, 이에 대해 어린이집은 소명절차에 따라 평가결과에 대한 소명신청이 가능하다. 평과결과(A~D 등급)는 전체 어린이집에 대한 평가이력정보를 통합정보공시 홈페이지를 통해 공개된다. 평가결과가 A, B 등급인 어린이집은 평가주기 동안 자체점검위원회를 구성하고, 연차별 자체점검보고서를 작성하여 결과 통보 후, 익년도부터 매년 1회 정해진 기간 내에 어린이집 지원시스템(CIS)으로 입력 · 제출해야 한다. 연차별 자체점검보고서를 기간 내 제출하지 않은 어린이집에 대해서는 확인점검을 실시하여, 결과에 따라 후속 조치를 하게 된다. 평가결과 C, D 등급을 받은 어린이집은 사후지원(컨설팅)을 실시하여, 어린이집 운영 전반에 대한 질 향상을 위해 의무적으로 지원받게 된다.

3) 평가지표와 지표 구성체계

어린이집의 평가제의 평가지표는 제3차 평가인증에서 적용하였던 통합지표를 기반으로 하며, 더하여 어린이집의 고유한 특성을 반영하였고, 또한 2019년 개정 누리과정 및 2020년 개정 표준보육과정의 시행, 보육지원 체계 개편 등 보육정책을 반영하여 평가항목을 구성하였다. 어린이집 평가제 평가지표는 4영역, 18지표, 59항목으로 구성되어 있다. 어린이집 평가제 지표의 주요 특징은 〈표 13-8〉, 구체적인 평가영역 및 평가항목에 대한 내용은 〈표 13-9〉와 같다.

표 13-8. 어린이집 평가제 지표의 주요 특징

- 기존 지표 간 항목 수 차이로 나타났던 등급 산정의 불합리성을 해소하고자 지표를 21지표에서 18지표로, 79항목에서 59항목으로 축소하였고, 지표별 평가항목 수를 평균 3~4개로 균형 배치하였다.
- '영유아 권리 존중', '놀이', '안전' 가치 강조를 통해 영유아 중심의 안심 보육환경을 조성하고자, 영유아 권리 존중(1-1) 지표를 필수지표로 지정하여 그 의미를 강조하고 놀이 중심의 보육과정 운영을 강화하였다. 또한 급 · 간식 위생 및 안전 항목 중 영유아의 등원부터 하원까지 안전하게 생활하는데 반드시 필요한 필수요소(8개)를 지정하여, 필수지표 또는 필수요소 충족이 최상위 등급을 받을 수 있는 필수조건이 되도록 하였다.
- 보육교직원의 근무여건 개선과 보육에 집중할 수 있는 보육환경 마련을 위하여 보육교직원의 처우, 스트레스 관리 관련 지표를 강조하고 직무역량 제고를 위한 항목을 강화하였다.

표 13-9. 평가영역 및 평가항목 수

평가영역(항목수)	평가지표	평가항목수
1. 보육과정 및 상호작용(18)	1-1. 영유아 권리 존중 필수	2
	1-2. 보육계획 수립 및 실행	6
	1-3. 놀이 및 활동 지원	3
	1-4. 영유아 간 상호작용 지원	4
	1-5. 보육과정 평가	3

평가영역(항목수)	평가지표	평가항목수
2. 보육환경 및 운영관리(14)	2-1. 실내 공간 구성 및 운영	4
	2-2. 실외 공간 구성 및 운영	3
	2-3. 기관 운영	4
	2-4. 가정 및 지역사회와의 연계	3
3. 건강 · 안전(15)	3-1. 실내 · 외 공간의 청결 및 안전	3
	3-2. 급 · 간식	3
	3-3. 건강증진을 위한 교육 및 관리	3
	3-4. 등 · 하원의 안전	3
	3-5. 안전교육과 사고예방	3
4. 교직원(12)	4-1. 원장의 리더십	3
	4-2. 보육교직원의 근무환경	3
	4-3. 보육교직원의 처우와 복지	3
	4-4. 보육교직원의 전문성 제고	3

* 3-2, 3-4, 3-5 지표 내 필수요소 8개 포함.
출처: 한국보육진흥원(2020). 2020 어린이집 평가 매뉴얼(어린이집용). p.16.

(1) 보육과정 및 상호작용

어린이집은 표준보육과정을 기초로 보육철학을 수립하여 자율적이면서도 질 높은 보육과정을 운영해야 한다. 어린이집의 보육과정은 영유아가 경험하는 모든 것을 조직하는 행위이며, 영유아의 보육경험은 일상생활, 놀이, 활동을 통해 이루어진다. 교사는 영유아들에게 편안한 일상생활을 제공하고, 자유로운 놀이를 위한 놀이 자료와 환경을 마련하며, 의미있는 활동이 가능하도록 해야 한다. 영유아의 권리 존중을 최우선적으로 하기 위해 영유아의 자발적인 선택과 의사를 존중하여 보육과정을 실행해야 한다. 그리고 보육교사는 보육실행의 내용을 기록하고 이를 기초로 계획을 수립하여 보육과정을 운영해야 한다. 교사의 보육과정 및 기록은 영유아의 발달특성과 변화를 평가하는 자료로 활용될 수 있으며, 동시에 보육과정운영의 평가자료로 이용될 수 있다(보건복지부, 한국보육진흥원, 2020).

따라서 어린이집 평가제의 보육과정 및 상호작용에서는 5개의 지표, 즉 영유아의 권리 존중, 어린이집의 보육철학과 표준보육과정에 기초한 보육계획 수립 및 실행, 영유아의 놀이 및 활동에 대한 적절한 지원, 영유아 간 상호작용 지원, 보육과정운영에 대한 평가로 구성되어 있다. 보육과정 및 상호작용 영역의 구체적인 평가항목은 〈표 13-10〉과 같다.

표 13-10. 보육과정 및 상호작용 영역의 구체적인 평가항목

구분	지표	항목
1. 보육과정 및 상호작용	1-1. 영유아 권리 존중 (필수)	1-1-1. 교사는 영유아를 존중한다.
		1-1-2. 교사는 영유아를 차별 없이 대한다.
	1-2. 보육계획 수립 및 실행	1-2-1. 표준보육과정을 바탕으로 어린이집의 철학을 반영한 보육계획을 수립한다.
		1-2-2. 영유아가 편안한 분위기에서 일상경험을 할 수 있도록 운영한다.
		1-2-3. 하루 일과에서 영유아의 놀이가 충분히 이루어지도록 한다.
		1-2-4. 바깥놀이 시간을 매일 충분히 배정하여 운영한다.
		1-2-5. 특별활동은 운영 지침에 따라 운영한다.
		1-2-6. (장애영유아) 장애영유아를 위한 관련 서비스(치료지원 포함)를 일과 중에 통합적으로 제공한다.
	1-3. 놀이 및 활동지원	1-3-1. 교사는 놀이와 활동이 영유아의 자발적 선택에 의해 주도적으로 이루어지도록 격려한다.
		1-3-2. 교사는 영유아의 놀이 상황을 관찰하면서 놀이와 관련된 상호작용을 한다.
		1-3-3. 영유아의 다양한 놀이와 활동에 필요한 자료를 제공한다.

구분	지표	항목
	1-4. 영유아 간 상호작용 지원	1-4-1. 교사는 영유아의 감정에 공유하고 스스로의 감정을 다룰 수 있도록 돕는다.
		1-4-2. 교사는 영유아가 일상에서 자신의 의견, 생각 등을 또래와 나눌 수 있도록 격려한다.
		1-4-3. 교사는 영유아가 적절한 약속과 규칙을 지키도록 한다.
		1-4-4. 교사는 영유아 간 다툼이나 문제가 발생할 경우 다양한 해결방식을 사용한다.
	1-5. 보육과정 평가	1-5-1. 반별 보육일지에 하루 일과 및 놀이실행에 대한 기록이 있고, 필요한 경우 그 내용을 다음 놀이 지원 및 활동 계획에 반영한다.
		1-5-2. 영유아의 일상생활, 실내·외 놀이 및 활동에 대한 관찰 내용을 기록하고, 영유아의 발달특성과 변화를 평가한다.
		1-5-3. 원장은 각 반별 보육과정운영에 대한 평가를 통해 어린이집 전체 보육과정운영을 파악하고 있다.

(2) 보육환경 및 운영관리

영유아는 환경과의 상호작용을 통해 성장한다. 이런 이유로 어린이집 실내·외 놀이공간, 시설 및 설비를 영유아의 연령 및 발달수준, 흥미와 요구에 적합하게 구성하는 것은 매우 중요하다. 더하여 어린이집 환경은 어린이집에서 실시하고 있는 보육 프로그램과 서로 유기적인 관계를 맺어야 한다. 즉, 어린이집 환경은 어린이집에서 실시하는 보육 프로그램이 잘 운영될 수 있도록 구성되어야 한다. 또한 어린이집 운영관리는 어린이집 운영방침 수립, 가정 및 지역사회와의 연계에 이르기까지 어린이집 운영에 대한 효율적인 관리방안을 의미한다. 어린이집은 운영계획 수립, 원아관리 등과 관련하여 정해진 규정이나 지침에 따라 체계적으로 운영되어야 한다. 더불어 가족을 위한 다양한 프로그램을 실시하고 지역사회와 협력적인 관계를 맺음으로써 영유아가 자신을 둘러싼 환경을 긍정적으로 인식하고 생활할 수 있도록 지원해야 한다(보건복지부, 한국보육진흥원, 2020).

따라서 보육환경 및 운영관리 영역은 4개의 지표, 즉 실내 공간 구성 및 운영, 실외 공간 구성 및 운영, 기관 운영, 가정 및 지역사회와의 연계로 구성되어 있다. 보육환경 및 운영관리 영역의 구체적인 평가항목은 〈표 13-11〉과 같다.

표 13-11. 보육환경 및 운영관리 영역의 구체적인 평가항목

구분	지표	항목
2. 보육환경 및 운영관리	2-1. 실내 공간 구성 및 운영	2-1-1. 보육실 내 놀이 영역은 영유아의 연령, 발달특성 및 놀이를 반영하여 구성한다.
		2-1-2. 실내 시설 및 설비가 영유아의 발달수준에 적합하다.
		2-1-3. 영유아의 요구를 충족하는 보육실 이외의 별도의 공간을 마련하고 있다.
		2-1-4. 비품과 활동자료를 보관하는 별도의 공간이 있고 체계적으로 정리하고 있다.
	2-2. 실외 공간 구성 및 운영	2-2-1. 옥외놀이터 등을 구비하고 있다.
		2-2-2. 영유아의 발달을 지원하는 다양한 놀이 및 활동자료가 준비되어 있다.
		2-2-3. 영유아의 발달에 적합한 다양한 바깥놀이 및 활동이 이루어진다.
	2-3. 기관 운영	2-3-1. 모든 반을 편성 규정에 맞게 운영하고 있다.
		2-3-2. 어린이집 운영계획을 수립하여 부모에게 안내한다.
		2-3-3. 신규 보육교직원에게 오리엔테이션을 실시하고 있다.
		2-3-4. 신입 영유아 적응을 위한 지원을 하고 있다.

구분	지표	항목
	2-4. 가정 및 지역사회와 의 연계	2-4-1. 어린이집을 개방하여 다양한 부모참여와 교육이 이루어진다.
		2-4-2. 평소 가정과 다양한 방법으로 소통하고 정기적인 개별면담을 통해 가족을 지원한다.
		2-4-3. 지역사회와 연계한 다양한 활동을 실시하고 있다.

(3) 건강 · 안전

영유아가 어린이집에서 건강하고 안전하게 생활할 수 있도록 지원하는 것은 영유아의 기본적인 권리와 삶의 질을 보장하는 필수 요건이다. 영유아의 건강과 안전을 위해 우선적으로 보육교직원은 실내 · 외 공간을 청결하게 유지하고 사고나 위험으로부터 영유아를 보호할 수 있는 안전한 보육환경을 제공해 주어야 한다. 또한 영유아와 보육교직원은 위생적인 생활습관을 가져야 하며, 질병의 예방관리를 통해 건강한 생활을 할 수 있도록 해야 한다. 영유아에게 안전하고 풍부한 식재료로 영양적 균형을 고려하여 청결하게 조리한 음식을 제공함으로써 영유아가 건강하게 성장할 수 있도록 지원해야 한다. 또한 보육교직원은 영유아가 어린이집에 등원할 때부터 귀가할 때까지 항상 주의 깊게 보호하고, 이와 함께 영유아 및 보육교직원은 안전교육 및 안전사고에 대한 대처능력을 길러 어린이집의 일과 중에 위험이 생기거나 사고가 나지 않도록 지속적으로 관리해야 한다(보건복지부, 한국보육진흥원, 2020).

따라서 건강 · 안전 영역에서는 5개의 평가지표, 즉 실내 · 외 공간의 청결 및 안전, 급 · 간식, 건강증진을 위한 교육 및 관리, 등 · 하원의 안전, 안전교육과 사고예방으로 구성되어 있다. 건강 · 안전 영역의 구체적인 평가항목은 〈표 13-12〉와 같다.

표 13-12. 건강 · 안전 영역의 구체적인 평가항목

구분	지표	항목
3. 건강 · 안전	3-1. 실내 · 외 공간의 청결 및 안전	3-1-1. 실내 · 외 공간을 청결하고 쾌적하게 관리한다.
		3-1-2. 실내 · 외 공간과 설비를 위험요인 없이 안전하게 관리한다.
		3-1-3. 실내 · 외 공간의 놀잇감 및 활동자료와 위험한 물건을 안전하게 관리한다.
	3-2. 급 · 간식	3-2-1. 영양의 균형을 고려한 급 · 간식을 제공하고 있다.
		3-2-2. 식자재의 구입 · 보관 및 조리공간을 위생적으로 관리하고 있다.
		3-2-3. 조리 및 배식과정을 청결하고 위생적으로 관리하고 있다.
	3-3. 건강증진을 위한 교육 및 관리	3-3-1. 손 씻기, 양치질 등 청결한 위생습관을 실천한다.
		3-3-2. 교사는 영유아의 건강상태를 살펴보고 적절하게 지원한다.
		3-3-3. 영유아와 보육교직원의 건강증진을 위한 예방관리와 교육을 실시한다.
	3-4. 등 · 하원의 안전	3-4-1. 교사는 영유아의 출석을 확인하며 인계규정에 따라 귀가지도를 한다.
		3-4-2. 영유아는 등원부터 하원까지 성인의 보호하에 있다.
		3-4-3. 등 · 하원용 차량을 운행할 경우 안전요건을 갖추어 관리한다.
	3-5. 안전교육과 사고예방	3-5-1. 영유아를 대상으로 안전교육을 지속적으로 실시하고 있다.
		3-5-2. 보육교직원은 안전교육을 받고 영유아 학대 예방 지침을 준수한다.
		3-5-3. 안전설비를 비상 시 효율적으로 사용할 수 있도록 관리하고 있다.

(4) 교직원

보육교직원은 어린이집에서 영유아가 직접적으로 접하는 대표적인 인적 환경으로 영유아가 일상생활을 원활하게 할 수 있도록 돕고, 일과 중의 놀이와 활동을 통해 영유아의 전인적인 성장과 발달을 지원한다. 이처럼 보육교직원의 역량은 보육서비스 질에 큰 영향을 미치는 요인이므로, 원장은 자신과 보육교사의 전문성을 향상시키고 보육교직원이 안정적으로 근무할 수 있는 환경을 마련해 주어야 한다. 또한 보육교직원의 전문성 향상을 위해 어린이집은 개인의 직무, 경력과 역량 등을 고려하여 체계적인 교육을 계획하고 실시하여야 한다. 그리고 성인용 공간 및 설비의 마련과 스트레스 경감을 위한 기회 제공을 통해 보육교직원을 배려하는 근무환경을 조성하고 적절한 처우 및 복지를 제공하여 직무만족도를 고취시킬 수 있도록 지원해야 한다. 이러한 근로조건이 충족될 때, 보육교직원은 자신의 능력을 최대한 발휘하여 영유아에게 보다 우수한 수준의 보육서비스를 제공할 수 있게 된다(보건복지부, 한국보육진흥원, 2020).

따라서 교직원 영역은 4개의 평가지표, 즉 원장의 리더십, 보육교직원의 근무환경, 보육교직원의 처우와 복지, 보육교직원의 전문성 제고에 대한 평가로 구성되어 있다. 교직원 영역의 구체적인 평가항목은 〈표 13-13〉과 같다.

표 13-13. 교직원 영역의 구체적인 평가항목

구분	지표	항목
4. 교직원	4-1. 원장의 리더십	4-1-1. 원장은 자신의 전문성 향상을 통해 어린이집 발전에 기여한다.
		4-1-2. 원장은 보육교직원을 존중한다.
		4-1-3. 원장은 건전한 조직문화 조성을 위해 노력한다.
	4-2. 보육교직원의 근무환경	4-2-1. 교사를 위한 별도 공간을 마련하고 있다.
		4-2-2. 교사를 위한 개인사물함과 업무지원 설비를 마련하고 있다.

구분	지표	항목
		4-2-3. 성인용 화장실을 영유아용과 별도로 설치하여 사용하고 있다.
	4-3. 보육교직원의 처우와 복지	4-3-1. 보육교직원의 복무와 보수에 관한 규정이 있으며, 이를 준수하고 있다.
		4-3-2. 교사의 직무스트레스를 예방하고 관리할 수 있는 서비스를 안내 및 제공한다.
		4-3-3. 보육교직원을 위한 복지제도를 운영하고 있다.
	4-4. 보육교직원의 전문성 제고	4-4-1. 보육교직원의 전문성 제고를 위한 다양한 교육기회를 부여하고 있다.
		4-4-2. 교사의 상호작용에 대한 관찰과 지원을 실시하고 있다.
		4-4-3. 교사에 대한 근무평가를 실시하고 있다.

참고문헌

강문희, 윤애희, 이경희, 정정옥(2007). **유치원 보육시설 운영관리**. 학지사.

강옥환, 이기현(2000). 보육기관의 시설 · 설비 수준에 관한 연구. **아동학회지, 21**(1), 179-199.

강진실(2020). 보육교직원의 어린이집 평가제 평가지표에 대한 중요도-실행도 인식. 동의대학교 교육대학원 석사학위논문.

강현석, 주동범(2012). **현대 교육과정과 교육평가**. 학지사.

고정곤, 고선영, 이영희, 최철용(2016). **보육교사론**. 양성원.

고정곤, 김소영, 김의석, 손현숙, 시옥진, 이정순, 임영심, 최철용(2016). **부모교육**. 양서원.

고정곤, 김중기, 박연희, 양은경, 이영희, 이우언, 장지현(2019). **보육학개론**. 양성원.

곽노의(1998). 한국 유아교육 교수모형 정립을 위한 접근방법 탐색. 열린유아교육학회 1998 춘계학술대회, 독일 자유발도르프 유치원교육 이론과 적용, pp.161-186.

곽승주, 이명순, 오경숙(2016). **보육과정**. 정민사.

교육과학기술부, 보건복지부(2013). **3-5세 연령별 누리과정 교사용 지침서**.

교육부(2013). 누리과정 교사용 지침서.

교육행정학전서(1995). **학교 · 학급경영론**. 한국교육행정학회.

국지윤(2016). 어린이집 운영관리 컨설팅 모형개발. 전남대학교 대학원 박사학위논문.

권미경, 도암희, 황성온(2012). OECD 회원국의 보육서비스-보육유형, 보육교직원, 보육비용을 중심으로. 육아정책연구소 연구보고서.

권민균, 정옥분, 김경은, 김미진, 노성향, 박연정, 손화희, 엄세진, 윤정진, 이경희, 임정하, 정순화, 정현희, 최형성, 황현주(2008). **보육학개론**. 학지사.

권정윤, 안혜준, 송승민, 권희경(2016). **유아생활지도**. 학지사.

권화숙, 김선, 남현주, 박현숙, 윤혜영, 임미혜(2018). **부모교육**. 수양재.

김경회, 김선영, 김신영, 김지은, 김혜금, 문혁준, 서소정, 안선희, 안효진, 이희경, 정선아, 황혜원(2006). **보육학개론**. 형설출판사.

김광자, 김익균, 김정신, 노성향, 문성숙, 이숙자, 임경옥, 장혜순, 정영희, 최경환, 최명희, 최민수, 최진원, 최현정, 황종귀, 황해익(2016). **원장일반직무교육**. 양성원.

김기현, 신인철(2012). 유아교육 및 보육경험의 장기효과: 또래관계 및 학업성취도. **한국사회학회, 46**(5), 259-288.

김문희(2011). 보육시설의 조직문화와 교사의 직무만족도에 관한 연구. 중앙대학교 대학원 석사학위논문.

김미자(1996). 영유아기 탁아 경험이 사회 정서적 행동에 미치는 영향. 이화여자대학교 대학원 석사학위논문.

김숙령(2010). 영아-교사 간 상호작용의 질적 수준과 교사의 민감성이 영아의 부모와 교사에 대한 애착과 사회적 행동에 미치는 영향. **한국영유아보육학**, 61, 197-215.

김양희(2018). 평가인증이 보육과정 구성과 어린이집 운영의 제약에 미치는 영향 분석. 아주대학교 교육대학원 석사학위논문.

김연진, 이상희(2012). **부모교육**. 태영출판사.

김영호(1999). **레지오 에밀리아 접근법의 이론과 실제**. 학지사.

김월선(2019). 보육교사의 인성과 행복감이 교사-유아 상호작용에 미치는 영향. 인천대학교 교육대학원 석사학위논문.

김은설, 안재진, 최윤경, 김의향, 양성은, 김문정(2009). 보육종사자의 전문성 제고 방안 연구. 보건복지가족부, 육아정책연구소.

김이영, 김운삼, 김소윤, 이은희, 최윤희, 현영렬(2017). **아동복지와 권리**. 양성원.

김이영, 배헌석, 이우언(2019). **인간이해를 위한 심리학**. 양성원.

김이영, 오성숙, 이시진, 이우언, 김정은, 한현지, 홍성희(2020). **영유아발달**. 양성원.

김이영, 오성숙, 이시진, 이우언, 이은미, 채혜선(2017). **영유아발달**. 양성원.

김일옥, 김경애, 김영애, 김종석, 김호년, 손현숙(2013). **아동건강교육**. 양서원.

김정호(1997). **교육학개론**. 문지사.

김지선(2009). 가족 특성, 영아의 기질, 보육경험에 따른 만 2세반 영아의 사회 · 정서적 행동. **어린이교육**, 11(11), 299-332.

김현주, 손은경, 신혜영(2014). **부모교육**. 공동체.

김혜정(2013). **영유아 교육기관 운영관리**. 창지사.

남궁수진, 최영희(2008). 보육경험 및 보육의 질과 5세 유아의 사회 · 정서 발달과의 관계. **한국지역사회생활과학회지**, 19(1), 45-54.

단현국, 이미숙(2006). 교사용 유아 자아존중감 척도 개발에 대한 기초연구. **미래유아교육학회지**, 13(4), 81-104.

문미옥(2013). **교육과 보육을 위한 영유아교육과정**. 창지사.

문은미(2011). 보육경험, 보육시설의 질에 따른 영아의 사회 · 정서적 행동. 이화여자대학교 교육대학원 석사학위논문.

문혁준, 김정희, 김혜연, 서기남, 이성복, 정다운(2015). **어린이집 운영 관리**. 창지사.

박민정(2017). 어린이집 특별활동 및 유치원 방과후과정 특성화 활동에 대한 실태와 교사 인식. 동국대학교 교육대학원 석사학위논문.

박찬옥, 김막홍, 구수연, 이옥임, 노희연, 이선영, 이예숙(2017). **보육과정**. 정민사.

배지희, 이봉선, 탁옥경(2005). 공사립 유치원 종일반 운영의 실제에 대한 문화기술적 탐구: 교사의 경험과 인식을 중심으로. **유아교육연구**, 15(4), 237-259.

백혜리(2006). **보육과정**. 창지사.

변수민(2020). 어머니의 과보호 양육태도가 유아의 사회적 미성숙과 또래놀이 상호작용에 미치는 영향. 충북대학교 대학원 석사학위논문.

변용찬(2002). **보육서비스의 이용실태 및 보육수요**. 도시문제.

보건복지부(2014). 어린이집 지도점검 안내.

보건복지부(2016). 2015 보건복지백서.

보건복지부(2020). 2019년 보육통계(2019년 12월 31일 기준).

보건복지부(2020). 2020년도 보육사업안내.

보건복지부(2022). 2021년 보육통계(2021년 12월 31일 기준).

보건복지부(2022). 2022년도 보육사업안내.

보건복지부, 한국보육진흥원(2016). 2016 어린이집 평가인증 안내(3차지표 시범사업용).

보건복지부, 한국보육진흥원(2019). 2019년도 부모모니터링단 운영매뉴얼.

보건복지부, 한국보육진흥원(2020). 2020 어린이집 평가 매뉴얼(어린이집용).

보건복지부, 한국보육진흥원(2022). 2022 어린이집 평가 매뉴얼(어린이집용).

서영숙, 서혜전, 김영명, 채혜선, 김진숙(2013). **보육학개론**. 양서원.

서영숙, 서혜전, 정영희, 양영아, 안소영, 이종현, 남미선(2013). **보육과정**. 공동체.

서울특별시유아교육진흥원(2013). 연령별 누리과정 평가도구.

송진숙, 권희경(2003). 유아교육기관에서의 유아의 적응과 유아의 사회적 능력 및 문제행동에 대한 연구. **열린유아교육연구**, 8(3), 207-225.

시옥진, 강선순, 김녹현, 김재현, 남은영, 이용환, 이우언, 전대성(2020). **보육과정**. 양성원.

신명희, 강소연, 김은경, 김정민, 노원경, 서은희, 송수지, 원영실, 임호용(2016). **유아발달**. 학지사.

심성경, 백영애, 이희자, 이영희, 변길희, 김은아, 박유미, 박주희(2017). **보육학개론**. 공동체.

양승희, 공병호, 유지연, 조현정(2007). **보육과정**. 동문사.

양승희, 유지연, 조현정(2012). **보육과정**. 동문사.

양안나(1990). 보육경험 및 가족환경이 아동의 사회적 발달에 미치는 영향. 부산대학교 교육대학원 석사학위논문.

양옥성 외(2013). **영유아보육개론**. 학지사.

양옥승 외(2001). **유아교육개론**. 학지사.

양옥승, 나은숙(2005). 물리적 환경구성과 유아의 자유선택활동의 의미에 관한 질적 연구. 열린유아교육연구, 10(1), 21-40.

양옥승, 이옥주, 이정란, 손복영(2015). **유아사회교육**. 신정.

여성부(2004). 국외출장보고서.

여성부(2004). 선진국 보육정책 실무연수결과 보고서.

오은순, 이재숙(2015). **보육학개론**. 양서원.

유효순, 정원식(1987). **부모교육**. 한국방송통신대학교 출판부.

윤세영(2018). 영아의 보육 이용경험과 어린이집이 질적 수준이 영아의 사회 · 정서적 문제행동에 미치는 영향. 연세대학교 대학원 석사학위논문.

이경화, 김정원(2012). **영유아 교육기관 운영관리**. 공동체.

이귀윤(1997). **교육과정 연구**. 교육과학사.

이기숙(2006). **유아교육과정**. 교문사.

이동률(2009). 표준보육과정에 관한 보육교사의 인식과 운영실태: 대구광역시 국 · 공립 법인 어린이집을 중심으로. 경운대학교 사회복지대학원 석사학위논문.

이명순, 염지숙, 조형숙, 김현주(2016). **인성에 기초한 보육교사론**. 정민사.

이복희(2017). 독일의 영유아 보육체계 탐색: 공공성을 중심으로. 단국대학교 대학원 박사학위논문.

이성혜(2011). 보육시설의 교수 · 학습풍토, 보육교사의 전문성 인식과 보육과정 운영. 경희대학교 교육대학원 석사학위논문.

이소희(2005). **보육학개론**. 양서원.

이순례, 이현옥, 박희숙(2012). **영유아교육기관의 운영관리**. 공동체.

이순형 외(2017). **보육학개론**. 학지사.

이순형, 권기남, 권혜진, 김지현, 성미영, 이성옥, 이소은, 이영미, 이옥경, 이혜승, 정윤주, 한유진, 황혜승(2006). **보육과정**. 학지사.

이애란(2019). 어린이집 중간 관리자 역할수행의 중요도 인식과 역할수행 평가에 관한 원장과 중간관리자의 비교 연구. 경기대학교 교육대학원 석사학위논문.

이영(1990). 탁아와 유아발달. 덕성여자대학교 유아교육세미나.

이영, 김명순(1999). 유아교육기관 유형에 따른 교사-또래관계 및 아동발달에 관한 연구. **대한가정학회, 37**(8), 103-115.

이영, 이미화, 조미혜(1990). 종일제 유아교육 프로그램의 종단적 효과에 관한 연구. **생활과학논집, 4**, 81-96.

이영자, 권영례(1997). **유아교육기관의 운영관리**. 창지사.

이영자, 신동주(2013). **개정 유아교육기관 운영관리**. 창지사.

이영환, 서현아, 윤정진(2013). 국가수준 보육과정 현황과 발전방안. **한국보육지원학회지, 9**(3),

309-342.

이은주(2017). 초임 국공립어린이집 원장의 어려움 경험에 대한 합의적 질적 연구. 건국대학교 교육대학원 석사학위논문.

이정숙(2003). 교사경력과 유아연령에 따른 교사 유아의 상호작용. 계명대학교 교육대학원 석사학위논문.

이정순(2012). 유아교사의 핵심역량에 기반한 유아교육과 교육과정 분석 연구. 31-32.

이정원(2015). 영유아의 보육교육 서비스 이용 실태 및 형평성 제고 방안. **육아정책연구소**. 2015 이슈페이퍼.

이진희, 이혜정(2016). 어린이집 평가인증 제도의 유용성에 대한 보육교직원의 경험 및 인식. **아동교육, 25**(2), 141-164.

임미혜, 김영애, 신혜영, 장정애, 최윤희(2017). **유아교육과정**. 양성원.

임옥희(2006). 보육교사-영아 상호작용과 보육교사 신념 및 효능감 간의 관계. 전북대학교 대학원 박사학위논문.

임재택(1995). **유아교육기관 운영관리**. 양서원.

임재택(1995). **현대 유아교육과정**. 양서원.

임재택(1997). **현대 유아교육과정**. 양서원.

임재택(2001). **유아교육기관 운영관리**. 양서원.

임지나(2012). 보육교사가 경험하는 보육과정 운영에서의 어려움과 지원 요구. 서울신학대학교 대학원 석사학위논문.

장기덕, 정영희, 정미림(2015). **유아생활지도**. 영진전문대학 출판부.

장명림, 김은영, 박수연, 김온기, 이일주(2009). **육아지원기관의 질적 수준 관리 방안 연구**. 육아정책연구소.

장영희, 곽승주(2004). 2세 영아-교사 간 상호작용에 관한 문화기술적 연구. **아동학회지, 25**(4), 71-92.

전남련, 백향기, 김인자, 송영선, 이미향, 김경신, 황연옥, 권인양, 장유정(2014). **아동관찰행동연구**. 양서원.

전재선(2011). 유아교사 인성자기평가도구 개발 및 타당화 연구. 성균관대학교 대학원 박사학위논문.

전헌선, 윤치연, 공나영, 김성화, 도명애, 박순길, 서석진, 서영란, 송호준, 양경애, 이수진, 이정남, 최성욱(2012). **특수교육학개론**. 양서원.

정갑순(2006). **개정 부모교육론**. 창지사.

정옥분, 정순화(2014). **부모교육**. 학지사.

정옥분, 정순화(2016). **부모교육**. 학지사.

정찬경(2016). 한국 영유아 보육과정 구성체계 분석. 서울기독대학교 일반대학원 석사학위논문.

조부경, 백은주, 고영미(2016). **영유아교사론**. 양서원.

조해연, 이기숙(2014). 어린이집 2세 학급의 물리적 환경, 보육과정, 교사 상호작용의 질이 영아의 놀이 행동에 미치는 영향. **교육과학연구, 45**(3), 115-136.

조형숙(2009). 유아교사의 교직윤리 관련 딜레마에 나타난 갈등요인. **유아교육학논집, 13**(2), 243-276.

조혜경, 곽혜경, 구경선(2015). **보육학개론**. 창지사.

조희원(2010). 국공립 보육시설장의 일에 대한 질적 연구. 경성대학교 교육대학원 석사학위논문.

차현숙, 윤석진(2009). **영유아 보육법 상 보육료 지원에 대한 입법평가**. 한국법제연구원.

최미곤, 황인옥(2016). 보육교사의 인성과 직무만족도가 교사-영유아 상호작용에 미치는 영향. **사회과학 담론과 정책, 9**(2), 169-197.

최영미(2006). 창원시 어린이집의 보육과정 운영 실태. 창원대학교 대학원 석사학위논문.

최윤희, 고은희, 김성경, 김혜영, 남궁선혜, 류하나, 시옥진, 오새니(2018). **보육교사인성론**. 양성원.

최은자(2014). 전문성 향상을 위한 유아교사의 자기평강 대한 인식과 실태에 관한 연구. 중부대학교 교육대학원 석사학위논문.

최혜순(1993). **유아의 사회성 발달과 지도**. 학문사.

태시치즈(2004). 일본의 자녀양육지원 네트워크. 우리 아이 함께 키우기: 지역사회 보육지원네트워크 만들기. 한 · 일 보육석학초청포럼. 인천광역시 · 인천광역시 보육정보센터.

통계청(2020). 2019년 출생 · 사망통계 잠정결과.

통계청(2020). 여성고용동향.

통계청(2021). 경제활동인구조사.

통계청(2022). 2021년 출생통계, 국가승인통계 제10103호 출생통계.

한국교육평가학회(2004). **교육평가용어사전**. 학지사.

한국보육시설연합회(2011). 전국보육인대회.

한국보육진흥원(2012). 보육시설 평가인증 지침서.

한국보육진흥원(2019). 2019년 보육사업안내 지침서.

한국보육진흥원(2019). 어린이집 평가 매뉴얼(어린이집용).

한국정신문화연구원(2016). 한국민족문화대백과사전.

행정안전부(2019). 한국 보육의 변천사.

홍정일(2006). 중학교 교사의 전문성 신장과 교수 분권 조직 및 운영에 관한 인식연구. 건국대학교 교육대학원 석사학위논문.

황윤세, 임미혜, 이혜원(2011). **유아교육기관 및 보육시설 운영관리**. 공동체.

황해익, 송연숙, 이경화, 최혜진, 정혜영, 손원경, 민순영, 남미경, 김남희, 손유진, 이혜은(2004). **유아용 검사편람 I**. 정민사.

황해익, 송연숙, 최혜진, 정혜영, 손원경(2009). **유아 포트폴리오 평가**. 창지사.

황해익, 최혜진, 정혜영, 권유선(2014). **아동관찰 및 행동연구**. 공동체.

http://central.childcare.go.kr(중앙육아종합지원센터).

http://www.mw.go.kr(보건복지부).

Belsky, J.(1988). The effects of infant daycare reconsidered. *Childhood Research Quarterly, 3*, 265-275.

Belsky, J., & Rovine, M.(2001). Nonmaternal care in the first year of life and security of infant-parent attachment. *Child Development, 59*(1), 157-167.

Bolam, L. G., & Deal, T. E.(1995). 비젼시대의 조직패러다임[ReframingOrganizations]. 김영진, 김용구, 신택현, 윤방섭, 최병순 역. 미래경영개발연구원.

Broberg, A. G., Wessels, H., Lamb, M. E., & Hwang, C. P.(1997). Effects of daycare on the development of cognitive abilities in 8-year-olds: A longitudinal study. *Developmental Psychology, 33*, 62-69.

Clarke-Stewart, A.(1984). Day care. A new context for research and development. In M. Permutter(Ed.), *Parent-child interaction and parent-child relations hipsinchild development*. Hillsdale, NJ: Erlbaum.

Clarke-Stewart, A., & Allhusen, V. D.(2005). *What we know about child care*. Boston, MA: Harvard University Press.

Clarke-Stewart, A., & Grunber, C.(1994). Day care forms and features. In R. C. Ainslie(Ed), *Quality variations in day care*. New York: Praeger.

Comelius, G.(1987). *Critical skills for the early childhood education.* Document Reproduction Service.

Decker, C. A., & Decker, J. R.(2013). Planning and administering earlychildhood programs(10th ED.). Columbus, OH: Prentice Hall.

Gerber, E, B.(2003). *Predictors of Teachers Sensitive Care giving in Center Based Child Care.* University of California, Berkeley.

Glatter, R.(1979). Educational policy and management: one field or two?Educational Analysis, 1(2), 15-23.

Hersey, P., & Blanchard, K. H.(1982). Management of organizationbehavior. Utilizing human resource(4rd ed.). Englewood Cliffs, NJ:Prentice-Hall.

Howes, C.(1983). Patterns of Friendship. *Child Development, 54,* 1041-1053.

Kaiser, B., & Rasminsky, J. S.(2012). *Challenging behavior in young children: Understanding, preventing, and responding effectively*(3rd ed.). Boston, MA: Allyn & Bacon.

Katz, L. G.(1985). Research currents: Teachers as learners. *Language Arts, 62*(7), 778-782.

Katz, L. G.(1988). Where is early childhood education as a profession? In B. Spodek, O. N. Saracho & D. L. Peters(eds.), *Professionalism and the early childhood practitioner.*

Koch, P. K., & McDonough, M.(1999). Improving Parent-Teacher Conferences through Collaborative Conversations. *Young Children. 54*(2).

NAEYC.(1991). *Guidelines for appropriate curriculum content and assessment in programs serving children ages 3 through 8.* Young Children. Melbourne.

NICHD Early Child Care Research Network(1997). The effects of infant child care on infant-mother attachment security: Results of the NICHD Study of Early Child Care. *Child Development, 68*(5), 860-879.

OECD(2001). Start Strong. Early Childhood Education and Care. 21-43.

Phillips, D. A., & Howes, C.(1987). Indicators of quality in childcare: Review of research. In Phillips, DA(Ed.), *Quality in childcare: What does research tell us?*(pp.1-19). Washingt on, DC: NAEYC.

Phillips, D. A., McCartney, K., & Scarr, S.(1987). Childcare quality and children's social development. *Developmental Psychology, 23*, 537-543.

Shaw, D. S., Gilliom, M., Ingoldsby, E. M., & Nagin, D. S.(2003). Trajectories leading to school-age conduct problems. *Developmental Psychology, 39*(2), 198-200.

Spodek, B., Saracho, O. N., & Davis, M. D.(1993). *Foundationa of early childhood education.* Englwood Cliffs; Prentice-Hall Inc.

UK Department of Education(2005). Regional difference inkindergartener's early education experiences. Washington, DC: U.S.Department of Education, instituted of education Science, NCES.

UK Secetary of states for Education and Skill(2004). Department foreducation and skill; Five year strategy for children and learners. UK Department for Education and Skill.

Vandell, D. L., & Wolfe, B.(2000). *Child care quality: Does it matter and does it need to be improved.* Institute for Research on Poverty Special Report, 78.

Vandell, D., & Corasaniti, M.(1990). Variations in early childcare: Do they predict subsequent sociale motional, and cognitive differences? *Early Childhood Research Quarterly, 5*, 555-572.

찾아보기

인명

ㄱ

ㄴ

ㄷ

ㄹ

ㅁ

ㅂ

ㅅ

ㅇ

ㅈ

ㅊ

ㅋ

ㅌ

ㅍ

ㅎ

저 / 자 / 소 / 개

■ 시옥진

대구가톨릭대학교 대학원 철학박사
현, 구미대학교 사회복지과 교수
〈논문 및 저서〉 영유아발달, 보육학개론 외 다수

■ 강성순

대구가톨릭대학교 교육대학원 석사
현, 국공립은풍어린이집원장
경북전문대학교 사회복지과 겸임교수
〈논문 및 저서〉 보육학개론 외 다수

■ 김녹현

대구가톨릭대학교 대학원 박사과정 수료
현, 가톨릭상지대학교 사회복지과 교수
〈논문 및 저서〉 사회복지행정론, 장애인복지론 외 다수

■ 김재현

고려대학교 대학원 교육학박사
현, 호산대학교 휴먼복지학부 교수
〈논문 및 저서〉 보육학개론, 아동생활지도 외 다수

■ 김진희

안동대학교 대학원 가정학석사
현, 경북전문대학교 사회복지과 겸임교수
가톨릭상지대학교 사회복지과 강사
〈논문 및 저서〉 보육과정

■ 이용환

한서대학교 대학원 사회복지학박사
현, 혜전대학교 사회복지과 교수
〈논문 및 저서〉 보육학개론, 정신건강론 외 다수

■ 전대성

단국대학교 대학원 행정학박사
현, 경북전문대학교 사회복지과 교수
〈논문 및 저서〉 사회복지법제론, 보육학개론 외 다수

■ 한현지

대구가톨릭대학교 대학원 심리학박사
현, 성운대학교 아동보육복지과 교수
〈저서〉 가족복지론, 아동권리와 복지 등

[개정판]
보육학개론

1판 1쇄 발행 – 2021년 1월 8일
2판 1쇄 발행 – 2023년 2월 28일

저 자 - 시옥진 강성순 김녹현 김재현
김진희 이용환 전대성 한현지

발 행 인 - 강철원
발 행 처 - 양성원
주 소 - 경기도 파주시 검산로 173번길 29-12
전 화 - 031-946-3861(代)
팩 스 - 031-946-3864
이 메 일 - tnwpub@naver.com
홈페이지 - tnwpub.co.kr
출판등록 - 2015년 8월 31일 제 2015-000211 호

ISBN 979-11-6126-493-6

정가 22,000원